JEAN ALAIN SIPRA

LA VRAIE LANGUE CELTIQUE

EXPLIQUÉE

AUX CURIEUX

ET AUX INCRÉDULES

Sur la voie du Bugarach

Serpent Rouge N°30

Platon est grand,
Mais la vérité est plus grande encore.
Proverbe romain

Avertissement de l'auteur

Pour vérifier que les citations sur lesquelles s'appuie la démonstration figurent effectivement dans le livre de l'abbé Boudet, il serait profitable, pour le lecteur, de pouvoir se référer à ce dernier. Toutefois, dans la mesure où l'on fait confiance à l'auteur, le texte est suffisamment explicite pour être compris sans ce recours. Pour bien appréhender la cohérence de l'exposé, lié à l'histoire ancienne des lieux, le lecteur pourra consulter avec profit mon précédent ouvrage : *Rennes-le-Château. Du trésor des Wisigoths au secret de l'abbé Saunière.* Editions Pégase, 2007.

Afin de ne pas encombrer inutilement le texte, seuls les documents photographiques vraiment nécessaires à la compréhension du sujet ont été inclus. Le lecteur trouvera à foison, sur Internet, tous les clichés concernant les divers acteurs évoqués ainsi que les descriptions des édifices cultuels avec leur décor et leur statuaire.

D'autre part, du fait de leur fréquence d'apparition, les expressions suivantes ont été remplacées par leur acronyme :

La Vraie Langue Celtique et le Cromlek de Rennes-les-Bains par *LVLC*.
Rennes-les-Bains par RLB.
Rennes-le-Château par RLC.

Il convient de préciser que les citations empruntées à *La vraie langue celtique* et à divers ouvrages ont été présentées entre guillemets, les passages figurant en italiques ayant été conservés. Les pages figurant entre parenthèses renvoient à la pagination de l'édition originale de *LVLC*, et lorsque c'est moi qui souligne volontairement un passage, c'est indiqué.

© 2012 LES ÉDITIONS DE L'ŒIL DU SPHINX
ISBN: 979-10-91506-03-8-
EAN : 979-109-150-60-38
ISSN de la collection : 1768-5648
Dépôt Légal: Août 2012
La photo de couverture est signée Plaisibook ©
Toutes les photographies appartiennent au fonds de l'auteur et de l'éditeur. Le graphique in-texte est de l'auteur.

Du même auteur

La Cité du Chariot. Rennes-le-Château, aux sources du mythe de l'or. Privat. Toulouse, 1986. (Epuisé)

L'architecture insolite de l'église de Rennes-le-Château. Edit. Terre de Rhedae.1992. *

Complément à « L'architecture insolite de de l'église de Rennes-le-Château ». Détermination de la géométrie exacte du chevet de l'église sainte Marie-Madeleine, et étude de la forme primitive de cet édifice. 1993. Diffusion restreinte.

« Rhedae », la Cité des Chariots, par Louis Fédié. Edit. Terre de Rhedae. 1994. Préface. *

Rennes-le-Château. Du trésor des Wisigoths au secret de l'abbé Saunière. Editions Pégase. 2007. *

____

*. Ces ouvrages sont disponibles à la Librairie Empreinte de Rennes-le-Château

A ma tendre et douce,
et à nos petits-enfants
Coraline et Guillaume Sipra,
qui, malgré leur absence,
occupent toujours
tendrement nos pensées.

SOMMAIRE

Avant-Propos

Le célèbre dramaturge Paul Claudel dit avoir été touché par la grâce, à l'âge de dix-huit ans, alors qu'il assistait incognito aux Vêpres, le jour de Noël, caché derrière un pilier de Notre-Dame de Paris. Cela se passait en 1886, date de la parution de l'ouvrage de l'abbé Boudet. Un autre intellectuel connu, André Frossard, eut une même destinée. Elevé dans l'athéisme par un père adepte d'une nouvelle religion prônant le bonheur sur Terre, le communisme, il nous a légué un ouvrage attestant de sa conversion tardive au catholicisme, intitulé *Dieu existe, je l'ai rencontré*. Je n'ai pas eu, personnellement, la chance d'obtenir précocement cette faveur divine, sans doute, comme l'a dit Jean l'Evangéliste, parce que « le vent souffle où il veut » *et*, oserais-je ajouter, « quand il veut ! » Dieu a donc voulu, alors que j'étais jeune catéchumène, que je rencontre d'abord le symbole absolu et personnifié du mal. Ce n'était pas dans une cathédrale, comme l'un des auteurs précités, mais dans une petite église de montagne : celle de Rennes-le-Château. J'aurai donc pu plagier Frossard, et intituler malicieusement le présent ouvrage : *Le diable existe, je l'ai rencontré* [1]. Si je ne l'ai pas fait, c'est que son contenu, comme on pourra en juger, ne traite pas du problème du mal mais de la recherche d'une certaine vérité. Dans la mesure toutefois où, comme l'a demandé Pilate à Jésus (Jean, 18, 38), il est possible de la définir et d'y accéder.

Le Diable dans l'église

La survenue de cette choquante rencontre avec Lucifer, qui s'est évidemment inscrite dans ma mémoire, est facile à expliquer car elle est simplement due à une certaine proximité géographique. Je suis en effet natif d'Espéraza où, un quart de siècle avant ma naissance, une rumeur invérifiable avait couru longuement dans les *botigas* (usines) de chapellerie au sujet du curé de Rennes, l'abbé Bérenger Saunière, dont les frasques et les dépenses somptuaires défrayaient depuis fort longtemps la chronique. Et le bon sens populaire n'avait pas manqué, comme c'était prévisible, d'attribuer cet enrichissement subit à la découverte d'un fabuleux magot. Cette rumeur passa par la suite à l'état de légende et, longtemps après, elle faisait encore les délices des veillées, au cours des longues soirées d'hiver passées auprès de l'âtre. Les constructions profanes de l'abbé Saunière qui, telles une vigie, dominent toujours le paysage, mais surtout son église au décor très insolite, étaient devenues aux beaux jours un but de promenade pour les habitants de la proche vallée. J'avais donc, dès l'âge de sept ans, comme de nombreux habitants de ma cité natale, effectué cette classique excursion avec ma mère et ma grand-mère, pu admirer la tour Magdala et la villa Béthanie, et osé affronter le regard de ce diable qui, age-nouillé sous le bénitier, était aussi grand que moi et tenait alors un trident dans sa main droite. Cette rencontre avait évidemment marqué mon esprit juvénile, d'autant que notre catéchiste, la douce mademoiselle Olympe Rieux, une lointaine parente par alliance, pratiquait sans penser à mal, car c'était habituel depuis le Moyen-Age, une sorte de théologie de la peur. Elle essayait, bien sûr, de nous inculquer laborieusement ce qu'il fallait croire : des dix commandements aux miracles opérés par Jésus et sa Crucifixion. Mais ceci tout en insistant assez lourdement sur le problème du mal : les péchés mortels, le purgatoire et l'enfer. Cet enfer dont il venait justement m'être donné de voir préco-cement la personnification ; assez choquante certes, mais au final pas tellement terrifiante ! De quoi introduire dans mon esprit malléable un élément modérateur sur ce qui m'avait été laborieusement appris jusque là. D'ailleurs je dois avouer que, paradoxalement, ce qui s'ancra le plus dans ma mémoire ne fut pas ma rencontre avec ce Lucifer aux yeux de verre, mais un épisode très banal mais significatif pour un enfant de mon âge. En effet, sur le chemin du retour nous chapardâmes trois gros coings, que ma grand-mère transforma le soir même en une délectable friandise. En cette période de disette — nous étions en 1941 — il me fut donc donné de savourer, avec délice, le produit d'un péché qui n'était finalement que véniel ! J'en ai gardé le même souvenir que Proust avec ses madeleines, d'autant que ma grand-mère, depuis longtemps disparue, se prénommait Albertine ! Mais au-delà de ce plaisir gustatif mémorable, je dois dire que j'avais été tout de même étonné par la richesse appa-rente et la blanche magnificence des constructions profanes de l'abbé Saunière. Ce qui avait confirmé ma croyance en l'existence d'un trésor caché, dans lequel la rumeur populaire laissait entendre qu'il aurait jadis pu puiser.

Un quart de siècle après ma peu banale visite, le légataire du domaine de l'abbé Saunière décida d'ou-vrir en ce lieu un hôtel restaurant. Et pour attirer le chaland, ressuscita cette légende du trésor par la voie des quotidiens régionaux. Ce qui ne manqua pas, la présence du diable aidant, d'attirer dans le pays une faune pittoresque de curieux, chercheurs en tous genres, et aussi d'inévitables marchands d'orviétan. Mais l'acmé de ce phénomène fut atteinte en 1967, par la publication d'un ouvrage pseudo-ésotérique mais très attrayant, intitulé *L'or de Rennes*. Livre qui obtint un beau succès de librairie, acheva de tournebouler certains esprits crédules, et généra par la suite une progéniture éditoriale aussi stérile qu'innombrable. Mais l'un de ses intérêts résidait dans le fait qu'il révélait au public l'existence d'un livre ancien, rédigé et publié jadis par le curé de Rennes-les-Bains contemporain de Saunière, l'abbé Henri Boudet. Ouvrage qu'il prétendait devenu introuvable — ce qui était faux — et dont, selon lui, le contenu était crypté. Ce vieux grimoire, extirpé de son anonymat, suscita évidemment une grande curiosité du public et, s'inscrivant dès lors dans un créneau éditorial devenu porteur, fut l'objet de plusieurs rééditions. La préface de l'une d'entre elles a été rédigée par le véritable inspirateur de *L'or de Rennes*, un certain Plantard — se disant de Saint-Clair — ancien sacristain de Saint Nicolas d'Antin au passé trouble, qui possédait effectivement des informations partielles, mais relativement intéressantes, sur le sujet. Dans ladite préface, il essaya, vainement de donner un décodage très partiel du texte qu'il avait été chargé de présenter aux lecteurs, mais la montagne accoucha finalement d'une souris !

Le livre en question, intitulé *La vraie langue celtique et le cromleck* (avec un k fautif) *de Rennes-les-Bains*, fut publié à compte d'auteur par l'abbé Boudet, il y a cent vingt-six ans. Son contenu, aussi saugrenu qu'énigmatique, prétend traiter de linguistique et d'archéologie protohistorique, et cela en essayant de démontrer vainement que toutes les langues parlées sur Terre descendent de l'anglais moderne. Et enfin, pour faire bonne mesure, il décrit, dans une sorte de mariage de la carpe et du lapin, un cromlech naturel totalement imaginaire dans lequel serait inclus le village de Rennes-les-Bains. Ce qui, convenons-en est relativement troublant, et montre que le but recherché par l'auteur n'était pas exclusivement de nature linguistique. Cette oeuvre ne reçut qu'une diffusion très restreinte, fut inévitablement éreintée par les critiques de la presse et des milieux académiques, et finit (provisoirement) aux oubliettes.

Mais revenons à *L'or de Rennes*, dont la lecture réveilla en moi la flamme alors vacillante du souvenir. M'étant questionné sur le problème des revenus anormaux de l'abbé Saunière, je pensai fort logiquement que si trésor il y avait eu, son identification et la recherche de son origine ne pouvaient passer que par l'étude de l'histoire ancienne des lieux. D'autant qu'il m'avait déjà été donné de lire, sur le sujet, un ouvrage captivant d'un historien régional ami de Boudet, Louis Fédié, intitulé *Le Comté de Razés*. Cet auteur, originaire de Couiza, avait émis la thèse, en 1880, que sur l'emplacement étendu de Rennes-le-Château se serait trouvée, jadis, une grande ville du nom de Rhedae. Cité selon lui d'origine wisigothique, elle a effectivement donné son nom à la région avant de disparaître dans les tourmentes du Moyen-âge et les limbes de l'Histoire.

M'étant sérieusement penché sur ce problème, je découvris, sur un cliché aérien de l'IGN, l'existence en ce lieu de vestiges enterrés d'un immense mausolée de type constantinien. Ce qui me conduisit à confirmer l'existence passée de cette cité légendaire par la publication, en 1986, d'un ouvrage intitulé *La Cité du Chariot*. Ouvrage qui reçut une honnête diffusion, et ne provoqua bizarrement nulle controverse dans un Landerneau rennais alors fort agité. Par la suite, je publiai régulièrement des articles sur l'histoire ancienne de Rennes-le-Château dans le *Bulletin de l'Association Terre de Rhedae,* association à laquelle j'appartenais depuis sa création en 1989. Puis, au fil du temps, des amis de tous bords m'incitèrent à me pencher sérieusement sur le livre prétendument crypté de Boudet sur lequel, avec une grande application, ils se torturaient eux-mêmes les méninges depuis longtemps. Mais je leur rétorquai chaque fois, en écoutant leurs confuses explications, que ce n'était pas de mon domaine, « car il s'agissait probablement de simples histoires de curés ». Je ne croyais pas, alors, si bien dire ! Finalement, ayant épuisé le volet historique jugé par moi intéressant, je m'attelai à la lecture à vrai dire très rébarbative — mais relativement insolite, donc captivante — de cet ouvrage, dont j'avais hérité un exemplaire lors du décès d'une proche parente. Et en 2003 je publiai, dans le *Bulletin* précité, un premier essai de décodage partiel très approximatif de *La vraie langue celtique*. Mais par la suite, ma recherche s'avéra plus fructueuse, puisque je finis par détecter, sous l'écume des mots, la présence effective de Sergius Paulus, premier évêque de Narbonne. Puis, sous des formes allusives ou anagrammatiques irréfutables, celle multiple de Sainte Marie-Madeleine. Découverte qui constitua l'essentiel de mon article paru dans le *Bulletin TdR* de 2004. Mais là encore, pas de réactions apparentes de quiconque !

Et puis en 2005, par un étrange concours de circonstances — en la matière je ne crois pas à l'intervention du hasard — parut un ouvrage très documenté sur ce fameux trésor, qui ne procédait pas seulement de l'habituelle étude stérile des frasques, de la correspondance, et des livres de compte de l'abbé Saunière [2]. Son auteur, jusque là totalement inconnu, semblait sortir subitement du coin du bois et se référait à des sources ecclésiastiques à accès restreint. Ce qui lui permit d'être le premier à pénétrer enfin au cœur de l'énigme et, surtout, à identifier certains acteurs appartenant au *premier cercle* de cette affaire. D'aucuns étaient déjà fort connus, comme les abbés Bigou et Vié, et d'autres, méconnus jusque là, allaient être facilement identifiés.

Pour compléter ce bref survol de « l'affaire Boudet », je dois ajouter qu'en 2007, ayant été sollicité par un éditeur, je décidai de publier un livre intitulé *Rennes-le-Château. Du trésor des Wisigoths au secret de l'abbé Saunière* qui présentait une synthèse de tous mes travaux antérieurs, et la complétait partiellement en évoquant la venue de Marie-Madeleine en Gaule [3]. Or il se trouve que par une sorte d'effet de synchronicité, mon éditeur publia presque simultanément un second ouvrage de l'auteur précité, qui complétait la description exacte du milieu religieux dans lequel évoluait Boudet. Mais la suite des évènements montra que, pour lui aussi, *La vraie langue celtique* était demeurée aussi hermétique que l'entrée d'une grotte abritant un virtuel trésor !

Selon les allégations du sulfureux Plantard, le Père Vannier [4], supérieur des Lazaristes de Notre-Dame de Marceille, aurait dit un jour à Rennes-les-Bains que l'abbé Boudet « était le détenteur d'un secret pouvant engendrer les plus grands bouleversements ». La virtualité de cette conjecture conduisait donc à penser que notre abbé aurait pu faire une découverte de nature religieuse très importante, dont son ouvrage codé était évidemment susceptible d'apporter la révélation. On ignore s'il avait été affecté à RLB, en 1872, avec mission d'entreprendre une quelconque prospection, mais il apparaît clairement que l'*objet* de sa curiosité était connu des hautes sphères religieuses. Boudet était d'un naturel très discret, mais son manque supposé d'orthodoxie, probablement dû à quelques fréquentations profanes jugées douteuses en haut lieu, avait entamé la confiance que la hiérarchie lui avait accordé jusque là.

La preuve en est que, quelques années plus tard, il fut flanqué d'un compagnon jugé plus sûr, faisant en quelque sorte office d'ange gardien. Tous deux découvrirent, non loin de RLB, une chose vraiment extraordinaire, invraisemblable, et beaucoup plus importante que la présence des reliefs d'un trésor matériel. Découverte qui aurait dû valoir à Boudet, pour l'achat de son silence, un déroulement de carrière avantageux. Ce qui ne fut pas le cas ! Peut-être refusa-t-il toute cooptation par simple souci de la vérité ! Le fait est qu'en application d'un adage fort connu de l'Ancien Testament qui n'a rien d'évangélique, il décida de publier son ouvrage codé qui lui permettait d'exposer ce qu'il considérait être la « vraie Vérité ». Telle une bouteille à la mer, son livre lui conservait l'espoir d'obtenir, dans un futur pour lui indéfini, la possible réhabilitation posthume de son honnêteté intellectuelle. Mais cela lui valut de vivre pendant vingt-neuf ans (1886 à 1915), dans sa paroisse et jusqu'à son décès, une situation vraiment paradoxale et peu enviable : celle d'un homme devenu *intouchable* dans tous les sens du terme. C'est du moins, pour qui parvient à le traduire, ce que lui-même affirme dans son ouvrage et jusque sur sa pierre tombale.

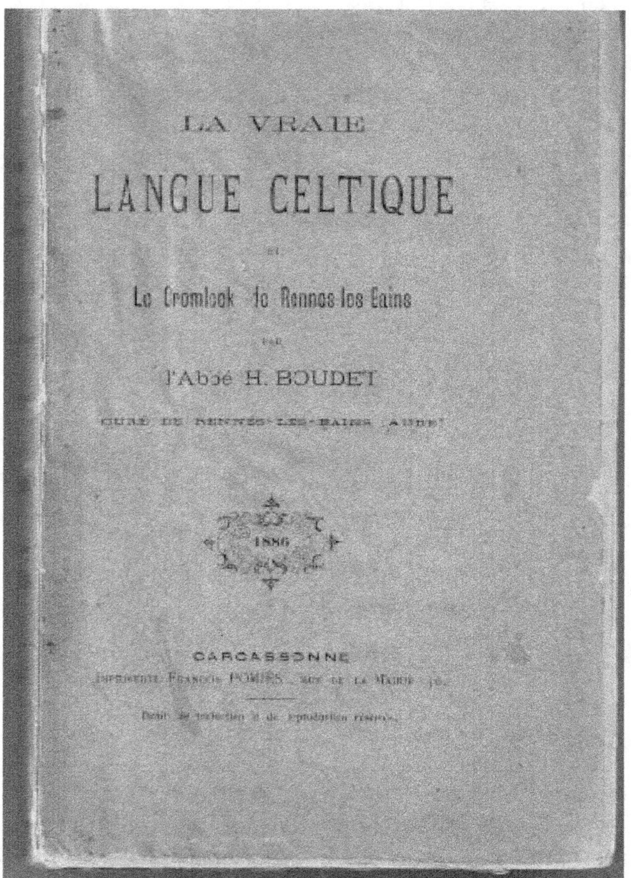

L'ouvrage de Boudet

Je dois ajouter que le sujet s'étant avéré très épineux, je me suis efforcé d'observer à la fois une néces-saire neutralité et la plus grande rigueur morale dans un décodage se voulant rationnel, car basé sur des versions anagrammatiques obtenues, comme l'on sait, par des permutations de lettres. Pour main-tenir l'attention du lecteur, j'ai replacé les situations décrites dans leur contexte historique et religieux, et les ai largement commentées pour en faciliter la compréhension. Toutefois, je suis bien conscient que je n'ai pas réussi à traduire totalement l'information cryptée contenue dans cet ouvrage. Quoi qu'il en soit, le résultat obtenu va probablement choquer nombre de croyants ayant le dogme chevillé au corps, mais il n'attente nullement à l'essence de la foi. C'est là la Vérité découverte et, en tout cas, telle que perçue et décrite par un petit curé de campagne audois.

Enfin, pour en terminer avec cette nécessaire présentation, je pense que l'abbé Boudet, qui était un esprit très ouvert, aurait probablement apprécié qu'elle se termine sur une note à la fois poétique et quelque peu insolite. Ainsi, trois quarts de siècle après son décès, un très célèbre troubadour sétois dont je salue ici la mémoire, Georges Brassens (1921-1981), nous restitua sans le savoir la trame de leurs communes tribulations. Ce grand poète tenait de sa mère, italienne fort dévote, un certain pen-chant pour la lecture des Evangiles — perceptible dans sa *Chanson pour l'Auvergnat* — et de son père, anticlérical et libre-penseur, un penchant plus que certain pour l'anarchie. Il y donna libre cours dans sa première chanson intitulée *La mauvaise réputation* (1952), qu'il est bien entendu hors de pro-pos de vous infliger entièrement, car elle est relativement connue. Nous allons simplement nous attar-der sur le dernier couplet car il présente, bizarrement, une analogie entre leurs sorts respectifs, et pos-sède, en outre, une perceptible connotation religieuse. C'est donc un thème qui semble tout indiqué car, comme on s'en apercevra en lisant le présent ouvrage, il restitue de façon très imagée les tribula-tions que notre abbé dit, de façon à peine voilée, avoir lui-même subies. Le voici :

> *Pas besoin d'être Jérémie*
> *Pour d'viner l'sort qui m'est promis*
> *S'ils trouvent une corde à leur goût*
> *Ils me la passeront au cou*
> *Je ne fais pourtant de tort à personne*
> *En suivant les ch'mins qui n'mènent pas à Rome*
> *Mais les braves gens n'aiment pas que*
> *L'on suive une autre route qu'eux*
> *Non les braves gens n'aiment pas que*
> *L'on suive une autre route qu'eux*
> *Tout l'monde viendra me voir pendu*
> *Sauf les aveugles bien entendu.*

Ami lecteur qui ne souhaitez pas, je suppose, faire partie de ces *non-voyants* — que soignait, selon Boudet, l'eau miraculeuse de Notre-Dame de Marsilla — penchez-vous donc sur le pré-sent ouvrage. Sa lecture en est par endroit quelque peu rébarbative, mais si vous faites preuve de suffisamment de persévérance, vous constaterez que votre petit voyage dans un fauteuil valait le déplacement, car le dénouement est à la fois étonnant, détonant et fort instructif.

NOTES

1. Mais j'aurais pu aussi, comme la suite va le montrer, plagier Zola et l'intituler *La faute de l'abbé Boudet.*

2. Franck Daffos, *Rennes-le-Château, Le secret dérobé.* Editions de l'Œil du Sphinx (2005). Détails disponibles sur Internet. Ce chercheur dit avoir bénéficié dans son enquête « d'accointances dans le milieu ecclésiastique ». Ce que je suis totalement disposé à croire, ayant découvert, dans l'*Ordo* de 1921, qu'un prêtre portant son patronyme fut professeur dans une école religieuse de Carcassonne sous le magistère de Mgr de Beauséjour. Or, l'abbé Boudet aurait été un temps, au début de sa carrière, professeur d'anglais dans le même établissement.

3. Par la suite j'appris par l'une des rubriques consacrées à *RLC* sur Internet, puis tardivement par mon éditeur, que mon ouvrage avait retenu l'attention des milieux académiques, et été répertorié dans la base de données du Système Universitaire de Documentation. C'est probablement l'un des seuls avec celui de René Descadeillas, traitant de Rennes-le-Château — à forte connotation historique, il est vrai, — à avoir bénéficié de cette distinction. Pour les lecteurs éventuellement intéressés, il est toujours disponible à la vente sur Internet.

4. Pour plus des détails sur le prêtre en question voir Franck Daffos in *Le Puzzle reconstitué.* Editions Pégase. Ces détails sont disponibles sur Internet.

Prologue

> Ecris donc ce que tu as vu :
> Le présent et ce qui doit arriver plus tard.
> **Apocalypse de Jean. 1, 19**

Les présents écrits sont une tentative — que j'espère concluante — de décryptage d'un ouvrage, rédigé comme on l'a vu par un petit curé de campagne. Contrairement à son titre, ce livre s'inscrit dans une sphère essentiellement historique et religieuse, car les principaux acteurs dont vous allez découvrir le rôle au fil de la lecture sont des clercs. C'est la raison pour laquelle il se devait de débuter par un emprunt aux Saintes Ecritures et, comme il aboutit à une révélation, le choix ne pouvait se porter que sur l'*Apocalypse de Jean,* dont un court passage du Prologue a été placé en exergue. C'est une injonction, à laquelle nous allons nous efforcer d'obéir et, pour cela, construire un canevas débutant par le présent Prologue, en réservant pour l'Epilogue — dans un souci de l'ordre des choses — ce qui arrivera plus tard.

En fait, l'histoire fort compliquée qui suit, est semblable à un iceberg flottant à l'origine sur un océan d'incertitudes, dont la partie visible — de fort loin d'ailleurs — n'était autre à l'origine que le petit village de Rennes-le-Château, haut perché sur son belvédère. Le présent dont il est fait état dans le verset est donc déjà relativement ancien, puisque ce lieu a acquis une notoriété, devenue aujourd'hui internationale, depuis environ un demi-siècle. Et ceci, on le sait, à cause des tribulations de son curé, l'abbé Bérenger Saunière, inventeur présumé d'un fabuleux trésor. Affecté à Rennes en 1885, ce prêtre dont la conduite défraya longtemps les chroniques religieuse et profane fut, en décembre 1911 sous le prétexte de simonie, frappé par son évêque, Mgr de Beauséjour, d'une peine de *suspense a divinis*. Dès lors, victime de l'ostracisme de sa hiérarchie et d'une partie de ses collègues, il fut constamment en butte au droit canonique mais, contre vents et marées, n'en termina pas moins sa vie dans sa propriété de Rennes. Nous allons donc nous intéresser d'emblée à ce sulfureux personnage et, pour ménager au lecteur un certain suspens — (*à devinis*) cela va de soi ! — le présent prologue va débuter paradoxalement par la fin de sa vie terrestre et, en particulier, par les conditions de son décès, telles qu'elles furent initialement rapportées dans la littérature.

C'est le 17 janvier 1917 que, sur le seuil de la Tour Magdala, Bérenger Saunière s'écroula, victime d'une *attaque*, autrement dit un accident vasculaire cérébral. Le premier témoin de ce drame fut évidemment sa bonne, Marie Dénarnaud qui, le trouvant allongé sur le sol paralysé et à demi-inconscient, fit immédiatement appel à ses plus proches voisins pour le transporter dans le salon et l'installer dans un fauteuil. Et elle prit soin, dès l'instant, d'envoyer l'un d'eux quérir rapidement un médecin à Couiza. Arrivé sur les lieux, ce dernier ne put que constater la gravité et l'irréversabilité du cas, et en fit part à son patient qui, entre-temps, avait retrouvé quelque peu ses esprits et l'usage de la parole. Pressentant qu'il touchait au terme de sa vie, Saunière demanda alors à Marie de faire appel à son confrère l'abbé Rivière, curé d'Espéraza, afin qu'il vienne recueillir sa confession et, par pure charité chrétienne, lui administrer les derniers sacrements [1].

TELLE FUT DONC SA DERNIÈRE VOLONTÉ

Probablement sur la foi de témoignages locaux — dont celui de Noël Corbu, légataire universel de Marie décédée en 1953 — le journaliste Gérard de Sède a décrit le déroulement de cette entrevue, et insisté lourdement sur l'effet commotionnel durable qu'elle aurait provoqué sur l'abbé Rivière. C'est pourquoi il a paru intéressant de soumettre au lecteur ce long passage descriptif qui suivit, selon cet auteur, l'ultime rencontre entre les deux hommes [2] :

« Que se passa-t-il alors entre les deux prêtres ? Nous ne le saurons jamais. Mais quand Rivière quitta son ami expirant, il était blême et bouleversé. Son émotion ne fut pas fugitive : il devint renfermé, taciturne, muet ; jusqu'à sa mort, on ne vit plus jamais rire. Quel horrible secret avait-il reçu en confidence ? Ou quel abîme spirituel avait-il pu s'ouvrir devant lui ? L'âme de Bérenger lui sembla-t-elle déjà changée en une de ces pierres sur lesquelles la miséricorde divine elle-même se brise les ailes ? Pensa-t-il qu'il abandonnait son ami au seuil de l'enfer ? En tout cas, il se passa ce qu'on n'avait jamais vu : c'est seulement deux jours après son décès (survenu le 22 janvier), que le curé de Rennes-le-Château reçut de sa main les derniers sacrements. Jusqu'à la fin, et même au delà, Bérenger Saunière sut garder son auréole de mystère ».

Selon de Sède, Rivière aurait donc refusé de donner l'absolution à son confrère mourant, et ne lui aurait administré les derniers sacrements que dans les instants précédant ses obsèques religieuses. Une telle description de ce dramatique épisode a toujours laissé planer un doute sur la procédure réellement suivie, et l'état commotionnel du confesseur qui en aurait résulté. C'est pourquoi, quelques temps plus tard, un ecclésiastique audois s'intéressant à l'*Affaire Saunière*, l'abbé Bruno de Monts de Savasse, essaya de normaliser la situation en donnant une version un peu différente de cet évènement. Voici textuellement ce qu'il a écrit [3] :

« En fait, l'abbé Saunière restera jusqu'à la fin de sa vie sous le coup de la censure ; une note de l'Administration Diocésaine, le 3 juillet **1915**, rappellera l'existence de la censure et il n'en sera relevé qu'« *in articulo mortis* » (à l'article de la mort) par l'Abbé Rivière, Curé-Doyen d'Espéraza, appelé à son chevet le 22 janvier **1917**. Ce qui lui permit de donner une sépulture religieuse au Cimetière Communal dans le Caveau des Prêtres qu'il avait construit ».

En fait, il s'agit là d'un pieux mensonge car, dans l'atmosphère politique qui prévalait à cette époque dans la région, il était évidemment impensable qu'un prêtre, fut-il suspendu par sa hiérarchie, soit enterré civilement. Cela n'aurait pas manqué de marquer durablement les esprits, et de faire se gausser bruyamment certains ennemis de l'Eglise, nombreux dans le diocèse. Or les deux auteurs sont d'accord sur le fait qu'il ne fut pas relevé de la censure et absous le 17, alors que son état de santé était très alarmant, et justifiait que lui fussent administrés à ce moment là les derniers sacrements. Si l'on suit l'abbé de Monts, il eut fallu que feu son confrère Rivière soit éminemment clairvoyant — à moins qu'il n'ait bénéficié d'un bienheureux hasard, — pour savoir que Saunière allait mourir le 22, et monter à Rennes juste avant son décès ! D'autant qu'il allait être contraint d'y retourner deux jours plus tard, le 24, pour l'accompagner religieusement à son dernier séjour. En réalité, ce ne put donc être que ce jour là, juste avant l'enterrement, qui eut lieu deux jours après son décès, qu'il le releva de la censure et lui administra l'extrême onction.

Il se serait donc passé exactement une semaine (du 17 au 24), avant que l'abbé Rivière ne consente à absoudre son collègue, afin de lui permette de recevoir les obsèques religieuses dues à un prêtre. Ce qui implique qu'il était inévitablement confronté à un très grave problème de conscience, qui n'était pas lié qu'à la seule censure, et qu'il ne résolut qu'après mûre réflexion. La durée de latence de sa prise de décision conduit même à penser que la gravité de l'aveu de Saunière dut le conduire à rendre compte à sa hiérarchie. Et à agir sur ses directives !

Nombre des détracteurs de de Sède ont, évidemment, mis en doute la réalité de ses dires, et notamment l'état d'accablement et de désespoir qui aurait frappé de façon durable l'abbé Rivière après sa dernière entrevue avec Saunière. Mais, comme nous le verrons plus tard, bien que cet auteur se soit abandonné quelquefois à un certain délire imaginatif, il était en possession de certaines informations crédibles sur ce qu'il est convenu d'appeler le secret de Rennes ! C'est pourquoi, dans la méconnaissance d'autres témoignages contradictoires sur cet épisode dramatique, qui soient à la fois neutres et avérés, et bien que contraint de demeurer dans une prudente expectative, nous accepterons provisoirement l'authenticité de ses dires.

Voici donc pour le présent, dans l'attente de ce qui doit arriver plus tard !

NOTES

1. Saunière n'était pas *excommunié* mais *interdit de rite en public* et l'abbé Rivière, qui fut curé d'Espéraza de 1904 à 1920, assurait alors son intérim à Rennes. Il semblerait que de ce fait, ils n'entretenaient pas des relations très cordiales. Rivière termina sa carrière à Coursan, près de Narbonne, avec le titre de chanoine, et décéda en 1929.

2. Voir de Sède, in *L'or de Rennes*, p. 56. Op. cité.

3. Voir Abbé de Monts, in *Le vrai trésor de Rennes-le-Château. Op. cité.*

PREMIÈRE PARTIE

-1-

PRÉSENTATION DE L'AUTEUR

L'ABBÉ JEAN-JACQUES, HENRI BOUDET ET SON ŒUVRE.

> Paroles de Qohélet, fils de David, roi à Jérusalem.
> Vanité des vanités, tout est vanité.
> **Ecclésiaste** (1, 1-2)

-I-

Petit essai biographique

Jean-Jacques, **Henri Boudet** naquit le 16 novembre 1837 — donc entre deux Révolutions — à Quillan, dans la Haute-Vallée de l'Aude, au sein d'une famille aisée. Son père était régisseur des forges situées en amont de la localité, et on ne sait pas si cette famille était originaire de la proche région. Son extraction bourgeoise lui procura probablement une enfance heureuse, et il fit très tôt preuve d'une intelligence précoce. Toutes choses qui le destinaient évidemment à entreprendre des études supérieures, comme cela advint pour son frère cadet Edmond, né en 1840, qui étudia de droit et devint notaire. Mais il devait en aller autrement pour Henri, car les voies du Seigneur, on le sait, sont impénétrables ! Au terme d'études secondaires classiques, il avait dit-on entrepris des études de médecine, probablement à Montpellier, lorsqu'il fut victime d'une déception sentimentale, évidemment suivie d'une petite dépression fugitive, qui l'aurait poussé à embrasser la carrière ecclésiastique. Les motivations qui le conduisirent vers le sacerdoce nous sont inconnues et on ignore si, tout jeune, il présentait un certain penchant pour le mysticisme. Mais ayant été, comme on peut le supposer, enfant de chœur, il avait reçu une certaine imprégnation de ce rite, relativement mystérieux, qui entraîne quelquefois des vocations précoces. Selon certains — mais rien n'est moins sûr — son esprit éveillé aurait déjà été remarqué par l'abbé Emile de Cayron (1807-1897), probable relation de la famille, qui, avec l'inévitable concours d'une aimable pression maternelle, — c'était alors très valorisant pour une dévote d'avoir un fils dans les ordres — l'aurait fortement incité à embrasser la carrière religieuse. C'est ce qu'il fit, en vertu du mystère de la prédestination, mais qu'il regretta peut-être amèrement par la suite. Ayant en effet été quelque peu imprégné de l'esprit des carabins, il ne put jamais se départir au cours de sa vie d'une fâcheuse liberté d'esprit.

Il suivit donc le cursus du Grand Séminaire de Carcassonne, et fut ordonné prêtre le 21 décembre 1861, à l'âge de 24 ans. Après quoi, il fut nommé vicaire à Durban, dans les Corbières, puis quelque mois plus tard à Caunes, dans le Minervois, où il eut inévitablement des contacts enrichissants avec un certain prêtre, aumônier de la proche Notre-Dame du Cros. Entre temps, il semble qu'il aurait été, un temps, professeur d'anglais au Lycée Stanislas de Carcassonne. Puis, en novembre 1866, il fut nommé curé à Festes-et-Saint-André, paroisse très rurale qu'il devait desservir durant six ans, et dont la géographie le marqua durablement puisque, à la fin de son ouvrage, il nous entraîne sur le chemin conduisant de Saint-André à Chalabre, visiter une montagne décorée, dit-il, du nom de Mataline....! Enfin, Mgr Leuillieux, évêque de Carcassonne, l'envoya exercer son sacerdoce à Rennes-les-Bains le 16 octobre 1872, où il succèda à Jean Vié, décédé le 31 août de la même année. Il demeura quarante deux ans dans cette petite cité thermale alors très fréquentée, ce qui lui permit de s'imprégner de l'*esprit des lieux,* de l'histoire et des légendes locales, et de faire, durant la saison estivale, de très nombreuses rencontres enrichissantes. Il fréquenta évidemment le milieu ecclésiastique diocésain duquel émergeaient notamment l'abbé Gasc, successeur de Mèche à Notre-Dame de Marceille et grand ami de son prédécesseur Vié ; mais aussi l'abbé Lasserre, curé d'Alet puis, plus tardivement, certains pères Lazaristes de Notre-Dame de Marceille. Il eut probablement aussi de nombreuses relations profanes. Episodiques avec certains curistes, mais plus durables avec quelques membres de l'intelligentsia régionale au sein de laquelle évoluaient alors Louis Fédié, éminent carcassonnais originaire de Couiza et historien du Razès, et aussi Constantin Cailhol qui demeurait à Alet.

Petite réunion des prêtres riverains de la Salz.
De gauche à droite Bérenger Saunière,
X. Malot (Grèzes), Alfred Saunière,
Henri Boudet et Antoine Gélis (Coustaussa).

Pour ce qui concerne ses penchants politiques, de par son origine bourgeoise catholique et, comme en témoignent ses références à Joseph de Maistre (pp. III, 42 et 253), théoricien de la Contre-Révolution, il était probablement un partisan du comte de Chambord. Comme son ami Saunière, connu pour avoir fait un prêche contre la République, et la majorité des ecclésiastiques de son époque. Mais malgré cela, on peut oser la conjecture qu'il eut quelque attirance intellectuelle pour la famille Roché, d'Arques, dont le membre le plus éminent, Paul, était notaire comme Edmond Boudet ; ce qui facilita évidemment les présentations. Le seul écueil étant que Paul était radical-socialiste et franc-maçon, et donc pas précisément en odeur de sainteté auprès de l'évêché[1]. Mais c'était un homme de bonne volonté, ayant une forte inclination pour les choses spirituelles, l'occultisme, l'ésotérisme et l'histoire des religions, et dont le fils, Déodat (1877-1978), était prédisposé à suivre la voie. Ce qu'il fit, effectivement, en dévoilant à un public relativement large l'existence passée d'une très ancienne forme de chrétienté autochtone, pratiquement disparue de la mémoire collective : le catharisme.

Henri Boudet était à l'évidence un très esprit brillant, toujours en éveil et donc d'un naturel curieux de l'évolution des idées. Il était nettement au dessus du niveau intellectuel de la majorité de ses confrères de la région, puisqu'il fut ordonné prêtre à un âge précoce et devait, en outre, se sentir à l'étroit dans la rigidité du dogme. Depuis son affectation dans la station thermale, il y a tout lieu de croire qu'au gré de ses multiples contacts mondains, son caractère et sa conformation intellectuelle ne pouvaient qu'évoluer et le porter vers une certaine liberté d'esprit. Et la conséquence en était évidemment qu'il supportait de moins en moins le pharisaïsme régnant dans le milieu fermé dans lequel il baignait jusque là. Cela résultait probablement du fait qu'au cours de son cursus humaniste, il avait été séduit par la clarté des Lumières.... qui n'était évidemment pas celle, obscure, qui selon Pascal tombe des étoiles ! Ce qui expliquait sa possible appétence pour des ouvrages mis à l'index, et dont la lecture était évidemment interdite aux membres du clergé. On pense évidemment aux écrits séditieux du père Félicité de Lamennais (1782-1854), mais surtout à ceux de son contemporain Ernest Renan (1823-1892), ancien séminariste de Saint Sulpice qui, trouvant insupportable l'obscurantisme régnant à son époque, se défroqua. Par la suite, ses compétences et sa vaste érudition en histoire religieuse lui ouvrirent les portes du Collège de France. Mais, lors de sa leçon inaugurale, en janvier 1862, il déclara que « Jésus était un homme incomparable », provoquant ainsi une violente réprobation des milieux catholiques. L'année suivante, il confirma son engagement en publiant une *Vie de Jésus*, qui était loin d'être en accord avec le dogme. Ce qui lui attira à nouveau les foudres de l'Eglise et aboutit à sa révocation par Napoléon III. Heureusement pour lui, il fut par la suite couvert d'honneurs par la République laïque, et même élu à l'Académie Française en 1878. Boudet dut être sensible à l'argumentation et à l'indépendance d'esprit de Renan, car il le confirme — comme nous le verrons plus loin — par sa lecture critique de certains Pères de l'Eglise comme, par exemple, Irénée et Augustin. Mais il y a tout lieu de penser qu'il eut aussi, quelquefois, de longues discussions sur les fins dernières de l'homme avec ses amis du milieu profane déjà cités.

Très porté sur le verbe, au sens biblique et profane du terme, il possédait probablement de façon innée l'art de jouer avec les mots et les sons ; surtout ceux du dialecte occitan local, très poétique. Contrairement à l'un de ses plus illustres contemporains, Victor Hugo, il ne pensait sans doute pas que *les jeux de mots soient la fiente de l'esprit*, mais aurait plutôt été un adepte du moine médecin François Rabelais, qu'il salue de façon à peine voilée dans son ouvrage (p.237).

Outre ses connaissances théologiques, littéraires et historiques, on sait qu'il possédait l'usage de plusieurs langues : le dialecte occitan local, qui était sa langue maternelle et véhiculaire avec ses ouailles, le français qui était la langue officielle et obligatoire, mais aussi l'anglais dont il était licencié et qu'il enseigna. Mais il va sans dire qu'il avait aussi de sérieuses connaissances en latin et en grec, des notions d'espagnol et peut-être quelques lumières en hébreu ; il possédait, enfin, quelques rudiments de langues plus exotiques comme le basque ou le kabyle. Il avait donc un penchant tout naturel pour la linguistique, qui est l'étude des véhicules oraux et écrits de l'information. Ce qui explique qu'elle devint pour lui un pôle principal d'intérêt auquel il consacra probablement de longues soirées d'hiver. C'était alors une science neuve et encore balbutiante à son époque, ouverte aux envolées intellectuelles donnant souvent lieu à des théories aussi provisoires qu'évanescentes. Ce qui pouvait conduire un dilettante, même très éclairé, à des conclusions totalement saugrenues. Pourtant il avait dû lire la *Grammaire comparée* de Bopp, puisqu'il le cite (p. 10), et devait donc savoir que les langues indo-européennes et chamito-sémitiques, et aussi l'euskarien, n'avaient aucune parenté entre elles. Enfin, pour ce qui concerne la langue celtique, il aurait du se contenter d'axer sa démonstration sur des analogies avec l'idiome occitan, langue romane au moins aussi proche du celtique que ne l'est l'anglo-saxon qui, comme le gothique, appartient au rameau germanique. C'est sans doute le nombre limité de locuteurs d'un idiome qu'il savait en voie d'extinction, et peut-être un souci de pouvoir être compris dans le futur, qui lui a fait choisir la langue de Shakespeare de préférence à celle du poète toulousain Godolin (Phon. Goudouli). Il faut reconnaître qu'à défaut de poésie, les traductions anglo-saxonnes qu'il donne des termes hébreux, kabyles, basques ou occitans apparaissent souvent surréa-listes, car délirantes et à la limite du non-sens ! Mais sans doute était-ce l'effet recherché pour capter l'attention du lecteur

Bien qu'il ait été contraint d'œuvrer dans la solitude, il n'en décida pas moins de publier, en 1886, à compte d'auteur et sans l'*imprimatur* de son évêque, un premier ouvrage pour le moins insolite, qui prétendait établir une filiation entre la plupart des langues parlées dans le monde et les racines anglo-saxonnes de la langue anglaise. Son titre était *La vraie langue celtique et le Cromleck de Rennes-les-Bains,* mais il avait en réalité un but tout autre.

Cette première tentative d'écriture ne fut pas un succès et, hormis quelque commentaires polis de ses amis, fut éreintée par la critique dans la presse régionale. Nullement découragé, il n'en poursuivit pas moins ses efforts et tenta, un peu plus tard dans le cadre de quelques rares publications, d'établir une très hypothétique filiation entre une *supposée* langue celtique et les parlers languedociens. A l'insti-gation de son ami Louis Fédié, il devint en 1888 membre correspondant de la Société des Arts et des Sciences de Carcassonne. C'est dans ce cadre qu'il publia en 1894, dans l'un des Mémoires de cette société savante, un article présenté par ce même Fédié et intitulé : *Remarques sur la phonétique des dialectes languedociens.* Il s'agit d'une analyse linguistique remarquable pour l'époque, très fouillée, qu'il infligea en guise de revanche aux gens graves et sérieux, qui s'étaient gaussés, avec quelques raisons, de son bizarre ouvrage, huit ans auparavant.

Deux manuscrits d'une vingtaine de pages, consacrés à la linguistique et dont il était l'auteur, ont en outre été retrouvés. L'un intitulé *Du nom de Narbonne. Exemple d'interprétation des noms gaulois par les racines saxonnes de l'anglais* [2]. L'autre, de la même veine mais probablement plus tardif, qui était conservé dans les archives léguées par sa belle-sœur, traite *Des lieux-dits de la localité d'Axat* [3]. Comme le précédent, ces deux textes sont d'une excellente tenue. Mais, malgré ce qu'ont pu croire certains, aucun des trois ne semble avoir été *codé.*

Sa passion pour la linguistique était telle qu'il réussit, en 1897, à être reçu comme membre correspon-dant de la Société de Linguistique de Paris, assemblée d'érudits et de brillants esprits parmi lesquels figurait, entre autres, le célèbre Antoine Meillet, spécialiste du sanskrit et des langues indo-euro-péennes. Les linguistes distingués qui l'accueillirent en leur sein, ne connaissaient probablement pas l'existence de cet ouvrage insolite, commis par lui onze ans plus tôt et qui, il est vrai, n'avait eu qu'une diffusion régionale et très confidentielle. Mais le fait qu'il ait été reçu dans ce cénacle parisien prouve, à la lumière de ses trois écrits ultérieurs, qu'il possédait des compétences reconnues et des garanties de sérieux suffisantes.

La connaissance très rudimentaire de la langue celtique par les milieux savants de son époque — de laquelle il s'est inspiré — fait que ses deux manuscrits s'avèrent aujourd'hui d'orientation très approximative. Mais ils mettent tout de même clairement en évidence ses connaissances en matière de langues, sa capacité imaginative, son approche méthodique et son esprit de synthèse. Malheureusement pour lui, son recours systématique à la langue anglaise l'a mis sur une fausse voie. Mais on peut dire, à sa décharge, qu'il ne fut pas le seul, car on sait très bien qu'avant que la linguistique ne trouve un solide aboutissement, une multitude de thèses de brillants universitaires fut abandonnée ; et elles finirent à la corbeille. Si celle de Boudet apparut comme plus extravagante que les autres, c'est parce que ses lectures avaient fait de lui la victime d'une mode intellectuelle qui sévissait à son époque. Il a puisé, en effet, en grande partie ses connaissances celtiques dans l'œuvre de l'historien Henri Martin (1810-1883), auteur d'une *Histoire de France* en dix-neuf volumes. Ce dernier était alors très célèbre puisque, outre ses talents d'historien, il était aussi homme politique et académicien ; il a d'ailleurs laissé son nom à une célèbre avenue de Paris. Pourtant, avec le recul, ses écrits furent très critiqués par ses pairs pour avoir donné une importance, jugée de nos jours excessive, aux origines celtiques de notre pays. En cela, il fut donc le précurseur de la vague de celtomanie qui déferla sous la IIIe Répu-blique, résumée par le célèbre *Nos ancêtres les Gaulois*, cher à tous les écoliers de France et d'Outre-Mer, et à laquelle il semble avoir cédé. Mais, comme nous allons le voir, le fait est qu'il a utilisé cette dynamique historico-littéraire pour faire passer, de façon très singulière, un mes-sage qui lui tenait à cœur.

Eglise de Rennes-les-Bains

Au terme de sa longue carrière, en 1914, alors qu'il est âgé et souffrant, et sous un fallacieux prétexte de conflit avec la municipalité au sujet du bail du presbytère, mais plus probablement sous la pression de son évêque, Mgr de Beauséjour, qui avait probablement été informé sur ses antécédents, il démissionna de son ministère et quitta RLB le 30 avril. Il se retira à Axat, où son frère Edmond, décédé en 1907, avait son office notarial, et y fut recueilli et soigné par sa belle-sœur. Décédé le 30 mars 1915, à l'âge de 78 ans — probablement d'un cancer de l'intestin — il fut inhumé dans le cimetière de cette localité, dans la même tombe que son frère Edmond. (Le décryptage des inscriptions et symboles ornant sa tombe sont donnés en annexe 1.)

-II-

La tortueuse genèse de *La vraie langue celtique.*

Entrons à présent dans le vif du sujet avec son ouvrage intitulé *La vraie langue celtique et le Cromleck de Rennes-les-Bains,* que son contenu situe dans le droit fil des ses penchants celtomaniaques. En publiant cet ouvrage, il savait que ce genre de littérature, espèce de fourre-tout dans lequel se mêlaient, des emprunts à l'Ancien Testament et à la Mythologie grecque, une archéologie protohistorique imaginaire empruntée à la géologie locale, le tout passé à la moulinette d'une pseudo-linguistique délirante, ne pouvait qu'attirer l'attention par son caractère bizarre et insolite. D'autant qu'il ne se limitait plus au dialecte languedocien, mais prétendait également expliquer le sens de mots appartenant aux langues hébraïque, punique, basque, kabyle et ibère en les décomposant en mono-syllabes anglo-saxonnes.Tout ceci était évidemment risible et ne pouvait que déconsidérer l'auteur. Ce qui expliquerait que, pour des raisons jusque là inconnues, son manuscrit soit resté six ans — du moins à ce qu'a prétendu l'auteur de la préface de l'une des rééditions — chez son éditeur avant d'être publié. Années au cours desquelles, ayant constaté l'inanité de ses recherches et changé son fusil d'épaule, il rédigea un long addendum d'une centaine de pages, consacré à un *pseudo cromlech géant* situé par lui à RLB et que nul, depuis, n'a réussi à localiser, car il est évidemment totalement imaginaire.

En 1887, avec une certaine inconscience, mais peut-être par provocation, il présenta ledit ouvrage au jury de l'Académie des Sciences, Inscriptions et Belles Lettres de Toulouse. Voici le compte-rendu qu'en fit le rapporteur, sur un ton ironique mais relativement diplomatique, au cours d'une séance tenue en juin de cette même année :

« Nous ne pouvions entrer dans la critique détaillée de ce livre pour discuter les hypothèses fantaisistes et les affirmations aussi gratuites qu'audacieuses qui semblent accuser une imagination féconde. Se plaçant à un point de vue exclusivement religieux, l'auteur fait intervenir sans cesse des autorités qui n'ont rien à voir avec la linguistique telle qu'elle est constituée de nos jours : la Bible, les auteurs latins, de Maistre, Chateaubriand, Figuier, etc. Nous n'avons pas été peu surpris d'apprendre que la langue unique qui se parlait avant Babel était « l'anglais moderne », conservée par les Tectosages. C'est ce que monsieur Boudet nous démontre par de prodigieux tours de force étymologiques. L'Académie, tout en reconnaissant dans ce volume une somme de travail qui mérite le respect, ne croit pas devoir consacrer par une récompense ce système aussi hardi que nouveau de reconstitution historique. »

Ses contemporains ont pu penser que cette œuvre insolite était, soit une tentative d'incursion de sa part dans un domaine très spécialisé et semé d'embuches — une sorte de péché de jeunesse — soit une provocation littéraire bizarre, surréaliste avant la lettre, destinée à marquer les esprits. Seul un nombre très limité de ses confrères avait peut-être compris qu'elle véhiculait un très important message !

Pour cerner les raisons de cette dérive, il faut tenter de reconstituer la genèse pour le moins laborieuse de cet ouvrage, dont la publication tardive serait due au fait qu'elle visa successivement, au fil du temps, deux objectifs totalement différents. Au départ, ce fut l'expression de sa passion pour la linguistique — son passe-temps favori — et, ensuite, comme va le montrer le décryptage de l'ouvrage, la violation délibérée d'un très important secret religieux dont il était détenteur. Au risque de déflorer le sujet, il est nécessaire de préciser qu'une antique tradition religieuse régionale, transmise par les chapelains successifs de RLC, faisait en effet état de la présence, dans la proche région, de très précieuses reliques chrétiennes : celles de Sainte Marie-Madelerine [4]. Et cette tradition lui parvint par le canal d'une petite confrérie discrète, constituée de quelques prêtres de son entourage. Il s'était évidemment engagé à en respecter la confidentialité mais, pour des raisons liées à une très importante et insolite découverte qu'il fit par la suite en compagnie d'un autre prêtre, il fut moralement conduit à rompre son silence et décida d'utiliser, comme vecteur de communication, son ouvrage alors en gestation. En tout cas :

TELLE SEMBLE AVOIR ETE SA VOLONTE.

C'est probablement vers la fin des années 1870, que notre abbé décida sans doute de publier un essai sur la linguistique d'environ deux cents pages, de la même veine que les trois fascicules plus tardifs déjà évoqués, mais de portée plus générale. En témoigne le contenu des vingt-six premières pages, et le tableau de correspondance des termes languedociens et anglo-saxons qu'elles contiennent. Primitivement, donc, l'auteur homme de tempérament modeste et discret — et qui connaissait la force des mots — n'aurait jamais affublé son ouvrage d'un titre aussi prétentieux. Seulement voilà. Entre le dépôt du premier manuscrit chez l'imprimeur et la publication tardive de l'ouvrage, on peut penser qu'un ou plusieurs événements fortuits et très graves bouleversèrent son existence, et en tout cas ses croyances et la foi qui, jusque là, gouvernaient sa vie.

Pour des raisons éthiques, étant un homme de bonne volonté et un ami de la vérité, Boudet jugea donc nécessaire de pérenniser la tradition locale de la venue de la Magdaléenne, accompagnée du résultat de sa découverte. Mais comme il ne pouvait, de par les conditions morales qu'il avait acceptées lors de son ordination, l'exprimer de façon claire et explicite, il décida de crypter (du latin crypta = grotte) son message, afin qu'il ne soit accessible qu'aux rares initiés de son temps. Et aussi, à quelques curieux qui, dans un futur pour lui indéterminé, tomberaient par hasard sur un exemplaire rescapé de son ouvrage et, devant la bizarrerie du texte et les anomalies orthographiques introduites à dessein, essaieraient d'en pénétrer les arcanes pour en extraire la vérité. Cette Vérité qui lui était si chère et qu'il souhaitait transmettre à la postérité. C'était en quelque sorte son testament moral secret !

Un dernier mot, enfin, pour en terminer avec la genèse de cette *Vraie langue celtique*. Comme il a été dit, l'auteur de la préface d'une réédition de cet ouvrage [5] a prétendu que le manuscrit serait demeuré, comme on l'a déjà dit, six ans chez l'éditeur avant d'être publié. Et il s'est évidemment posé la question — sans pouvoir y répondre — de la durée de cette inexplicable latence. S'agissant probablement de simples conjectures de sa part, la sagesse la plus élémentaire commandait donc de ne pas en ajouter de nouvelles. Toutefois, le choix de la date de publication pourrait, du fait de l'état sacerdotal de l'auteur, donner lieu à une tentative d'exégèse. Il suffit pour cela d'effectuer une simple soustraction. Quatorze années exactement se sont écoulées entre sa nomination à la cure de RLB, en 1872, et la publication de son livre, en 1886. Pourquoi quatorze, nombre qui apparaît insidieusement, en toutes lettres, dès les premières pages de l'ouvrage : (p. 23)

« César ne se trompe pas en affirmant que les Gaulois comptaient le temps, non pas en jour, mais en nuits ; les descendans (sic) des Tectosages disent encore *fortnight (fortnaït)* quatorze nuits, pour exprimer le temps écoulé en deux semaines et *se'nnigh (sennit),* sept nuits, pour compter les jours d'une seule semaine. »

Débuter l'explication du compte du temps par *quatorze*, et non par sept qui le précède — et qui en outre est le nombre biblique de la Création — ne procède pas d'un comportement logique. Ensuite il y a cette opposition du jour et de la nuit, règne de l'obscurité et donc de l'absence de lumière, c'est-à-dire de connaissance !

Cette première approche pourrait ne sembler qu'anecdotique, mais il se trouve que ce nombre réapparaît dans le fil du texte. Ainsi dans le paragraphe, à vrai dire obscur, dans lequel il traite de la *pierre de Trou* (p. 257), nous pouvons lire :

« Nous avons en notre possession un silex de quatorze centimètres de longueur sur trois centimètres de largeur offrant de nombreuses dentelures sur les bords, trouvé dans le terrain de l'Haum-moor, tout près de l'emplacement d'une ancienne maison gauloise. »

Or la longueur est un substantif qui peut s'appliquer à une dimension de l'espace ou du temps. On pourrait inférer de tout ceci que dans la longueur du temps de ses premières années passées à RLB, *dans l'obscurité,* l'abbé Boudet aurait pu subir des épreuves troublantes, ayant mis en péril son équilibre psychologique ? Cela pourrait expliquer qu'il ait voulu souligner symboliquement cette mutation intellectuelle involontaire. Mais sans doute, du fait de son état, était-il indiqué qu'il fit référence aux Ecrits Saints. Ainsi dans l'Evangile de Marc, à la fin de l'exposé sur la généalogie de Jésus on peu lire (1, 17) :

« Le total des générations est donc : d'Abraham à David, quatorze générations ; de David à la déportation de Babylone, quatorze générations ; de la déportation de Babylone au Christ, quatorze générations ».

Et dans la *Deuxième Epître aux Corinthiens* de Paul (12, 2), on rencontre également un passage — à vrai dire relativement ésotérique — qui est le suivant :

« Je connais un homme dans le Christ qui, voici quatorze ans — était-ce en son corps ? Je ne sais ; était-ce hors de son corps ? Je ne sais ; Dieu le sait — .... cet homme là fut ravi jusqu'au troisième ciel ».

En outre, il était inévitable qu'il n'évoque, au passage, la tradition concernant la venue de Marie-Madeleine en Narbonnaise. Ainsi, dans sa *Légende Dorée*, l'évêque Jacques de Voragine (1228-1298) prétend que cette dernière aurait quitté la Palestine quatorze ans après la Passion pour se rendre en Gaule. Enfin, on ne saurait perdre de vue que quatorze est le nombre de stations du Chemin de Croix. Ce qui, nous le verrrons en temps utile, n'est pas sans importance dans le présent contexte !

-III-

Une bien sulfureuse « affaire »

Pour assurer la pérennité de son testament encore fallait-il que le livre, édité à compte d'auteur et déposé à la Bibliothèque Nationale, reçoive une diffusion maximale ; gratuite dans la plupart des cas. Ce qui expliquerait sa présentation à l'Académie toulousaine, pour l'obtention d'une récompense, qui donna évidemment lieu à un compte-rendu archivé. Statistiquement, il y avait donc une chance, aussi infime soit-elle, pour que dans le futur, son ouvrage insolite soit retrouvé dans quelque bibliothèque par des esprits curieux. Ce qui fut bizarrement le cas puisque, pour des raisons purement commerciales émergea, dans les années 1950, la légende d'un hypothétique trésor qui aurait été découvert par son contemporain l'abbé Saunière, curé de RLC.

Celui-ci fut en effet soupçonné d'avoir mis la main sur un très important magot, car il se livra peu après son affectation à Rennes, en 1885, à des dépenses vraiment somptuaires. Il fit d'abord restaurer l'église du village, dédiée à Sainte Marie-Madeleine, entièrement à ses frais, dans le style sulpicien propre à l'époque mais très chargé. Et, pour ajouter une touche vraiment insolite à son œuvre, il plaça un diable grimaçant aux yeux de verre à l'entrée, sous le bénitier. Ce qui n'allait pas, évidemment, sans étonner les visiteurs et choquer les dévots. Jouxtant son église, il fit d'autre part édifier, toujours avec des fonds d'origine inconnue, des constructions de style néogothiques, Villa Béthanie et Tour Magdala — toutes deux au nom très significatif — mais dont le luxe apparent jurait avec l'environnement rural très pauvre et les ruines de l'ancien château. Placée telle une vigie, cette tour Magdala, adossée à un rempart hémicirculaire, couronne l'éminence sur laquelle est bâti le village et est visible de fort loin. En outre, Saunière menait une vie que l'on savait très dispendieuse, ce qui conduisit les gens des environs à se poser d'inévitables questions sur l'origine de son rapide enrichissement. Il eut d'ailleurs à subir, par la suite, de nombreuses tribulations puisque, accusé de simonie sous forme de trafic de messes, il dut affronter un tribunal ecclésiastique diocésain : l'Officialité. Lequel le condamna en 1911, pour détournement de fonds, à un *suspens a divinis*. Parallèlement, son dossier avait été transmis, en 1910, à la Sacrée Congrégation du Concile de Rome, chargée de la gestion du personnel ecclésiastique. Pour des raisons inconnues, — et qui ne laissent pas d'intriguer ! — cette haute juridiction fit traîner l'affaire et ne se prononça jamais sur son cas. Vous avez bien lu ! Nous savons que sa peine de *suspens a divinis* aurait été levée *in articulo mortis*, au moment de son décès, par l'abbé Rivière, et Gérard de Sède a même prétendu que son secourable confrère avait eu du mal à se remettre moralement de la confession du mourant. Nous verrons à la fin de l'ouvrage que cette assertion appartient au domaine du vraisemblable. Enfin, pour compléter le tableau, il convient d'ajouter que le frère cadet de Bérenger, Alfred, avait été avant lui condamné à la même peine et avait dû quitter prématurément l'Eglise. Drôle de famille que ces Saunière !

Magdala

Mais notre curé disparu, quelle ne fut pas la surprise générale — et surtout celle de l'évêché — en apprenant que le propriétaire réel du domaine n'était autre que sa bonne, Marie Dénarnaud. Celle-ci vécut dès lors très chichement et, comme souvent en pareil cas, fut partiellement dépouillée d'une grande partie du mobilier et de la riche bibliothèque, par des « amis » compatissants. Sur ses vieux jours, une trentaine d'année après le décès de Saunière, elle fut recueillie par la famille Corbu, venue de Perpignan. En remerciement, elle fit de son bienfaiteur son légataire universel et, après son décès, survenu en 1953, Noël Corbu entreprit d'ouvrir une hôtellerie dans ce domaine, très visible aux alentours du fait de sa position élevée, mais relativement isolé. Souhaitant attirer le chaland dans ce lieu où, du fait de la présence du diable dans l'église régnait un certain mystère, auquel s'ajoutait la légende d'un mythique trésor, il pensa qu'un peu de publicité serait favorable à son entreprise. C'est ainsi que les tribulations du curé au trésor, qui avaient fait jusque là les délices des veillées des habitants de la haute-vallée de l'Aude, furent portées aux oreilles des journalistes locaux, et prirent un essor qui allait devenir irrésistible et, finalement planétaire !

Si l'émergence médiatique régionale de cette nouvelle *légende dorée* — au sens matériel du terme — attira d'assez nombreux clients à l'auberge, elle devint une véritable aubaine pour un trio aussi bizarre que disparate. Il était composé d'un ancien sacristain nommé Pierre Plantard [6], accompagné de son ami et confident Philippe de Chérisey — comédien de son état mais vrai marquis belge [7] — et enfin du journaliste Gérard de Sède. Ce dernier était un noble gascon très sympathique, qui n'était pas marquis mais seulement vicomte, et dont le petit travers — il en avait forcément un pour appartenir à un tel attelage — fut d'adhérer toute sa vie à la mouvance trotskiste. Inspiré par Plantard, ce personnage à la plume très alerte publia, en 1967, une œuvre romanesque très attrayante intitulée *L'Or de Rennes,* qui allait inaugurer le cycle *trésoraire* de RLC. Ce livre, qui incluait de bizarres parchemins et de fausses références bibliographiques [8], allait devenir un vrai succès de librairie, tourneebouler la tête à une multitude d'allumés, sinon d'illuminés, générer une suite éditoriale aussi nombreuse qu'ininterrompue, devenue finalement planétaire avec le *Da Vinci code.* Dans cette délirante mouvance, l'ouvrage de l'abbé Boudet *La vraie langue celtique* allait inévitablement émerger des ténèbres, sortant enfin d'un anonymat qui durait depuis trois quarts de siècle.

Des gens bien informés pensaient qu'avec le temps, cette œuvre au contenu sous-jacent hétérodoxe et iconoclaste, était devenue inoffensive car tombée définitivement aux oubliettes. Mais c'était sans compter sur la résurgence tardive de l'affaire Saunière et son cortège de littérateurs, qui retrouvèrent l'ouvrage et instillèrent l'idée que, si son contenu paraissait bizarre et parfois assez délirant, cela tenait simplement au fait qu'il était codé. Il fut rapidement et plusieurs fois réédité et intrigua beaucoup les nombreux lecteurs dont certains, parfois, furent rapidement rebutés par son contenu indigeste. Nombre d'entre eux s'appliqua cependant à essayer de le décrypter, et certains publièrent même de prétendues exégèses de nature linguistique, ésotérique ou alchimique, sans faire avancer le problème d'un iota. Mais le plus stupéfiant est que ce fameux Plantard qui, en tant qu'ésotériste autoproclamé en avait préfacé l'une des rééditions, montra qu'il n'avait pas compris grand-chose, en dehors d'une allusion au Tarot par le décompte des lettres du bénitier de RLC. Seul un anonyme, cité en tant que tel dans l'un des multiples écrits liés à cette recherche, aurait déclaré que la partie cachée de cet ouvrage avait trait aux cathares. Personne, évidemment, n'en crut un mot !

Les Livres de Gérard de Sède

-IV-

De l'utilité des documents incertains

Probablement dans le but d'embrouiller encore plus *l'affaire Saunière,* et d'ajouter à un mystère commercialement très porteur, l'instigateur de cette mascarade fit attribuer à l'abbé Boudet la paternité d'un autre ouvrage, qui aurait été consacré à Saint Lazare. Ainsi de Sède, dans son livre précité, fait dire à l'abbé Courtauly au sujet de son confrère Boudet (p. 191) : « On a détruit devant lui ses manuscrits, son livre Lazare qui fut brûlé... ». Son prétendu informateur étant alors décédé depuis trois ans, il ne risquait évidemment pas de recevoir le moindre démenti ! Le carcassonnais René Descadeillas dit que c'est Plantard qui a attribué à l'abbé Courtauly — qui avait accoutumé, pour des raisons de santé, de prendre les eaux à RLB, — les propos pour le moins douteux que lui a prêtés son associé. En 1978, après sa fâcherie avec Gérard de Sède pour des questions de droit d'auteur, c'est dans la préface qu'il avait été invité à rédiger pour une réédition de *La vraie Langue celtique*, que Plantard est revenu sur ce *Lazare* en écrivant : (p. 21)

« Il y a aussi ceux qui assurent qu'il y eut bien mise au pilon, mais qu'elle visait un opuscule intitulé « Lazare veni foras ». Ayant lu ce livre de prières assez morne, je ne vois pas comment il aurait mérité les rigueurs de l'autorité cléricale de 1914, d'autant plus qu'il n'a jamais eu pour auteur l'abbé Boudet et n'a été imprimé qu'en 1915 à Toulouse. »

Or c'est justement en 1978 que la mystification atteignit son acmé, lorsque des photocopies d'un ouvrage intitulé effectivement *Lazare véni foras* (avec un accent aigu fautif)*,* commencèrent à circuler sous le manteau dans le milieu des dévots — comme eut dit ce même Descadeillas, — de « l'affaire de RLC. » Cette nouvelle mystification — car cela en était encore une, — a été facilement démontée par Pierre Jarnac, l'un des rares spécialiste sérieux de l'affaire Saunière [9].

Le diffuseur en était un toulousain d'origine maghrébine, un certain Nacim Djama, qui vendait des photocopies de documents dont il refusait de dévoiler l'origine, et qui avaient trait, selon lui, à l'affaire de RLC [10]. Et c'est dans le cadre de ce petit commerce qu'il proposa à la vente par petites annonces, en 1978, des photocopies d'un ouvrage intitulé effectivement *Lazare véni foras*. Il s'agit d'un livre de 318 pages dont la photocopie de la couverture indique qu'il serait sorti de l'imprimerie Pomiès, à Carcassonne. La page de garde porte la date de 1914, c'est-à-dire l'année précédant le décès de Boudet, rendant ainsi possible de lui en attribuer la paternité. Or, grosse erreur du faussaire, l'imprimerie

Pomiès — qui avait effectivement édité Boudet en 1886, — n'existait plus depuis 1899, année où le fonds avait été cédé à un certain Bonnafous. La lecture de cet ouvrage montre qu'il s'agit, en fait, d'une apologie fort érudite et très élaborée de la tradition provençale de sainte Marie-Madeleine, dans son décor de Saint-Maximin et de la Sainte-Baume. Ce qui ne correspond nullement à ce que laisse apparaître, comme on le verra, le décryptage de *La vraie langue celtique*. Le fait que Marie-Madeleine soit la seconde patronne des Dominicains, et les références littéraires typiquement provençales utilisées — comme le peu connu Louis Rostan, contemporain provençal de Boudet, — inclinent à penser que l'auteur en était probablement quelque frère prêcheur de Saint-Maximin ou de Toulouse, émule du père Lacordaire. Et Lazare, censé en être le personnage principal n'y apparaît, comme on s'en doute, que de façon extrêmement fugitive. L'œuvre originale — dont la photocopie fut mise en vente, — ne devait pas être très connue car ayant probablement eu une diffusion faible et sélective au sein des congrégations et dans le milieu des dévots de la Sainte-Baume. La date la plus récente qui y est évoquée est 1912 (p. 295) ; sa publication est donc postérieure à cette date mais sans doute relativement ancienne. Quoi qu'il en soit, il y a très peu de chances que les rares personnes qui en détiennent encore un exemplaire au fond de leur bibliothèque se manifestent, car il faudrait pour cela qu'elles connaissent l'existence de l'abbé Boudet, et celle de la vente tardive et confidentielle de ce document sous forme de photocopies ; et ce sous un titre différent de l'original.

Le style de ce livre et son contenu apologétique, géographiquement orienté vers la Provence, montrent que l'auteur ne pouvait, en aucun cas, en avoir été l'abbé Boudet. En fait, dès 1886, et surtout depuis la réémergence de *La vraie langue celtique*, un ou plusieurs clercs avaient probablement dû détecter, sous le voile de sa rédaction insolite, la pensée jugée blasphématoire et hérétique de l'abbé. Et donc l'extrême nocivité de son ouvrage et le discrédit qu'il pouvait jeter sur la religion catholique et la fonction sacerdotale.

Mais revenons à cet énigmatique *Lazare véni foras,* qui joue ici le rôle de l'Arlésienne de façon totalement cohérente avec son contenu provençal ! Certains ont émis logiquement l'hypothèse qu'on avait simplement changé la couverture d'un livre existant, pour en faire endosser la paternité à notre abbé, et cela semble être effectivement le cas. Mais de toutes manières, en dehors des mystificateurs, nul n'a jamais vu le livre recouvert de sa couverture initiale, mais seulement des photocopies. Tout incite à penser que cet ouvrage, apparu comme un cheveu sur la soupe, pourrait n'être en réalité qu'un faux subtil diffusé à des fins de désinformation. Son but aurait été de prouver l'orthodoxie irréprochable de Boudet et sa dévotion à Sainte Marie-Madeleine dans le seul cadre possible, celui de la tradition provençale officialisée par l'Eglise. Mais aussi, et surtout, de dissuader certains chercheurs motivés, à la curiosité évidemment malsaine, de l'inanité d'un essai de décryptage, ou d'une recherche ésotérique, dans le seul livre que Boudet ait réellement écrit. Or, la lecture de *La vraie langue celtique* montre que ni Lazare, ni Marie-Madeleine, ne sont jamais cités une seule fois en clair. Ce qui amène à conclure que, pour savoir que Boudet était un admirateur et un dévot d'une Marie-Madeleine non orthodoxe, il fallait avoir décrypté — au moins partiellement, — son ouvrage. Par la suite, dans les années 90, un auteur conscient de la persistance du danger présenté par ce livre, publia deux articles tendant, en pure perte, à démontrer son orthodoxie [11].

NOTES

1. Paul Roché succéda à son père, Léon, comme Conseiller général du canton de Couiza en 1889.

2. Une photocopie en a été publiée dans « *La voie de Dieu et du Cromleck de Rennes-les-Bains* » d'Urbain de Larouanne.

3. Ce manuscrit a été l'objet d'une tentative « d'interprétation » dans un ouvrage intitulé « *L'alphabet solaire* » dont les auteurs sont Jean-Luc Chaumeil et Jacques Rivière.

4: Voir à ce sujet, l'article de l'auteur dans le *Bulletin Terre de Rhedae* N° 16 de 2004.

5. Il s'agit de Pierre Plantard se disant de Saint Clair.

6. Pour avoir plus de détails sur la personnalité de Plantard, voir *Code da Vinci : l'enquête* par Marie-France Etchegoin et Frédéric Lenoir.

7. Et sur celle de de Cherisey voir *Le testament du Prieuré de Sion* de Jean-Luc Chaumeil.

8. La liste de ces écrits est donnée dans la bibliographie.

9. D'après les recherches de Pierre Jarnac, il y aurait eu deux faux *Lazare véni foras*. A ce sujet voir son *Histoire du trésor de RLC* (p.294), et surtout la Revue *Pégase* N° 4 Hors-Série de 2006, publiée par ses soins.

10. Dans ce cadre, il convient d'indiquer que ce mystérieux Nacim Djama qui, comme son nom l'indique, était de confession musulmane, fut généralement considéré, par ses rares clients, comme un simple trafiquant à la petite semaine. Atteint d'une maladie incurable, le malheureux décéda à Toulouse, à l'âge de 43 ans en novembre 1995. Or il se trouve qu'auparavant — à une date indéterminée, — il s'était converti à la religion catholique et avait choisi le prénom d'Augustin. Or il semble évident que, changer de confession à un âge relativement avancé — spécialement pour un musulman, — implique d'avoir vécu assez longtemps dans un environnement mystique très prégnant et y avoir subi une catéchèse. Et pour prendre comme prénom celui du célèbre évêque d'Hippone — située géographiquement en Algérie, — il faut bien connaître l'histoire de l'Eglise de l'Antiquité tardive, et savoir que c'est un Père de l'Eglise. Ce qui suppose, évidemment, la fréquentation assidue d'un très efficient directeur de conscience. Et subséquemment, permettrait de répondre à la question suivante : où donc ce Nacim Augustin Djama a-t-il bien pu se procurer les photocopies de ce mystérieux *Lazare véni foras* ?

11. Cet auteur était un religieux régulier très érudit, auteur de nombreux livres de tendance intégriste, qui s'intéressa de très près à l'affaire Saunière et à « *La vraie langue celtique* ». Il alluma un contrefeu en publiant, dans le *Bulletin de l'Association Terre de Rhedae* (N°8. 1994 et N° 13. 1999) deux articles signés Henri Mertal, tendant à accréditer l'idée que les abbés Boudet et Saunière partageaient ses idées. Ses idées royalistes, certainement. Quant au reste, il est permis d'en douter !

DEUXIÈME PARTIE

-2-

DÉCRYPTAGE DE « LA VRAIE LANGUE CELTIQUE »

-I-

Première approche de l'ouvrage

Cet ouvrage est inclassable, très indigeste et paraît totalement insensé. C'est ce qui fait à la fois son charme et son mystère. A moins de faire preuve d'une extrême constance, le lecteur non averti ne peut que le parcourir sans pouvoir entrer dans le vif du sujet. Il va flotter sur le texte, comme un bouchon de liège sur l'eau et n'en viendra que très difficilement à bout ! On le prétend crypté, mais durant cent-vingt ans il est demeuré hermétique à (presque) tous les chercheurs. Ceci pour la bonne et simple raison que si d'aucuns y voient un ouvrage alchimique, maçonnique ou kabbalistique, la plupart — *auri sacra fames* — y traque sans succès l'emplacement d'un trésor matériel depuis longtemps épuisé. A ce jour, il s'avère que ceux qui savent — et il y en a ! — sont demeurés bouche cousue, probablement pour des raisons dogmatiques, et ceux qui ont glosé ou écrit sur le sujet ne savaient manifestement pas !

Bien que le texte de Boudet laisse percevoir de façon sporadique un penchant pour une forme de guématrie rudimentaire — technique qui s'apparente davantage aux comptes d'apothicaire qu'à la mathématique —, on peut inférer sans risque que, chez lui, l'esprit de finesse, au sens pascalien du terme, l'emportait sur celui de géométrie. En dehors de son étrange contexte linguistique, il faut indiquer que cet ouvrage ne répond pas à la règle classique des trois unités. L'action s'inscrit dans un contexte historico-religieux particulier où les vrais personnages avancent masqués, le lieu correspond à une aire géographique très limitée mais est très changeante, et le temps, qui par définition s'écoule, n'est pas celui que l'on croit.

Pour laisser un message qu'il jugeait très important à la postérité, Boudet a choisi le support de la linguistique pour laquelle il avait un penchant naturel. Mais peut-être, s'est-il inspiré de Saint Isidore de Séville (560-636), qu'il ne cite pourtant pas, auteur d'un célèbre ouvrage qui a inspiré la plupart des clercs du Moyen-Age. Il succéda à son frère Léandre, en 599, comme évêque de Séville et, après 610, appartint à l'entourage du roi wisigoth Gundemar, ancien duc de Narbonne. Le pape Innocent III, instigateur de la Croisade de sinistre mémoire, en fit un docteur de l'Eglise au début du XIIIᵉ siècle. Outre des ouvrages historiques, il est surtout connu pour être l'auteur des vingt livres de *L'Etymologie sur l'origine de certaines choses*. Immense encyclopédie, qui s'inspire de Pline — cité dans *LVLC* — et embrasse les sept arts et les techniques matérielles : le droit, la médecine, la savoir sacré et les sciences naturelles. A la fin du *Livre V des Etymologies* se trouve une *Chronique*, qui est un résumé d'écrits antérieurs, et spécialement de ceux de Julien l'Africain, d'Eusèbe de Césarée et de Victor de Tunnuna. Elle embrasse l'époque qui va de la création du monde à l'an 610 — date de l'avènement de Gundemar — et, suivant l'exemple de saint Augustin, Isidore divise cette époque en sept périodes correspondant aux sept jours de la création [1]. Pour situer le contexte politique dans lequel vivait ce clerc, et l'incidence de sa famille sur ledit contexte, il faut dire quelques mots de son frère aîné, Léandre, qui fut avant lui évêque de Séville. Celui-ci avait résidé à Constantinople, entre 580 et 583, où il était allé plaider la cause du prince Hermenegild, gouverneur de la Bétique et fils cadet du roi wisigoth arien d'Espagne Leovigild. Hermenegild avait trahi son géniteur en se convertissant à la religion catholique, sous l'influence de Léandre et de son épouse franque Ingunde. Après quoi il avait fait sécession et combattu contre son père pour, finalement, être défait et mourir assassiné dans une prison de Tarragone. Peu après le décès de Leovigild, en 587, Léandre réussit à convertir secrètement son fils aîné, le roi Récarède. Mais, pour des raisons politiques, cette rupture avec l'arianisme antérieur ne fut officialisée que deux ans plus tard, par la tenue du IIIe Concile de Tolède de mai 589. Il convient d'ajouter que lors de son séjour à Constantinople, Léandre s'était lié d'amitié avec un moine nommé Grégoire, qui exerçait la fonction de nonce apostolique auprès de l'empereur byzantin, et qui allait, à son retour à Rome, accéder au pontificat. Il s'agit du prestigieux Grégoire le Grand (540-604) avec qui il allait entretenir une correspondance, dont il est demeuré quelques intéressants vestiges.

Son architecture

Après cette nécessaire présentation, nous allons donc nous intéresser à l'architecture de *LVLC*. L'ouvrage comporte huit chapitres — c'est le chiffre du baptême puisque les anciens baptistères sont très souvent de plan octogonal — et quarante-et-un sous chapitres : inverse de quatorze. Parmi ces huit chapitres, le premier et le cinquième sont tous deux intitulés *Langue celtique.* Ce qui semble indiquer que l'ouvrage n'a pas été réalisé d'un seul jet. Le premier débute à la page 1 et le second à la page 150, c'est à dire presque au centre de l'ouvrage qui comporte 310 pages. Cet ouvrage contient donc deux livres d'égale longueur, ou peu s'en faut ! Analogiquement, il semblerait donc inspiré de la Bible.

Le premier livre comporte le nombre de chapitres et de sous-chapitre suivants :			
I	Langue celtique	5	page 1
II	Langue hébraïque	6	page 27
III	Langue punique	3	page 82
IV	famille de Japhet	5	page 106

Le second livre se répartit de la façon suivante :			
V	Langue celtique	3	page 150
VI	Les Volques Tectosages	6	page 187
VII	Cromelek de RLB	9	page 224
VIII	Village celtique de RLB	4	page 289
		22	

On peut constater qu'il est inspiré de l'Ancien Testament ; en tout cas pour les chapitres II, III et IV dans lesquels nous reconnaissons : Sem, Cham et Japheth. L'auteur énumère d'ailleurs une cinquantaine de personnages bibliques qui, cités plusieurs fois chacun, apparaissent en tout deux cent quatre-vingt-dix fois. Ainsi Moïse apparaît-il vingt-quatre fois et Abraham vingt-six.

Il présente la particularité de comporter vingt-deux sous-chapitres, nombre qui correspond à celui des lettres de l'alphabet hébraïque — donc une allusion possible à la Kabbale — et aussi à celle des lames du Tarot. Mais l'*Apocalypse* de Saint Jean comporte aussi vingt-deux chapitres partagés en deux parties égales, puisque l'Ancienne Alliance se termine au chapitre 11, avec *L'apparition de l'Arche d'Alliance dans le Temple,* et la *Nouvelle Alliance* débute au chapitre 12 avec *L'apparition de la Femme revêtue de soleil, la tête couronnée de douze étoiles.* La césure centrale, limite entre l'Ancienne et la Nouvelle Alliance, se situe ici au début du chapitre VII : *le Cromlech de Rennes-les-Bains.* De par son architecture, ce livre pourrait donc apporter une révélation !

En outre, on peut remarquer que les deux premiers chapitres comptent onze sous chapitres. C'est celui du nombre d'Apôtres après la trahison de Judas. Ce nombre onze apparaît après la Résurrection — en toutes lettres et avec majuscule (Matthieu 18.16, Marc ; 16.14 ; Luc 24.9 et 24.33 ; Actes des Apôtres 2.14). On notera que c'est aussi le nombre des initiales de l'A.A., ancienne société secrète ecclésiastique qui avait eu, autrefois, des ramifications dans la région. Par contre, les deux derniers chapitres comportent ensemble treize sous chapitres. Ce qui correspondant au nombre de participants à la Cène. Ce nombre est particulièrement mis en évidence « L'entourage féminin de Jésus » (Luc 8, 1) dans lequel se trouve évidemment Marie-Madeleine.

« .... Les Douze étaient avec lui (donc cela fait treize personnes), ainsi que quelques femmes qui avaient été guéries d'esprits mauvais et de maladies : Marie, appelée la Magdaléenne, de laquelle étaient sortis sept démons, ... »

La chronologie de la Passion a donc été inversée. Ce qui pourrait inciter le lecteur, après avoir parcouru une première fois l'ouvrage, à débuter une lecture approfondie à la page 150. Mais nous verrons que ce n'est pas le cas. En réalité ce second livre comporte surtout des faits historiques et de rares personnages du Nouveau Testament n'apparaissent pas avant le chapitre VII. Il est d'ailleurs très surprenant, venant de la part d'un ecclésiastique, de rencontrer aussi peu de références aux Evangiles, alors qu'il nous a littéralement abreuvé de personnages vétéro-testamentaires. Ainsi (p. 234), il inaugure son énumération en parlant d'une sculpture de « la tête du Seigneur Jésus le Sauveur de l'humanité », alors que l'on eut pu s'attendre à trouver, sous la plume d'un prêtre, la locution *Notre-Seigneur Jésus-Christ*. Or, il se trouve qu'on ne rencontre l'expression Jésus-Christ que de façon triviale, c'est à dire dans les dates. Par la suite on trouve cinq fois la Providence — généreuse, divine ou bienfaitrice, — trois fois le Seigneur Jésus — dont une avec la mention filius hominis, — mais jamais avec celle de Fils de Dieu ; six fois la Sainte-Vierge, huit fois Notre-Dame et quatre fois le Sauveur. Nul apôtre, ni Evangéliste ne sont cités, sauf Luc qui apparaît de façon voilée mais relativement suggestive (p. 180). Finalement, Saint-Paul et son disciple, Sergius Paulus, viennent clore furtivement, mais en clair, cet ouvrage qui se termine de la façon suivante :

« Alors, à l'arête du Cap de l'Homme sur le haut d'un ménir (sic), en face du temple païen, converti en église chrétienne détruite plus tard par l'incendie, fut sculptée une belle tête du Sauveur regardant la vallée, et dominant tous ces monuments celtiques qui avaient perdu leur enseignement. La croix victorieuse du paganisme n'a pas discontinué de régner dans le cromleck de Rennes-les-Bains, et maintient toujours gravés dans le cœur religieux de ses habitants les préceptes de vie donnés au monde par l'Eternelle Vérité. »

NOTE

1. Voir le chapitre *Las lettras de la época visigoda* par Dom Justo Perez de Urbel in *Historia de España* sous la direction de Ramon Ménendez -Pidal. Tomo 3, p. 456.

-II-

Variations sur le titre

Ce titre, *La vraie langue celtique,* pourrait sembler logique puisque le souhait primitif de l'auteur semble avoir été de rédiger un traité de linguistique. Mais il eut dû, dans ce cas, ménager la susceptibilité des hommes de l'art, et l'intituler plus modestement *Essai sur la langue celtique,* par exemple. Il en était d'ailleurs tellement conscient que, dès *l'Avant-propos,* il attire l'attention du lecteur sur ce problème :

« Le titre donné à cet ouvrage semble, au premier abord, trop prétentieux pour être rigoureusement exact. Il est facile, toutefois, d'en démontrer la vérité... etc... »

Le fait que l'adjectif vraie figure en tête du titre, incite à penser que l'un des souhaits les plus chers de l'auteur soit justement la recherche de cette vérité. On rencontre d'ailleurs symboliquement douze fois ce terme dans le fil du texte, qui se termine par l'expression — munie de majuscules — *Eternelle Vérité.* Sans doute Boudet était-il profondément sensible à cette valeur évangélique, demeurée toujours en conformité avec l'objet de sa pensée. D'ailleurs Jésus n'a-t-il pas dit : « Je suis la voie, la vérité et la vie. »

Selon Saint Jean l'Evangéliste, le *Fils de l'homme* a aussi répondu à Pilate qui l'interrogeait : « Je suis né, et je ne suis venu dans le monde que pour rendre témoignage à la vérité. Quiconque est de la vérité écoute ma voix » (18,37). Ce à quoi Pilate avait rétorqué : « Qu'est-ce que la vérité ? » Puis était sorti du prétoire sans attendre la réponse.

Dans la Vulgate, qui est l'original de la Bible traduite par Saint Jérôme en l'an 420, la question de Pilate est, en latin, la suivante : *Quid est veritas.* Quelque clerc facétieux du Moyen-Age ou de la Renaissance, évidemment très expert en cette langue, et probablement émule du frère François Rabelais, imagina en cherchant une anagramme à cette question, la réponse qu'aurait pu faire Jésus à Pilate. Et il trouva *Est vir qui adest* : en français : *c'est l'homme qui est là.* Autrement dit Jésus lui-même [1].

Mais pour pouvoir juger de la nature, probablement symbolique du titre, encore convient-il de dire quelques mots de l'ensemble du texte qu'il est censé représenter. En fait, la lecture de ce texte, si tant est qu'on en vienne à bout, montre que *Le Livre des Egarés* [2], de tonalité plus kabbalistique, ou encore, en chinoisant un peu il est vrai, *Les Contes de la lune vague* [3], eussent mieux répondu à l'impression première du lecteur, à n'en pas douter aussi trouble et désabusée que s'il avait lu l'*Ecclésiaste* ! Mais l'auteur avait plus d'un tour dans son sac, et ses élucubrations pseudo-linguistiques cachaient, comme nous le verrons, une lecture à tiroirs. Elles étaient, de ce fait, destinées à la compréhension d'un public restreint d'ecclésiastiques, qui n'avait probablement que peu d'affinités avec la science linguistique prétendument véhiculée par le dit ouvrage. En réalité, il s'avère qu'il a choisi ce titre après un inimaginable et fastidieux travail intellectuel, afin de permettre au lecteur d'un naturel curieux et capable d'un certain discernement, de pénétrer de plein pied dans son univers mental. On peut donc se poser la question de savoir quel était le dessein caché de l'auteur, lorsqu'il l'a choisi, car il laisse supposer d'entrée qu'il aurait pu exister une fausse langue celtique.

Pour tenter de cerner le fond de sa pensée, penchons nous tout d'abord sur la langue. On sait qu'elle est le moyen oral de communication utilisé par les humains, et elle a comme vecteur la parole que l'on nomme parfois verbe, rejeton du latin verbum. Mais en grec, c'est le logos, terme qui était souvent utilisé de façon plus extensive, car il possédait une connotation philosophique, puisque les stoïciens en faisaient une entité divine personnifiant la raison. Pour les néo-platoniciens, qui ont très fortement influencé le christianisme naissant, c'était un intermédiaire entre Dieu et le monde. Puis cette médiation est évidemment passée dans le discours religieux, puisqu'on la retrouve chez saint Jean dans le prologue de son Evangile : « Au commencement était le Verbe (logos) et le Verbe était auprès de Dieu et le Verbe était Dieu. » L'apôtre désignait ainsi Jésus en tant que Fils de Dieu et seconde personne de la Trinité.

Le verbe, ou logos, établit donc une passerelle entre la langue et la religion, puisqu'il est commun aux deux. Cette corrélation n'a pas dû échapper à l'auteur, habitué à jouer avec les mots, car cela permet, par extension, d'établir une analogie entre vraie langue celtique et vraie religion celtique.

Par ailleurs, il précise que les Celtes dont il nous entretient sont les Volques Tectosages. Or on sait que cette peuplade était établie primitivement dans le sud-ouest de la Provincia Narbonensis, qui tient son nom de la première colonie romaine établie à Narbo Martius (Narbonne), dès 118 avant J.C., par Licinius Crassus. Aux dires de Pline, sous le règne de l'empereur Vespasien (70-79) cette région était déjà entièrement romanisée. Et des trouvailles numismatiques montrent que la station thermale de RLB était très fréquentée, dès cette époque, par les nobles Gallo-romains de Narbonne.... et d'ailleurs !

Ce qui permet une seconde extrapolation, puisque vraie religion celtique peut donc être traduite, logiquement, par vraie religion gallo-romaine. C'était évidemment celle pratiquée dans cette partie de la Provincia dès la fin du premier siècle, bien que certains la fassent débuter avec la venue de saint Irénée à Lyon, et ce jusqu'à une date indéterminée. Mais l'auteur n'aurait eu aucune raison de souligner ce fait, si cette vraie religion était parvenue jusqu'à nous en l'état. C'est donc que la vraie religion de cette époque était différente de celle dont il était alors le serviteur. Il pourrait donc exister réellement une *vérité* cachée !

Avant de tenter de la découvrir, l'esprit de finesse, cher à Pascal, pouvant être largement reconnu à notre abbé, nous allons essayer de savoir si un soupçon d'esprit de géométrie ne lui aurait pas permis, par hasard, de donner un peu de piment à sa mystification. Il suffit, pour en prendre la mesure, d'appliquer à ce titre la science des nombres. Contrairement à l'attente de certains, il ne sera pas fait appel à la numérologie, aimable fantaisie habituellement usitée dans certaines élucubrations ésotériques mais, sauf dans un cas, tout simplement à la bonne vieille arithmétique. Toutefois que le lecteur se rassure, les règles utilisées ici sont d'un abord plus facile que les classiques problèmes de robinets, qui ont jadis donné tant de migraines aux écoliers que nous fûmes tous. En effet, on voit sans peine que cette expression comporte 4 mots et 21 lettres, dont 10 consonnes et 11 voyelles ; ce qui est une distribution très équilibrée mais qui n'apporte, à ce stade de l'analyse, aucune information. Pour compléter cette approche, on peut en outre faire le décompte des syllabes ; et cela pour deux bonnes raisons. D'abord la présence, multiple dans son ouvrage, des termes syllabe et monosyllabe, servant à expliciter ses décompositions anglo-celtiques fantaisistes, souvent utilisées pour égarer volontairement le lecteur ; on les rencontre six fois (pp.25, 85, 93, 102,112, 142.) Ensuite parce que ce terme vient de syllabus, qui est un mot latin signifiant recueil et qui appartenait, à son époque, au vocabulaire ecclésiastique ; donc à la sphère dans laquelle il évoluait. En effet, Boudet fut ordonné prêtre le 25 décembre 1861 et, trois ans plus tard, le Souverain Pontife régnant, Pie IX, publia une Bulle intitulée *Quanta Cura,* accompagnée d'un document adressé aux évêques, intitulé justement *Syllabus. C'*était un *Recueil des principales erreurs de notre temps* ; au sens moral et religieux s'entend. La diffusion de ce document souleva une véritable tempête en France, car il condamnait le modernisme et lançait l'anathème contre le rationalisme, les sociétés secrètes, la séparation — prévisible — entre l'Eglise et l'Etat et, surtout, le socialisme. On comprend donc que notre abbé fut *sensibilisé* à ce terme.

Mais revenons au titre. En faisant apparaître les syllabes, voici ce que cela donne : La (1) vraie (1) lan-gue (2) cel-ti-que (3). En tout 7 syllabes, ce qui, pour les adeptes de la guématrie, correspond à un *nombre biblique* très important. Mais en fait, comme nous allons le voir, l'intérêt de la chose ne se situe pas dans la somme, mais dans la *disposition* de ces nombres. Si, par exemple, le titre choisi avait été La (1) lan-gue (2) cel-ti-que (3) vé-ri-ta-ble (4), on aurait facilement reconnu, dans cette disposition, le début de la liste des nombres entiers naturels : 1, 2, 3, 4.... etc. Mais cela n'aurait véhiculé aucune information utilisable !

Par contre, la suite 1, 1, 2, 3 est bien moins parlante et, pour l'interpréter il faut, soit disposer de certaines connaissances, soit faire preuve d'un minimum de logique. Cette logique nous conduit en effet à voir que les nombres situés à partir du troisième rang, c'est-à-dire 2 et 3, correspondent chacun à la somme des nombres qui les précèdent ; ainsi 2 = 1+1 et 3 = 2+1. Le nombre suivant devrait donc être 5 =3+2. En fait cette anodine suite de nombres entiers est remarquable, car ce sont là les quatre premiers termes d'une série mathématique, dite *Série de Fibonacci,* du nom de son auteur. Fibonacci appelé également Léonard de Pise, fut sans doute l'un des plus grands mathématiciens du XIIIᵉ siècle, sinon le plus grand. On sait qu'il vécut un temps à Palerme, à la Cour de l'empereur Frédéric II de Hohenstaufen, maître du Saint Empire Romain Germanique et ennemi mortel du Saint-Siège, à qui il disputait le pouvoir temporel sur l'Italie. Le pape régnant était, alors, le fameux Innocent III qui ordonna la Croisade contre les Cathares.

Pour aussi saugrenu que cela paraisse, c'est en cogitant sur la prolifération des lapins, que ce fameux Fibonacci fut conduit à créer cette série. Jusque là, me direz-vous, en dehors de cet apport au décompte des rongeurs, rien de nouveau sous le soleil, ... comme il est dit dans l'Ecclésiaste (chapitre 1 verset 11) ! On aura compris, bien sûr, qu'il ne s'agit là que d'une petite digression biblique, insérée simplement pour agrémenter le texte et rappeler, au passage, l'inscription qui figure — comme nous le verrons — sur la tombe de l'abbé, à Axat ! (Voir Annexe 1)

Mais poursuivons. Au-delà de son utilité comptable de base, cette série possède en réalité une caractéristique remarquable : elle tient au fait que le rapport de deux termes consécutifs tend, à partir d'un certain rang, vers le *Nombre d'Or* : Φ = 1,61808. Proportion dont on sait qu'elle gouverne quelquefois les lois de la nature, comme c'est ici le cas pour la reproduction des lapins, mais surtout, depuis le Siècle de Périclès, celles de l'esthétique profane et religieuse.

Voici un exemple plus étendu de la série, qui va mettre en évidence cette propriété :

$$1, 1, 2, 3, 5, 8, 13, 21, 34, 55, 89, 144, 233, \ldots\ldots \text{ etc.}$$

On voit que le rapport des deux derniers termes donne :

$$233 / 144 = 1{,}61805 \text{ ; valeur qui tend bien vers } 1{,}61808.$$

Parvenus à ce stade, il est inévitable de se poser une question. Pourquoi Boudet, qui de par son état sacerdotal baignait par définition dans l'irrationalité, se serait-il intéressé à ce bizarre processus mathématique ? Et bien, il faut savoir que ce Nombre d'Or fut remis au goût du jour, au début du XVIe siècle, par un moine franciscain — et géomètre — nommé Luca Pacioli di Borgo qui le qualifia, dans un traité de sa composition, de *Divina Proportione*. Pour lui, cette proportion était symboliquement divine car unique, procédant d'une relation mathématique comportant trois termes et qui, en outre, se reproduit toujours égale à elle-même. C'était donc la représentation nicéenne de Dieu en ses trois hypostases : autrement dit la Sainte-Trinité.

C'est ainsi que, chemin faisant et de fil en aiguille, en analysant ce titre laconique avec un zeste d'imagination raisonnée, nous n'avons pas rencontré les Celtes annoncés, certes, mais un nombre biblique important (sept), deux papes (plutôt réactionnaires), un empereur (plutôt hérétique), un célèbre mathématicien (qui comptait les lapins), un moine (géomètre) et, enfin, Dieu le Père et la Sainte Trinité. Tout un univers mental qui correspond bien à celui d'un prêtre très cultivé !

Demeure à savoir si Boudet possédait vraiment les connaissances conduisant à cette arborescence mathématico-religieuse générée par le titre de son ouvrage ? Ou si le choix de ce titre est dû au seul effet du hasard qui, dit-on, fait si bien les choses ! On sait que l'homme était très cultivé et semblait familier des personnages éminents du XIIIe siècle puisque, dans son ouvrage, il fait allusion au médecin-alchimiste Arnaldo de Villanonova. (p. 305) On peut aussi penser que pour des raisons dues au caractère religieux du *Traité* du moine Luca Pacioli, *La Divina Proportione*, il connaissait probablement l'existence du Nombre d'Or. Il n'est donc pas exclu qu'il ait eu aussi quelques lumières sur Fibonacci et sa méthode. En tout cas, on ne peut que constater que la conformation syllabique du titre qu'il a choisi, permet ces variations. Mais, en fait, ce choix avait une autre raison très précise.

Pour la découvrir, après ce petit hors d'œuvre — légèrement roboratif il est vrai, — nous allons enfin passer au plat principal. L'allusion que l'auteur fait à Rabelais, en imaginant la dénomination du ruisseau de Trinque-Bouteille, (p. 237) montre qu'il était un adepte inconditionnel des conversions anagrammatiques. C'est pourquoi nous allons devoir passer l'ordre des lettres qui constituent ce titre à la moulinette de l'analyse combinatoire. Et procéder ainsi aux permutations pouvant conduire, si cela s'avère possible, à une anagramme recélant un sens différent. Anagramme qui contient, probablement, une part de cette vérité que l'auteur estimait facile à démontrer.

Pour nous, par contre, ce sera assez ardu ! Ce titre comporte vingt et une lettres dont cinq, heureusement, sont répétées plusieurs fois (deux doubles, deux triples et une quadruple). Ce qui ramène à 12 lettres différentes. A titre documentaire, sauf erreur de ma part, le nombre de permutations possibles, tenant compte des répétitions, devrait être : $N = 12\,! \,/\, 12$. Soit $N = 11\,!$ (Qui se lit factorielle 11 et vaut : $N = 1 \times 2 \times 3 \times 4 \times 5 \times \ldots\ldots \times 11$) ; série de multiplications qui aboutit au nombre assez faramineux de 39 916 800. On voit donc que ce travail de titan devrait nécessiter l'utilisation d'un ordinateur. Grâce à la Divine Providence — comme eut dit à n'en pas douter Boudet, — notre cerveau possède une conformation et un mode de fonctionnement analogique tels qu'on peut, avec un zeste d'imagination et de façon empirique — et en s'armant de beaucoup de patience, — mettre en évidence une *anagramme*, au sens relativement mystérieux, qui est la suivante :

LA VRAIE LANGUE CELTIQUE   donne   R. LA VAGUE ELITE CLANIQUE

Logiquement, ce R isolé ne peut être que l'initiale d'un terme qui désigne, comme l'on voit, une vague (donc incertaine) élite (groupe de personnes choisies) dominant un clan (communauté d'esprit ou d'intérêt.) Cette expression paraissant à la fois ironique et peu flatteuse, et l'auteur ne semblant pas être d'un naturel masochiste, R ne devrait pas être l'initiale de Rennes.

-III-

Et sur celui de l'addendum

Ce second titre, *Le cromleck de Rennes-les-Bains,* chapeaute le texte débutant au chapitre VII (p. 224) qui, comme l'on sait, a été manifestement ajouté tardivement et après mûre réflexion ; c'est pourquoi nous l'avons qualifié d'addendum et non pas de sous-titre.Le fait qu'il comporte une faute d'orthographe, un **k** terminal mis en lieu et place du **h**, résulte d'une facétie de l'auteur devant lui permettre, d'abord, une petite excursion dans la symbolique des nombres et, ensuite, d'effectuer les permutations alphabétiques qui lui sont si chères.

Il a donc remplacé un **H**, qui est la huitième lettre de l'alphabet, par un **K** qui est la onzième. Or dans de nombreuses croyances humaines, ces deux nombres possèdent chacun une forte charge symbolique et souvent antinomique, sinon opposée. Ainsi, le *Dictionnaire des symboles* [4], nous apprend que le chiffre **huit** occupe une place privilégiée dans l'histoire du salut. En effet, « le Huitième jour, succédant aux six jours de la création et au sabbat est un symbole de résurrection, de transfiguration et annonce l'ère future éternelle. » C'est aussi le chiffre du Nouveau Testament — le sept étant celui de l'Ancien, — et également celui du Christ et du baptême. Ce qui, comme on l'a vu, explique que de nombreux baptistères soient le plan octogonal.

Mais, selon le même ouvrage, il n'en est hélas pas de même du chiffre **onze** car « Il serait le symbole de la lutte intérieure, de la rebellion, de l'égarement et de la transgression de la loi ; et aussi du péché humain et de la révolte des anges ».

En effectuant volontairement cette modification, l'auteur nous prévient donc qu'il aurait décidé de s'écarter dangereusement du droit chemin. Ce que nous allons constater en exploitant ce second titre sous l'habituel angle anagrammatique. Ainsi, en séparant les deux syllabes, est facile de voir que :

Crom-leck (de Rennes-les-Bains) donne « clekc-rom » (de Rennes-les-Bains)

Si, à présent, nous le combinons avec le titre précédemment décodé, R la vague élite clanique, en déplaçant judicieusement certaines lettres, dont ce R esseulé, cela donne :

Les clercs de Rome : la vague élite clanique. Le K Renes banni.

Pour arriver à ce résultat, il est vrai imparfait, nous avons utilisé quarante-huit lettres sur quarante-neuf ; la lettre T demeurant en reliquat ! Compte-tenu, de la longueur du texte à recomposer, il s'agit d'un résultat très honorable. Pour son auteur, évidemment !

La première phrase, très compréhensible, est évidemment peu flatteuse pour les personnes ainsi désignées. Elle semble exprimer un certain ressentiment de l'auteur à leur encontre, et confirme la rebellion annoncée par l'adoption du nombre onze ! La seconde nécessite, par contre, un petit recours à la phonétique. Voici la transcription globale, en clair, du regroupement anagrammatique des deux titres :

LES CLERCS DE ROME : LA VAGUE ELITE CLANIQUE. LE CAS RENNES (esT) BANNI.

A la date de publication de l'ouvrage, en l'an 1886, le *cas Rennes* doit être évidemment être compris comme étant celui de l'abbé Boudet lui-même, puisque curé de cette paroisse, qui dit être devenu banni, donc *personna non grata*. Ce qui tendrait logiquement à prouver qu'il avait été excommunié *de facto*, mais non *de jure* puisqu'on le laissa poursuivre son sacerdoce.

Au risque de déflorer la suite, il faut dire que depuis une insolite découverte qu'il avait faite dans la proche région, il se savait n'être pas en odeur de sainteté auprès de la hiérarchie ; et ce, probablement jusqu'au Vatican. Il savait que le secret religieux qu'il détenait désormais indisposait énormément en très haut lieu, car il mettait en danger l'Institution. Mais assez bizarrement, tout en étant au ban — comme il le dit lui-même, — on le laissa exercer librement sa fonction sacerdotale pendant vingt-huit années (14 X 2) encore après la publication de son ouvrage. C'est donc que les informations qu'il détenait étaient probablement de nature à décourager ses supérieurs de prendre la moindre mesure coercitive à son encontre. Il fut simplement mis au placard, et ne put progresser dans la hiérarchie, ce qu'aurait pu normalement lui permettre sa brillante intelligence.

Il a d'ailleurs introduit dans son écrit une ultime preuve de l'ostracisme dont il souffrait. Ainsi, c'est sur un registre peu avenant qu'il se penche, lorsqu'il décrit les supplices infligés par les Celtes aux criminels. (pp. 254 et 255) Si nous le suivons :

« Le supplice ordinaire réservé aux criminels, est écrit sur le sol celtique, et nous le retrouvons dans le terme Fangallots, désignant un terrain situé à RLB, dans une pente abrupte au bas de laquelle est bâti l'établissement thermal des Bains-Doux. *Fangallots*, signifie disparaître par la potence, — *to faint (fént), disparaître, — gallows (galleuce), potence, gibet.* »

Et, avant de clore son ouvrage, il ressasse ce thème comme en un ultime avertissement : (p. 303)

« Du reste, la justice était prompte et sévère, et le Fangallots des Redones — *to faint (fént), disparaître, — Gallows (Galleuce) potence, gibet,* — rappelait aux habitants de la région que la pendaison était la juste punition des criminels. »

La présence et le sens de cet avertissement comminatoire semblent très clairs. Demeure à les interpréter. *Fangallots* se compose de trois syllabes dont les deux premières donnent fanga qui signifie boue en occitan. « Boue » étant le début de Boudet, et celui-ci ayant pris soin de terminer sa démonstration par gibet, qui se termine par « et », cela nous conduit à soupçonner l'auteur de s'autodésigner ainsi.

Ensuite, on remarquera que le terme Gallows, et la traduction phonétique anglaise qu'il en donne, Galleuce, sont ici tous deux munis d'une majuscule ; ce qui dénote un acte volontaire conduisant le lecteur à une certaine réflexion. Le personnage ainsi désigné est donc phonétiquement un Galeux, c'est-à-dire un individu méprisable qu'on se refuse à fréquenter. Tel celui mis en scène par Jean de la Fontaine dans sa fable, *Les animaux malades de la peste*. Ce rapprochement est d'autant plus explicable que l'on rencontre dans l'ouvrage trente-quatre fois le terme fontaine, dont cinq sous la forme la fontaine. (pp.71 (2), 267 (2), 268 (2), 272, 273 (5), 274, 275, 276 (2), 277 (5), 278 (3), 279 (3), 280 (2), 281 (4), 298.) Voici le bref passage significatif de cette fable dans laquelle la victime toute désignée est figurée par un âne :

> « … A ces mots on cria haro sur le baudet.
> Un Loup quelque peu clerc, poussa par sa harangue,
> Qu'il fallait dévouer ce maudit animal,
> Ce pelé, ce galeux, d'où venait tout le mal. »

En vieux français on *dévouait* quelqu'un qui était *voué* au diable ; et ce *Loup quelque peu clerc* renvoie évidemment au titre décrypté.

- IV-

Le secret de l'Avant-propos

Un *Avant-propos* doit, normalement, présenter l'idée générale qui a présidé à la rédaction de l'ouvrage. Comme les *Observations préliminaires* qui le suivent, il n'a en fait que peu à voir avec la linguistique, et a manifestement été rajouté lors de la mise au point finale. Il est relativement succinct, mais l'auteur n'avait pas prévu, lors de sa rédaction, qu'il se prêterait au long développement qui va suivre.

Pour conserver toute sa cohérence pseudo-celtique à cet ouvrage, penchons nous donc sur ce mystérieux *Neimheid,* qui est un leit-motiv apparaissant moulte fois au fil de la lecture. Il est présenté par l'auteur comme étant une « association savante de druides » chargée, selon lui, de donner autrefois des noms aux choses. Mais les druides étant des prêtres, comme l'auteur, cela ne peut que nous inciter à transposer ce Neimheid à son époque. Auquel cas, cette dénomination cacherait une association ecclésiastique, savante peut-être, mais aussi anonyme et donc très discrète, sinon secrète !

Or on sait que tout lieu à accès protégé, ou toute société secrète, nécessitent pour en franchir l'entrée, ou en pénétrer les arcanes, l'expression de signes de reconnaissance ou d'identification. L'archétype en est le fameux *sésame,* formule magique des contes orientaux qui ouvrait la porte de la caverne d'Ali-Baba. Ces signes peuvent être tactiles, comme chez les francs-maçons, verbaux ou écrits, manuellement ou au moyen d'un support électronique. Actuellement ces signes d'identification sont tombés, en quelque sorte, dans le domaine public. Les plus connus en sont le code secret des cartes bancaires et le mot de passe — cher autrefois aux militaires — et usité aujourd'hui couramment par les nombreux internautes. Donc, si cette société secrète ecclésiastique existait bien à son époque, elle devait posséder un mot de passe pour en permettre l'accès. Et si l'ouvrage évoque effectivement un tel sujet, ce mot de passe devrait en toute logique en protéger également l'accès ; et donc avoir été placé par l'auteur dès les premières lignes.

Pour savoir si c'est bien le cas, penchons nous sur son *Avant-Propos*, qui semble d'ailleurs avoir été rajouté tardivement car les pages n'en sont pas numérotées. Voici, en conservant le formatage originel, son entrée en matière qui peut sembler à priori anodine :

> « Le titre donné à cet ouvrage semble, au
> premier abord, trop prétentieux pour être ri-
> goureusement exact. Il est facile, toutefois,
> d'en démontrer la vérité, puisque la langue
> celtique n'est point une langue morte, disparue,
> mais une LANGUE VIVANTE parlée dans
> l'univers par des millions d'hommes.... »

En fait elle n'est pas anodine du tout, car ce texte comporte, dès la sixième ligne, une anomalie grossière qui attire inévitablement l'attention : c'est l'expression LANGUE VIVANTE rédigée en lettres majuscules. Bien que le terme Langue évoque, comme nous l'avons vu, le verbe — ou logos — cher à l'Evangéliste, il semble évident qu'un mot de passe, réservé par définition à une minorité d'initiés, ne pouvait en aucun cas être rédigé en clair. Cette expression a donc besoin d'être traduite en une autre tournure, possiblement biblique, mais inévitablement insolite et peut-être inattendue. Mais encore, comme eut dit frère Rabelais, convient-il d'en extraire la substantifique moelle. Il suffit peut-être, comme l'a fait quelquefois ce dernier pour camoufler son identité, d'en rechercher une anagramme.

Ainsi, en première approche, on voit assez facilement que LANGUE contient le terme ANGE qui est cité douze fois par l'ouvrage ; et apparait huit fois dans la statuaire de l'église Sainte Marie-Madeleine de RLC. C'est une façon biblique d'aborder le problème ! Or Ange vient du grec messager, ce qui est pour nous de très bon augure. Autre remarque facile, dans VIVANTE il y a VIVE. A partir de ces prémisses il devient plus facile, en permutant astucieusement les lettres des résidus LU et ANT, de découvrir une possible anagramme contenant un nombre maximum de lettres et suffisamment significative. Le résultat le plus satisfaisant de ces permutations donne VIVE ANGELUNAT. Cet ANGELUNAT acclamé de la sorte, est probablement un nom propre, peut-être celui d'une personne, mais il nous est inconnu. Cependant, lorsqu'on est, ne serais-ce qu'un peu, imprégné de l'histoire événementielle de la région, il est possible de faire un rapprochement facile avec un prénom féminin connu qui est ANGELINA. Il n'en diffère que d'une voyelle mais est alourdi d'un T surnuméraire qui, en fait, change peu la phonétique. Ce qui est un bon résultat. Il suffit simplement de remplacer le U par un I et de neutraliser le T superflu, pour aboutir à l'expression VIVE ANGELINA très connue de tous ceux qui s'intéressent à *l'affaire Saunière*. Comme eut-dit, il y a une vingtaine d'années, monsieur Cyclopède : Etonnant, non !

Le prénom Angelina, diminutif d'Angela — ange féminin probablement byzantin, — était à cette époque relativement usité dans la zone linguistique catalano-occitane. Cependant, et bien qu'il soit né de l'héritage biblique, les raisons de son choix ne laissent pas d'intriguer. Le terme VIVE qui le précède est une acclamation enthousiaste indiquant que cette Angelina était probablement, pour les fondateurs du Neimheid, l'objet d'un sentiment de reconnaissance et de remerciement. On peut imaginer, par exemple, que cela aurait pu être le prénom d'une religieuse, sœur Angelina, qui aurait accompagné et soigné les prêtres du Razès, exilés en Espagne après 1792. Dans ce cadre, elle aurait pu recueillir les dernières volontés de l'abbé Bigou sur son lit de mort, et confier de sa part un message très important à l'abbé Cauneille, qui devait retourner plus tard au pays. Puis ce message aurait transité possiblement par les successeurs de ce dernier à la cure de RLB, ou par des amis compréhensifs et sûrs comme les abbés de Cayron et probablement Mèche et Gasc. Si l'abbé Vié eut, semble-t-il, un rôle plutôt effacé, il n'en fut pas de même de Boudet, jeune prêtre qui, lui, avait des idées larges et était donc intellectuellement très disponible.

Notre sympathique abbé dominait véritablement son sujet et, pour essayer de convaincre les sceptiques, il a paru nécessaire d'imaginer le processus qu'il a suivi pour parvenir à ce résultat. Il voulait placer à l'entrée de son ouvrage, à destination des seuls initiés et donc de façon cryptée, le mot de passe de son Association occulte : *Vive Angelina*. Son ouvrage, *La vraie langue celtique,* traitant en théorie de linguistique, il lui fallait, pour ne pas éveiller l'attention des lecteurs profanes, trouver une anagramme qui contienne le mot LANGUE. Il s'en explique d'ailleurs clairement à la fin de son Avant-Propos de la façon suivante :

« C'est ainsi que le cromleck de Rennes-les-Bains se trouve intimement lié à la résurrection, ou, si l'on veut, au réveil inattendu de la langue celtique. »

Or, la résurrection (sans majuscule), transforme évidemment une langue morte en langue vivante, C'est donc à cette dernière expression à laquelle il se devait, si possible, d'aboutir, de façon anagrammatique. Il existe bien une anagramme exacte — et donc parfaite — de VIVE ANGELINA (12 lettres) qui est L'ANGE VIVIANE. C'est évidemment fort poétique — bien que dans les légendes anglo-saxonnes Viviane soit plutôt une fée, — mais cela ne s'intégrait pas convenablement dans le thème de son ouvrage. C'est pourquoi il a choisi une solution imparfaite qui est : L'ANG( )E VIVANIE (13 lettres) qui était très proche du but recherché, et qui *mutadis mutandis*, c'est-à-dire en ajoutant un U et une barre horizontale au I, était parfaitement identifiable par les initiés.

En fait, le décodage de cette LANGUE VIVANTE aurait été quasiment impossible pour les non initiés, dont votre serviteur, si le hasard n'avait voulu que cette énigmatique expression ait été portée à la connaissance du public — et de la postérité — par certains événements fort tragiques. Evénements survenus onze ans après la parution de l'ouvrage de l'abbé Boudet. Il s'agit évidemment de l'assassinat, en son presbytère, de l'abbé Gélis curé de Coustaussa [1]

NOTE

1 . Voir mon article in *Cahiers de Terre de Rhedae* N° 4 de 2010, pp. 32 à 35.

-V-

Sur les observations préliminaires

ou

Introduction à l'histoire des débuts du christianisme en Gaule

Ces observations préliminaires contiennent en effet, sans en rien laisser paraître au premier abord, une introduction aux débuts du christianisme dans le sud de la Gaule, tels que rapportés par une immémoriale tradition régionale. Elle était bien connue de l'auteur et il suffit, pour le mettre en évidence, de traduire en clair ce qu'il a exprimé sous forme cryptée et condensée. Sont concernés deux personnages bibliques, dont l'un de premier plan, et deux lieux géographiques qui leur sont rattachés. Comme nous allons le voir, certains éléments de compréhension sont quelquefois présentés, au fil du texte, sous forme de renvois. Il faut donc obligatoirement digérer avec attention une grande partie de l'ouvrage pour arriver à dénicher certaines clefs de lecture. Ainsi en est-il de ce qui suit.

1. Les pierres branlantes

L'avant-propos ayant été décrypté, penchons-nous à présent sur ces *Observations préliminaires*. Dès les premières lignes, on y rencontre un passage relativement insolite qui est le suivant :

« ... Nous pensions, à tort ou à raison, que le <u>nom de Rennes,</u> renfermant sans doute en lui même l'histoire du pays dans les temps celtiques, nous découvrirait, par une interprétation exacte, bien des choses intéressantes au sujet <u>des roches aiguës qui couronnent nos montagnes. Deux pierres branlantes</u>, placées sur une arête de colline nous invitaient aussi à interroger avec persévérance un passé, d'ailleurs, fort ténébreux. » (C'est moi qui souligne)

Avant de chercher à gloser sur la toponymie — *le nom de Rennes* — et sur les détails géologiques liés à son fameux cromleck, *ces roches aiguës qui couronnent nos montagnes*, penchons-nous tout d'abord sur les bizarres curiosités de la nature auxquelles il est fait allusion. Telles ces *deux pierres branlantes* qui nous invitent, tout simplement, *à interroger un passé, d'ailleurs fort ténébreux*. Bigre ! Le seul problème est que, pour parvenir à un résultat, il faut tout de même parcourir en détail la première moitié de l'ouvrage, après quoi l'on peut y lire (p. 168) :

« **Les pierres branlantes** sont nommées **roulers** par les Bretons, — *ruler (rouleur),* **gouverneur**. Elles sont le signe des gouvernements divin et druidique. »

Puis, ces expressions réapparaissent encore onze fois dans le texte, ce qui souligne l'intérêt que l'auteur leur porte.

p. 229.   .... à proximité des roches branlantes.
p. 236.   A l'extrémité du Pla de la Coste.... sont placées deux pierres branlantes ou roulers.
           A côté du premier de ces deux roulers, un petit ménir dresse sa pointe émoussée
p. 237.   A droite des roulers, en se plaçant vers le midi....
p. 238.   Du haut de la crête qui porte les roulers....
p. 245.   Roulers figure dans le titre.
p. 247.   Dans le cromleck de RLB on voit aussi figurer deux pierres branlantes ou roulers
p. 248.   On n'a pas oublié la signification littérale de ménir, dolmen, rouler ou cromlech
p. 264.   Et la pierre branlante, le Rouler, admirablement équilibré....
p. 298.   .... sont situées au nord de l'haum moor, fort près des deux roulers, du cromleck de RLB.
p. 302.   La Pijole de RLB a sa place au Serbaïrou, au sud des deux roulers ou roches tremblantes.

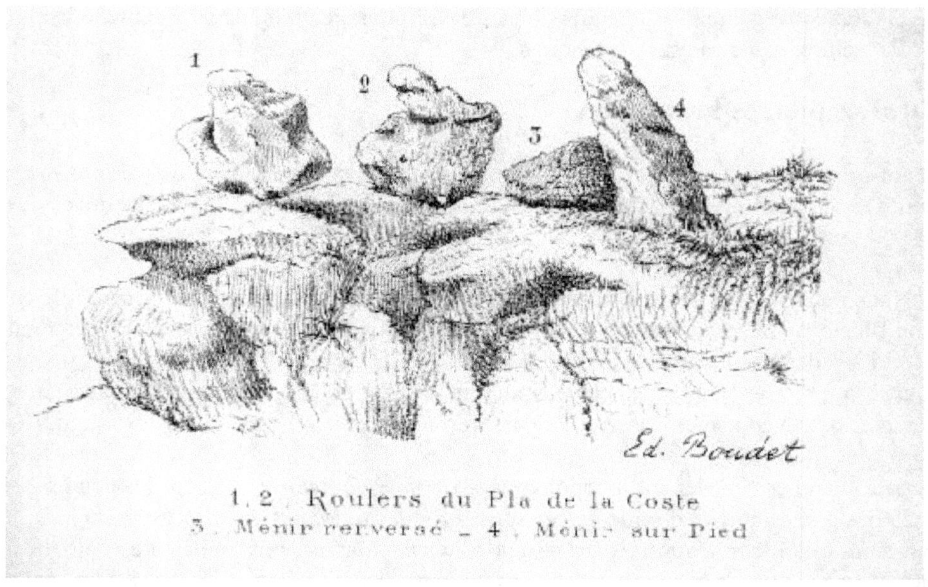

Croquis des Roulers dans l'ouvrage

L'Histoire a bien retenu les noms de quelques gouverneurs ayant régné sur la Provincia, à l'époque qualifiée de celtique par l'auteur, autrement dit gallo-romaine. Cependant aucun d'entre eux, depuis Licinius Crassus, n'avait de statut divin et druidique, autrement dit religieux. Par contre, il en est qui satisfait à cette double condition car il figure dans le Nouveau Testament : il s'agit du proconsul Sergius Paulus, gouverneur de l'île de Chypre qui, selon la Tradition ecclésiastique, aurait été le premier évêque de Narbonne.

Il suffit donc de consulter le Nouveau Testament pour découvrir la solution de l'énigme — ou plutôt du mystère, — puisque l'île de Chypre fut la première étape du long périple entrepris par Saint Paul. On peut lire en effet en 13-6, dans les *Actes des Apôtres* :

« Ainsi, ayant traversé toute l'île jusqu'à Paphos, ils trouvèrent un magicien, faux prophète juif nommé Bar-Jésus, qui était de l'entourage du proconsul Sergius Paulus, homme avisé. Ce dernier fit appeler Paul et Barnabé, désireux d'entendre la parole de Dieu. Mais Elymas le magicien fit opposition. Alors Saul — appelé aussi Paul — rempli de l'Esprit-Saint, le rendit aveugle.... Alors, voyant ce qui s'était passé, le proconsul embrassa la foi, vivement frappé par la doctrine du Seigneur. »

En outre, ce personnage est l'objet d'un second renvoi, car il est l'un des rares à être cité nommément par l'auteur.

Sergius Paulus, (Tableau de Guilio Clovio, le Louvre)

En effet, à l'avant-dernière page de son ouvrage (p. 305), entre une évocation du Sauveur — et non une invocation au Seigneur — et la quête de l'Eternelle Vérité, on rencontre la phrase suivante :

« Le proconsul Sergius Paulus, disciple de l'apôtre Saint-Paul était venu porter l'Evangile dans le Midi de la Gaule et avait fixé son siège à Narbonne.... ».

Mais la nature ayant disposé deux roulers dans le cromleck, le second pourrait éventuellement être identifié, mais seulement de façon symbolique, à Ponce Pilate, le très connu *praefectus* de Judée, qui joua le rôle déterminant que l'on sait dans le déroulement de la Passion. Il serait lui aussi venu *involontairement* en Gaule, puisqu'un écrit apocryphe chrétien intitulé *La mort de Pilate* prétend que son corps aurait été jeté dans le Rhône, à Vienne. Et une légende prétend même qu'il aurait donné son nom au Mont Pilat situé dans le Lyonnais.

Addendum. Tradition de la venue de Saint Paul Serge à Narbonne

Evoquée par les abbés Lasserre, curé d'Alet, et de Roquelaure, curé d'Escouloubre, une légende des temps anciens passée à l'état de tradition religieuse — et trouvant probablement sa source au sein du grand séminaire de Carcassonne — prétendait que Sergius Paulus serait venu évangéliser la Provincia Narbonensis. Dans son ouvrage consacré à l'Histoire de la Haute-Vallée de l'Aude, le dernier nommé nous en fait la relation suivante :

« L'apôtre Saint Paul et le proconsul Sergius Paulus, son disciple, vinrent à Narbonne où ils fondèrent une église : « A Narbonne, dit Bède le Vénérable (....), dans les Gaules, fête de Saint Paul ordonné évêque par les apôtres et envoyé par ceux-ci dans cette ville. Il est le même que ce Sergius Paulus, dont Saint Paul prit lui-même le nom après l'avoir converti à la foi du Christ. Le saint apôtre étant passé en Espagne, laissa Paul à Narbonne ».

Cependant, ces faits paraissant relativement incertains, les historiens ecclésiastiques officiels avaient finalement opté — suivant en cela l'évêque Grégoire de Tours — pour un très nébuleux Paul-Serge, venu en Gaule vers l'an 250, avec Saturnin de Toulouse, Trophime d'Arles et certains autres personnages plus ou moins mythiques.

Il a semblé intéressant, pour éclairer ce point particulier, de prendre l'avis d'un religieux très savant, dont l'honnêteté intellectuelle ne semble pouvoir être mise en doute. Il s'agit de dom Vaissète, bénédictin de Saint-Maur et auteur, comme l'on sait, de la monumentale *Histoire Générale de Languedoc*. Il a, bien entendu, évoqué cette tradition ecclésiastique dans le cours de son ouvrage, mais a cru bon d'ajouter, finalement, dans ses Notes, cette précision complémentaire et rectificative (Numérotée XXIII), qui est intitulée :

Sur l'époque de la mission des premiers évêques de la Narbonnoise.

« Nous suivons Grégoire de Tours qui joint ensemble les sept évêques Trophime d'Arles, Paul de Narbonne, Saturnin de Toulouse, Denys de Paris, etc, et prétend qu'ils furent envoiez en même-tems pour annoncer l'Evangile dans les Gaules. Nous convenons cependant que cet historien peut s'être trompé, et que ces évêques peuvent être venus dans les Gaules successivement et en différens tems. L'époque fixe de la mission de S. Saturnin à Toulouse, marquée dans ses actes authentiques, l'aura peut-être déterminé à lui joindre les anciens évêques des Gaules dont on avoit alors la connoissance, mais dont peut-être il ignoroit le tems précis où ils avoient vécu. Au reste nous n'entreprenons pas d'examiner ici la grande question touchant l'époque de la mission de ces premiers évêques ; nous avoüons de bonne foi qu'il y a de grandes difficultez de part et d'autre. Nous nous contentons de suivre ce qui nous paroît plus probable sans préjudice de l'ancienne tradition de l'église de Narbonne qui reconnoit pour son premier évêque, <u>Paul disciple des Apôtres</u>, lequel, comme nous venons de le dire, <u>peut avoir été envoié dans les Gaules longtems avant S.Saturnin</u> ». (C'est moi qui souligne)

L'analyse de ce texte montre, tout d'abord, que notre érudit bénédictin dont l'œuvre magistrale implique qu'il ait dû compiler, pendant trente ans, une multitude de sources religieuses anciennes, ne cite nommément que quatre évêques parmi les sept. Les trois autres ont été remplacés par un « etc » très inhabituel dans les écrits d'un ecclésiastique, et à vrai dire peu flatteur, qui laisse supposer que, pour lui, ils appartiennent à un légendaire immémorial. Enfin, en s'entourant d'infinies précautions oratoires — une sorte d'auto-censure, car l'historien qu'il était ne pouvait mettre trop en défaut les traditions ecclésiastiques, — dom Vaissète pense que Paul, dont une ancienne tradition de l'église de Narbonne fait un disciple des Apôtres et le premier évêque de cette cité, « peut avoir été envoyé dans les Gaules longtemps avant saint Saturnin ». Autrement dit, au début de l'ère chrétienne, époque où Narbonne était effectivement la capitale de la Provincia ! Si nous traduisons en clair ses circonlocutions, ce Paul venu de Rome — plus connu sous le nom de Paul-Serge — n'est autre évidemment, que Sergius Paulus ! L'abbé Boudet et les membres de son Neimheid — les hommes de Dieu — n'étaient donc pas les seuls religieux à penser que ce personnage aurait pu arriver à Narbonne deux siècles avant la date suggérée par le célèbre Grégoire de Tours. C'est-à-dire vers l'an 50.

2. Le nom de Rennes

La rue des Thermes

Pour bien situer le problème posé par le passage (p. I) concernant *le nom de Rennes* qui, dit-il : « renferme sans doute en lui-même l'histoire du pays dans les temps celtiques, et nous ferait découvrir, par une interprétation exacte, bien des choses intéressantes », il convient d'indiquer qu'il existe, depuis environ deux siècles, deux Rennes situées à peu de distance. La station thermale de Rennes-les-Bains, dans laquelle il exerça sa mission pastorale pendant quarante-deux ans, et le village de Rennes-le-Château qui a le privilège de posséder l'antériorité du toponyme.

Bien qu'ayant déjà été fréquentée à l'époque romaine, cette petite cité thermale ne prit le nom de Rennes-les-Bains qu'au début du 19e siècle. Et ceci pour souligner probablement l'importance d'une renommée toute relative — prendre les eaux était alors très à la mode — et vanter ainsi son attrait auprès d'une clientèle que l'on aurait souhaitée plus élargie, voire nationale. Sa dénomination précédente était en effet les Bains de Rennes, par référence à la vraie Rennes, sa voisine située sur les collines occidentales, devenue un petit village pauvre et attardé dont il n'était pas, en effet, très flatteur d'être considérée comme une annexe.

Sa plus ancienne dénomination connue, donnée par l'abbé Sabarthès dans sa *Table des formes anciennes* — qui devait être celle de l'époque romaine — est Aquae Calidae, (Eaux Chaudes). En 1162, elle devint Ecclesia Sancti Nazari de Aquis Calidis (Eglise Saint Nazaire des Eaux Chaudes). La carte de Cassini, dont les relevés ont été effectués entre 1683 et 1744, porte Les Bains de Monferran. Puis, dans divers documents plus récents, on rencontre Les Bains de Reynes — du nom de la Source de le Reyne, devenue aujourd'hui la Reine — dont une déformation phonétique fit Les Bains de Rennes. Le summum de la concision fut atteint en 1807, c'est-à-dire trente ans avant la naissance de Boudet, avec le terme occitan Les Bans (Les Bains). Jusqu'au milieu du XXe siècle sa dénomination vulgaire, comme dit Sabarthès, demeura Les Bans de Rènnés.

Sous l'Ancien Régime, la cure avait eu pour titulaire, pendant soixante ans, l'abbé Delmas. Ce prêtre est l'auteur d'un manuscrit de onze pages, rédigé en 1709, et déposé en 1933 par le docteur Courrent — historien et bienfaiteur de la station — aux archives de l'Aude. Il a déjà été l'objet de plusieurs publications et a pour titre : *Antiquités des Bains de Monferran communément appelés Bains de Rennes*.

On peut retenir de la lecture de cet opuscule deux passages intéressants et significatifs. Ainsi pour ce qui concerne l'établissement des Romains dans le pays, Delmas écrit ce qui suit, qui vaut surtout par son commentaire :

« La première colonie qu'ils establirent dans les Gaule, fut dans la païs des Volques Tectosages dans lequel ce païs se trouve renfermé, puisqu'il s'étend de Toulouse au Cap Creux, mais pour faire une époque certaine de leur établissement dans le haut Rasès qui est ce païs, ils n'avoient aucune ville considérable qu'on trouve dans les anciens auteurs. On croit que c'était Rennes par les marques qu'on y voit de fort anciens bastimans, endroit qu'il semble que la nature a fait exprès... »

Dans le titre de son opuscule, la localité où se trouvent les Bains est, dans les deux cas positionnée par rapport à des localités voisines : Monferran et Rennes. Donc, la Rennes citée dans la dernière phrase du texte n'est autre que l'actuelle Rennes-le-Château. D'ailleurs, en parlant de ce lieu, l'historien limouxin Fonds-Lamothe dit également, dans ses *Notices historiques sur la ville de Limoux* (1838) :

« ... que ce lieu, situé sur un plateau élevé conserve des fragments de fortifications anciennes et se trouve environné de débris immenses de constructions... » (sic)

Le village de Rennes-le-Château, est bâti sur l'emplacement d'une ancienne forteresse, qui dominait autrefois une ville légendaire du nom de Rhedae. Cité dont l'antiquité est probablement comparable, sinon plus ancienne que celle d'*Aquæ Calidæ*, puisqu'elle fut, à l'origine et avant l'arrivée des Romains, un oppidum des Volques Atacins. D'ailleurs rheda, signifiant chariot en latin, est un vocable d'origine celtique [1]. L'historien régional Louis Fédié, dont on a vu qu'il était un familier de Boudet, publia en 1880, un ouvrage, intitulé *Le comté de Razès*. Cet ouvrage est composé de monographies, dont la plus importante est consacrée Rhedae, l'actuelle RLC, et soulignait l'importance de cette cité à l'époque wisigothique. Elle donna son nom au Rhedesium qui, à l'époque carolingienne, allait devenir le Comté de Razès. Or Boudet avait évidemment lu les écrits de son ami Fédié. Les recherches effectuées depuis, notamment par votre serviteur, ont largement confirmé les dires de Fédié et permis de découvrir, sur un cliché aérien pris par l'IGN, qu'il existait en ce lieu les substructures enterrées d'un immense mausolée de type constantinien. L'analyse des dalles gravées retrouvées sur place ont permis de découvrir qu'il s'agissait probablement — et à priori — d'un martyrium recélant les corps de Marie de Magdala et Sergius Paulus. Cet édifice cultuel aurait pu être réutilisé, par la suite, comme panthéon dynastique par les rois Balthes ariens de Toulouse qui avaient fait de ce lieu une cité royale [2].

3. Les roches aiguës qui couronnent nos montagnes

Le lecteur devra, hélas, patienter pour connaître la signification de cette expression, car son dévoilement appartient à un *suspense à devinis*, et est donc réservé pour la fin de l'ouvrage...

4. Ce flambeau qui dissipera les ténèbres

Poursuivons la lecture de ces intéressantes *Observations préliminaires* car, comme nous venons de le voir avec Sergius Paulus — pour lequel nous avons découvert au terme d'une approche fastidieuse une clef facile — elles vont nous donner un second éclairage sur les ombres qui planent sur ces écrits.

Après avoir souligné qu'à la différence de tous les peuples de l'Antiquité, « les Celtes n'ont laissé nul écrit pouvant permettre de reconstituer leur histoire et que de toutes parts règne une nuit profonde », voici ce que nous dit l'auteur :

« Des chercheurs intrépides, des historiens illustres ont poussé le plus loin possible leurs investigations passionnées. Tous les écrivains de l'antiquité ont été interrogés. La somme des connaissances acquises reste toujours fort incomplète. Où trouver le « flambeau » qui dissipera ces ténèbres ? N'est-ce pas dans le vieux langage que nos pères ont légué ? »

Que cache donc ce mystérieux flambeau que l'auteur a pris soin de mettre entre guillemets ? A priori, on pense évidemment à un chandelier et, une certaine tradition locale aidant, à celui qui aurait figuré dans le fabuleux trésor des rois wisigoths dits de Toulouse : la Menorah. Mais voici qu'à la page suivante, disant qu'il suit, malgré qu'elle ne soit pas sûre, la voie du dialecte languedocien, l'auteur nous livre le fond de sa pensée de la façon suivante :

« Néanmoins, cette voie, nous l'avons parcourue avec patience, dans la ferme persuasion que la Providence Divine dirigerait nos pas et nous permettrait d'atteindre au but de nos efforts. Lorsque le flambeau que nous cherchions avec anxiété, s'est montré à nos yeux, son premier rayon est tombé sur le nom des Tectosages, et ce rayon nous a ébloui. » (Noter le singulier)

Notre sympathique abbé a donc cherché avec anxiété et, grâce à la Providence Divine (avec des majuscules), fini par trouver ce mystérieux flambeau dont le premier rayon l'a littéralement ébloui. De plus, il situe temporellement le premier rayon de cet objet symbolique à l'époque des Tectosages, qui sont des Gaulois de la Narbonnaise, devenus très tôt des Gallo-Romains !

La quête de cette entité flamboyante nous conduit vers le milieu de l'ouvrage (p.185), où nous la retrouvons lorsqu'il donne des explications de noms propres celtiques et des possibles erreurs qu'il peut, ce faisant, avoir commises :

« .... Mais ces erreurs, dit-il, seront facilement écartées ou corrigées par le flambeau des traditions locales, dont la persistance projettera aussi son rayon lumineux sur la vie et l'histoire de nos ancêtres. »

Pour éclairer le lecteur, il convient d'indiquer qu'il est des termes relativement usités, que l'on rencontre dans certains rituels ou ouvrages religieux — litanies, apologies et hagiographies — mais dont, de nos jours, très peu de personnes en connaissent, ou peuvent en interpréter le sens. C'est le cas de ce flambeau, mis en évidence par notre abbé, et sur lequel bute toute compréhension profane. Ce que n'avait pas du tout prévu le mentor de Nacim Djama, dans son opération de désinformation, est que son très douteux *Lazare véni foras !* allait nous apporter un élément de compréhension qui faisait jusque là défaut. Il s'agit en effet une d'hagiographie rédigée par un clerc, et donc usant essentiellement de terminologie religieuse. Ainsi le Chapitre II est intitulé : *Sainte Marie-Madeleine et la Provence* avec le sous-titre suivant : *Sainte Madeleine, Flambeau du Monde,* expression tirée des litanies consacrées à cette sainte. Puis on peut lire :

« Mais dans la Gaule, à quelle contrée bénie et sans doute plus aimée Dieu donnera-t-il cette perle précieuse entre toutes qu'est Marie-Madeleine, quel sera le théâtre privilégié où brillera ce flambeau céleste destiné à éclairer le monde par ses magnifiques exemples pour lui communiquer quelque chose de sa grande Charité pour le Christ Jésus »

L'auteur de ce faux Lazare a bien raison de se poser la question de savoir « en quelle contrée bénie brillera ce flambeau céleste », car Boudet prétend, lui : « qu'il s'est montré à ses yeux et que son premier rayon l'a ébloui ! »

La véritable héroïne de son ouvrage semblerait donc, à priori, être Marie-Madeleine, la fidèle compagne de Jésus. Si l'abbé avait souhaité faire ses dévotions à cette sainte, il se serait rendu, comme le recommande la tradition catholique, à la Sainte-Baume et à Saint-Maximin. Or, dans son écrit, il n'est pas question de pèlerinage en Provence mais d'histoire et de géographie locales. Donc, si dans sa quête spirituelle il dit « l'avoir cherchée avec anxiété », c'est qu'il était averti de sa présence effective dans son proche voisinage. Et si elle s'est finalement « montrée à ses yeux éblouis » c'est qu'elle était réellement à l'endroit où il attendait qu'elle soit.

La présence simultanée, dans l'ouvrage, de Sergius Paulus et Marie-Madeleine, invite à penser qu'ils auraient pu, au terme d'un long cheminement dans le temps et l'espace, débarquer ensemble à Narbonne, vers l'an 50 de notre ère. Et non pas à Marseille comme le veut une tradition provençale établie à la fin du treizième siècle, au détriment de Vézelay où le culte était antérieur de plus de deux siècles. D'ailleurs, dans le port antique d'Ostie, parmi les vestiges des comptoirs où s'adressaient les voyageurs avant de pouvoir embarquer, l'un d'entre eux est encore orné d'une mosaïque portant le nom de Narbonne. Mais on n'y trouve pas, hélas pour certains, celui de Marseille !

NOTES

1. Cf. Dictionnaire Gaffiot de latin -français.

2. Voir de l'auteur : *Rennes-le-Château. Du trésor des Wisigoths au secret de l'abbé Saunière* (Pégase, 2007).

-VI-

La multiple présence de Marie-Madeleine

1. L'attirance de notre abbé pour les fontaines du cromleck

Notre docte mais bizarre ecclésiastique semble avoir, tout comme les Celtes, du moins à ce qu'il prétend, un penchant marqué pour les résurgences souterraines puisque, sauf erreur ou omission de ma part, il cite quinze fois le mot source et trente-quatre fois le mot fontaine. Probablement s'agit-il d'un tropisme dû à un très long séjour — quarante-deux ans — dans une ville d'eau. A moins que !

Ainsi nous pouvons lire (p. 178) : « Que l'eau claire des fontaines n'était pas l'unique boisson des Celtes. » On sait, effectivement, qu'ils aimaient davantage la cervoise ! Puis, (p. 267) que : « les Celtes avaient les fontaines en grande estime. » A la page suivante, évoquant toujours cette peuplade, il est question de « vénération idolâtrique pour les fontaines. » Ensuite il nous dit — chose très importante — que, d'après la pensée des membres du Neimeidh, « La vraie fontaine des Redones était celle de la Reine. » Enfin, après avoir évoqué les sources perdues du Pont et du Cercle, il remonte le cours de la Salz, puis celui de la Blanque, et arrive enfin au terme de sa quête (pp. 273 et 274). C'est, dit-il, la seule fontaine du cromleck qui ait conservé son nom celtique. En voici la description :

« Cette fontaine, placée sur la rive droite de la Blanque, se trouve à la distance d'un kilomètre à peu près au sud de la station thermale. On la désigne depuis peu d'années sous le nom de la Madeleine ; mais son nom celtique reproduit dans le cadastre, est celui de fontaine de la Gode. »

Lorsque l'auteur dit qu'on la désigne depuis peu d'années sous le nom de la Madeleine, il s'agit d'un artifice de sa part pour attirer l'attention du lecteur, car il est à craindre qu'elle ait toujours porté ce nom et jamais celui de la Gode ! La preuve en est que ce nom n'a jamais figuré, comme il le prétend, dans les anciens cadastres. Mais ce terme imaginaire lui permet, à son habitude, de nous présenter une analyse celtique qui est : *to goad, aiguillonner, exciter.* En effet, il poursuit en indiquant « qu'on doit faire usage de cette eau pour aiguillonner, exciter, animer l'économie tout entière. » S'agissant de Sainte Madeleine, sans doute fait-il allusion à l'économie du salut !

En fait, Gode n'est qu'une francisation de Goda (phon. Godo), nom, prétendument celtique, mais en réalité occitan. Le dictionnaire Alibert en donne plusieurs acceptions, dont la plus intéressante pour nous n'est autre que : femme de mauvaise vie. Or, dans l'Evangile de Luc, lors du repas chez Simon (7, 36) il est dit de Marie-Madeleine : « Et voici une femme, qui dans la ville était une pécheresse ». L'auteur confirme ainsi que la Madeleine, à laquelle la source doit son nom, est bien celle de l'Evangile !

Après avoir appris que cette source a un goût atramentaire fortement prononcé — mais pour connaître cette saveur il faut avoir goûté de l'encre — et qu'elle sourd en deux endroits, nous retrouvons à
la page suivante (p. 274) à nouveau évoquées les deux fontaines de la Madeleine ou de la Gode.
Enfin, il faut croire que Marie-Madeleine appartient bien à une tradition locale cachée puisque, à la
page suivante (p. 275), il réitère son précédent avertissement :

« A l'occasion des fontaines du cromleck de RLB, nous voudrions donner, dans un ordre d'idées bien
différent, un exemple frappant de l'avantage précieux que nous offrent les noms celtiques des fontaines, pour découvrir bien des faits perdus par la tradition et cachés dans l'obscurité des histoires
locales. »

Cette tradition locale aurait seulement subsisté, de façon cachée dans l'obscurité des histoires
locales, car son culte primitif aurait été non seulement occulté, mais interdit par l'Eglise ; au profit
de Vézelay, d'abord, puis après de longues luttes picrocholines entre Bénédictins et Dominicains, à
celui de Saint-Maximin !

2. Mais aussi les fontaines régionales.

La Fontaine de
Notre-Dame de Marceille

Voici à présent que nous est proposée une étrange digression géographique par une excursion à la Fontaine de Notre-Dame de
Marceille, qui se trouve à côté de Limoux. (p. 276) C'était un lieu
de pèlerinage à la Vierge Marie très fréquenté à son époque.
Comme à son habitude il nous livre une description relativement
fantaisiste qui laisse vite planer une certaine ambiguïté. Selon lui :
« les vieux chroniqueurs l'auraient connue sous le nom de Notre-
Dame de Marsilla. » Ce qui est erroné, puisque la carte géographique la plus ancienne, celle de Cassini, porte le nom de N. D.
de Marseille. Il introduit donc là un néologisme, opportunément
forgé par ses soins en une espèce de sabir — qu'il nous inflige
d'ailleurs trois fois — pour évoquer Marseille sous une forme différente ; ce qui, à son habitude, va de plus lui permettre de jouer
ensuite avec les mots.

Cette évocation de la cité phocéenne n'est en effet pas innocente,
puisqu'elle nous amène dans la direction d'une certaine tradition
religieuse facilement identifiable : celle de la venue des Saintes
Femmes en Provence et, on l'aura compris, du séjour de Marie-
Madeleine à la Sainte-Baume. Selon la tradition ecclésiastique
puisée par l'abbé Faillon chez l'évêque allemand Raban Maur
(780-856), et également évoquée par le dominicain Jacques de Voragine (1230-1298) dans sa
Légende Dorée, le corps de Marie-Madeleine aurait été retrouvé, en 1279, en un lieu devenu depuis
Saint-Maximin. Cette *invention* — terme canonique utilisé pour découverte — fut le résultat de

fouilles, entreprises à l'initiative de Charles de Salerne, comte de Provence et neveu de Saint Louis. Elles auraient permis de mettre à jour plusieurs sarcophages. Dans l'un d'eux, se trouvaient une tête possédant encore sa langue intacte, sur laquelle poussait une branche de fenouil encore verte — nous sommes là en plein dans le domaine du merveilleux chrétien — et divers ossements. L'ensemble aurait été accompagné d'un écriteau, dont voici le contenu rapporté par ce même abbé Faillon, hagiographe de cette tradition provençale d'essence purement dominicaine :

« L'an de la Nativité du Seigneur 710, et au mois de décembre, sous le règne de Clovis, très bon roi des Francs, au temps des ravages de la perfide nation des Sarrasins, le corps de la très chère et vénérable Marie-Madeleine a été, à cause de la crainte de ladite nation, transféré de son sépulcre d'albâtre dans celui qui est en marbre, d'où on a retiré le corps de Sidoine parce qu'il y est plus caché ».

Ce faux grossier, manifestement rajouté lors des fouilles par l'entourage ecclésiastique du prince comme certificat d'authenticité, prête aujourd'hui à sourire. Il a été, à n'en pas douter, rédigé par quelque clerc qui ignorait qu'en l'an 710 les Sarrasins n'avaient pas encore mis les pieds en Espagne, et que Clovis était mort depuis environ deux cents ans ! Conscient de cet anachronisme, le frère prêcheur Bernard Gui remplaça, dans un écrit ultérieur (1320), Clovis par Eudes, duc d'Aquitaine. En outre le naïf subterfuge du transfert des restes présumés de Marie-Madeleine dans le sarcophage de Sidoine — accompagné, qui plus est, de cet écriteau explicatif — n'aurait pas dû abuser longtemps de virtuels envahisseurs musulmans disposant sans doute d'interprètes, et s'intéressant plutôt aux espèces sonnantes et trébuchantes qu'à des ossements, fussent-ils ceux des saints adorés par les *mouchiqrins* [1].

Les reliques de Marie-Madeleine à Saint Maximin

Concernant la suite donnée à cette heureuse découverte, il n'est pas inintéressant de se référer au faux *Lazare véni foras*, rédigé par un religieux qui s'avère être un véritable spécialiste de la chose, et duquel il semble nécessaire de rapporter le passage suivant (p. 282) :

« « Quant (le pape) Boniface VIII eût connu la sincérité incontestable de l'invention de 1279, et l'authenticité des reliques de Sainte Marie-Madeleine, il le proclame dans sa bulle de 1795 (NDA : erreur il faut lire 1295) : « *In ecclesia sancti Maximi... est corpus B. Mariæ Magdalenæ.* » — Dans l'église de Saint-Maximin, il y a le corps de Marie-Madeleine. » »

Puis, un peu plus loin (p. 314) vient la cerise sur le gâteau, en quelque sorte :

« En 1295 (ici pas d'erreur), le pape Boniface VIII fit don des lieux saints de Provence aux Dominicains. Ce fut donc soixante-quatorze ans après la mort de Saint Dominique que ce précieux dépôt leur était confié. »

Après cette petite digression provençale revenons en la fameuse statue de la Vierge de Marsilla, au sujet de laquelle l'auteur se pose une question.... à laquelle il répond d'ailleurs lui-même :

« Est-ce celle qui, perdue au milieu des tourmentes des invasions Sarrasines, a été plus tard retrouvée et placée avec honneur dans le sanctuaire destiné à la recevoir ? Cela nous paraît fort probable. »

En fait, il enfonce là une porte ouverte puisque la plupart — sinon la totalité — des statues de Vierges faisant l'objet de pèlerinages depuis le fin du Moyen-Age, auraient été cachées, dans la terre ou des cavernes, pour échapper à un inéluctable danger sarrasin. Puis redécouvertes miraculeusement par la suite, souvent avec l'aide de bovins ! Tout cela appartient évidemment au merveilleux chrétien du Moyen-Age illustré précédemment. A ce sujet, il faut savoir que ces légendes mariales prospérèrent dans le sillage de la Reconquista de l'Espagne sur les Musulmans. Elles débutèrent dans les Asturies, au sein des Picos de Europa, où la statue de la Vierge de Covadonga — la Santina — cachée dans une grotte, permit en 722 au comte wisigoth Pelage (Pelayo), de repousser les assauts des Musulmans et de les vaincre. Covadonga fut la première victoire chrétienne d'une reconquête qui allait durer sept siècles, ce qui valut à Pélage d'être proclamé roi des Asturies. Le deuxième miracle marial eut lieu en Catalogne — Barcelone ayant été délivrée des Musulmans dès 801 — avec l'invention de la statue de Notre-Dame de Montserrat, en 876, dans une caverne. Mais l'exemple le plus célèbre est celui de la Vierge de Guadalupe d'Extramadure. En voici un résumé :

Il aurait existé, à Rome, une statue de la Vierge prétendument sculptée par Saint Luc, évangéliste au réel talent artistique puisqu'on lui attribue également plusieurs tableaux de la Vierge, dont l'un est visible à Malte. Cette statue fut offerte par le pape Grégoire le Grand (537-604) à son ami Léandre de Séville (540-590), avec qui il avait fraternisé, en 580, lors d'un séjour à Constantinople. Elle aurait été vénérée dans une église de Séville jusqu'à ce que des moines, « fuyant le péril sarrasin », l'emportent avec eux dans les montagnes d'Extramadure, et la cachent dans les parages du rio Guadalupe. Durant un millier d'années elle aurait été considérée comme perdue. Mais voici qu'au XVIᵉ siècle, un humble vacher nommé Luis Cordero — qui avec un nom pareil aurait plutôt dû garder des moutons — trouva une de ses vaches mortes. On ne sait pourquoi, il lui fit une incision en forme de croix, et la vache ressuscita. Comme Lazare ! En même temps, la Vierge lui apparut, puis disparut. Ce que voyant, il alla évidemment annoncer la nouvelle aux moines de l'abbaye voisine, qui vinrent fouiller le sol à l'endroit indiqué, et trouvèrent la statue accompagnée d'écrits attestant de sa provenance. Comme en Provence ! Cette statue, de couleur noire, est devenue depuis la patronne de l'Espagne et aussi du Mexique.

Ces légendes furent adoptées plus tard en Gaule, dans les régions envahies, ou même simplement menacées, par les Musulmans. Mais pour nous, l'intérêt de la chose se situe dans le fait que le clerc, rédacteur de l'écriteau concernant les restes de Marie-Madeleine, s'est inspiré de ces légendes mariales.

Et voici la fin de la description donnée par Boudet, qui ne manque pas — comme il l'écrit — de se(e)l :

« Les nouveaux chrétiens, se confiant en la tendresse de la Mère du Seigneur Jésus, seront venus demander, à genoux aux pieds de son image placée près de la fontaine, la guérison ou l'adoucissement de leurs souffrances corporelles, et ces Gaulois auront exprimé dans le mot Marsilla la somme des faveurs les plus ordinaires obtenues de la bonté de la Sainte-Vierge : elle était pour eux Notre-Dame de *Marsilla*, ou des yeux gâtés, endommagés et fermés par la maladie — *to mar*, gâter, endommager, — *to seel (sil)* fermer les yeux. L'ignorance de la prononciation des mots celtiques a pu seule conduire, dans la suite des temps, à dire *marseel* (Marceille) pour Marsil. »

Les yeux gâtés, auxquels serait bénéfique l'adoration de cette statue de bois noir, méritent toute notre attention. Pour Boudet, ce serait donc Notre-Dame des aveugles ! En réalité, la source miraculeuse de N. D. de Marceille était réputée soigner toutes les affections, comme en témoignent les innombrables ex-voto de l'église, et pas spécialement les maux des yeux comme le prétend l'auteur. S'il fait allusion à la cécité, c'est tout simplement pour nous conduire à Saint Sidoine, l'aveugle-né de l'Evangile de Jean, dans le sarcophage duquel on a appris plus haut qu'auraient pris place, en Provence, les reliques de Marie-Madeleine.

Demeure à s'interroger sur la volonté de notre docte abbé à insister lourdement sur le terme Marsilla. Il lui permet évidemment de donner son habituelle démonstration celtique : *to mar,* gâter, endommager, — *to seel (sil),* fermer les yeux. En fait, il a traduit un peu abusivement *to seel* par fermer les yeux, car ce verbe est utilisé spécialement en fauconnerie, où il signifie ciller (les paupières d'un faucon) et, par extension, aveugler, tromper ou duper. D'autre part si avoir les yeux gâtés constitue une infirmité, tromper ou duper ne peut résulter que d'un acte volontaire. Souhaiterait-il indi-

La Vierge Noire de
Notre-Dame de Marceille

quer par là, de façon louvoyante, que l'Eglise aurait trompé les fidèles sur l'identité de la sainte vénérée en cet endroit ? C'est là une éventualité à présent non dénuée de sens. En ayant les yeux gâtés — ou en les fermant, — il est évident qu'on ne peut appréhender sainement la réalité. Par contre, en les dessillant, on peut finir par trouver un sens à l'éventualité précédente.

En fait, le toponyme Marsilla ne figure dans aucune document ancien, et celui qui s'en approche le plus est Massilia (an 1521) [2]. Or Boudet, dont une seconde nature était la construction d'anagrammes, s'était évidemment aperçu que celui de NOTRE-DAME DE MASSILIA, n'était autre que STE MARIA MADDELEINOS. Cette tournure très significative — mais à l'accent quelque peu portugais — ne le satisfaisant pas, il inventa le toponyme Marsilla. Car l'anagramme exacte de NOTRE DAME DE MARSILLA n'est autre que STE MARRIA MADDELLENO plus proche de sa langue maternelle. Il n'est pas nécessaire, je pense, de supprimer les redoublements de lettres inutiles et de traduire en français pour comprendre de qui il s'agit.

Cette guérison des yeux gâtés conduit à établir un parallèle géographique bizarre, dont on ne sait s'il était connu de l'auteur, ou s'il ressort simplement du hasard. Près de Paphos, où a probablement séjourné temporairement Marie-Madeleine, se trouve la bourgade de Yéroskipos qui signifie *Jardin sacré d'Aphrodite*. Son église byzantine, datant du XIᵉ siècle, est consacrée à Aghia Paraskévi, sainte réputée pour guérir les yeux malades !

Addendum. L'histoire du pèlerinage à N. D. de Marceille

L'abbé Lasserre, curé d'Alet et déjà auteur, en 1877, d'un ouvrage intitulé *Recherches historiques sur la ville d'Alet* publia, en 1891, une *Histoire du pèlerinage de Notre-Dame de Marceille* très documentée, avec l'imprimatur sous forme d'une introduction de Mgr Boyer, vicaire général du diocèse.

Le chapitre II de ce petit ouvrage, consacré à l'origine celtique du mot Marceille, débute — c'est à peine croyable — de la façon suivante :

« Dans un remarquable ouvrage intitulé : *La Vraie Langue Celtique et le Cromleck* (Cercle de pierres druidiques de Rennes-les-Bains, Aude), l'abbé Boudet, curé de cette importante station balnéaire, a trouvé, le premier, le nom celtique de Marceille. Citons l'auteur à la page 277. »

Et, devrait-on dire, aux suivantes, puisqu'il cite presque intégralement trois pages du livre en question (pp. 277-278 et 279), à l'exception du long passage consacré à l'haum-moor. Mais il y apporte, il est vrai, quelques variantes minimes, au sujet desquelles on ne sait s'il faut, ou non, rechercher une interprétation de sa part. Soit il n'avait rien compris au contenu codé de l'ouvrage et est allé à la solution de facilité ; dans ce cas, peut-être souhaitait-il simplement rendre hommage à son collègue, alors éreinté par la critique. Soit il en connaissait le véritable sens et, à tant que faire, augmentait ainsi le quiproquo ! Voici le début de la citation :

« A peu de distance de l'Eglise de Notre-Dame de Marceille, vers le haut de la rampe appelée voie sacrée, bordée d'arbres verts conduisant au sanctuaire, une fontaine laisse tomber goutte à goutte son eau limpide dans un bassin de pierre ».

Il a légèrement modifié la rédaction, sans doute pour la rendre plus explicite, car dans le texte de son ami Boudet, l'expression Voie sacrée (avec une majuscule), figurait en note de bas de page. Mais Lasserre savait-il qu'il était là en plein délire mythologique, puisqu'il décrit rien moins que le sanctuaire de Delphes, qui a précédé d'au moins deux millénaires celui objet de son attention, et où la Pythie délivrait ses fameux oracles. Mais il est vrai que l'oracle de certaines Sybilles était reçu primitivement par l'Eglise, et appartient aujourd'hui aux Ecrits apocryphes reconnus. Situé sur une très haute colline, le site de Delphes est dominé par les impressionnantes et lumineuses roches Phédriades, dénommées Flamboukos et Rhodini. Dans la gorge située au bas de Flamboukos jaillit toujours l'eau cristalline de la source Castalie, dans laquelle les prêtres d'Apollon et les pèlerins venaient jadis pratiquer leurs ablutions. Une allée pavée et sinueuse, bordée par les multiples trésors, trophées et ex-voto offerts par les villes grecques et les souverains étrangers, tel le fameux Crésus, monte de la source vers le temple d'Apollon. Elle porte le nom de Voie Sacrée. Et Boudet faisait sans doute allusion à Delphes puisque, lorsqu'il traite de l'histoire des Volskes Tectosages, nous pouvons lire : (p.189)

« ... Les Tectosages retournèrent vers leur pays natal et rapportèrent, disent les historiens, jusqu'à Toulouse l'or de Delphes et les dépouilles de la Grèce. »

Le vallonnement bucolique de Notre-Dame de Marsilla n'est évidemment en rien comparable à la beauté, et surtout à la puissance tellurique du site oraculaire le plus célèbre de la Grèce ! En évoquant cette Voie Sacrée, Boudet faisait donc simplement allusion à un cheminement allant d'une fontaine — qui à Marsilla ne coule que goutte à goutte — vers un sanctuaire. Mais peut-on se satisfaire de cette explication qui n'apporte pas, en soi, d'information très intéressante ? Peut-être en existe-t-il une seconde, à la fois moins connue et plus significative ? Pour essayer de le savoir, nous retournerons plus loin dans son cromleck.

Mais poursuivons sur Marsilla. Boudet avait écrit : (p.277)

« C'est ainsi qu'on désigne la fontaine ; les vieux chroniqueurs cependant l'ont connue sous le nom de fontaine de Notre-Dame de <u>Marsilla</u> ». Que Lasserre transforme de la sorte: « les vieux chroniqueurs l'ont appelée Notre-Dame de Marsilla. »

Il semble bien que ce dernier ait subodoré, ou savait, que les *vieux chroniqueurs* en question cachaient en réalité son confrère de RLB.

Ensuite Boudet avait écrit : « Ces probabilités prennent une forme encore plus grave, si nous cherchons à pénétrer le sens du nom de Notre-Dame de Marceille ou Marsilla. » C'est effectivement une forme plus grave, pour la croyance religieuse, si cette Notre-Dame n'est autre que Marie-Madeleine. Mais Lasserre ajoute à l'ambiguïté de son texte puisqu'il transpose en : «forme encore plus grande ».

Viennent deux autres passages sensibles qui laissent planer un doute. Ainsi Boudet a écrit : « tendresse de la mère du Seigneur Jésus » qui, pour Lasserre, est devenue : « tendresse de Marie ».

De la même manière l'expression : « obtenues par la bonté de la Sainte-Vierge » est devenue : « obtenues par la bonté de Marie ». Or cette Marie, non précédée de Vierge, peut laisser planer certains doutes, car la Magdaléenne, objet de la substitution, porte aussi ce prénom.

Enfin, en bon clerc catholique, il ajoute, avec la déférence habituelle, les majuscules aux initiales des termes religieux que son confrère avait oubliées. Ainsi en est-il d'Eglise, Rédemption, Croix et Christianisme. Décidément, dans ce pays, rien n'est jamais facile à comprendre !

Notre-Dame de Marceille aujourd'hui

Mais cet ouvrage est pour nous d'une utilité certaine, car il donne la biographie de plusieurs personnages qui, comme la suite va le montrer, semblent avoir joué un rôle important dans l'affaire qui nous occupe. Il s'agit de deux aumôniers qui se sont succédé dans ce sanctuaire, avant sa prise de possession par les Lazaristes. Voici textuellement, en respectant la chronologie, ce qui est écrit :

« 8°. Mèche, chanoine honoraire, qui était en même temps aumônier de l'Hôpital de Limoux. Il eut la gloire de créer des ressources pour l'embellissement de l'Eglise, d'organiser l'administration du pèlerinage et de bâtir la deuxième sacristie. Il se retira en 1838, après avoir acquis de M. Sérié un quart de l'Eglise et de ses dépendances, qu'il légua à l'Evêché de Carcassonne. Devenu aumônier de Notre-Dame du Cros, près Caunes, il voûta cette Eglise, bâtit des chapelles, la sacristie, agrandit le presbytère, etc. Sentant sa fin approcher, il vint mourir à Limoux, après avoir été le bienfaiteur de Saint-Martin.

« 9°. Henri Gasc, chanoine honoraire, de 1838 à 1872. Sa longue et intelligente période d'administration lui permit de bâtir la troisième sacristie, de restaurer le bâtiment du chapelain, d'acheter le champ de l'Esplanade et d'y faire monter les eaux de la rivière d'Aude, enfin d'ornementer l'Eglise telle que nous l'admirons de nos jours. Obligé de se retirer en 1872, à cause de son *grand âge, il décéda à Limoux en 1882* ».

N.B. : On notera que Boudet a très bien connu Mèche puisqu'il fut, à la même époque, vicaire à Caunes. Et que Gasc était un grand ami de l'abbé Vié, curé de RLB, qui mourut justement en 1872, laissant sa place à Boudet. Mais à la lecture de ce texte, on demeure quelque peu pensifs devant l'étalage des dépenses somptuaires énumérées par l'auteur. La question se pose donc de l'origine des ressources qui ont permis à ces deux aumôniers successifs d'effectuer toutes les constructions et acquisitions dont il est fait état. En l'espèce, il est douteux que les libéralités des fidèles, rares en dehors des quelques pèlerinages, aient été suffisantes. Alors, d'où venaient les fonds?

3. L'omniprésent Louis Figuier

S'il est un auteur qui a le privilège d'avoir de très nombreuses fois servi de recours à Boudet, c'est bien Louis Figuier. Le choix de cet auteur, au patronyme végétal assez particulier, et qui bizarrement se rapproche phonétiquement de celui de Louis Fédié, est suffisamment troublant pour ne pas être totalement fortuit. En effet, il nous invite immédiatement à une association d'idées avec *la parabole du figuier desséché,* présente dans les Evangiles synoptiques.

Louis Figuier (1819-1894), qui était un médecin montpelliérain et un professeur de pharmacie très érudit, fut aussi un auteur très prolifique et très connu. D'une part, il publia de nombreux mémoires dans des revues savantes et, parallèlement, se consacra à la vulgarisation scientifique. Il est notamment l'auteur d'une trentaine d'ouvrages de ce genre. Boudet, dont on sait qu'il était un esprit très ouvert et donc curieux de toutes choses, avait une certaine prédilection pour la lecture de ses œuvres. La vraie langue celtique contient plusieurs pages entières ou partielles de citations empruntées à l'un de ses ouvrages intitulé *L'homme primitif.* (pp.128, 129,130 (partie), 131, 132, 133, 134, 135 (partie), 161, 162, 163, 164, 190, 191, 257 (partie), 258, 259 (partie), 261 (partie), 262 et 263 (partie). Soit quatorze pages entières et six pages partielles. Son nom apparaît par ailleurs douze fois dans le texte, et sept fois en note de bas de page. Et une huitième fois enfin (p. 261) sous une forme sous-entendue qui est la suivante : *L'homme primitif, page 302.* Ce qui semble être une invitation à nous y rendre !

Alors qu'il traite de pierres polies trouvées dans le *cromleck de RLB* (p. 257), l'auteur évoque une découverte, faite à Pressigny-le-Grand par le docteur Léveillé, médecin de la localité. Non seulement ce patronyme est suffisamment insolite pour nous inviter à ne pas nous laisser endormir par la lecture, mais l'abbé, s'appuyant sur une très longue citation de Figuier, abuse du toponyme Pressigny, puisqu'il le cite douze fois en quatre pages !

Signalons, au passage, qu'indépendamment du message que voulait faire passer l'auteur, le château de *Pressigny-le-Grand* appartint, entre 1776 et 1792, à un certain Pierre, Paul de Voisins (de Voisins-le-Bretonneux), lointain parent de Pierre de Voisins, sénéchal de Simon de Montfort, qui reçut la seigneurie de RLC en apanage en l'an1231.

L'omniprésence des silex et cette particularité mise à part, cette bourgade d'Indre-et-Loire ne présente aucun caractère suffisamment saillant pour pouvoir justifier cette do-déca répétition ! L'auteur fait donc forcément allusion à un autre lieu, probablement de nom approchant. C'est ainsi qu'en élargissant le périmètre de recherche, on finit par découvrir une localité, dont le nom diffère seulement d'une voyelle : il s'agit d'un village de Normandie, nommé Pressagny l'Orgueilleux. Mais pourquoi nous aiguillerait-il donc *douze fois* vers cette petite localité ? Tout simplement parce qu'elle est le siège d'une tradition liée à Marie-Madeleine cristallisée par deux monuments : un château et un prieuré du XIIIᵉ siècle qui portent tous deux le nom de la sainte.

4. L'auberge de la Mataline

Comme nous l'avait prescrit l'auteur en note de bas de page (p. 261), rendons nous à présent à la page 302 où, après une longue tirade sur la chasse au sanglier d'Erymanthe, — référence possible à Saint Antoine Ermite — nous rencontrons un mystérieux *Pijole, ou Pijoulet, ayant sa place au Serbaïrou, près des roulers ou roches tremblantes,* termes facilement reconnaissables par le lecteur.

Pijole n'étant pas répertorié dans le *Dictionnaire Alibert*, probablement s'agit-il d'une patoiserie locale ou d'un terme forgé par l'auteur. En utilisant sa technique pseudo-celtique, il le décompose en *pig,* porc, *to jole,* heurter avec la tête, mais on peut également le décomposer en pig-hole autrement dit trou du sanglier ; ce qui correspond à une bauge, ou souille, qui est un gite fangeux dans lequel aime à loger cet animal. On sait qu'il a donné une définition de ce type pour le tènement de l'Homme-Mort : *haum-moor,* terrain marécageux (p. 238). Topographiquement, l'Homme-Mort est une colline séparée de celle du Serbaïrou par la rivière Blanque. Puis il nous indique « qu'après la chasse, la lassitude envahissait les membres robustes des Gaulois. » Et que, d'après les assertions des historiens, « ils se seraient contentés, pour leur repos, d'une couche de feuilles sèches ». Lui, « n'ose pas croire que les Gaulois aient poussé jusque là leur indifférence pour la santé et la vigueur de leur corps ». Et à l'appui de cette opinion, il nous décrit une hostellerie insolite et totalement inconnue de la façon suivante :

« Nous connaissons, dans le canton de Limoux, une montagne cultivée en partie, et traversée par un chemin conduisant du village de Saint-André à Chalabre, montagne décorée du nom de *Mataline — to mat,* couvrir de nattes, *hall,* salle, *to inn,* loger dans une auberge —. Le sol de l'appartement où les voyageurs s'installaient pour prendre du repos dans l'hôtellerie de la Mataline, était donc couvert de nattes. Peut-on imaginer que ce fut là un fait isolé et particulier à une maison bâtie sur une montagne, dans un pays fort pauvre et peu fréquenté par les voyageurs. C'est plutôt l'indication exacte de l'usage des nattes et des paillassons pour le repos de la nuit dans les demeures de nos ancêtres.... »

Cette description met en évidence une bizarre Mataline décorant une montagne et dont le sol aurait été couvert de nattes. Ce pays, montagneux, pauvre et peu fréquenté, l'auteur devait fort bien le connaître pour y être allé maintes fois, pédestrement ou à dos de mule, pour y visiter ses ouailles. Il fut en effet, pendant six ans, curé de Festes et Saint-André, paroisse rurale qui comptait alors, sur les collines environnantes, une multitude de fermes alors très vivantes, mais aujourd'hui en grande partie abandonnées et en ruines. Le cheminement qui va de Saint-André à Chalabre est effectivement situé en pays montagneux, et une rue du village qui y conduisait s'intitule encore « rue de la Matalino ». Toponyme bizarre, étonnament proche de Madaléno (occitan : Madeleine), qui pourrait donc résulter d'une simple déformation. Cependant, de mémoire d'habitant, il n'existait plus depuis longtemps une montagne décorée de ce nom. Pourquoi décorée d'ailleurs ? Mystère ! Le verbe décorer, qui signifie embellir, agrémenter ou parer, possède aussi une acception secondaire qui est *couvrir d'une apparence trompeuse et séduisante*. Nous voici donc carrément avertis !

L'église de Saint-André

Pour tenter d'identifier ce toponyme imaginaire, on ne pouvait se référer qu'au *Dictionnaire Topographique de l'Aude* publié par son contemporain l'érudit abbé Sabarthès, curé de Leucate ; localité citée d'ailleurs quatre fois par l'auteur (p. 281). Ainsi, dans les tables des formes anciennes, nous rencontrons plusieurs fois des lieux nommés *Mataleno (La)*, dont la forme usitée actuellement est *Madeleine, ou Sainte-Madeleine*. Mais nous trouvons aussi *Mateline*, qui est une ferme dont le nom actuel est *Vié*. Bizarre, n'est-ce pas !

Il n'est pas nécessaire de cogiter intensément pour voir que le terme Mataline est composé des deux premières syllabes de <u>Mata</u>leno et des deux dernières de Mate<u>line</u>. On peut en inférer qu'il aurait pu être forgé par l'auteur pour nous conduire à l'encadrement suivant : Mataleno — Mataline — Mateline. Et, plus précisément :

Sainte-Madeleine — Mataline — Vié.

Le *Vié*, indiqué ici, ne peut-être le toponyme précité, totalement étranger à notre cheminement géographique puisque situé dans la commune de Preixan, entre Limoux et Carcassonne. Dans ce cas, il semble évident qu'il est fait allusion à l'abbé Jean Vié, curé de RLB entre 1840 à 1872. Alors comment interpréter la relation ci-dessus ? Pour Boudet, Marie-Madeleine appartient à l'Evangile et à une certaine tradition catholique, alors que Vié est un confrère et son prédécesseur à la cure de RLB. On peut en inférer, logiquement, que Vié pourrait être le locuteur, Marie-Madeleine l'objet de la discussion et Boudet l'auditeur. Et on peut aussi penser que sur le sujet, Vié apprit à ce dernier une chose insolite, qui aurait dû le frapper d'étonnement ; mais qu'il connaissait probablement déjà depuis son séjour à Caunes-Minervois comme vicaire de ladite paroisse. Chose que très peu de personnes devaient connaître, car sinon cela n'aurait pas été l'objet d'un cryptage. Il s'agissait donc d'un secret de nature religieuse qui peut être traduit de la façon suivante :

Vié m'a parlé du secret de Sainte Madeleine

Se situant dans la sphère religieuse, cette proposition est tout à fait logique et cohérente, puisqu'elle indique que deux prêtres catholiques se sont entretenus, non pas de la pluie et du beau temps, mais du témoin le plus attachant, sinon le plus important, des Evangiles ; notamment de celui de Saint Jean. De plus, de la confidentialité de la transmission, on peut déduire qu'il aurait pu exister, localement, une tradition cachée concernant ce personnage, non en accord avec celle officialisée par l'Eglise.

Voici franchie une première et importante étape. Mais l'auteur s'étant laissé aller à une bizarre digression géographique hors de son cher cromleck, on peut penser qu'il a utilisé plusieurs niveaux de codage. C'est pourquoi il faut insister sur ce volet géographique. Empruntons donc les chemins vicinaux et forestiers, fréquentés autrefois par nos ancêtres — en tout cas les miens ! — pour rallier Saint-André à Chalabre. A peu près à mi-parcours, sur le point culminant de l'itinéraire situé à la Pique de l'Ordy (772 mètres), se trouvent les ruines d'une petite église qui sur la carte IGN (2247. Est de 1998) porte le nom de Saint-Michel. Selon une vieille tradition locale recueillie par votre serviteur lors d'un séjour dans son enfance, cette église serait ruinée depuis fort longtemps. A une centaine de mètres se trouvent les restes d'une ancienne ferme qui porte le nom de la colline : Piquelordy. Assez bizarrement, cette église ne porte pas le nom de Saint-Michel de Piquelordy comme l'eut voulu la logique. La même tradition locale rapporte qu'elle se nommait Saint-Michel de Font-Rouge. L'abbé Sabarthès, pour des raisons connues de lui seul, ne l'a pas répertoriée à la rubrique Saint-Michel, comme il l'a fait pour les autres églises isolées, mais à Fontrouge, terme dont il n'a pas conservé la césure centrale apparaissant sur la carte, et ce de la façon suivante :

« Ferme ruinée, église et cimetière, annexe de Saint-Benoît ; ancienne succursale au diocèse de Mirepoix, sous le vocable de Saint-Michel ».

Ce toponyme résulte d'une francisation du terme occitan Font Roja (phon. Fount roujo) qui signifie littéralement Fontaine rouge. Il est d'ailleurs assez étonnant qu'il y ait eu une fontaine en ce lieu qui est le point culminant de la région. Sur la carte d'Etat-Major de 1889 (relevés effectués en 1850) elle porte les noms de Font-Rouge ou Saint-Michel. Or, sur la carte de Cassini, à l'emplacement de Fontrouge figure le symbole d'une petite agglomération autour de l'église. Le seul problème est que, probablement par suite d'une erreur humaine, sur les deux cartes IGN précitées, ce nom est aussi donné à des ruines qui se trouvent à environ un kilomètre à vol d'oiseau au nord-est et en contrebas (684 m) de l'église. Or, sur la carte de Cassini, figure à cet emplacement un moulin à vent sans dénomination.

Dans un lointain passé, Font-Rouge, ancienne succursale du diocèse de Mirepoix, aurait été l'entité religieuse la plus importante d'une aire géographique à l'habitat très dispersé, incluse dans le Pays de Kerkorb, dont le chef-lieu était Chalabre. Après la Croisade, ce pays fut placé sous la domination de la famille de Bruyères, descendante de Pons du même nom, lieutenant de Simon de Montfort qui l'avait reçu en apanage de la Couronne de France après 1229. Au quatorzième siècle, il prit le nom de Terre Privilégiée car, pour des raisons non connues, il fut dispensé d'impôts à la Couronne, et même à la province et au diocèse, par un acte de Philippe IV le Bel, établi au bénéfice de Thomas de Bruyères, époux d'Isabelle de Melun. Cet acte inédit, qui figurait dans les archives du château de Mauléon à Chalabre, énumère les bourgs qui appartenaient alors à la *Terre Privilégiée*, et parmi eux on trouve celui de Fontrouge [3].

Avant que l'église Saint-Michel ne soit rattachée à la paroisse de Saint-Benoît et desserve les fermes environnantes, toute la proche région devait en dépendre puisque, à deux kilomètres au nord, se trouve une ferme qui a pour nom *Les Monges* : terme occitan qui signifie *Les Moines*. En outre, et voilà qui devient pour nous plus intéressant, à quelques hectomètres au sud de l'église, entre l'ancien moulin à vent et la ferme de Machore [4], on trouve encore d'autres ruines qui sont celles de *La Made* (670 mètres). Terme qui peut être pris pour une apocope de Madeleine. Cette assertion est confirmée quelques lignes plus bas (p. 303) car, sautant du coq à l'âne, l'auteur évoque dans *LVLC* l'ancienne cité d'Illibéris, à qui l'empereur Constantin donna le prénom de sa mère Hélène. Outre une allusion à cette dernière, cela lui permet de reconstituer : MADE + HELENE = MADHELENE. Enfin, dernière petite touche subtile, pour en terminer avec cette Illibéris, à laquelle serait attaché, selon lui, le souvenir des funérailles celtiques, il évoque « La croyance inaltérée à la vérité de l'iMMortalité de l'âme ! »

En laissant courir son imagination, on peut inférer que cette ancienne Made(leine) aurait pu être une annexe de l'établissement religieux de Font-Rouge servant d'hôtellerie — terme très apprécié par l'auteur — ou encore d'un hôpital ; car dans l'Aude, sous le vocable de Madeleine ou Sainte-Madeleine, l'abbé Sabarthès a répertorié trois anciens hôpitaux ou hospices religieux qui sont, en quelque sorte, des hôtelleries pour voyageurs malades. Ce pourrait donc être à ce lieu que se réfère l'auteur lorsqu'il parle de la Mataline ! Peut-être a-t-il découvert, dans le grenier du presbytère de Saint-André, de très vieux grimoires poussiéreux ayant trait à ce très ancien et hypothétique établissement religieux qui dépendait primitivement de l'Abbaye d'Alet. Et qui était placé à la limite ouest de l'ancien diocèse du même nom, correspondant d'ailleurs exactement à la frontière de l'ancienne Septimanie wisigothique, puis carolingienne.

Pour conforter la situation administrative qu'il donne du lieu, il convient de préciser, enfin, que les séparations des cantons suivant la ligne des crêtes, les ruines de Font-Rouge et de l'église du même nom sont situées dans le canton de Chalabre ; alors que celles de La Made-(leine) se trouvent effectivement dans celui de Limoux. Mais à une centaine de mètres de la limite seulement ! En fait, nous verrons plus loin que le choix de ce lieu, bien que relativement évocateur, ne semble pas procéder d'une quelconque virtuelle importance passée mais, plus sûrement, de sa situation géographique.

Enfin, pour en terminer avec Font-Rouge sur le mode de la fiction, une fois n'est pas coutume !, nous pouvons nous essayer à l'une des traductions celtiques chères à Boudet. Ce toponyme peut revêtir phonétiquement la forme : *font rood* ; font étant mis pour fonts baptismaux, et rood désignant un crucifix placé au centre d'un jubé ; *terme* que l'on retrouve dans Holly Rood qui est la Sainte-Croix. Dans ce cas Font-Rouge deviendrait donc un terme éminemment religieux, puisque l'auteur aurait pu le traduire — mais il ne l'a pas fait ! — par *la croix sur le bénitier.* Or, comme nous le verrons plus loin, sur le baptistère de l'église de RLC, saint Jean-Baptiste tient effectivement une croix.

5. Petite digression sur les nattes... et sur l'hôtellerie

Plaque d'une ruelle de Saint-André

Dans cette évocation cryptée de Madeleine, il est d'autres termes qui ne laissent pas d'intriguer, car l'auteur les utilise plusieurs fois dans son ouvrage. Ainsi en est-il des nattes que nous rencontrons en deux occasions, puisque ce terme apparaît pour la première fois dans le chapitre consacré à la langue kabyle (p.103). Présentement l'auteur explicite Mataline en la décomposant en : *to mat, couvrir de nattes, et to inn, loger dans une auberge* (p. 302). Penchons-nous donc un instant sur ces *nattes*, rencontrées ici trois fois d'affilée. Ce terme possède deux acceptions dont la première, évoquée ici clairement, désigne un tissu fait de brins de végétaux entrelacés servant de tapis ou de couchette. La seconde, qui véhicule une information intéressante pour nous, est celle de *tresse de cheveux.* Dans ce cas, il pourrait s'agir d'une allusion à la longue chevelure traditionnelle de la sainte — puisqu'elle lui servit à essuyer les pieds de Jésus — que certains tableaux connus montrent justement avec ses cheveux tressés. Mais il y a mieux, puisqu'il se trouve que dans le Talmud en hébreu — langue sur laquelle l'auteur possédait, semble-t-il, quelques lumières — Magdalena signifie *noueuse de tresses.* Ce qui confirme, si besoin était, l'identification de Mataline à Madeleine.

Pour en terminer, revenons une ultime fois sur cette hôtellerie de la Mataline. Or hôtel vient du bas-latin hospitale qui signifie chambre pour les hôtes. En décrivant la Mataline de la sorte, il tombe sous le sens que l'auteur souhaitait faire allusion à la maison de Béthanie, dans laquelle on sait que Marthe, sœur de Marie-Madeleine et de Lazare, donna plusieurs fois *l'hospitalité* à Jésus. Marthe était donc une *mère hospitalière,* que l'on rencontre par ailleurs quatre fois au fil du texte sous la forme déguisée de Pont-Euxin, qui signifie *Mer Hospitalière.* Les voici :

p. 5.   Les Gaulois planent sur l'Europe, des extrémités de l'Espagne au Pont-Euxin.
p. 107   sur les bords méridionaux du Pont Euxin.
p. 121   la débâcle des glaces du Pont-Euxin et permet de mettre à la voile.
p. 200   Les Hérules aux manteaux de poil venus de l'Euxin.

En outre, on rencontre cinq fois le grec *Euxène* (pp. 176-177), fondateur de Marseille, accompagné deux fois, dans la même page, de l'expression « construire un (ou des) pont(s) ». Ce qui peut, entre autre, être interprété comme Pont-Euxène.

En voulant compléter ce jeu de mots très significatif, il semblerait que nous ayons mis la charrue avant les bœufs, car cette page (p. 303) est très riche d'enseignements intriqués à souhait. En effet, après la description de La Mataline que nous venons d'expliciter, l'auteur évoque les Fangallots des Redones que nous avons déjà rencontrés. Nous avions relevé que dans *fangallots* il y a le mot occitan *fanga* qui signifie *boue* et évidemment *fange.*

Or nous avons vu qu'il existait certaines corrélations, sinon des corrélations certaines, entre le texte de *LVLC* et l'ornementation de l'église de RLC. C'est à nouveau le cas puisque, sur les directives de Boudet, ordonnateur des lieux, son confrère Saunière fit inscrire, sur le bas de l'autel, une strophe des *Laudes de l'office de Marie-Madeleine*, chanté le 22 juillet. Avant que cette inscription ne soit effacée par des vandales, on pouvait lire ceci :

Jesu Medel Vulnerum + Spes Una Pœnitentium (Jésus remède aux blessures, seul espoir du pécheur)
Per Magdalenæ Lacrymas + Peccata Nostra Diluas (Par les larmes de Madeleine, dissous nos péchés)

Or, dans les Laudes, la strophe précédente [5] est celle-ci :

Amissa drachma regio,   La drachme royale perdue
Recondita est aerario,   Est replacée dans le trésor royal.
Et gemma deterso luto,   Et la pierre précieuse, lavée de la fange,
Nitore vincit sidera.   Dépasse les astres en éclat.

Si l'auteur à joué avec le mot *boue*, ou *fange*, c'est d'une part que c'était la première syllabe de son nom et, probablement, pour avoir remarqué qu'il semblait relativement usité dans les textes concernant Marie-Madeleine et les gnostiques. En effet, dans son ouvrage contre les hérésies : *Adversus Hœreses*, ou *Réfutation de la prétendue gnose au nom menteur*, Saint Irénée, évêque de Lyon (vers 140 — 208) et Père de l'Eglise, écrit vers l'an 180, au sujet des gnostiques, alors nombreux en Gaule et qu'il fut obligé de combattre :

« Pour les pneumatiques, les œuvres ne sont pas nécessaires, car l'or tombé dans la boue n'en conserva pas moins son éclat. »

Addendum

Ces *nattes* rappellent aussi, indirectement, Saint Antoine de Padoue, dont la statue se trouve dans l'église de RLC. Prénommé Fernand à sa naissance au Portugal, il choisit de s'appeler Antoine quand il revêtit la bure franciscaine, en 1220, pour s'en aller évangéliser l'Afrique. Tombé malade, il décida de rentrer en Italie, mais son bateau, pris dans la tempête, s'échoua en Sicile. De là il se rendit à Assise, à la Pentecôte 1221, où lors du *Chapitre des Nattes*, il eut le bonheur de rencontrer Saint François. Et la sainteté du Poverello lui redonna la paix et la lumière intérieure. Par la suite, il se rendit dans le Midi de la France où entre 1224 et 1227, il fut conduit à affronter les cathares. On sait que Saint François avait fait un sermon aux oiseaux ; lui fit un sermon aux poissons : « Venez à moi, poissons de la mer, venez entendre la parole de Dieu, à la place de ces hommes qui la refusent. » Le comportement évangélique de ce défenseur des pauvres et des opprimés — à qui l'on doit une multitude de miracles — ne pouvait que plaire à l'abbé Boudet dont on connaît la modestie. Antoine de Padoue mourut en 1231 et, en 1263, l'église à lui consacrée étant terminée, la reconnaissance de son corps eut lieu. C'est alors que l'on constata, avec un grand étonnement, que sa langue était demeurée *prodigieusement intacte.* Comme celle de Sainte Marie-Madeleine — qui portait en outre un rameau de fenouil toujours vert — lorsqu'on la retrouva à Saint-Maximin seize ans plus tard. En l'an 1279, l'imagination des *inventeurs* était vraiment débordante ! On invoque en général Saint Antoine de Padoue pour retrouver un objet perdu.

6. La tradition désséchée (p. 176)

Si Boudet et ses amis possédaient vraiment le secret d'une tradition perdue concernant Marie-Madeleine, se pose, au plan historique, l'énigme de l'interruption de cette dernière. C'est pour tenter de la résoudre que nous nous allons nous rendre dans le Cromleck (p. 275), pour y chercher une éventuelle orientation qui pourrait être la suivante :

« A l'occasion des fontaines du cromlek de RLB, nous voudrions donner, dans un ordre d'idées bien différent, un exemple frappant de l'avantage précieux que nous offrent les noms celtiques des fontaines, pour découvrir bien des faits perdus par la tradition et cachés dans l'obscurité des histoires locales ».

Pour éclairer le sens de cette phrase, l'omniprésent Louis Figuier peut nous être d'une aide précieuse, car il nous conduit directement à la parabole du *figuier desséché* (Marc 11, 20). Cependant, notre propos n'étant pas de disserter sur le sens religieux de cet écrit, nous nous attacherons simplement à en rechercher une signification, pouvant aiguiller notre raisonnement vers la destination que l'auteur souhaitait, sans doute, vouloir nous voir atteindre. Dans le passage cité, Jésus a maudit le figuier et celui-ci s'est desséché. C'est ce qui aurait pu arriver à la tradition *originelle* de la venue de Marie-Madeleine, qui aurait pu aussi se dessécher, après avoir été anathématisée par la seule autorité capable d'imposer la vérité du dogme, et à fortiori celle de la Tradition : l'un des successeurs de Pierre.

Demeure à savoir de qui il pourrait s'agir ? Pour cela rendons-nous à Marseille — et non à Marsilla ! — où la tribu des Segobriges, qui occupait autrefois la côte, accueillit les marins phocéens. Cet ethnonyme mérite une attention certaine de notre part car il est cité cinq fois, dont une en italiques (p. 177) suivie de l'habituelle décomposition celtique :

« Ils (les Segobriges établis à l'embouchure du Rhône) s'était donc vus dans la nécessité de construire des ponts nombreux, afin de rendre leurs relations aisées et faciles. C'est là du reste l'affirmation de l'Académie Gauloise (sic) — *to seek, (sik),* chercher à, — *to owe,* être obligé de, — to bridge (bridje), construire un pont »

Ce passage est significatif car, en latin, le constructeur de ponts était le *pontifex*. Ce terme désignait, à Rome, le rang le plus élevé de la hiérarchie sacerdotale ; c'est pourquoi il fut tout naturellement adopté, par la religion catholique, pour désigner les évêques. Mais, depuis fort longtemps, le titre n'est plus décerné qu'au seul pape sous l'appellation de Souverain Pontife. Il semblerait donc que l'auteur nous invite à rechercher, dans cette même page, le nom d'un pape ! Il suffit d'un petit effort pour voir que SEGOBRIGES a pour anagramme *S.S. GREGOIBE* qui, à une consonne près, peut être traduit par **S(a) S(ainteté) GREGOIRE**. On sait que ce nom fut porté par seize papes, dont Grégoire IX (*vers 1145-1227-1241*) qui, en 1231, confia les tribunaux de l'Inquisition aux Dominicains pour le Languedoc, et aux Franciscains pour la Provence et l'Italie. Mais on peut observer que, douze lignes plus loin, l'adjectif *grand* est mis bizarrement en évidence dans la décomposition celtique de Marseille :

« Massilie, dans la concision admirable de ce terme, est un port recevant une infinité de grands navires qu'on mettait à la bande pour les radouber, — *mass*, un amas, — *to heel (hil),* mettre un vaisseau à la bande pour le radouber, — *high (haï,)* grand —. »

Le hasard faisant toujours bien les choses — mais est-ce ici le hasard ! — ce qualificatif tombe à point nommé. Le pape saint Grégoire le Grand s'intéressa à la tradition de Marie-Madeleine, puisqu'il est le premier à avoir fait de Marie de Béthanie, Marie de Magdala et la pêcheresse citée par Luc (VII, 36-50), un seul et même personnage. Et ce fut dans un passage d'une homélie qu'il prononça en l'an 591, et que voici :

« Cette femme que Luc appelle pécheresse, que Jean appelle Marie, nous croyons qu'elle est cette Marie même dont Marc affirme qu'elle fut délivrée des sept démons ».

Si cette sentence fait de Marie-Madeleine un personnage unique — ce qui est contesté par l'Eglise orthodoxe qui y voit toujours trois personnes distinctes, — les termes relativement peu élogieux qu'il utilise à son encontre montrent qu'elle n'était pour lui qu'un acteur très secondaire des Evangiles, ne méritant pas une grande considération. Il en fit donc une prostituée repentante, feignant d'ignorer, à l'instar de Saint Paul, que selon l'apôtre Jean, c'est à elle que le Christ ressuscité serait d'abord apparu, et non à saint Pierre. Mais une explication s'en trouve peut-être dans le fait que Marie-Madeleine avait été très vénérée par les Gnostiques qui en faisaient la détentrice, et donc la messagère (angelos), d'une connaissance cachée. Or ces gnostiques, notamment les adeptes de Marcion, furent, à Rome et ailleurs dans l'Empire, les plus redoutables concurrents de l'Eglise naissante. Surtout auprès des couches éduquées de la population. En fait l'éviction de Marie de Magdala du premier cercle, celui des Apôtres et Evangélistes, semble plus ancienne. Lors du Concile tenu à Ephèse en 431, en proclamant la Theotokos — Marie Mère de Dieu, — l'Eglise primitive s'était engagée dans une voie qui ne pouvait que préluder à l'effacement du témoin privilégié de la Passion et de la Résurrection. Pourtant, selon l'opinion de certains historiens des religions, c'est elle qui, avec Saint Paul, est considérée comme ayant le plus fait pour la naissance et la propagation du christianisme.

Mais, cela appartenait à un passé déjà très lointain. Or, ce grand pape accéda au trône de Saint Pierre en 590, dans des conditions vraiment dramatiques puisque, outre la peste et la famine, Rome était alors menacée par les barbares lombards qui étaient ariens. Comme son ami Léandre de Séville, qu'il avait connu lors d'un séjour à Constantinople, et qui un an auparavant avait réussi à convertir le roi wisigoth d'Espagne, Recarède, à la foi trinitaire, il abhorrait par-dessus tout les monarques barbares ariens. L'abomination dans laquelle lui et son ami Léandre les tenaient, suffit à expliquer qu'il ait fulminé l'anathème contre leur mémoire : la *damnatio memoriæ*. Ce qui, ajouté à la destruction de tous les documents rédigés en alphabet gotique de Wulfila, pourrait expliquer la totale vacuité historique à laquelle nous sommes confrontés sur le passé de ces royaumes. Et pourrait expliquer, au moins en partie, l'existence d'une tradition cachée dans le Razès, qui était une composante territoriale de l'ancienne Septimanie wisigothique.

NOTES

1. Terme musulman désignant « *ceux qui donnent des associés à Dieu* », autrement dit les chrétiens.

2. Voir *Dictionnaire topographique du département de l'Aude.*

3. Voir Fonds-Lamothe, *Notices historiques sur les châteaux de l'arrondissement de Limoux.* p. 142.

4. Cette ferme a été transformée aujourd'hui en gîte rural. On y bénéficie d'un panorama extraordinaire sur la chaîne des Pyrénées, Rennes-le-Château et les Corbières.

5. Voir *Cahiers TdR. N° 3 de 2009.* Article de Th. Garnier, p. 30.

-VII-

Essai d'analyse et de traduction du texte

-I-

Sur Jésus

1. Jésus sauveur.

A tout Seigneur tout honneur, pourrait-on dire s'il s'agissait d'un discours purement profane ! L'auteur étant un prêtre catholique, il eut semblé dans l'ordre des choses que ce soit Jésus, et non ses disciples, qui apparaissent en premier. Or ce ne fut pas le cas. Nous allons donc répertorier ses apparitions, dans la suite du texte, et chercher à les analyser. D'entrée, nous pouvons constater qu'à l'exclusion d'un verset erratique de Saint Mathieu (avec un seul T, p. 79), et d'une citation en clair de Sergius-Paulus et de saint Paul (p. 305 et 306), les références aux Evangiles sont totalement absentes de l'ouvrage. Sans doute parce que ces Ecrits — le cas Matthieu mis à part, — ont été rédigés en grec ; langue qui, apparemment, ne présente aucun intérêt au plan linguistique dans le cadre défini par l'auteur. En compensation, il est vrai que l'on rencontre abondamment ce même Sergius Paulus, et aussi Marie-Madeleine qui, comme on l'a vu, avance, elle, totalement masquée. Notre souci immédiat est donc de rechercher, dans l'ouvrage, l'emplacement et le rôle attribués au fondateur du christianisme : Jésus-Christ, le Fils de Dieu. Or, surprise, en dehors de la forme triviale contenue vingt- deux fois dans les dates (pp. 2 (2), 3, 4 (2), 12, 13, 16, 36, 91, 98, 137 (2), 138, 167, 176, 187, 207 (3), 212 et 282) on ne rencontre jamais l'expression Jésus-Christ dans quelque partie du texte ayant un sens religieux ou profane. Ni Fils de Dieu, ni Oint, ni Messie. Il n'apparaît qu'avec le titre de Seigneur, Sauveur ou Fils de l'homme. Façon de faire qui, venant d'un prêtre, et bien que le sujet prétendument traité soit la linguistique, peut paraître relativement surprenante. Sauf à considérer, en toute hypothèse, qu'il s'agisse pour lui d'une entité trop sacrée pour servir à des démonstrations profanes. Il est donc évident qu'en l'état, cet ouvrage n'aurait jamais reçu l'imprimatur de la hiérarchie. Si toutefois il l'avait sollicitée !

Ce qui amène inévitablement à se poser quelques questions, d'abord sur l'orthodoxie dogmatique de l'auteur et, ensuite, sur l'impunité dont il a bénéficié. Car il a tout de même poursuivi son sacerdoce à, RLB, pendant vingt-huit ans (1886 à 1914) après la parution de son ouvrage publié, est-il besoin de le répéter, sans l'imprimatur de son évêque. Ouvrage qui fut, à n'en pas douter, par la suite décortiqué et analysé par des clercs, mandatés pour cela, qui y décelèrent facilement les anomalies précitées. A contrario, un exemple de rédaction orthodoxe est donné par le fameux *Lazare veni foras* qui est un ouvrage hagiographique, probablement rédigé par un religieux régulier qui, comme l'on sait, fut attribué faussement à Boudet, et dans lequel l'expression Jésus-Christ apparaît cinq-cents fois en trois-cent dix-huit pages. Vous avez bien lu !

Nous allons donc devoir scruter attentivement *LVLC* avec plusieurs niveaux de lecture, pour tenter de déterminer la source, et aussi les raisons éventuelles, de ces diverses anomalies.

2. Les secrets de la langue hébraïque

L'auteur consacre cinquante-quatre pages (pp. 27 à 81), à gloser sur la langue hébraïque, et établir de laborieuses pseudo-corrélations avec sa langue celtique. Ses citations sont tirées vingt-huit fois du *Livre de la Genèse* (pp. 30, 32, 35 (3)), 39, 42, 43, 44, 45, 48, 49, 52, 53, ,55, 57, 58, 60, 61, 62, 63, 64, 65, 66 (2), 67 et 68 (2)), cinq fois de celui de l'*Exode* (69, 71, 72, 74 et 76), quatre fois du *Livre des Rois* (pp. 41, 78, 80 et 81 (4)), et une fois du *Deutéronome*. Il convient d'y ajouter un court passage de l'*Ecclésiaste*, annoté *C. I. v. 9.10.* (p. 186), livre pour lequel il avait une certaine inclination, voire une délectatio, puisqu'il fit graver la référence de la suite de chapitre sur sa tombe : E-C-C-C-L. I.- 11.

En dehors d'inattendues définitions de Jéhova et d'Abraham, dont nous traiterons plus loin, et de la présence multiple de Sara (pp. 62(2), 63 65 (7), 66 (2)) qui évoque la venue des Saintes Femmes en Provence, ce chapitre n'est qu'un résumé très partiel et commenté de l'*Ancien Testament*. Sauf que l'auteur dit rencontrer un écueil avec Josué (cité six fois), et qu'il en profite pour nous exposer une théorie linguistique de son cru pour justifier ce nom, (pp. 77 à 79) au cours de laquelle il introduit le nom de Jésus. (Voir au chapitre VI. JOSUE — JESUS SAUVEUR — JOSEPH — GOLIATH ET DAVID).

Le passage concerné mérite d'ailleurs d'être cité in extenso :

« « .... Ce gouvernement théocratique (celui du peuple hébreux), est gravé dans le nom de Josué, ou Iehosuah, comme porte le texte hébraïque (que l'auteur a donc lu). La première partie de ce nom se compose des lettres i, he, u, i, renfermées dans Jehova (ce qui est faux), et la deuxième partie comprend le verbe *to sway (soué),* gouverner, commander ; ces deux parties, dans leur réunion, produisent *Iosoué,* c'est-à-dire gouvernement de Jehova. La langue hébraïque-chaldéenne est impuissante à traduire littéralement Josué. La seule expression qu'elle ait pu avancer pour son interprétation est *iehos-cua,* sauveur [1], a-t-elle fait supposer que le nom de Jésus, sauveur et rédempteur du genre humain, devait dériver de la même racine ; car l'ange apparaissant à Saint Joseph lui adressa ces paroles : « Joseph fils de David, ne craignez point de prendre avec vous Marie pour épouse, car ce qui est né en elle est l'ouvrage du Saint-Esprit : elle enfantera un fils à qui vous donnerez le nom de Jésus : en effet, il sauvera lui-même son peuple , en le délivrant de ses péchés » ».

Puis il termine de la façon suivante :

« Le sens de sauveur et libérateur doit donc être renfermé dans le nom du Seigneur Jésus, d'après l'explication de l'ange, et l'expression de ce sens est parfaitement rendue par les deux verbes celtiques *to ease (ise),* délivrer, *to sway (soué),* commander, qui correspondent parfaitement aux caractères hébraïques reproduits dans *issâ,* Jésus, et constituent une notable différence entre le nom de Josué et celui de Jésus. La langue arabe confirme cette différence entre les deux noms ; on sait que les Arabes traduisent Jésus fils de Marie, par *Aïssa ben Mariam* ».

Pour rencontrer une nouvelle référence à Jésus, il faut poursuivre fort longtemps la lecture, car il ne réapparaît que dans le centre du fameux Cromleck des Redones (pp. 234 et 235). Et ce, sous la forme d'une sculpture rupestre et archaïque située sur une hauteur, le *Cap de l'Hommé*, dominant RLB. Voici le passage en question :

« Un ménir (sans h) était conservé à cet endroit, et on y avait, dans le haut, sculpté en relief une magnifique tête du Seigneur Jésus, le Sauveur de l'humanité. Cette sculpture, qui a vu près de dix-huit siècles, a fait donner, à cette partie du plateau le nom de Cap dé l'Hommé (la tête de l'Homme), de l'homme par excellence, *filius hominis*. Il est déplorable qu'on ait été obligé, au mois de décembre 1884, d'enlever cette belle sculpture de la place qu'elle occupait, pour la soustraire aux ravages produits par le pic d'un malheureux jeune homme, lequel était bien loin d'en soupçonner la signification et la valeur ».

Et il ajoute en note de bas de page : « Cette tête sculptée du Sauveur est entre les mains de M. Cailhol à Alet ».

Cette citation appelle plusieurs commentaires. D'abord le fait « qu'on ait été obligé (au singulier) d'enlever la sculpture » pourrait laisser entendre qu'une seule personne a pris la décision de le faire : probablement le curé de RLB lui-même. Pourquoi, alors, du fait de son importance symbolique religieuse, voire de son caractère sacré, ne l'a-t-il pas entreposée au presbytère ou dans l'église de Rennes-les-Bains, paroisse de sa présence immémoriale, et est-elle passée entre les mains de M. Cailhol, (keyhole = trou de serrure). Le fait que Boudet ait accepté de céder cet objet très symbolique à son ami Cailhol constitue une anomalie surprenante. Peut-être n'attachait-il pas grande importance aux images !

La tête dite du presbytère

Pour ajouter à la confusion, il se trouve qu'une tête sculptée est, depuis longtemps déjà, enchassée dans la facade du presbytère de RLB. De nombreux auteurs l'ont prise pour celle précédemment citée, et ont évidemment glosé sur sa possible signification. De Sède, sur les directives de Plantard, la désigne sous l'expression ridicule de *tête de Saint Dagobert*. Ceci pour poser les base de l'origine de la lignée pseudo-divine des Mérovingiens, à laquelle prétendait appartenir l'ancien sacristain mégalomane de Saint Louis d'Antin ! En réalité il s'agit d'une tête féminine découverte en 1898, au Pla des Bruyères, par des habitants de Rennes et insérée dans le mur sur les directives de Boudet[2].

Mais le plus intrigant — et significatif — se situe évidemment, dans l'expression latine *filius hominis,* qui mérite quelques développements. Comment interpréter correctement cette expression de *Fils de l'homme* mise en exergue par l'auteur ? Voici ce qui en est dit dans un cours de théologie professé à l'Institut Catholique de Toulouse[3] :

« « Le Fils de Dieu » est l'antithèse du « Fils de l'homme », nom par lequel Jésus aime à se désigner lui-même et revendique de manière voilée la prérogative de juge céleste, par allusion à la célèbre vision du prophète Daniel (Daniel 7, 13). Or, tandis que « Fils de l'homme » convient à sa nature terrestre, « Fils de Dieu » se rapporte à sa nature divine » ».

Et il précise que l'expression « *Fils de l'homme* » apparaît vingt fois dans les quatre Evangiles, Matthieu étant en la matière le plus prolixe :

Matth., 8, 20 ; 11,19 ; 12, 8 ; 16, 27 ; 17, 9 et 12 ; 25, 30 et 37 et 27, 39.
Marc, 2, 10 ; 8, 31 et 38 ; 9, 30 et 10, 45.
Luc, 12, 8 ; 19, 10 et 22, 69.
Jean, 3, 13 ; 12, 23 et 13, 31.

Alors que celle de « *Fils de Dieu* » n'y figure que douze fois :

Matth., 4, 3 et 6 ; 14, 33 ; 16, 16 ; 26, 63 et 27, 40 et 54 ;
Marc, 3, 12 et 14, 61 ;
Luc, 22, 70 ;
Jean, 1,34 ; 1, 36 et 11, 27.

Lors du Concile d'Ephèse qui a imposé le dogme de la Theotokos (Marie Mère de Dieu), le *Credo de Nicée*, base du dogme catholique, fut intégralement récité dans la session du 22 juillet 431. Date qui assez bizarrement est devenue depuis la fête de Sainte Marie-Madeleine ! Voici la traduction française de l'original grec, citée par le même théologien (tome 2, p. 259) qui évidemment ne s'attache à démontrer que sa nature divine.

« Nous croyons en un Dieu, Père tout-puissant, créateur de toutes choses, les visibles et les invisibles. En un Seigneur Jésus-Christ, le Fils de Dieu engendré unique du Père, c'est à dire de la substance du Père, Dieu de Dieu, lumière de lumière, vrai Dieu de vrai Dieu, engendré, non pas fait, consubstantiel au Père, par qui tout a été fait dans le ciel et ce qui est sur la terre, qui pour nous les hommes et pour notre salut est descendu et s'est incarné, s'est fait homme, a souffert et est ressuscité le troisième jour, est monté aux cieux, viendra juger les vivants et les morts. Et au Saint-Esprit. Quant à, ceux qui disent : « Il fut un temps où il n'était pas » et « avant d'être engendré, il n'était pas » et qu'il a été tiré du néant ou uni d'autre substance ou essence, qui, déclarent que le Fils de Dieu est ou changeant ou variable, ceux-là l'Eglise Catholique et Apostolique les anathématise ».

Vous avez bien lu : l'Eglise les anathématise ! Donc, en ne désignant Jésus que sous son seul titre de *Fils de l'Homme*, il est clair que Boudet encourait l'anathème. Il n'est pas douteux qu'il en était très conscient. Et pourtant, Dieu seul sait pourquoi, il n'a pas été anathématisé. En tout cas pas officiellement !

Enfin, Jésus fait une ultime apparition lors de l'évocation des fontaines situées hors du Cromleck de RLB : celle de Notre-Dame de Marceille (pp. 276 à 279). La figure centrale est évidemment la Sainte-Vierge, qui *apparaît*, au sens profane s'entend, neuf fois sous ce vocable (pp. 276, 277, 278, 279 (3) et 280 (3)) ; et aussi sous celui de Notre-Dame qui est cité dix fois (pp. 276, 277(2), 278, 279 (3) et 280 (3)). Mais le lecteur attentif relèvera que, bizarrement, on ne la rencontre jamais sous la dénomination d'Immaculée-Conception, dont la croyance multiséculaire avait pourtant été érigée en dogme par le pape Pie IX, en 1854 ; Boudet avait alors dix-sept ans. Ensuite la Vierge fit des apparitions à Lourdes, en 1858, à une petite bergère illettrée, Bernadette Soubirous. Et pour s'identifier elle lui aurait dit, en dialecte bigourdan (phonétique) : « Que soun era Immaculada Conceptioun » ; en français : « Je suis l'Immaculée Conception ». Boudet, qui avait alors vingt-et-un ans, dut être comme tous ses confrères du séminaire de Carcassonne, fortement impressionné par ce merveilleux événement.

Enfin, nous avons vu qu'il aggrave considérablement son cas envers le Canon de l'Eglise, en laissant entendre que la Vierge noire vénérée à Notre Dame de Marsilla, ne serait autre que Sainte Marie-Madeleine. Ce qui ajoute à l'ambiguïté de la situation. Avec lui, décidément, on ne sait plus à quel saint se vouer !

3. Retour sur le *filius hominis*.

Huit siècles après le Concile d'Ephèse de 431, définissant la nature purement divine de Jésus, une vague hérétique déferla sur l'Occitanie sous la forme de ce que l'on a appelé, tardivement, le catharisme ; du grec katharos : pur. En fait les adeptes de cette déviance, qui se disaient — et étaient probablement — de Bons Chrétiens, se situaient dans le sillage des gnostiques chrétiens, qui avaient occasionné tant de soucis à la Grande Eglise. Et aussi dans le droit fil des docètes et autres adoptionistes qui avaient infesté l'Espagne et l'Occitanie au huitième siècle. L'ordre des frères Prêcheurs, dont le créateur avait longtemps vécu à Fanjeaux, fut désigné en 1231 par le pape Grégoire IX pour extirper cette hérésie maudite, qui mettait à mal à la fois le dogme et les juteuses prébendes dont jouis-

sait la caste sacerdotale. Mais les croyances de la petite paysannerie cathare étant relativement chan-
geantes, les frères Prêcheurs durent, pour adapter leurs verdicts, rédiger des manuels de procédure
inquisitoriale. Ainsi le redoutable frère Bernard Gui, que nous retrouverons plus loin, rédigea la *Practica Inquisitionis* (Pratique de l'Inquisition) qui donnait les formules de sentences à appliquer lors des
procès. Mais encore fallait-il pouvoir les estimer en fonction du degré de déviance avec le dogme officiel de l'Eglise. C'est pourquoi les prédicateurs catholiques et les inquisiteurs disposaient d'un autre
document, intitulé *Summa Auctoritatis* (Somme des Autorités), dont l'auteur est anonyme et qui était
censé résumer les principales croyances supposées des cathares. En voici un extrait intéressant, et poétique, où apparaît l'une des rares expressions latines utilisées par Boudet [4] :

« Les cathares enseignaient que, trompés par le démon, les esprits bienheureux étaient tombés sur
terre ; ils avaient laissé dans le ciel leur corps glorieux qu'ils iraient chercher un jour en recouvrant le
paradis perdu. En attendant, ces corps étaient ces « ossa arida » qu'Ezéchiel, dans sa vision prophétique, vit revenir sur terre en retrouvant leurs âmes. C'étaient les brebis perdues que le Fils de
l'Homme était venu sauver, pour les ramener au bercail : *Venit Filius hominis salvare quod perierat
et ovem omnem reduxit* ».

Boudet avait probablement tiré l'expression *Filius hominis* de la Vulgate, mais on croirait
presque qu'il connaissait cet écrit, dont la première édition ne fut pourtant publiée que dix ans
après celle de son ouvrage [5].

Enfin *LVLC* se termine, comme il se devait, par une dernière allusion au Sauveur : (p. 306)

« Alors, à l'arète du cap dé l'Hommé, sur le haut d'un ménir, en face du temple païen, converti en
église détruite plus tard par un encendie, fut sculptée une belle tête du Sauveur regardant la vallée, et
dominant tous ces monuments celtiques qui avaient perdu leurs enseignements. La croix, victorieuse
du paganisme, n'a pas discontinué de régner dans le cromlech de RLB et maintient toujours, gravés
dans le cœur religieux de ses habitants, les préceptes de vie donnés au monde par l'Eternelle Vérité ».

Au-delà du fait que l'emplacement de ce *temple païen converti en église* n'a jamais pu être
localisé, il ne semble pas inintéressant de recenser, dans l'ouvrage, les mentions de cette *croix*
(sans majuscule) symbole de la religion professée par l'auteur. C'est ce que nous verrons plus
loin. Mais auparavant, nous allons présenter une illustration des citations que nous venons
d'exposer, dans lesquelles le nom de Jésus apparaît en clair.

4. Les apparitions masquées

L'ouvrage étant consacré à une supposée *vraie langue celtique,* et le secret qu'il est censé véhiculer étant à priori présumé de nature historico-religieuse, nous allons devoir, de façon
logique, nous pencher sur les alter ego de l'auteur, ces prêtres qui étaient en charge des destinées de la Gaule, c'est à dire les druides. A ce sujet on peut lire :

« Les Druides du Neimheidh savaient former excellemment les noms propres d'hommes ou de lieux : ils employaient surtout les termes monosyllabiques de leur langue et les plaçaient dans un agencement tel, que les sons de ces monosyllabes, accolés les uns aux autres, ne pouvaient blesser l'oreille la plus délicate ».

Comme nous l'avons déjà vu, il nous donne là un moyen de décodage de sa prose aussi bizarre qu'insipide. Les informations étant dispersées de façon relativement désordonnée au sein de divers chapitres, pour conserver toute sa cohérence au processus de décodage nous sommes contraints, par la force des choses, de nous rendre là où il dit que se trouve la clef de l'énigme. Le terme Druide, introduit dès le chapitre premier (p. 7), réapparaît en effet dans le chapitre V (p. 170), et l'auteur en rappelle la définition communément admise, qui serait *homme du chêne*. Puis, à son habitude, il introduit subrepticement une digression et le transforme en une variante aussi insolite qu'inattendue, donc apte à attirer l'attention du lecteur : *trouide*. C'est ainsi qu'il nous dit que :

« Le mot druide, en anglo-saxon *druid (drouid)* renferme un sens bien autrement sérieux et remarquable. Il faut considérer que César, en rapportant le nom des Druides, a cherché à adoucir les sons durs et gutturaux de la langue celtique et il a écrit Druides *(drouides)* au lieu de *trouides*. Ce dernier terme permet de trouver aisément la clef de l'énigme. Il se compose du verbe *to trow (trô),* imaginer, penser, croire, et d'un autre verbe, *to head (hid),* prendre garde, faire attention, — *trowhead (trôhid)* ».

Donc il existe bien une énigme, et le terme *trouide* recèlerait, selon lui, des informations cachées permettant de la résoudre. Puisqu'il le dit, essayons donc de comprendre ! Tout d'abord, par son allusion à la volonté de César « d'adoucir les sons durs et gutturaux », donc de ne pas blesser les oreilles délicates, il nous invite à nous reporter à la définition primitive concernant la formation des *noms d'hommes* ou de *lieux*. (p. 25) Pour intégrer l'information qu'il souhaitait transmettre, l'auteur a effectivement décomposé le terme réel en ses deux monosyllabes : *dru — ide* ; puis, pour attirer l'attention du lecteur, il a changé la forme de la première, *dru,* qui était pour lui un adjectif totalement dénué d'intérêt, en *trow,* et conservé la seconde, *ide,* en l'état. Ce qui, pour lui, donnerait phonétiquement *trou — ide*. Mais quel était donc le but de cette opération ? Pour le savoir, considérons séparément ces deux termes.

Trow, comme il l'a précisé, signifie imaginer, penser ou croire. Dans le cas présent, on suppose qu'il convient tout d'abord d'imaginer. Mais imaginer quoi ? Ce ne peut être que ce que représente l'information contenue dans le deuxième terme dont il a conservé l'intégrité, c'est à dire *ide*. Or le terme *ide,* par ailleurs bien connu des cruciverbistes, désigne le vulgaire poisson rouge, dont l'appellation scientifique est cyprin doré. C'est ainsi que l'auteur nous invite à *penser* à la symbolique chrétienne du poisson, *ichtus* (latinisation du grec *ikhthus*) : acronyme de *Jésus-Christ Fils de Dieu Sauveur.* Donc, par son néologisme *trouide,* l'auteur ne peut que désigner Jésus en tant que tel.

Mais toutes ces circonlocutions conduisent également à une solution plus terre à terre. Si l'on ose dire ! La forme phonétique de *trow* étant *trou,* cela fait évidemment penser à une cavité, une excavation ou encore un abri naturel (grotte) ou creusé (galerie). Cela pourrait donc donner : « Une grotte (ou une galerie) abrite (ou abritait) le Fils de l'Homme. » Seulement voilà : dans le cas présent nous ne sommes pas à Jérusalem ! En outre, en cherchant bien, on découvre qu'il existe un terme qui, dans le dictionnaire anglais précède *trow (trou),* qui lui est alphabétiquement et phonétiquement très proche, et qui ne pouvait donc que retenir l'attention de l'auteur : c'est *trove (trouv).* Il s'agit là d'un terme très particulier de la langue anglaise, puisqu'il n'est utilisé que dans la locution juridique *treasure trove :* textuellement « trésor (découvert par le pur effet du hasard) ». S'agirait-il d'un trésor matériel ou spirituel ? Ou des deux !

Certains (groupes de) chercheurs, ayant interprété les écrits de l'auteur au premier degré, ont effectué un vrai travail de romain — cela semblait ici tout indiqué, — passant des mois à creuser, qui le mont Cardou, qui le Serbaïrou ! Evidemment sans le moindre résultat. Or divers éléments symboliques et géographiques, disséminés par l'auteur dans *LVLC* et dans l'église Sainte Marie-Madeleine, inclinent à penser que le lieu devrait se trouver *à* l'extérieur de son cromleck. Mais encore faut-il en localiser l'endroit exact, ce qui n'est pas une mince affaire. Et ensuite pouvoir éventuellement y accéder !

5. L'Homme Mort

Après cette longue évocation du Seigneur Jésus, Sauveur de l'humanité (p. 234), nous poursuivons notre périple et rencontrons trois fois des *croix* (p. 235) qui, bien qu'elles soient grecques, n'en sont pas moins pour nous significatives. Enfin nous arrivons au tènement de l'*Homme Mort* (pp. 237 et 238) auquel nous allons nous intéresser pour deux raisons précises. D'abord parce que cette expression profane évoque justement le sort dramatique de Jésus après le supplice de la croix. Ensuite parce que l'auteur le cite également trois fois, et nous entraîne dans une traduction celtique dont il a le secret, le transformant en *haum-moor* qui, selon lui, signifie *terrain marécageux.* Voici par quel artifice il arrive, faussement, à cette transformation en se livrant à l'une de ces facéties qu'il affectionne particulièrement. En témoigne la définition absurde qu'il nous a concoctée : (p. 237)

« Sur la rive droite (du ruisseau) de Trinque-Bouteille commence le tènement de l'Homme mort. C'est un *terrain marécageux,* produisant en abondance un gramen dont les longs tuyaux sont parfaitement lisses et sans nœuds : ce gramen porte, en dialecte languedocien le nom de paillo dé bosc, et en celtique celui de paille de marais ou *haummoor, — haum*, paille, — *moor (moor),* marais –. Cette dénomination de haum-moor, appliquée à la Gaule entière, aux terrains marécageux, a été partout travestie jusqu'à devenir *homme mort* ».

La fin justifiant sans doute les moyens, l'auteur a introduit une inexcusable erreur dans sa pseudo-démonstration celtique. Et cela, évidemment, pour que nous nous y arrêtions. Cette paille des marais n'existe pas dans la langue anglaise ; pas plus que le terme *haum*, déformation de *haulm* qui signifie effectivement chaume.

Dans la méconnaissance des desseins de l'auteur, nous sommes libres d'interpréter cette expression de *haum-moor* de deux façons. D'abord en utilisant la transposition inverse *Jésus — Homme Mort (haum moor)* comme clef de lecture dans les passages, de nature géographique, où cette expression apparaît. Auquel cas il suffit, si cela semble cohérent, de remplacer dans le texte haum-moor par Jésus. Pour que cela paraisse crédible, il eut fallu que Jésus vint dans le pays, ce qui n'est en accord ni avec les Livres Saints, ni avec la Tradition. Voici ces passages :

« .... Nous avons en notre possession un silex de quatorze centimètres de longueur sur trois centimètres de largeur, offrant de nombreuses dentelures sur les bords, trouvé dans le terrain de l'Haum-moor, tout près de l'emplacement d'une ancienne maison gauloise.... ». (p. 257)

« .... N. D. de Marceille : ... Cette fontaine, coulant goutte à goutte, avait dû rendre le terrain boueux, et par suite rempli de joncs et de cette graminée que l'on retrouve dans tous les sols humides : c'était là ce que les Celtes appelaient le haum-moor, terme qu'ils ont écrit sur tous les points du pays gaulois, partout où se présentait à leurs yeux un terrain plus ou moins marécageux. La petite source, sans nom comme toutes celles dont l'eau trop rare pour former même un faible ruisseau, suffisait à peine à faire un terrain de haum-moor, retraçait toutefois à leur esprit une signification précise et vénérable.... » (p. 278)

« .... La Coume das houns — *hound (haound)* chien de chasse, chien courant, — et la fontaine *das houns,* garants de cette assertion, sont situés au nord de l'Haum-moor, fort près des deux roulers du cromlech de RLB.... » (p. 298)

Ensuite il est possible d'essayer d'analyser cette expression dans divers contextes.

Le terme *rouler* ayant été identifié par le lecteur, essayons de découvrir une signification possible du néologisme *haum,* inventé pour la circonstance par l'auteur. Transposé du terme homme, il peut aussi être décliné en *home.* Quant à *moor,* il signifie bien en anglais *terrain marécageux,* mais également *maure.* D'où une traduction possible : *maison (ou logis) du Maure,* qui pourrait éventuellement être identifié à la ferme de la Maurine, située sur la commune de RLC, non loin de la très hypothétique *maison gauloise* qu'Edmont Boudet — frère de l'auteur — a fait figurer sur la carte géographique jointe à l'ouvrage. Voici pour la géographie !

Mais dans le contexte religieux où nous baignons, ce *maure* nous suggère un inévitable rapprochement avec Maur. Il s'agit de Raban Maur, abbé de la lointaine abbaye de Fulda, en Allemagne, qui vivait au neuvième siècle, et nous a légué la plus ancienne tradition connue, datée par lui du Ve siècle, concernant la venue de Marie-Madeleine en Provincia. Concernant cette sainte, la locution bizarre forgée spécialement par l'abbé pourrait recéler une ultime signification, puisque *haum-moor* peut être écrit hauM-Moor ; ce qui nous renvoie effectivement à Marie-Madeleine !

Enfin, demeure pour nous inexplicable cette insistance sur les terres paludéennes. L'évocation d'un *Homme mort*, transformé artificieusement par notre abbé en *terrain marécageux* n'est pas, vraisemblablement, une assertion gratuite. L'état définitif de l'homme en question, nous conduit inévitablement vers l'étude de ses *fins dernières*, et de sa possible rédemption. On peut donc penser qu'il faut se référer, pour cela, à quelque écrit célèbre, traitant de ce genre préoccupations métaphysiques. *La Divine Comédie* par exemple ! Dans cet ouvrage, Dante Alighieri (1265-1321) — qui fut chassé de sa bonne ville de Florence par les Guelfes noirs, partisans extrémistes du pape Boniface VIII, — nous plonge dans son *Enfer* constitué de neuf cercles concentriques. Le premier cercle est fait des Limbes, où il a placé les grands hommes de l'Antiquité païenne, puis le sort des âmes s'aggrave au fur et à mesure qu'elles s'enfoncent dans les cercles successifs. Et dès le sixième cercle, où nous sommes déjà chez les damnés, un certain nautonier nommé Phlégas — qui est un personnage virgilien — transporte sur sa barque les âmes les défunts, et leur fait traverser les *marécages* qui conduisent à la forteresse de Dité, lieu de séjour des *incrédules* qui y brûlent dans les flammes éternelles. Nul ne sait qui pourrait être concerné par cette effrayante allusion ? A moins que ce ne soit l'auteur lui-même !

La Fontaine des amours

Mais là ne se termine pas la démonstration. On peut noter que *haumoor* est phonétiquement proche de *amour,* terme bizarrement très peu usité dans l'ouvrage. Une seule allusion, phonétique, est celle de monsieur Hamour. (p. 190) Or l'énumération des sources et fontaines, incluses par l'auteur dans son prétendu *cromleck*, et dont il sera fait état plus loin, souffre d'une remarquable absence. En effet, sur les rives de la Sals, légèrement en amont de son confluent avec la Blanque, se trouve la *Fontaine des Amours* très connue des autochtones et, depuis toujours, but de promenade des touristes. Vers

1900, elle était connue sous le nom de *Source d'Amour*, ou encore *Fontaine d'Amour*, et un atelier de tournage de bois de buis était construit à proximité. La notoriété passée et présente du lieu est telle que cet oubli de la part de l'abbé semble inexplicable ! D'autant que, par un pur effet du hasard, il se trouve qu'il existe une fontaine du même nom, situé en un lieu à la fois exotique et chargé d'histoire et, qui plus est, cité dans les Ecritures : en effet non loin de Paphos, lieu du gouvernorat de Sergius Paulus, se trouve une *Fontaine d'Amour* ou *Fontana Amorosa* connue depuis des temps immémoriaux. Rencontrer une Fontaine d'Amour près du lieu où est née Aphrodite n'a en soi rien d'étonnant ! Par contre, une éventuelle incursion locale dans la mythologie païenne — et amoureuse — aurait pu choquer les lecteurs sensibles de l'œuvre de l'abbé.

6. La rivière salée et les mollusques fossiles.

Nous voici donc revenus sur les rives de la Sals qui, comme on sait, trouve son origine à la Fontaine Salée et donne ensuite son nom à la Blanque dont elle n'est, en réalité, qu'un affluent. Voilà ce que l'auteur nous dit à présent : (p. 280)

« Les fontaines enfermées dans le cromleck des Redones ne pouvaient aspirer, comme celle de Marceille, à l'honneur de voir un sanctuaire élevé auprès d'elles ; la vertu curative de leurs eaux était tout à fait naturelle. Leur réputation devait être fort étendue, puisque les géographes grecs et latins, en parlant de la Gaule Narbonnaise, ne manquent pas de remarquer dans cette région une fontaine très salée ».

Il nous indique donc clairement que, selon lui, d'une part il n'y a jamais eu de sanctuaire près des fontaines situées dans le cromleck mais que, d'autre part, les géographes grecs et latins avaient remarqué, dans la Gaule Narbonnaise, la présence d'une fontaine très salée. Puis, au fil d'un discours relativement déroutant sur les anguilles de Leucate et les fossiles, qui sera analysé plus loin et dans lequel la fontaine salée apparaît une seconde fois (p. 281), il nous explique « comment les géographes Strabon et Pomponius Mela ont parlé des fossiles reconnus sur les bords de la rivière salée ». Mais les deux géographes désignés sont latins ! Où est donc passé le grec ? Et bien, nous l'avons déjà rencontré puisque, lorsqu'il a évoqué le labyrinthe égyptien (p. 84), il a dit s'inspirer de la description qu'en donnait un certain Hérodote.

Né à Halicarnasse, dans la Grèce d'Asie Mineure — l'actuelle Bodrum,— Hérodote (484-404 av. J.C.) est appelé, à juste raison, le *Père de l'Histoire*. Mais grâce à ses écrits, on connaît aussi la géographie antique. Ce grand voyageur avait évidemment fait une ou plusieurs visites à Delphes, qui était alors réputée être le nombril du monde, et il cite d'ailleurs de nombreuses fois les oracles de la Pythie. Il suffit de se pencher avec attention sur son œuvre, *Les Histoires*, pour découvrir un passage fort intéressant dans lequel il est question à la fois d'une source et d'une rivière salées et de Voies Sacrées. Ainsi, dans le livre quatrième, chapitre LII, il donne une brève description d'un fleuve de Scythie, l'actuelle Ukraine, que voici, reproduit in extenso :

« Le troisième fleuve est l'Hypanis : il a son origine en Scythie et sort d'un grand lac autour duquel paissent des chevaux blancs sauvages. On appelle ce lac, avec vérité, Mère de l'Hypanis. Après l'avoir quitté, il coule pendant cinq jours de navigation, petit et conservant ses eaux douces ; puis, à une distance de quatre jours de navigaton du Pont-Euxin, jusqu'à son embouchure, il contracte une amertume insupportable car il s'y jette une fontaine tellement amère que toute faible qu'elle est, elle vicie le fleuve grand parmi les médiocres. Cette source est sur la limite des Scythes laboureurs et des Alazons ; le nom de la fontaine et du lieu où elle coule est, en scythe, Exampée qui se traduit en grec par Voies Sacrées... ».

Par *amère* il faut évidemment entendre *salée*. Le traducteur indique d'ailleurs que certains pensent que l'amertume de l'eau est due, en réalité, à une remontée des eaux du Pont-Euxin, aujourd'hui la Mer Noire. En outre, le nom scythe qu'il donne à la source salée et au lieu où elle coule est Exampée. Or le nom que portait, à son époque, la roche Flamboukos de Delphes, au pied de laquelle sourd la fameuse source Castalie, était Hyampée. Troublante ressemblance ! Au passage, indiquons que le romain Pomponius Mela, auquel il fait une référence explicite (pp. 281 et 282), et qui s'est probablement inspiré de son prédécesseur grec, cite dans son ouvrage *De chorographia* une source de Scythie Européenne nommée Exampæus.

Le Bugarach

Le récit d'Hérodote est facilement transposable dans le *cromleck* puisqu'y pénètre, en amont, une rivière d'eau douce, la Blanque, dans laquelle se jettent les eaux d'une *source tellement amère* (salée) qu'elle contracte une amertume insupportable, et qu'elle en ressort, en aval, sous le nom de Sals ou Salz. En outre, on comprendra aisément que si l'auteur fait une allusion à une Voie Sacrée, quatre pages avant, ce ne peut-être que pour compléter l'analogie avec le texte d'Hérodote. Or, si à l'époque grecque le cours d'eau se nommait Hypanis, depuis fort longtemps il se nomme le Bug. Et, troublante bizarrerie, en amont du cromleck, se trouve une montagne très connue qui se nomme le Pech de Bugarach. Le pays étant demeuré sous domination gothique pendant plus de quatre siècles, et les Wisigoths ayant longtemps vécu sur les rives de ce fameux Bug, on peut oser l'hypothèse que le sommet en question pourrait tenir sa dénomination de cette peuplade nomade. Les Wisigoths avaient coutume, en effet, de créer des toponymes en accolant des termes gothiques et grecs. En témoigne la ville disparue de Récopolis, en Espagne, qui vient de Reiks-polis : du gotique *puissant* et du grec *ville*, autrement dit *ville puissante, car royale*. Or ici, la rivière Blanque, douce puis salée, pouvant être identifiée à l'Hypanis, et donc au Bug, prend sa source non loin du pied du Bugarach. On peut donc en inférer que le nom de la montagne pourrait résulter de la réunion du nom du cours d'eau usité par les Wisigoths, *Bug*, et du substantif grec *oros* signifiant montagne : *Bug-oros* ; autrement dit Montagne du Bug. Devenu Bugarach, au cours des siècles, au terme d'une inévitable évolution linguistique.

Passons à présent aux anguilles de Leucate (p. 281). L'auteur cite le toulousain Guillaume de Catel qui, dans ses *Mémoires*, remarque « que ce n'est probablement pas en ce lieu que des poissons, que les anciens nomment *pisces fossiles*, ont pu être retrouvés ».

« L'hésitation de Guillaume de Catel est légitime, dit Boudet, puisque ce n'est point à la Fontaine de Salses, voisine de l'étang de Leucate, que se doit appliquer l'observation des anciens géographes, mais à la *Sals*, rivière salée qui traverse le cromleck de Rennes-les-Bains ».

Il précise ensuite qu'on trouve un nombre prodigieux de fossiles dans cette vallée, mais ce sont des mollusques et des polypiers, et non des poissons. Cette remarque est certes pertinente, mais quelle peut être sa finalité ? Et bien elle associe tout simplement les poissons et les mollusques. Or, comme par hasard, il se trouve que dans la famille des cyprinidés on rencontre à la fois un poisson nommé cyprin, et un mollusque nommé cyprine.

Nous voici donc ramenés à la symbolique du poisson déjà rencontrée. Or nous avons vu que poisson = Ichtus = Jésus est aussi un symbole qui était usité par les premiers chrétiens. Et le dernier paragraphe confirme bien ceci puisqu'on peut y lire : (p.282)

« A l'époque où Strabon (20 après J.C.) et Pomponius Mela (43 après J.C.), écrivaient leurs traités de géographie, le midi de la Gaule faisait partie de l'empire Romain sous le nom de Provincia, et les eaux minérales des Redones étaient très fréquentées par les conquérants ; ceci explique comment ces géographes ont parlé des fossiles reconnus sur les bords de la rivière salée ».

Fossile vient du latin fossilis qui signifie tiré de la terre. *Pisces fossiles* signifie donc poissons tirés de la terre et donc, allusivement, chrétiens (ichtus) tirés de la terre. L'auteur veut sans doute indiquer qu'à sa connaissance il y eut des chrétiens qui ont vécu en ces lieux — Marie-Madeleine et Sergius Paulus ? — et ont été inhumés dans la vallée de la Sals. Puis exhumés (tirés de la terre) pour être transportés ailleurs ? Le mystère s'épaissit !

7. Les croix... grecques !

« La croix, victorieuse du paganisme, n'a pas discontinué de régner dans le Cromleck de Rennes-les-Bains et maintient toujours, gravés dans le cœur religieux de ses habitants, les préceptes de vie donnés au monde par l'Eternelle Vérité ». (p. 306)

C'est par cette sentence, sur laquelle il y a beaucoup à dire, que ce termine ce mystérieux ouvrage. Venant d'un auteur aussi méticuleux dans le choix des termes — prêtre catholique de surcroît, — on ne peut que se poser la question de savoir pourquoi il a mis des majuscule à l'*Eternelle Vérité*. Et pas à la croix comme c'est habituellement le cas dans les textes rédigés par des religieux. Dans son ouvrage, curieusement, on rencontre dix-sept fois le terme croix, toujours sans majuscule, et huit fois il est précisé que ce sont des croix grecques. On trouve ces dernières, affirme-t-il, dans huit endroits différents de son cromleck ; avec un regroupement de cinq d'entre elles au Cap dé l'Hommé.

Outre l'oubli de la majuscule, il n'est jamais fait la moindre citation de croix latines qui sont pourtant la représentation symbolique des crucifix et croix processionnelles des églises, et des calvaires de nos campagnes. C'est d'autant plus étonnant qu'il y en a un très imposant, vers la sortie du village, sur le côté gauche de la route qui conduit à Bugarach. En fait il s'agit d'une croix de mission — elle en porte la mention — consacrée en 1885, probablement comme c'était alors la coutume, par un prêtre lazariste de N. D. de Marceille.

Voici de quelle façon, relativement ambiguë, il introduit la croix dans son texte : (p. 229)

« Les Celtes devaient avoir dressé un ménir sur une roche qui porte aujourd'hui une croix de pierre. Cette croix est placée à l'endroit exact de la pierre où l'on voyait autrefois gravée une croix grecque semblable à celles qui existent présentement au Cap dé l'Hommé, et à proximité des roches branlantes ».

Cette croix de pierre est une façon élégante de suggérer, sans le dire clairement, qu'il s'agit d'une croix latine et donc d'un calvaire, qui a remplacé une ancienne croix grecque. Pour ne pas abuser de la patience du lecteur qui pourra se reporter au texte de *LVLC*, seul le décompte de ces croix, avec la pagination correspondante, est donné ci-après. Pour les croix sans qualificatif, qui peuvent donc être des croix latines — mais dont aucune ne comporte de majuscule, comme il se devrait — elles apparaissent neuf fois (pp. 229, 235, 243, 244, 248, 280 (2), 293, et 306). Quant aux croix grecques (pp. 229, 232 (2), 233, 235, 236, 245 et 306), leur décompte donne huit qui est le nombre du baptême. Il est à noter que trois d'entre elles encadrent le *filius hominis* (p. 234), *les roulers* (p. 236), et *l'Homme mort* (p. 237). Enfin, la dernière, située sur la dernière page du texte (p. 306), est rédigée sous la forme *croix grecques*, la mise en italiques de l'adjectif indiquant que l'expression exige toute l'attention du lecteur.

Notre attention aurait d'ailleurs du se porter sur l'une d'entre elles (p. 245) car elle est suivie du *cercle* (pp. 245 et 246) ; terme qui est d'ailleurs encore cité six fois par la suite. Voici son introduction qui souligne, selon lui, le sens à lui accorder :

« Les cercles tracés par les pierres levées, avaient pour les Celtes un sens profondément religieux ». Puis : « Le symbolisme du cercle n'était point, comme on peut le voir, particulier aux Celtes ».

Or il faut savoir que le cercle comportant à l'intérieur une croix à branches égales est un symbole géométrique funéraire, relativement usité chez divers peuples depuis des temps immémoriaux. Dans certains cimetières du Lauragais — Avignonet, Baraigne et Montferrand, entre autres — on a retrouvé nombre de stèles discoïdales ornées de croix grecques, et quelquefois d'autres symboles sur leur face arrière. Ainsi, sur celle de Baraigne, conservée au Musée de Limoux, la face arrière est décorée d'une navette de tisserand qui est un symbole cathare connu. En outre, comme les Cathares rejetaient la croix latine, représentant pour eux un instrument de supplice, cette double singularité poussa les premiers chercheurs, au dix-neuvième siècle, à penser qu'elles ornaient des tombes de cathares. Et cette croyance demeura longtemps ancrée dans l'esprit des historiens locaux, comme en témoignent certains écrits — en 1966 — de René Nelli, spécialiste de l'iconographie cathare.

« On admet communément aujourd'hui que les cathares méridionaux ne voulaient voir, dans la croix latine adoptée par le catholicisme, que l'instrument du supplice divin, et qu'ils évitaient de la faire figurer sur leurs monuments. Et l'on fait l'hypothèse complémentaire qu'ils lui préféraient comme symbole de leur foi en Jésus-Christ, la croix à branches égales : hypothèse qui n'est pas sans fondement ».

La stèle de Montségur

Mais on retiendra surtout l'érection à Montségur, en juin 1960, d'une stèle discoïdale inspirée de celle de Baraigne, par la *Société du Souvenir et des Etudes Cathares* dont le fondateur n'était autre que Déodat Roché, contemporain et familier de Boudet. Il est donc possible que ce dernier, en établissant dans son écrit une proximité entre la croix grecque et le cercle, fasse allusion à ce type de stèle qu'il pensait possiblement être cathare.

Il convient d'ajouter, pour terminer, que ces croix à branches égales ornant des rochers, énumérées et comptabilisées par l'auteur, sont possiblement d'origine pré ou protohistorique. Ce qui a valu à ces rochers, dans l'Aude, l'appellation de Rocs crozats.

 JEAN ALAIN SIPRA

NOTES

1. Selon J.C. Petitfils, auteur d'un très récent *Jésus.* (Op. cité, p. 73), Jésus = Ieschoua est effectivement une contraction du nom biblique de Josué = Yehôshoua qui signifie Yavhé sauve.

2. Passage de Saint Matthieu (1, 20), signalé en note de bas de page et écrit avec un seul T. Il convient de noter que la *Bible de Jérusalem* (catholique) et *celle de Louis Segond* (protestante), donnent une version légèrement différente, mais analogue. Pour la première citée il est écrit : « *…. que l'Ange du Seigneur lui apparut en songe et lui dit : « Joseph… etc » »*

3. Voir *La « Foi » de Nicée* d'Ephrem Boularan, S.J.Tome 2, p. 293.

4. *Histoire des doctrines ésotériques* de Jean Marquès-Rivière, p.225. Il est nécessaire d'indiquer que cet auteur très érudit fut un haut dignitaire franc-maçon. Malheureusement, en 1940, il opta pour le pétainisme — et donc la collaboration, — et se distingua en produisant un film anti-maçonnique tendant à justifier l'interdiction de cette association philosophique secrète aux multiples obédiences.

5. Selon Anne Brenon, qui traite d'une comparaison entre les Bibles cathares et vaudoises, *Filius hominis* et traduit par *lo filh de l'ome* dans le texte cathare (Bible occitane d'origine non attestée du XIIIe siècle) et par *lo filh de la vergena* (vierge) dans le texte le texte vaudois (Bibles vaudoises de Grenoble et Carpentras). Voir de cet auteur : *Le vrai visage du catharisme.* pp. 33 et 34. Op. cité.

-VIII-

Une bien étrange confrérie

1. Le Neimheid

L'ouvrage contient bizarrement deux chapitres consacrés à la langue celtique : le premier et le cinquième. Dans le premier, consacré à sa présentation, l'auteur introduit, en sous-titre V (p. 23) le terme de *Neimheidh* ; terme qui prend six fois un « h » terminal puis, au fil de l'exposé, le perd dans les trente-trois cas suivants (Neimheidh : pp.25 (5) et 166, et Neimheid 23, 157,169, 171, 172,183 (2), 184, 185, 186, 223, 224 (2), 225 (2), 226 (3), 239, 251, 252, 254 (3), 264 (2), 272 (2), et 294 (2)). Pour introduire ce vocable, il s'appuie sur un texte de l'historien Henri Martin, auteur en 1854 d'une monumentale *Histoire de France* en 19 volumes. C'était pour notre abbé une référence de choix, car son contemporain Henri Martin (1810-1883) était alors très célèbre puisque, outre ses talents d'historien, il était aussi, homme politique et académicien. Pourtant, avec le recul, ses écrits furent critiqués pour avoir donné une importance, jugée de nos jours excessive, aux origines celtiques de notre pays. En cela, il fut l'un des précurseurs de la vague de celtomanie qui déferla au dix-neuvième siècle et à laquelle, comme le prouve l'objet de son ouvrage, semble avoir cédé Boudet. A moins que ce dernier n'ait utilisé cette dynamique historico-littéraire pour faire passer, de façon singulière, un message qui lui tenait à cœur et qu'il souhaitait pérenniser.

Pour donner une assise — qu'il pense logique — à sa thèse celtique, il relève l'existence, en Bretagne et en Languedoc, de toponymes identiques tels qu'Aleth et Rennes. Et il en déduit, aussi rapidement qu'abusivement, que ces lieux auraient été ainsi dénommés pour des raisons religieuses par une *société savante de Druides*, le fameux *Neimheid*, qui régissait alors, selon lui, toute la Gaule. Il oubliait simplement que pour ce qui concerne les toponymes languedociens, la forme *Aleth*, qu'il avait probablement puisée chez son ami Louis Fédié, n'avait jamais été formellement répertoriée sous cette forme, car Alet proviendrait de Vicus Electum : bourg choisi. Quant à Rennes-les-Bains, qui s'appelait auparavant les Bains de Montferrand, ou plus simplement Les Bains (En occitan Les Bans), le toponyme Rennes ne lui fut accolé qu'une vingtaine d'années avant que lui-même ne vit le jour, en référence à la vraie Rennes, celle du haut, qui portait autrefois le nom latin de Rhedae signifiant Les Chariots.

D'emblée, donc, l'ossature celtique de l'ouvrage est basée sur un postulat totalement faux, résultant d'une interprétation orientée d'un récit lui même légendaire... et de surcroît exotique ! En outre, se basant sur les découvertes archéologiques, les historiens actuels ont tendance à penser que la limite effective de l'expansion celte, dans le sud de la Gaule, passait légèrement au nord de Narbonne, et était matérialisée par le fameux oppidum de Nissan-les-Ensérune. Les Atacini, qui peuplaient la vallée de l'Aude si chère à l'auteur, vivaient donc dans une sorte de Marche entre les Celtes et les Ibères et étaient, de ce fait, soumis à une double influence culturelle et religieuse : c'est pourquoi on les dénomma Celtibères.

Pour présenter cette antique *société savante druidique*, l'auteur se réfère (p. 25) à un passage de l'ouvrage précité qui est le suivant :

« Selon les traditions irlandaises, Gadhel ou Gaël, personnification de la race est fils de Neimheidh. Qu'est-ce que ce Neimheidh, cette mystérieuse figure qui plane sur nos origines ? L'histoire ne peut répondre ».

Si l'histoire ne le peut, cela tient simplement au fait que ce terme, comme indiqué par l'auteur lui-même, est emprunté à la tradition orale. En effet certains écrits légendaires, comme le *Livre irlandais des Invasions,* décrivent cinq groupes d'envahisseurs successifs : les Partholons, les Nemed, les Firbolg, les Tuatha de Danann (peuplade de la déesse Dana), et les Goïdels ou Gaëls, ancêtres des Irlandais actuels[1]. En idiome gaélique ancien, *nemed* signifierait sacré ; mais même si certains folkloristes ont pensé que ce terme désignait un héros de l'histoire irlandaise, il ne s'agissait nullement d'un individu mais d'un groupe légendaire qui aurait peuplé temporairement l'Irlande.

Puis, dans la même veine, il poursuit ainsi sa présentation :

« Neimeidh n'est point le nom d'un chef gaulois; il signifie celui qui est à la tête, commande, conduit et donne les dénominations, — *to name*, nommer, — *to head,* être à la tête, conduire, — et il était matériellement impossible à un seul homme de donner à tout le pays celtique les noms que portent les cités, les tribus, les rivières, et les moindres parcelles de terrain : c'était là l'œuvre d'un corps savant et le terme de Neimheidh, appliqué à ce corps d'élite composé de Druides, présente une expression de vérité indéniable, puisque les Druides étaient à la fois prêtres, juges, chefs incontestés des Gaulois et chargés de la transmission de toutes les sciences ».

En fait, et parce que cela l'arrangeait, l'auteur a accommodé d'une façon très personnelle les écrits de l'historien précité, car s'il a bien vu que Neidmeidh n'est point un chef Gaulois, comme il le souligne, ce n'est pas non plus un corps d'élite composé de druides, comme il veut nous le faire croire !

Mais cela lui permet, en transposant le dernier passage à son époque, de s'identifier probablement lui-même, en tant que prêtre, au personnage du druide ; et de désigner par ce corps d'élite un groupe de confrères triés sur le volet et cooptés. Une association cléricale à l'effectif très limité, sorte de mini-société secrète religieuse évoluant en marge de la hiérarchie apostolique et romaine. Et dont l'auteur était évidemment un membre éminent !

2. Clefs de décryptage

Outre l'utilisation des conversions anagrammatiques, qu'il ne préconise pas mais dont il use très fréquemment, l'auteur insiste par contre lourdement sur l'utilisation des *monosyllabes* comme clef de décodage. Pour mettre ceci en évidence, retournons au début de l'exposé. (p. 25)

« .... Les Druides du Neimheidh savaient former excellemment les noms propres d'hommes ou de lieux : ils employaient surtout les termes monosyllabiques de leur langue et les plaçaient dans un agencement tel, que les sons de ces monosyllabes, accolés les uns aux autres ne pouvaient blesser l'oreille la plus délicate ».

Par la suite, nous retrouverons plusieurs fois le même conseil d'utilisation de ces monosyllabes. D'abord lorsqu'il nous conduit à Mesraïm (ancien nom de l'Egypte) dont il nous affirme que : (p. 85)

« Ce nom bizarre ne présente en lui-même, dans sa forme monosyllabique, aucun sens dont l'esprit puisse se déclarer satisfait. Il doit être divisé en deux syllabes, et alors il offre une signification raisonnable.... »

De là nous passons chez les voisins Numides : (p. 93)

« .... tandis que les noms propres numides cèderont volontiers les monosyllabes qui les forment ».

Puis, longeant la côte méditerranéenne, chez les Berbers et les Kabyles : (p. 102)

« On a remarqué avec quelle facilité la langue punique, par ses jeux de mots, savait créer des noms propres d'hommes. Les noms communs offrent aussi des combinaisons semblables et représentent plusieurs monosyllabes associées des phrases entières avec un sens rigoureux et précis ».

Après quoi, il passe les colonnes d'Hercule et nous conduit chez les Ibères : (p. 112)

« Ce fait important explique comment les Ibères ont du subir les dénominations imposées par le Neimheid Gaulois et qui exprimaient, par l'association des monosyllabes celtiques, ce qu'ils étaient eux-mêmes impuissants à traduire ».

Et, enfin, il termine son périple par le Languedoc : (p. 142)

« L'auteur des Mémoires de l'Histoire du Languedoc voudrait, à cause de la première syllabe d'Occitania.... »

3. Essai d'application de ces clefs.

Munis de ce mode d'emploi ressassé par l'auteur, retournons à présent à l'objet principal de la religion celtique. Toujours égal à lui-même, il a choisi le terme Neimheid (h) avec discernement, car il se prête à d'intéressantes variations anagrammatiques et phonétiques. Si nous le décomposons effectivement en ses deux monosyllabes : Neimh-eidh, cela peut donner, en neutralisant une ou deux lettres, plusieurs versions significatives.

Neim (h) — eid (h) se traduit pour partie phonétiquement par *name(h),* et anagrammatiquement par *dei(h).* En neutralisant les deux « h », qui sont phonétiquement muets, cette combinaison donne : Nom de Dieu.

Cependant, cette profusion de « h » ne laisse pas d'intriguer. Mais l'auteur en apporte lui-même, plus loin, le sens. D'abord (p.64) en citant le cas d'Abraham lorsque Yahvé, après lui être apparu sous le nom d'El Shaddaï, lui dit :

« Vous ne vous appellerez plus Abram mais Abraham parce que je vous ai établi pour être le père d'une multitude de nations... » (Gen. XVII, 1-5).

Au passage, on ne peut qu'être surpris que l'auteur, qui était prêtre catholique fort savant, ait passé sous silence la rencontre de ce même Abram avec Melchisédech, prêtre du Dieu Très-Haut, El Elyon (Gen. XIV, 17-24), pourtant magnifiée par Saint Paul dans *Le sacerdoce du Christ.* (Epître aux Hébreux VII, 1-28).

Par contre, il nous narre longuement les tribulations de son neveu Loth (pp. 58 à 61), qui n'a été contacté, lui, que par deux anges qui le pressèrent de quitter la ville maudite de Sodome.

Ensuite (pp. 33 à 35) il explique, de façon très personnelle, « la possibilité d'exprimer par le nom de Jehova la Trinité dans l'Unité ». Dans le fil de l'exposé nous pouvons lire: « Nous avons écrit le nom de Jehova au moyen des lettres i, he, u, i, quoique le texte hébraïque porte i, he, u, he ».

En effet, pour les Hébreux, le Nom de Dieu, qui est imprononçable, est habituellement traduit par le tétragramme Y H V H (Yod — He — Vav — He). Ce Yahvé est devenu le Jéhova de la Bible chrétienne. Mais il semble qu'au cours des temps qui ont présidé à la gestation de l'Ancien Testament, les compilateurs hébreux aient eu du mal à accorder leurs violons puisque, selon les circonstances, on rencontre aussi le Tout-Puissant sous les formes, citées par Boudet, de El Shaddaï (p. 31), Elohim (pp. 30 et 31) et Adonaï (pp. 31 et 32).

Le H correspond à ‎ה‎ (he ou hei), cinquième lettre de l'alphabet hébraïque qui possède par ailleurs la valeur numérique correspondant à son rang. C'est une lettre très importante car c'est l'initiale du Nom Divin et, selon les adeptes de la kabbale — Boudet en était probablement un — c'est aussi le signe de l'Alliance, de la Création et de la Connaissance. Et aussi le symbole de la balance puisque située au juste milieu entre 1 et 10.

C'est ainsi que dans Neimheidh, la présence des deux « H », que l'on pourrait qualifier à priori de sur-numéraires, conduit en fait à une identification logique très intéressante qui est la suivante :

$$\begin{array}{cccc} \mathbf{Y} & \mathbf{H} & \mathbf{V} & \mathbf{3H} \\ \downarrow & \downarrow & \downarrow & \downarrow \\ \mathbf{(NEIM)} & \mathbf{H} & \mathbf{(EID)} & \mathbf{H} \end{array}$$

Donc Neim (h) eid (h), traduit plus haut par Name (h) Dei (h) est bien le Nom de Dieu puisqu'il peut être identifié, de surcroît, au YHVH hébreux originel.

Ce qui semble prouver qu'en rappelant, dans le texte, la mutation d'Abram en Abraham, et en donnant la composition hébraïque de Y H V H, l'intention de l'auteur était bien d'inciter le chercheur à aboutir à la démonstration ci-dessus.

Or nous avons vu que ce terme a perdu ensuite son « h » terminal dans le chapitre V. Devenu *Neimheid* (p. 157), il a conservé dès lors, et sauf en une occasion (p. 166), cette nouvelle forme. Si nous supprimons ce « h » terminal, comme l'a fait par la suite l'auteur, nous détruisons cette identification à Yahvé. Par contre nous pouvons encore l'identifier à Elo(h)im. Mais en hébreu, Elohim est un pluriel, celui d'Eloha, et suivant le verbe singulier ou pluriel qui l'accompagne, il peut désigner Dieu ou les dieux.

Mais dans le cas présent, le bon côté de la chose est qu'en usant de l'anagramme et de la phonétique, nous pouvons aussi passer du Nom Divin à celui de ses serviteurs, puisque Neim (h) eid : peut être changé en Men (h) *Dei*, nouvelle expression anglo-latine qui (à un s pluriel près), signifie Hommes de Dieu. Ce qui conduit à une nouvelle identification qui est la suivante :

$$\begin{array}{ccc} \mathbf{CO} & \mathbf{(H)} & \mathbf{EN} \\ \downarrow & \downarrow & \downarrow \\ \mathbf{MEN} & \mathbf{(H)} & \mathbf{DEI} \end{array}$$

CO (H) EN qui chez les Hébreux, signifie prêtre.
MEN (H) DEI qui signifie Hommes de Dieu.

On voit donc que l'expression Hommes de Dieu peut évoquer effectivement une association de prêtres. Le seul problème est que le Dieu vénéré par les membres de cette Association pourrait, en fonction de la nature d'Elohim, ne pas être le Yahvé de l'Ancien Testament. Or, dans l'histoire mouvementée de l'Eglise romaine, on sait que cet Ancien Testament a été rejeté en au moins deux occasions. D'abord par le savant gnostique Marcion, excommunié par l'Eglise de Rome en l'an 144, et ensuite par les cathares. Nous rencontrerons plus loin, dans le texte et en plusieurs occasions, ces deux entités.

Enfin on ne saurait ignorer une dernière version qui confirme l'orientation du texte déjà mise en évidence et qui est : Neim — ide = Name — ide = Nom du poisson = Jésus.

Il convient d'ajouter que cette suppression de la lettre « h », terminale ou intermédiaire, dans d'autres expressions usitées dans le texte — cromlech et menhir entre autre — apporte en fait une nouvelle clef de lecture et constitue un signal indiquant le passage d'un discours utilisant des définitions rationnelles à un autre, virtuel et symbolique, imaginé par l'auteur. Nous allons effectivement voir plus loin que ce processus va être appliqué à d'autres termes, qui seront donc à considérer dans un sens totalement différent de leur sens primitif.

4. Un petit cercle dans le grand

Si ce Neimheid, défini précédemment par l'auteur comme un corps savant de Druides, est bien une très discrète société ecclésiastique, nous devons la retrouver dans le fil du texte ; mais pas dans l'ordre de la pagination. Ainsi, dans le chapitre concernant « La signification religieuse du cromleck », (VII — II, pp. 245 et 246), après une assez longue digression ésotérique sur la géométrie du cercle — que l'on retrouvera dans un autre chapitre — nous lisons la phrase suivante :

« Le centre du cromleck de RLB se trouve en un lieu nommé, par les Gaulois eux-mêmes, le Cercle. En appelant Cercle — *to circle (cerkl),* environner, entourer —, le point central du cromleck des Redones, et renfermant ainsi un petit cercle dans un plus grand, les Druides ont voulu ainsi exprimer l'idée très nette qu'ils possédaient d'un Dieu unique et existant dans les êtres ».

Tout d'abord, on constate que la fin de cette phrase est inintelligible ; en effet, il faut lire soit « possédaient un Dieu », soit « procédaient d'un Dieu. » La seconde version semble la plus logique mais. En fait, il semble difficile, pour l'auteur, de conserver une cohérence totale et permanente dans le fil de son discours tarabiscoté. A moins qu'il ne s'agisse d'une rare faute d'inattention, cette erreur est intrigante et invite donc à la réflexion.

Si on le suit, le Cercle serait le point central du cromleck des Redones. Tout d'abord ce dernier terme, qui admet la transcription latine Rhedones, ne devrait normalement désigner que les habitants de l'ancienne Rhedae, c'est-à-dire la Rennes du haut ; mais l'auteur l'a peut-être étendu à celle du bas. Quant au petit cercle dans un plus grand, il permet de situer ce Cercle (mini-confrérie) au sein de la Grande Eglise (Clercs de Rome). Mais aussi éventuellement à la présence, dans cette miniconfrérie secrète — que dans le texte nous dénommerons désormais le Cercle — de deux cercles concentriques : les initiés appartenant évidemment au premier (le petit), et les amis et sympathisants au second (le grand).

Ce Cercle réapparaît plus loin, dans le chapitre consacré aux fontaines, dans lequel l'auteur introduit d'ailleurs une équivalence entre sources et fontaines. (p. 273) Or, dans ce Cercle se trouve une source, dont le nom selon lui s'est perdu, et il conclut en disant que :

« Les eaux des deux fontaines de la Madeleine ou de la Gode, qui n'ont pas encore été analysées, doivent se rapprocher beaucoup de la nature de celles du Cercle et du Pont (dont l'analyse suit dans le texte de *LVLC*) ».

Nous pouvons en déduire qu'au point de vue qualitatif, le fluide qui sourd du Cercle est naturellement très proche de celui de la Madeleine. En extrapolant, cela permet d'inférer que les membres dudit Cercle sont sous le patronage de sainte Marie-Madeleine.

Et sa conclusion, sibylline et qui ne laisse pas d'intriguer, est la suivante : (p. 275)

« A l'occasion des fontaines du cromleck de RLB, nous voudrions donner, dans un ordre d'idées bien différent, un exemple frappant de l'avantage précieux que nous offrent les noms celtiques des fontaines, pour découvrir bien des faits perdus par la tradition et cachés dans l'obscurité des histoires locales ».

Tous les arguments développés ci-dessus indiquent que l'existence de ce Cercle était justifiée par la possession et la transmission d'une tradition religieuse non orthodoxe, ayant à priori trait à Sainte Marie-Madeleine ; et que, n'étant pas conforme au dogme, celle-ci devait par la force des choses demeurer secrète. La fondation de cette miniconfrérie discrète, sinon secrète, pourrait donc être relativement ancienne.

NOTE

1. Voir Encyclopédia Universalis. Edition 1985

-IX-

Identification de personnages éminents

Au cours de cette recherche, il semble évident que nous n'allons pouvoir identifier que des personnages connus pour avoir appartenu au contexte historique des lieux, ou avoir gravité dans l'entourage des abbés Boudet et Saunière. La plupart de ces noms courent, certains depuis des lustres, dans l'abondante — et quelquefois exécrable — littérature générée par « l'affaire Saunière. » Mais il est impossible de dire, évidemment, si tous les clercs identifiés, contemporains des deux ecclésiastiques précités, ont appartenu ou non à cette énigmatique confrérie. Nous allons procéder par ordre chronologique, et donc devoir faire un saut dans le passé, pour essayer de remonter à une source hypothétique, mais plausible, de cette association. Outre la décomposition syllabique préconisée par l'auteur, cette identification va aussi pouvoir être obtenue phonétiquement, souvent en occitan, et, quelquefois, par le simple changement d'une lettre initiale ou intermédiaire.

1. Les anciens

Rendons-nous tout d'abord chez les *Bigerriones* (p. 145 et 146) où est cité un passage emprunté à un certain abbé de Monlezun, historien de la Gascogne, qui est le suivant :

« .... De Bigerriones est venu le nom de Bigorre qui désignait anciennement un château-fort défendant la ville de Tarbes. Deux de ses premiers pasteurs, Aper, dans le concile d'Agde et Saint Julien dans le quatrième concile d'Orléans, s'intitulent, l'un, évêque de la cité de Bigorre, civitatis Bigorritanae, et l'autre, évêque de le cité Bigerricae ».

Ce à quoi l'auteur ajoute :

« Quelques auteurs ont cru pouvoir faire dériver Bigorre de deux mots basques, *bis,* deux, *gora,* hauteur ; mais cette interprétation par le basque n'offre aucun sens précis. (...) Ces montagnards étaient des dévastateurs, des pillards dont l'intrépidité n'avait jamais fléchi... ».

En première analyse, on peut remarquer que le terme Bigorre se compose de trois syllabes, et que l'auteur semble nous inviter, ci-dessus, à en retenir deux qui sont sur la hauteur. Les deux premières sont Bigo qui, en en occitan, se prononce **Bigou**. Ensuite il est question d'un ancien château-fort et deux des premiers pasteurs du lieu. Pour nous, l'ancien château-fort évoque logiquement celui de RLC situé effectivement sur la hauteur, et les deux pasteurs ne sont autres que les deux Bigou, prêtres desservants de ladite paroisse avant la Révolution. Il évoque même leurs prénoms par les initiales puisque Aper donne Antoine, et Julien donne Jean. L'abbé Jean Bigou officia à RLC de 1736 à 1774, et décéda en ce lieu en 1776. Son neveu, Antoine lui succéda de 1774 à 1792, et mourut cette année là sur le chemin de l'exil à Collioure. Tous deux furent les confesseurs de Marie de Nègre d'Able, dernière seigneuresse de RLC, qui épousa François d'Hautpoul en 1732 et mourut en 1781 [1].

Ces deux personnages clef ayant été identifiés, demeure à savoir pourquoi le qualificatif de pillards — sans majuscule — leur a été accolé. Cela laisse sous-entendre qu'ils auraient pu commettre des déprédations ou des vols. D'autant qu'à la page suivante — située en vis à vis — apparaît trois fois un collier d'or. Il existerait donc peut-être, dans la proche région, un trésor matériel caché dans lequel ils se seraient servis.

L'abbé Antoine Bigou, ayant refusé de prêter serment en 1792, s'exila en Espagne avec Mgr de la Cropte de Chanterac, alors évêque d'Alet, et en compagnie de son collègue l'abbé François Cauneille, curé des Bains de Montferrand(RLB). Si Bigou mourut à Collioure, avant d'avoir pu passer la frontière, son ami Cauneille survécut et revint en pays d'Aude quelques années plus tard. Avec probablement en sa possession le testament spirituel de feu son confrère, contenant le secret des seigneurs et des chapelains de Rennes-le-Château. Boudet ne pouvait donc passer sous silence l'identité de l'un de ceux qui furent à l'origine de son initiation. Et cela lui fut d'autant plus facile qu'il était familier de ce nom pour avoir été vicaire à Caunes-Minervois au début de son sacerdoce (1862-1866). C'est ainsi que dans le cadre de sa longue dissertation sur les fontaines, miraculeuses ou non, nous retrouvons l'abbé **Cauneille** dans le passage suivant : (p. 280)

« Nous pourrions citer encore le nom d'un autre sanctuaire de nos contrées, situé près de **Caunes**, et appelé Notre-Dame du Cros.... »

L'Abbaye de Caunes Minervois

Notre-Dame du Cros

Lorsque Boudet était vicaire à Caunes, le chapelain de la toute proche Notre-Dame du Cros était un certain Gaudéric **Mèche** qui, auparavant, exerçait son sacerdoce à Notre-Dame de Marceille. Il avait probablement connu et fréquenté l'abbé Cauneille et mourut en 1864. Boudet ne pouvait que rendre hommage à la grande sagesse de cet ancien, qui l'avait probablement éclairé de ses conseils ; et ceci en le citant, sous une forme approchée mais significative. Ce qu'il fait de la façon suivante (p. 297) :

« Le cidre de Normandie ne date point d'hier, et Rotomage (Rouen) en fait foi — *to rot,* se gâter, — *to ove,* devoir, –to *mash (mache)* écraser, mêle.... »

Quelques lignes plus loin (p. 298), il cite le village de Villemoustaussou, qu'il dit être appelé par ses habitants Bilomacho. Cela lui permet d'appliquer sa traduction celtique qui serait, selon lui, *Willmash — to will,* vouloir et *to mash (mache).* Cette double traduction anglaise phonétique mache (en italiques) est assez suggestive puisqu'elle se prononce **Mèiche**. Par ailleurs on notera, au passage, que Villemoustaussou est située à quelques encablures de Caunes. Enfin, en débordant un peu sur le sujet, l'allusion à Villemoustaussou est intéressante car l'historien carcassonnais René Nelli écrit, dans *La vie quotidienne des Cathares du Languedoc au XIIIᵉ siècle,* (p.173) :

« Le curé de cette paroisse assistait, vers 1280-85, avec des confrères des paroisses voisines et les moines de Montolieu, à des cérémonies cathares présidées par un Parfait du nom de Pagès ; et ils y recevaient le Consolamentum ou faisaient promesse de le recevoir au moment de la mort. »

Peut-être la tradition orale en a-t-elle fait parvenir quelques échos à Boudet, lorsqu'il était vicaire à Caunes ! Mais aurait-t-elle pu l'inspirer ?

2. Les contemporains de Boudet

Déplaçons-nous à présent vers l'ouest. S'il est un terme géographique très usité par l'auteur, c'est bien celui de **Gascogne** ; et aussi celui de ses habitants : les Gascons (pp. 137 et ss). L'identification est ici enfantine puisqu'on aura reconnu sans peine l'abbé Henri **Gasc,** qui succéda à l'abbé Mèche à N. D. de Marceille, et mourut en 1882. Il entretenait, dit-on, des relations très amicales avec l'abbé Jean Vié, prédécesseur de Boudet et probablement avec ce dernier. Au fil de la lecture, nous le rencontrons quatorze fois, ce qui souligne, à n'en pas douter, l'importance du personnage et l'estime, sinon la déférence, que Boudet lui portait. Après son décès, il fut remplacé à N. D. de Marceille par des prêtres Lazaristes que l'on reconnait évidemment, de façon on ne peut plus claire, sous la dénomination des « Enfants de Saint-Vincent de Paul ». (p. 276)

Certains de ces Lazaristes ont probablement appartenu au Cercle, et il est possible d'en reconnaître qui furent des familiers de Boudet. Pour cela, faisons un détour par l'Armorique et allons à la rencontre des Vénètes (p. 153).

« Le nom de Vénètes indique cette fière coutume, qui était d'ailleurs commune à tous les Gaulois, tout aussi religieux que les Vénètes, — vane (vène), temple, to hate (hète) détester —. Leur ville principale était Dariorigum, aujourd'hui Vannes.... (...) .... Car Dariorigum se traduit par : oser tailler un cheval, *to dare,* oser*, to hew* (hiou) tailler, — *rig,* cheval à demi châtré ».

Nous sommes ici en plein délire, car en anglais, *vane* n'a jamais signifié *temple* mais *girouette,* et que le *rig* n'est pas traduisible par cheval mais par *farce* ou mauvais tour. Quant à *tailler un cheval,* c'est franchement risible, mais il est vrai qu'en Armorique nous sommes en pleine *moqueri* ! Une double faute de traduction étant impossible à imaginer de la part de l'auteur, le seul intérêt de ce texte délirant est l'allusion à la ville de **Vannes,** dont on pourrait penser, ce qui n'est pas le cas, qu'elle doit son nom à la pratique de la vannerie et donc à des vanniers. Or, Le révérend père **Vannier,** supérieur des Lazaristes de N. D. de Marceille de 1879 à 1886, vint plusieurs fois prononcer des homélies à RLB. On se souvient que, selon Pierre Plantard, c'est lui qui aurait dit, *ce* qui n'est pas sans importance : « L'abbé Boudet détient un secret qui pourrait engendrer les plus grands bouleversements... »

Rapprochons nous, à présent du centre du Cercle, du moins géographiquement. Et pour cela, penchons-nous d'abord sur les Volques Tectosages et les Cimmériens. Ainsi à tout seigneur tout honneur, on peut lire la longue description qui suit : (p. 15)

« ... Aussi cette signification du terme **Pillard** s'est-elle conservée intacte dans le pays occupé par eux au Midi de la France. Lorsqu'un enfant montre une intelligence vive, une âme pleine d'énergie, et lorsque cet esprit énergique est servi par un corps dont les membres sont agiles et nerveux, les parents en parlent avec orgueil et l'appellent « un Pillard ». Ils vont même plus loin dans la signification de ce mot ; si on les interroge sur le nombre de leurs enfants, ils répondent sans hésitation, qu'ils ont «un, deux ou trois Pillards. » »

L'auteur a forcé ici un peu le trait, car il a affublé ce nom commun d'une majuscule et l'a répété trois fois. En outre, la véritable graphie occitane — qu'il connaissait probablement — est pilhard qui signifie aide-berger. Terme qui, dans le pays, est quelquefois donné affectueusement aux enfants un peu turbulents. La présence de la majuscule indique qu'il s'agit d'un nom propre, donc de celui d'une personne ; et la présence du double « L » en lieu et place du « L » mouillé habituel (lh) autorise à l'identifier — mutadis mutandis — à celui de **Billard**. On aura évidemment reconnu le nom de l'évêque qui dirigea le diocèse de Carcassonne de 1881 à 1902.

Mgr Billard

Cette identification est confortée par le passage suivant : (p. 167)

« .... Le nom du dernier chef des Druides armoricains, qui vit fermer le collège druidique en vertu d'un décret des états-généraux, présidés par l'évêque Modéran, sous le premier roi d'Armorique, Conan Meriadech, et tenus à Rennes, en l'an 396 après Jésus-Christ. Ce chef suprême de l'ordre druidique se nommait Eal-ir-bad... ».

Nous avons donc un *évêque* nommé Modéran, comme modérateur, un *chef des Druides* (prêtres) nommé Bil(e)ard, et il se trouve que les états-généraux se sont tenus à *Rennes*. Mais, me direz-vous, cela ne semble pas très sérieux puisque le roi de cette Armorique, est un *roi de moquerri(a)* !

En fait il n'est pas réaliste de penser que Mgr Billard, dont certaines tribulations judiciaires trahissent une vénalité avérée, ait pour des raisons compréhensibles appartenu, ou dirigé, le premier Cercle.

Enfin si nous tournons la page du second *kaïrolo,* (p. 295), l'auteur disserte sur les troupeaux de bêtes nombreux dans les villages des Redones et cite un lieu nommé Grauzilhou, qu'il affirme venir de *to graze* **(grèze)** — *brouter l'herbe, mener paître.* Peut-être Boudet a-t-il envoyé quelquefois paître l'abbé Maurice Malot, neveu et héritier de l'abbé Gélis et curé de **Grèzes**, près de Carcassonne.

Mais poursuivons la visite que nous offre l'auteur de son *Cromleck de RLB*. Ainsi, nous trouvons quelques passages intéressants (p. 229) où, au cours du voyage en chariot sur des flancs de montagnes à pentes très dangereuses, nous arrivons au village de Serres. C'est à n'en pas douter une allusion à peine déguisée à l'abbé Lasserre, curé d'Alet et auteur de deux ouvrages de nature historique. Il fut pratiquement le seul à saluer Boudet pour l'admirable travail qu'il avait fourni en rédigeant son énigmatique ouvrage. Peut-être savait-il, contrairement à la plupart des ses contemporains, lire entre les lignes ! Dans la même page et à la suivante, nous rencontrons trois fois, dont une en italiques, la petite montagne du **Bazel**. Facile clin d'œil à l'abbé **Gazel**, curé de Floure, et grand ami et contributeur de l'abbé Bérenger Saunière. Bizarrement ce Bazel, ici c'est le col où passent les chariots, réapparait plus loin (p. 243), puis vers la fin de l'ouvrage. Ce qui souligne, probablement, l'importance du personnage que cache ce nom pour l'auteur.

C'est sur cette dernière page que sont décrites des maisons, dont une carrée taillée dans la roche. Et le terrain sur lequel se trouve cette roche porte le nom de *Gléizole*. Moyennant un minime effort intellectuel on peut le décomposer anagrammatiquement en *Géliz + ole* ; ce dernier terme est d'ailleurs traduit par hall = maison, comme les *hole* vus précédemment. C'est donc la maison de l'abbé **Gélis**, curé de Coustaussa, dont on sait qu'il fut assassiné en 1897 dans son presbytère. On notera que la localité de Coustaussa, l'ancienne *Villa que vocatur Contantianum* (Villa qui est dite de Constant), est citée deux fois par ailleurs. (p. 232)

Lorsqu'il étudie « les Celtibériens des Pyrénées-Orientales qui chassaient le grand ours des cavernes, » l'auteur indique que certains portaient le nom de *Sordes* (p. 217). Et ceux qui avaient leurs demeures près de la mer, et s'adonnaient à la pêche, étaient appelés *Sardans,* qu'il définit comme venant de « ***sardan**, petit poisson, sardine* ». Pour l'auteur il s'agit d'un petit poisson, si l'on peut dire, puisque l'abbé **Sarda,** qui était aumônier à l'hospice de Carcassonne, venait parfois le seconder à RLB pendant la saison estivale.

3. Les absents

C'est ainsi qu'au terme ce long périple gaulois nous avons fait une ample moisson des clercs précurseurs et membres virtuels de ce mystérieux Cercle. Les deux Bigou et Cauneille, suivis de Mèche et Gasc. Puis sous le magistère de Mgr Billard, les contemporains de Boudet : les abbés Vié, Lasserre, Gélis, Gazel, Sarda et Malot. Et enfin le père lazariste Vannier. Mais cette liste est incomplète. Pour la clore momentanément, il était évidemment impossible de passer sous silence deux *seconds couteaux* très connus que sont les frères Alfred et Bérenger Saunière. Pour aborder leur identification, il faut indiquer qu'une *saunière*, qui vient évidemment de *saunier,* nom de l'artisan chargé de l'extraction du sel, désignait autrefois un *saloir. Quant à ce saunier*, il vient du vieux français *salnier*, issu lui-même du latin de cuisine — c'est dans ce cas tout indiqué — *salinarius*. Pour l'auteur, la transition était relativement facile puisque à RLB, il vivait sur les rives d'un cours d'eau qui présente la rare particularité d'être salé. C'est sans doute pourquoi il a consacré tout un sous-chapitre de son *Cromleck de RLB* à « La rivière salée et les mollusques fossiles ». (p. 280) Une anagramme facile de cette *rivière salée* n'est autre que *salière virée*. Nous avons là une allusion à peine voilée à Marie-Emilie **Salière**, qui était la maîtresse d'Alfred Saunière et avec laquelle ce dernier vécut maritalement après avoir été frappé de *suspense a divinis*. Et de qui il eut un enfant. Il y a tout lieu de penser que, lorsque traitant de la langue kabyle et s'érigeant en moraliste, il fait une allusion peu amène à cette dernière (p. 105) : « Il n'est pas jusqu'à notre vulgaire **salière**, qui n'ait les honneurs d'un mot composé ». On sait, par le témoignage de la famille Corbu, qu'Emilie demeurait à Espéraza, avec son fils, et que Marie Dénarnaud leur tendit quelquefois une main secourable.

Ensuite, entre salière et saloir (saunière), on voit qu'il n'y a qu'une différence de volume et d'usage. Au risque de heurter les sceptiques, et pour ne pas encombrer inutilement le texte, nous bornerons là notre démonstration saline. Enfin, il y a dans cette rivière des poissons que, selon Guillaume de Catel, *les anciens nomment pisces fossiles*. Fossile, qui vient du latin *fossilius*, signifie tiré de la terre. Or les frères Saunière sont bien tirés de la terre régionale puisque le village de Montazels, situé à une dizaine de kilomètres de RLB, est leur terre natale.

4. Les profanes

Pour clore cette énumération, et à titre purement anecdotique, il a semblé intéressant d'évoquer quelques relations profanes de l'auteur. Ainsi on peut voir qu'en reprenant en partie la décomposition celtique de *kaïrolo –key*, clef — *ear*, épi de blé — *hole*, petite maison (des champs), nous pouvons former ***key-hole*** qui peut se traduire phonétiquement par **Cailhol** (de son prénom Constantin). Celui-ci demeurait à Alet et était un grand ami de Boudet. On retrouve plusieurs fois son nom en clair dans le texte (p. 128) et en note de bas de page. (pp. 234 et 241)

Puis en nous rendant à Caunes (p. 280) — localité où Boudet officia comme vicaire — *Notre-Dame du Cros* évoque directement Ernest **Cros**, ingénieur polytechnicien de son état qui, durant sa longue retraite à Ginoles, s'intéressa de fort près à l'affaire de RLC. C'est lui qui découvrit ou identifia les deux fameuses dalles : celle dite de Coumesourde et la dalle Reddis, Regis, Cellis, Arcis.

Mais le filon n'est pas épuisé puisque nous pouvons également lire (p. 166) que : « **Feid** le déclare positivement, puisque le verbe *to feed (fid)* signifie, nourrir, donner à manger ». Ce même terme réapparaît à la (p. 264) sous la forme *Feid-Neimheidh*. Feid ayant pour anagramme fedi, on ne peut que penser à l'historien local Louis **Fédié**, historien du Razès, ami et correspondant de l'auteur. Il avait apporté à Boudet des informations de nature historique puisque celui-ci indique que *feid* signifie *nourrir, donner à manger.*

Enfin les multiples occurrences des *roches* ou *rochers* font évidemment penser aux membres de la famille **Rocher**, d'Arques, qui bien que Franc-Maçons, étaient des familiers de Boudet et s'adonnaient à l'étude des religions, notamment du catharisme.

NOTE

1. L'abbé Antoine Bigou aurait laissé un manuscrit relié de 280 pages, intitulé *Tractatus de Deo* (Voie de Dieu) qui aurait été retrouvé et est actuellement entre les mains d'un particulier.

-X-

De bizarres ressources

1. Les ressources céréalières.

Avant de faire la connaissance de l'évêque Modéran (p. 167), nous avions fait l'impasse sur les Redones (p. 165), car le chapitre suivant leur sera consacré. Mais nous allons devoir écorner le sujet car il contient des informations intéressantes. L'auteur nous dit « qu'ils formaient la tribu religieuse, savante, possédant le secret de l'élévation des monuments mégalithiques disséminés dans toute la Gaule ; c'était la tribu des pierrres savantes. »

Et à l'appui de son assertion, il citait un énième passage de Figuier qui est le suivant :

« Les pierres isolées, dit H. Martin, se nomment *men-hir*, pierre longue (...) crom leckh (pierres de crom ou cercles de pierres)... etc ».

Comme pour toutes les erreurs manifestes entachant l'ouvrage, le trait d'union intempestif de *men-hir,* et la bizarre terminaison de *cromlech* devraient être un signal à prendre en considération puisque, à partir de la page suivante, nous perdons définitivement les « h » et la forme est volontairement modifiée en *ménir* et *cromleck.*

Ainsi nous lisons : (p. 166)

« Le Neimheid, nous l'avons vu, désigne le corps savant qui composait les dénominations. Ces hommes d'élite distribuaient-ils aussi au peuple le fondement principal de leur nourriture, c'est à dire le blé et le pain... (...) ... Les termes ménir, dolmen, cromleck, se rapportent encore à ce fait important, qui consistait pour les Druides, à distribuer au peuple Celte, d'abord la science religieuse, essentielle à la vie morale, et, en second lieu, le blé et le pain, essentiels à la vie matérielle ».

Pourquoi citer le blé et le pain, qu'il dit *essentiels à la vie matérielle,* alors que le second provient — en tout cas chez nous — du premier ! Pourquoi établir un tel distinguo, alors que seul le pain est cité dans la prière enseignée par Jésus à ses Apôtres, le Notre-Père : « Donnez-nous aujourd'hui notre pain de ce jour ». Que vient donc faire ce blé auquel il consacre de la sorte la suite :

« Le ménir, par sa forme aiguë et en pointe, représentait l'aliment de première nécessité, le blé. — *main,* principal, — *ear,* épi de blé. Chose étrange ! Dans tous nos villages du Languedoc, on trouve toujours un terrain auquel est attaché le nom de Kaïrolo,– *key,* clef — *ear,* épi de blé,– *hole*, petite maison des champs. Dans ce terrain, probablement, était construit le grenier à blé des villages celtiques. La répartition du blé était faite par la main des Druides, ... »

Ce passage est lourd de signification. D'abord l'auteur indique comme chose étrange que le ménir (sans h) représente le blé, aliment de première nécessité. Donc un *dépôt de blé* pourrait se trouver au pied d'un faux ménhir, autrement dit d'un rocher ayant cette forme. D'autre part on ne sait d'où il a tiré ce bizarre *kaïrolo,* terme qui, après recherches, semble inexistant dans l'idiome occitan local et qu'il a affublé, en outre, d'une lettre « k », totalement inusitée dans cette langue. Il décompose évidemment ce vocable insolite à sa manière celtique habituelle, mais traduit *hole* par *petite maison des champs. Ce* qu'il sait être faux ! Il y a donc ici plusieurs anomalies criantes !

Ce *kaïrolo* renfermant le *blé* apparait une seconde fois vers la fin de l'ouvrage (p. 295), ce qui souligne l'importance qu'il lui attache :

« On peut affirmer avec certitude qu'ils cultivaient le blé, puisque cet aliment était l'objet d'une distribution impartiale et la kaïrolo — *key (ki)* clef, *ear (ir)* épi de blé, *hole,* creux, petite maison, — le grenier et peut-être le silo ou souterrain renfermant la précieuse céréale, existait toujours près des centres d'habitations celtiques. »

Kaïrolo est donc du genre féminin, ce qui est en accord avec sa terminaison phonétique occitane en « o ». Puis il introduit la même erreur de traduction du terme *hole,* en suggérant l'existence d'une *petite maison.* On notera simplement, au passage, que kaïrolo peut être compris comme l'association de l'occitan *caira* (phonét. caïro), qui signifie roche et de l'anglais *hole* qui signifie trou ou cavité. Auquel cas il s'agirait bien d'un souterrain creusé dans la roche.

La combinaison de ces deux passages nous conduit à l'interprétation suivante : le blé — représenté chose étrange par un ménir — précieuse céréale s'il en est, était renfermé dans un souterrain situé à la Kaïrolo. Et « sa répartition, objet d'une distribution impartiale, était faite par la main des Druides ». Autrement dit des prêtres !

Les lecteurs ayant quelques connaissances en argot, véhicule oral bien connu de Boudet, auront facilement reconnu dans ce blé, l'argent ou la monnaie. En toute logique, nous sommes conduits à traduire à sa place — en vraie langue celtique, — blé par money. Quant aux Druides, ils appartiennent évidemment au Neimheid. Si nous transposons cela à son époque, des avoirs d'origine inconnue furent détenus par cette association discrète — sinon secrète — dans un lieu évidemment caché, probablement souterrain et possiblement balisé par une petite maison. Ou une roche pointue ! Ces avoirs étaient distribués et répartis équitablement par la main des prêtres. Demeure à savoir à qui ! Il tombe sous le sens que ce n'était pas aux populations locales, ni aux paroissiens, mais probablement à des œuvres diocésaines pies. Comme la restauration d'édifices religieux, telle l'abbaye de Prouilhe par exemple !

Pour clore cet intéressant passage, penchons nous une dernière fois sur ce fantaisiste *ménir* (p. 166) qui peut être l'objet d'une double lecture. En effet, on voit qu'en échangeant son « r » final par un « n » il devient *ménin*. Or en Espagne, ce terme désignait un jeune homme de naissance noble au service d'une maison princière ; et en France, un jeune gentilhomme attaché à la personne du dauphin. Une personne de qualité en somme !

Enfin, le terme kaïrolo est composé de trois syllabes et, chose étrange, comme dit l'auteur, les deux premières, Kaïro (occitan phon : cairoun = pierre de taille), rappellent en effet étrangement Cayron. Or, l'abbé Emile de Cayron (1807-1897), que certains auteurs ont prétendu avoir été le mentor de Boudet fut, selon Gérard de Sède, curé de Saint-Laurent de la Cabrerisse, paroisse située près de Narbonne. Or en réalité, d'après Patrick Ferté, lequel se réfère à la rubrique nécrologique de *La Semaine Religieuse du Diocèse de Carcassonne* de janvier 1897, il s'agissait de Saint-Laurent de Montferrand située au Seuil de Naurouze. Devançant en cela l'abbé Saunière, ce prêtre avait fait reconstruire entièrement son église avec des fonds d'origine inconnue puisque, selon la fin de ladite rubrique : « On n'a jamais su d'où il avait tiré ses ressources pour combler les dépenses d'une telle réparation ».

Ne manquent à l'appel que deux ecclésiastiques, acteurs de premier plan, que nous rencontrerons en temps opportun.

2. Les aléas dramatiques d'un négoce occulte

Le *Cercle,* dénommé Neimheid dans le texte, était composé de quelques prêtres appartenant au diocèse de Carcassonne et plus spécifiquement à la Haute-Vallée de l'Aude. Il est possible que son organisation ait été inspirée de celle de l'ancienne A.A. de Toulouse, dont la devise était « Le secret est l'âme de la Compagnie ». Mais pour des raisons de sécurité liées à la possession et, comme nous allons le voir, au négoce de biens matériels de très grande valeur, elle était plus cloisonnée. En cela, elle était calquée sur celle des moines Cisterciens, dans laquelle les Frères issus de la noblesse *et* ayant accédé à la prêtrise avaient seuls accès au Chapitre et détenaient le pouvoir, alors que les Frères convers — ou encore frères lais, — exerçaient les tâches manuelles et étaient placés sous les ordres des premiers [1].

Dans le Cercle, comme dans l'A.A., tous les frères étaient initiés au secret religieux — probablement celui concernant la seule Marie-Madeleine — et y étaient tenus. Ce qui implique que tous connaissaient le mot de passe : *Vive Angélina.* Tous savaient qu'il existait une cache montagneuse de la proche région, recélant un important trésor matériel fort ancien, car datant vraisemblablement de la période de domination wisigothique sur la Septimanie. (440 à 759). Mais seuls quelques très rares frères appartenant au premier cercle en connaissaient l'emplacement et les voies d'accès. Boudet, accompagné par mesure de sécurité d'un confrère, à cause de son âge déjà avancé, s'y rendait de façon irrégulière en fonction des conditions météorologiques et donc de la saison, pour en récupérer quelques éléments. Il s'agissait probablement de pièces d'or ou de joaillerie très anciennes, donc fort rares, dont la direction du Cercle négociait la vente à de riches particuliers, voire à des familles princières. Les négociations et les livraisons s'effectuaient probablement sous la supervision de Mgr Billard, qui devait en prélever une bonne part au passage. Les sommes récoltées étaient consacrées à des œuvres pie comme la restauration de l'église de RLC par l'abbé Saunière, mais sous les directives de Boudet, et celle du couvent Notre Dame de Prouilhe par Mgr Billard. L'évêque de Carcassonne, connu par ailleurs pour sa vénalité, étant le directeur spirituel d'ouailles à vocation en grande partie viticole, la dîme qu'il s'octroyait personnellement pourrait donc être qualifiée, ironiquement, de part des anges ! Mais il ne fut pas le seul puisque Bérenger Saunière, grâce à ses propres prélèvements, mena une vie très dispendieuse et fit bâtir les constructions somptuaires que l'on sait.

D'ailleurs Saunière aurait avoué cela à un confrère. Selon les dires de Gérard de Sède, et aussi ceux de l'abbé Mazières qui m'en fit personnellement la confidence, un jour l'abbé Beaux, curé de Campagne-sur-Aude, aurait dit à Saunière, en plaisantant : « A te voir mener si grande vie, on croirait que tu as trouvé un trésor ». Celui-ci lui aurait répondu, en occitan (transcription phonétique) : « Se ditz qu'ai troubat un trésor ! Me l'an dounat, l'ai panat , l'ait parat, et bé lé téni ». (Il se dit que j'ai trouvé un trésor. Ils me l'ont donné, je l'ai volé, je l'ai apprêté, et bien je le tiens). On voit bien que cette traduction n'est pas satisfaisante, car si on le lui avait donné, il n'aurait pas eu besoin de le voler. Le dialecte occitan local recélant quelques subtilités inaccessible aux allogènes — et donc à ceux qui ont donné cette traduction : un gascon et un catalan d'adoption, — la vraie réponse de Saunière aurait dû être la suivante (toujours en phonétique) : « Me l'an dounat, n'ai panat, b'ai parat, et bé ba téni ». (Ils me l'ont confié, j'en ai volé (détourné), j'ai ôté tout ce qui dépassait, et bien ce que j'ai, je l'ai.)

Boudet, qui était un sage, avait d'ailleurs subodoré que ce négoce d'objets précieux, *auri sacra fames,* provoquerait inévitablement un drame. Les lignes qui suivent ont, avec le recul, une valeur prémonitoire, sinon prophétique ! En effet, lorsqu'il traite des premiers hommes décrits dans la Genèse, et du meurtre d'Abel par son frère Caïn, il écrit : (p. 40)

« L'amour trop vif de l'or et de l'argent étouffe sûrement les sentiments généreux, et arme ordinairement du fer meurtrier la main des assassins. »

Les transactions et les livraisons, étapes les plus risquées de ce négoce, étant donné les sommes en jeu, étaient dévolues à des commissionnaires qui, dans l'organisation occupaient un rang subalterne, celui de frères convers. Ils ne connaissaient pas l'emplacement de la cache car il semble évident que certains d'entre-eux, comme les frères Saunière, l'auraient mise au pillage.

Dans le rang de ces commissionnaires se trouvait l'abbé Antoine Gélis, curé de Coustaussa depuis 1857, qui fut sauvagement assassiné dans son presbytère dans la nuit du 31 octobre au 1ᵉʳ novembre 1897. Diverses hypothèses ont été échafaudées, au cours du siècle écoulé, pour tenter d'identifier le (ou les) meurtrier(s). On sait que Gélis était âgé, peu sociable et très méfiant. Tout les villageois se sont donc étonnés qu'il ait ouvert sa porte à un inconnu la nuit. Le fait qu'il ait été retrouvé, couché sur le dos avec les mains jointes sur la poitrine, a conduit récemment un chercheur à la conclusion qu'avant de succomber il aurait reçu l'extrême-onction ; et donc qu'un prêtre aurait été présent lors du meurtre, comme acteur sinon comme témoin. Et aussi que le (ou les) visiteur(s) nocturne(s) étai(en)t connu(s) de Gélis puisqu'il lui (ou leur) avait ouvert son huis. Dans cette hypothèse, le vol n'étant pas le mobile du crime, le soupçon ne pouvait se porter, par déduction, que sur un prêtre qui lui était suffisamment familier, et qui l'aurait tout simplement *exécuté* pour des raisons impérieuses : l'empêcher de *parler* par exemple !

Or, les conditions revisitées de cet assassinat nocturne, et l'analyse des Procès-Verbaux de Justice, sans remettre en cause la présence éventuelle d'un prêtre, conduisent à abandonner l'hypothèse régionale. En effet, la principale pièce à conviction n'était autre « qu'un cahier de papier à cigarettes de marque Le Tzar », dont un chercheur a découvert récemment qu'il était fabriqué dans le Nord de la France. Sur l'une des feuilles détachées avait été maladroitement inscrite l'expression *Viva Angelina*, mot de passe déjà mis en évidence. (*) Ces éléments suggèrent à la fois l'appartenance de Gélis au *Cercle* en tant que commissionnaire, et l'existence d'un véritable négoce occulte dont il fut la malheureuse victime [2].

3. Continuation du même négoce par d'autres voies.

Nous nous intéresserons tout d'abord à ce fameux *Cromleck de Rennes-les-Bains*, déjà évoqué, qui a été bien mis en évidence par l'auteur, puisque placé en sous-titre de l'ouvrage. On relève sans peine qu'il contient une faute d'orthographe puisque le terme auquel il est fait allusion, *cromlech*, a vu sa terminaison « ch » abusivement transformée en « ck ». Dans le texte, après avoir été présenté correctement (p. 163), le *cromlech* change brutalement de terminaison trois pages plus loin, accompagné d'ailleurs d'une erreur dans l'habituelle décomposition celtique (krum mis pour crumb). Il s'agit évidemment d'une faute intentionnelle, insérée probablement pour pousser le chercheur à un questionnement. Il est possible, par exemple, que la recension des termes figurant dans le texte et contenant ce doublet caractéristique, puisse conduire à la découverte d'un message caché. Rude tâche en perspective !

C'est en cherchant bien que, quelques pages plus loin (p. 174), on rencontre un terme anglais — *oatrick*, traduit par *monceau d'avoine* — qui, comme son *cromleck*, constitue une anomalie. En effet, ce terme n'existe pas dans la langue anglaise, et a donc été forgé spécialement pour attirer l'attention. Si *oat* signifie effectivement *avoine, rick* a été introduit subrepticement — mais abusivement, — car sa traduction est *meule ;* donc applicable au foin mais non à l'avoine.

Ce mot se trouve dans le chapitre V. II, qui traite du pays des Carnutes, et il y a là un développement intéressant et fort instructif, que l'auteur nous présente de la façon suivante :

« Les Druides se réunissaient à une époque fixe de l'année, dans un lieu consacré, sur les confins des Carnutes (...). Les Carnutes occupaient le pays dont Chartres est aujourd'hui le chef-lieu. En désassemblant les mots qui forment Carnutes, nous serons à même d'apprécier l'habileté des Druides dans la composition des noms celtiques des tribus. Carnutes signifie : <u>chariot rempli d'avoine nouvelle et fraîche</u>, — *car*, chariot, — *new*, nouveau, frais, — *oats*, avoine –. Le pays des Carnutes a-t-il jamais vu faiblir son immense production en céréales ? Et Chartres peut-il citer, dans les siècles passés, une époque où son prodigieux commerce de grains ait été momentanément suspendu ? Le nom celtique de Chartres, tel que le livrent les auteurs, est Autricum. Cet <u>Autricum est simplement une affirmation positive du lieu où se faisaient les achats et les ventes des avoines nouvelles</u>, — *oatrick*, monceau d'avoine ». (C'est moi qui souligne)

Les Carnutes (cités huit fois pour qu'on s'y arrête) ne sont pas totalement étrangers au message qu'ils sont sensés véhiculer. Mais nous allons tout d'abord nous pencher sur le nom latin de Chartres, « Autricum, qui était — écrit l'auteur — le lieu d'un prodigieux commerce d'avoine nouvelle et fraîche, transportée par chariots ».

Le superlatif *prodigieux*, qui signifie merveilleux, extraordinaire, ne peut en toute logique s'appliquer à un simple commerce céréalier. Donc l'*avoine nouvelle et fraîche* n'est autre qu'une expression argotique signifiant *argent frais,* usitée en général pour des fonds nouveaux alimentant la trésorerie. Il ne s'agirait donc pas d'une vulgaire graminée, mais d'un tout autre produit, sans doute plus difficilement commercialisable. Comme, par exemple, les reliefs d'un fabuleux trésor très ancien ! L'auteur indique que la vente avait lieu à Autricum, dont il donne à son habitude la traduction celtique qui, comme on l'a vu plus haut, serait oatrick. Le terme *oatrick* comportant un «*ck*» final, comme *cromleck*, il suffit simplement de lui appliquer le processus inverse de celui appliqué par l'auteur au *cromlech* dans le sous-titre, pour obtenir le terme générique qui est : *oatrich*. Et, dans ce cas, *Autricum* traduisible par *oatrich*, fait évidemment penser à l'Autriche ! Ceci d'autant qu'Autric(um) et Autric(he) ont six lettres communes sur huit.

Concédons — momentanément — que ce rapprochement phonético-géographique puisse laisser certains lecteurs dubitatifs. Mais Boudet utilisant un codage intriqué et à plusieurs niveaux, nous allons voir que l'on peut arriver au même résultat, et donc à une confirmation, par d'autres cheminements.

Voici, pour avancer dans la démonstration, la liste, par ordre de pagination, des termes dont une syllabe a été modifiée abusivement par intégration de la double lettre « *ck* » :

p. 20	*R*oc*k*o	(mis pour l'occitan roca : rocher)		Ock
p. 159	Ligéris (Loire)	transformé en	lic*k*érish	Ick
p. 167	Cromlech	transformé en	croml*eck*	Eck
p. 168	Lichaven (dolmen)	transformé en	*lack*ven	Ack
p. 180	Lugdunum (Lyon)	transformé en	*luck*dun	Uck

On peut facilement constater la présence, manifestement recherchée par l'auteur, de cinq voyelles de l'alphabet à l'exclusion du y. A ce sujet, et assez bizarrement, on pouvait lire dans le texte de l'ouvrage l'avertissement suivant : (p.33)

« Observons en passant que l'alphabet hébreux ne possède pas d'y (ce qui est faux car il y a le yod), tandis qu'il est dûment renfermé dans l'alphabet celtique ». Ce qui confirme bien son absence ici !

La mise en évidence de ces cinq voyelles, pour tout anodine qu'elle paraisse, permet en fait de retrouver la fière devise de l'ancienne Maison des Habsbourg : (ack) Austriae — (eck) Est — (ick) Imperare — (ock) Orbi — (uck) Universo. Expression traduisible en français par : « Il appartient à l'Autriche de gouverner l'Univers. » Manifestement, Autricum = oatrich désigne bien l'Autriche, et le Cercle aurait donc entretenu une bien mystérieuse relation commerciale avec la puissante Maison impériale de Vienne, ou en tout cas certains de ses membres.

Mais pourquoi avoir utilisé un chariot de préférence à une charrette pour transporter l'avoine fraîche ? Parce que l'original latin de chariot est rheda ; terme qui avait donné son nom à l'antique cité de Rhedae, aujourd'hui Rennes-le-Château. Ce qui amène à penser que le commissionnaire chargé de livrer l'avoine fraîche à un représentant des Habsbourg était symboliquement lié à ce lieu. D'autre part, il fallait que ce soit un personnage de confiance, apte à entreprendre d'assez longs voyages, et que sa situation sociale rendait insoupçonnable, le mettant ainsi à l'abri d'éventuels aléas de parcours ! Profil qui correspond assez bien à celui d'un prêtre. La seule personne réunissant les deux conditions ci-dessus aurait donc pu être Bérenger Saunière ! Mais, peut-on rétorquer, ce dernier ne fut affecté à Rennes qu'en 1885, alors que l'ouvrage de Boudet fut publié l'année suivante. Mais peut-être les livraisons avaient-elles commencé — avec la bénédiction de Mgr Billard ? — alors qu'il était curé du Clat... ou même avant ! Ce qui expliquerait son affectation à Rennes par la suite, pour des raisons de commodité.

Enfin, on peut voir que Carnutes admet assez bizarrement deux anagrammes. D'abord *trans écu* qui est une abréviation tout à fait significative dans la démonstration qui nous occupe. Ensuite *sant curé*, qui comme on voit est une expression occitano-française qui contient bien le terme curé. Toutefois, l'adjectif qui l'accompagne — saint — semble difficilement applicable à Saunière... et à Gélis ! Peut-être est-ce là, au passage, un simple hommage bien involontaire rendu à Saint Jean-Marie Vianney (1786-1859), célèbre curé d'Ars en Moselle, et patron des prêtres catholiques.

Boudet, homme appliqué et méticuleux, aurait-il clos de la sorte sa démonstration codée ? Pour le savoir et en terminer, nous allons nous intéresser au chapitre VIII. II, consacré à la *Nourriture des Celtes,* dans lequel il s'autorise une petite digression sur la mythologie grecque (page 296). Voici ce passage :

« La mythologie grecque avait remarqué dans Hercule, personnification du peuple Celte, une certaine voracité et l'avait surnommé mangeur de bœufs. Elle raconte que les Argonautes faisant voile vers la Colchide pour conquérir la toison d'or, avaient pris tout d'abord Hercule avec eux ; mais lorsqu'ils furent témoins de son robuste appétit, ils le forcèrent à quitter le navire, redoutant de le voir dévorer à lui tout seul, toutes leurs provisions.... ».

Cet extrait contient trois termes (mis en évidence), qui peuvent donner lieu à une intéressante interprétation et apporter encore un peu d'eau à notre moulin.

Tout d'abord, il faut voir que l'une des anagrammes identifiables d'Hercule est *curé hel.* Phonétiquement *hel* est semblable à *hell* qui, en anglais, signifie *enfer.* Boudet n'a pas pu ne pas voir cela, et a donc été obligé de composer avec le hasard ! Mais qui pouvait donc être ce curé d'enfer au robuste appétit, que les Argonautes ont forcé à quitter le navire, et envoyé probablement au diable !

Le terme Argonaute — navigateur (ou marin) d'Argo(t) — peut, quant à lui, être pris au sens rabelaisien ; surtout s'il navigue sur le ruisseau dit de Trinque-Bouteille (cité 4 fois page 237). Il s'applique évidemment à Boudet et ses confrères du *Cercle* qui commerçaient avec les Habsbourg.

Enfin il y a la Toison d'or dont on sait que les *Argonautes* poursuivaient la quête. Or on peut reconnaître là le nom d'un Ordre de Chevalerie, fondé en 1430 par Philippe le Bon, duc de Bourgogne. A la mort de Charles le Téméraire, le trésor des ducs de Bourgogne devint la propriété des Habsbourg. L'*Ordre de la Toison d'Or* était un ordre ultra élitaire de l'Empire d'Autriche-Hongrie et d'Espagne, puisqu'il ne comportait que cinquante-et-un membres, tous monarques, princes ou grands-ducs. On peut toujours admirer *La Potence,* insigne du Héraut de cet Ordre comportant en pendentif le bélier des Argonautes, dans l'une des salles du Trésor impérial des Habsbourg, à la Hofburg de Vienne.

Au terme de cette petite excursion viennoise, on peut évidemment penser que tout ce qui précède n'est qu'une aimable construction de l'esprit ! Il n'en demeure pas moins que cela figure bien, en filigrane — d'or ou d'argent — dans l'énigmatique ouvrage de l'abbé Boudet.

Ceci posé, existe-t-il quelques preuves tangibles qu'une association secrète ecclésiastique, dénommée le Cercle ait, d'une part existé et, d'autre part, entretenu, via certains de ses membres, un négoce avec des pays étrangers ? Nous avons vu que le mot de passe de cette association, *Vive Angélina*, décodé dans l'Avant-propos de *La vraie langue celtique*, établit une corrélation certaine avec le meurtre de l'abbé Gélis, à Coustaussa en 1897.

Mais y aurait-il eu aussi un négoce avec la Cour de Vienne ? Tout ce que l'on sait c'est que Saunière reçut un jour la visite, à Rennes, d'un étranger identifié à tort ou à raison à l'Archiduc Jean de Habsbourg, devenu Jean Orth après qu'il eut renoncé à ses titres. Ensuite, il est avéré qu'il fut le destinataire d'une très importante somme d'argent, qui lui avait été *offerte* par la comtesse de Chambord, née Marie-Thérèse d'Autriche ; cette dernière décéda en 1886, date qui correspond à celle de la publication de l'ouvrage de Boudet. Enfin, on a retrouvé dans les archives de Saunière un paquet d'enveloppes pré-imprimées au nom de la banque Fritz-Dörge de Budapest. Ce qui pourrait laisser supposer qu'il aurait pu effectuer des transactions avec cet établissement, et donc y posséder un compte [3].

Tout ceci peut évidemment laisser dubitatif les habituels sceptiques ; mais vous conviendrez avec moi que c'est tout de même pour le moins bizarre. Vous avez dit bizarre ! Tiens comme c'est bizarre… ! [4]

____

NOTES

1. Ce modèle hiérarchique a survécu à la Révolution et, violant l'Egalité inscrite dans la Constitution, s'est perpétué dans la haute Administration Française. Contrairement à une démocratie comme les USA, quelle que soit la valeur des individus, dans tous les établissements ministériels, hors Education Nationale, la totalité des postes de responsabilité sont dévolus aux anciens élèves de l'ENA et de Polytechnique : c'est ce qu'on nomme la technocratie. Sans compter, évidemment, ceux d'entre eux qui entament avec bonheur une carrière politique et accèdent à un poste ministériel. Ou présidentiel comme Albert Lebrun, surnommé par les chansonniers « l'homme qui pleure dans les cimetières », ou plus tardivement Giscard et Chirac !

2. Voir, à ce sujet, sous ma signature les *Cahiers de Terre de Rhedae* N°2 de 2008, pp.15 à 17.

3. Depuis, un chercheur a découvert que cette banque organisait une loterie internationale.

4. Louis Jouvet dans le film *Drôle de drame* de Marcel Carné. Dialogues de Jacques Prévert. 1937.

-XI-

Les Redones

Le nom de *Rennes* se rencontre à nouveau vers le milieu de son ouvrage (p. 164), où il traite des *Redones* qui nous ont laissé, dit-il, tous ces monuments de pierre. Ainsi, après avoir cité à l'appui un texte de Louis Figuier long de quatre pages, il écrit :

« L'opinion de la science moderne touchant les dolmens diffère étrangement des idées suscitées par l'interprétation des noms que portent les grandes pierres, si absentes en Armorique, surtout chez les Redones (Rennes). Les Redones formaient la tribu religieuse, savante, possédant le secret de l'élévation des monuments mégalithiques disséminés dans toute la Gaule ; c'était la tribu des pierres savantes... ».

Tout d'abord, Boudet n'ignorait pas que les Redones bretons avaient bien pour capitale *Redonum civitas* devenue Rennes, mais ont légué leur nom à Redon. Ensuite, il faut savoir qu'en latin, selon le Dictionnaire Gaffiot, on écrit indifféremment Redones ou Rhedones. Quant il écrit Redones (Rennes), on peut donc traduire, *mutadis mutandis*, par une expression qui semble phonétiquement plus rationnelle, et qui est Rhedones (Rhedae) Ce qui semble bien prouver qu'il s'agit d'une allusion appuyée aux anciens habitants de Rhedae.

Ensuite il les évoque en tant que « tribu des pierres savantes ». Or, pour mériter le qualificatif de savantes, ces pierres devaient transmettre un message, autrement dit être gravées. Il fait sans nul doute allusion aux dalles gravées trouvées à Rennes-le-Château, qui ont longtemps défrayé la chronique et dont l'une eut ses inscriptions effacées au burin par l'abbé Saunière. Un décodage significatif a été réalisé par mes soins et n'a été, jusqu'à ce jour, l'objet d'aucune controverse écrite.

Le village de RLC est bâti sur l'emplacement d'une ancienne forteresse, qui dominait autrefois une ville légendaire du nom de Rhedae. Cité dont l'antiquité est probablement comparable, sinon plus grande que celle d'Aquæ Calidæ, puisqu'elle fut, à l'origine et avant l'arrivée des Romains, un oppidum des Volques Atacins. L'historien régional Louis Fédié, dont on a vu qu'il était un familier de Boudet, publia en 1880 un ouvrage intitulé *Le comté de Razès,* composé de monographies dans lequel il soulignait l'importance de cette cité à l'époque wisigothique. Elle donna en effet son nom au Rhedesium qui, à l'époque carolingienne, allait devenir le Comté de Razès et dont elle était évidemment le chef-lieu. Fédié était né en 1815 à Couiza, dans une famille de propriétaires terriens aisés ; il fit des études supérieures et obtint une licence en Droit. Sa profession le contraignit à s'installer à Carcassonne où il devint Conseiller municipal et, enfin, Conseiller général de l'Aude. Il accéda aussi au poste de secrétaire de la *Société des Arts et des Sciences* de sa ville, à qui il il légua le fruit de ses recherches historiques sous forme de plusieurs articles, qui furent publiés dans le bulletin de cette société savante. Ses travaux trouvèrent finalement un aboutissement avec la publication de l'ouvrage précité, centré sur la cité mytique de Rhedae. Pour poser les bases de sa recherche, il s'est inspiré d'un autre légiste carcassonnais célèbre du dix-septième siècle, Guillaume Besse, auquel il se réfère dans son ouvrage. Il était donc devenu une personnalité éminente lorsqu'il décéda, à Carcassonne, en 1899. Hélas pour sa mémoire, depuis l'émergence médiatique de « l'affaire Saunière » et les débordements quelquefois délirants auxquels elle a donné lieu, certains de ses successeurs à la socité savante précitée cherchèrent à infirmer la portée de sa thèse wisigothique. Et ceci au prétexte qu'il aurait sombré dans une certaine wisigothomanie, par analogie avec la celtomanie qui sévissait à son époque, et de son attachement, jugé irréaliste, aux traditions locales. Il s'est avéré qu'ils avaient tort, car des recherches effectuées depuis, notamment par votre serviteur, ont conforté les dires de cet historien du terroir. Boudet avait évidemment lu les écrits de son ami Fédié et savait, en outre, par la voie du légendaire religieux local, toute l'importance que revêtait ce haut lieu, dans tous les sens du terme.

Dans toutes les sources historiques anciennes, la localité où se trouvent les Bains, est positionnée par rapport à des localités voisines : Monferrand et Rennes. Donc, la *Rennes* citée dans la dernière phrase du texte n'est autre que l'actuelle Rennes-le-Château. D'ailleurs, en parlant de ce lieu, l'historien limouxin Fonds-Lamothe dit également, dans ses *Notices historiques sur la ville de Limoux* (1838) :

« ... que ce lieu, situé sur un plateau élevé conserve des fragments de fortifications anciennes et se trouve environné de débris immenses de constructions... »

-XII-

L'Armorique et ses tribus

Poursuivant notre tour de la Gaule nous allons nous intéresser momentanément à l'Armorique, dont une anagramme est bizarrement *l'air moq(u)eur*. En poursuivant assidûment notre lecture, nous rencontrons plusieurs fois certaines tribus aux noms bizarres. Ainsi en est-il tout d'abord des *Curiosolites* : (pp. 156 [3] et 157), et puis celle des *Corisopites*. (pp. 158 et 159 [2]).

Les Curiosolites (p.156), ont été placés en tête par l'auteur pour nous indiquer que vont probablement nous être présentées, par la suite, quelques Curios(ol)ités.

C'est ainsi que s'appuyant sur une description faite par Chateaubriand de sa Bretagne natale : « ... Les côtes hérissées de rochers battues d'un océan sauvage ». (p. 159), il introduit ensuite, à sa façon habituelle, la tribu des Corisopites :

« Ces paroles sont la traduction fidèle et complète de *Corisopites*, — *cor,* cœur, — *hiss,* sifflement, — *sob*, soupir, sanglot, — *to hit,* frapper, toucher –. Les sifflements aigus, les gémissements incessants produits dans les rochers par la furie des ouragans, n'était-ils pas de nature à frapper et attrister le cœur ».

On notera tout d'abord une erreur de traduction, commise à dessein par l'auteur pour qu'on s'y arrête : *cor* signifie *cœur* non pas en celtique mais en occitan, Ensuite, dans la *Notitia Civitatum Galliae*, datant de la fin du Ve siècle, on rencontre effectivement une *civitas Coriosolitum*, mais il n'y a pas trace d'une *civitas Coriosopitum*. Certains historiens pensent que le toponyme Coriosopitum, figurant dans quelques documents anciens, n'est qu'une déformation de Coriosolitum. Et l'auteur savait sans doute cela.

Mais qu'en est-il de ces Corisopites ? Et bien ce sont tous simplement des Cipriotes, claire allusion à Sergius Paulus !

Ensuite nous trouvons que : « dans le terrain limitrophe des Curiosolites se trouvait la cité d'Aleth (avec un h terminal) située à peu près à l'endroit occupé par la ville de Saint-Servan » (p. 157). Cette localité dénommée Alet (avec ou sans h) fut effectivement l'évêché des Coriosolites — et non Curiosolites ! — à l'époque romaine. La description qu'il nous en offre est très intéressante puisqu'il écrit en suivant :

« La cité d'Aleth, a*llay (allé),* mélange, alliage, *to etch,* graver à l'eau forte sur le cuivre —, fabriquait- elle des ouvrages de cuivre et de bronze, ou bien a-t-elle reçu ce nom à cause du sol qui aurait renfermé du minerai de cuivre ? ... (...) ... Il n'existe rien dans les traditions populaires qui permette même de soupçonner l'exploitation de ces pyrites cuivreuses. (...) La cité d'Aleth appartenait à la tribu des Diablintes, — *to dye (daï),* teindre, colorer, — *to hint,* inventer, suggérer... »

Puis l'auteur fait la relation entre cette cité bretonne et son *Aleth,* celle de l'Aude, dont il donne par ailleurs plus loin l'orthographe normale : Alet (pp.234 et 241). Et il ajoute (p. 157):

« L'industrie métallurgique a toujours été nulle dans notre Aleth, et il n'existe rien dans les traditions populaires qui permette même de soupçonner l'exploitation de ses pyrites cuivreuses. Le Neimheid a dû appliquer une dénomination semblabe à ces deux cités, si éloignées l'une de l'autre, probablement à cause de leur sol renfermant quantité de pyrites de cuivre mêlées à d'autres minerais ».

Les termes mélange ou alliage s'écrivant en anglais alloy et non *allay,* cela nous incite à redoubler d'attention devant cette subite profusion de cuivre et de bronze dont on sait, par ailleurs, que la métallurgie a été inventée à Chypre. En effet le terme cuivre provient du latin *cuprum, cyprum* ou encore *cyprinus* ; et *oes cyprium* signifiait bronze de Chypre. A la fin de l'âge de la pierre polie, il y a environ cinq mille ans, la métallurgie du cuivre fut probablement découverte dans les montagnes situées à l'est de l'Arménie. Puis elle passa dans l'île de Chypre, riche en minerai et en forêts, où elle prit un tel essor que, par la suite, *le nom de cette île et le métal devinrent synonymes.* Les Grecs de l'antiquité, qui nommaient le cuivre chalkos, attribuaient la découverte de ce métal à un roi de Chypre nommé Kimeras. Les armes d'airain, autre nom du bronze, utilisées par les héros homériques lors du siège de Troie, avaient probablement été forgées avec l'airain de Chypre. Boudet nous conduit dans l'île de Chypre et donc à nouveau vers son ancien proconsul !

Demeure cette évocation des *pyrites cuivreuses,* bizarre incursion de l'érudit ecclésiastique dans la minéralogie. Mais tout cela, comme il l'a précisé, est pure invention de sa part car, comme le montre la carte géologique de la région[1], il n'y a jamais eu trace de pyrites de cuivre à Alet et dans ses environs, mais seulement de la dolomie. Par contre, il savait que c'était là un très beau minéral, cristallisant dans le système cubique, et dont la couleur et l'éclat rappelaient ceux de l'or. Cependant, sa valeur marchande étant très faible, les minéralogistes l'appellent parfois, par dérision, *l'or des fous.* Pourquoi Boudet, dont on suppose qu'il évoque l'Alet audoise, fait-il allusion à l'exploitation de ses pyrites cuivreuses ? Voudrait-il insinuer que cette localité aurait recélé *l'or des fous* ! [2]

Cette curieuse propension à insister sur les métaux précités se poursuit à la page suivante, où il nous apprend que la ville d'Aleth — celle de Bretagne — appartenait à la tribu des Diablintes (diabletins) et il poursuit (p. 158) :

« Ces Diablintes possédaient une autre cité nommée Fines — *to fine*, affiner, purifier, — *haze (hèze)* brouillard.... Située à proximité d'Aleth, Fines aurait bien pu posséder des foyers, destinés à purifier les pyrites de cuivre provenant de cette localité. En admettant cette hypothèse, qui n'est pas improbable, d'une fonderie de cuivre ou de bronze dans la ville de Fines, les fourneaux ne devaient jamais s'éteindre, surtout si elle était dans l'obligation de fournir les timons et les roues de bronze aux habitants de *Carife,* dont l'industrie consistait à ajuster les différentes parties des chariots celtiques — *car*, chariot, — *to eye*, avoir l'oeil sur, — *to fay*, ajuster —, Carife était à dix lieues sud-est d'Aleth ».

Apparaissent donc deux nouveaux lieux inconnus, Fines et Carife, dont il nous appartient de clarifier la situation, en les transposant dans l'Aude. Pour le premier nommé, c'est relativement facile car, en latin, *fines* signifie borne ou limite. Une consultation de la *Notitia Civitatum Galliae* [2] montre que sur la voie romaine reliant Tolosa à Carcasso, entre Badera (Baziège) et Sostomagus (Castelnaudary), se trouvait justement un lieu nommé Fines. Il était situé sur la frontière naturelle que constitue le Seuil de Naurouze. Donc à proximité très immédiate de Saint-Laurent de Montferrand, paroisse dont nous avons vu que de l'abbé de Cayron fut le prêtre desservant. Mais le récit se corse et se précise lorsqu'il ajoute que « Fines aurait bien pu posséder des foyers (d'affinage) destinés à purifier les pyrites de cuivre provenant d'Aleth » (p. 158).

Cela pourrait laisser supposer que des objets en or (des fous !), entreposés (momentanément) à Alet, auraient pu être fondus par la suite à Saint-Laurent de Montferrand par l'abbé de Cayron, pour être facilement commercialisés sous forme de lingots. Cela implique donc que le curé d'Alet, l'abbé Lasserre ou l'un de ses prédécesseurs, auraient pu appartenir au Cercle et participé, en tant que recéleur, au commerce de l'or.

A Carife, située à dix lieues au sud-est d'Aleth, il nous dit qu'étaient montés les chariots celtiques avec des *timons* et des *roues de bronze* provenant de Fines. Il est bon de rappeler que Rhedae signifie *Les chariots* et, qu'en 1741, un laboureur a découvert un timon et les magnifiques roues de bronze d'un char cultuel antique dans un champ, proche de Rennes-le-Château ; champ qui appartenait à un certain monsieur de Cayrol. Bizarre homonymie.... ou synchronicité ! Ces magnifiques pièces archéologiques sont aujourd'hui conservées dans les réserves du Musée Saint-Raymond de Toulouse, et donc invisibles par les personnes éventuellement intéressées !

Enfin, chose curieuse, l'anagramme de Carife est fiacre. C'est là une ancienne voiture de location, qui trouve l'origine de sa dénomination à l'Hôtel Saint Fiacre, rue Saint-Antoine à Paris. Or il se trouve que Saint-Antoine Ermite est le second patron de l'église de Rennes-le-Château. Et que l'ermitage de Saint Antoine de Galamus, dont nous comprendrons plus tard l'importance, se trouve effectivement à une dizaine de lieues au sud-est d'Alet.

Notre intéressant périple nous aura donc conduits à Alet, Saint-Laurent de Montferrand, Rennes-le-Château et Saint-Antoine de Galamus.

NOTES

1. Carte géologique de la France. Quillan.

2. La cité audoise d'Alet fut le siège d'une très antique abbaye, dont la date de création est très controversée et qui fut détruite par un rezzou musulman en 721. Son abbaye fut reconstruite grâce aux libéralités du wisigoth Guillemund, comte de Razés, puis dotée richement, en 812, par son fils Béra. Celui-ci avait été nommé premier comte de Barcelone, en 801, par l'empereur Charlemagne, après la libération de cette ville du joug arabe. Il avait succédé à son père en 811, et donc pris également le titre de comte de Razés. Pour des raisons historiquement inconnues, Béra réussit à obtenir du pape Léon III, pour son abbaye d'Alet, le privilège de dépendre directement du Saint-Siège et surtout l'octroi d'un morceau de la Vraie Croix. Libéralité papale qui n'avait été accordée, jusque là, qu'au roi wisigoth d'Espagne Récarède, après sa conversion au catholicisme en 589, à Sainte Radegonde, reine d'Austrasie puis abbesse de Poitiers et, enfin, à l'empereur Charlemagne en l'an 800. Puis Alet devint un évêché en 1336. Le plus célèbre titulaire de cette chaire épiscopale fut un certain Nicolas Pavillon (1637-1677), prélat aux tendances jansénistes connues, qui osa s'opposer au roi de France et refusait d'obéir au pape. Il fut l'un des membres les plus éminents de la fameuse Compagnie du Saint-Sacrement, et on dit qu'il avait été nommé à Alet sur recommandation de Saint Vincent de Paul. On peut relever que Boudet, qui cite pourtant très peu de personnages éminents de l'Eglise, évoque ce dernier lorsqu'il traite de Notre Dame de Marceille (p.276), puisqu'il précise que « *le sanctuaire est gardé par les enfants des Saint-Vincent de Paul* ». Ce qui est toujours vrai de nos jours ! Selon certaines sources pseudo-ésotériques, Saint Vincent de Paul — dont le vrai nom était Vincent Depaul, — aurait été initié à l'*alchimie* par un vieux spagyriste de Tunis, ville où il fut un temps retenu prisonnier après avoir, à ses dires, été enlevé par les Barbaresques. Si l'on se fie à ce qui précède, les dépenses somptuaires qu'il fit par la suite auraient être expliquées par sa connaissance de la transmutation des métaux et donc de la fabrication de l'or. Mais il faut être très naïf pour croire encore de telles billevesées !

3. Voir la carte dans *Histoire graphique du Languedoc* par E. Roschach et A. Molinier.

-XII-

De curieux cétacés

ou

Les tribulations d'un précurseur

Immédiatement après les *Corisopites* (p. 159), on rencontre une autre tribu qui est celle des *Agnotes*. Leur présentation est relativement banale, mais en fait d'un intérêt tel qu'il est nécessaire de le reproduire in extenso :

« Les *Agnotes* étaient compris dans la tribu des Osismiens ou Osismii. Ces derniers avaient reçu cette appellation à cause de l'abondance des marsoins et des piettes qui fréquentaient leurs côtes, — *hog-sea (hog-si),* marsoins, *smew (smiou),* piette, oiseau aquatique ».

Les informations virtuelles incluses sont évidemment cryptées, mais faciles à mettre en évidence de façon anagrammatique. En tout cas pour les deux premières. En effet, la conversion d'*Agnotes* donne *ta gnose* ; c'est une autre façon de présenter cette *gnose au nom menteur* telle que la décrivait en son temps l'évêque Irénée de Lyon. En outre, on peut traduire *Osismii* par *Moi Isis,* rappel des origines de cette *déviance* qui, pour certaines obédiences, se trouvait à Alexandrie. Les *Agnotes,* ou *gnostiques,* venaient donc de la tribu des *Osimii* !

Selon l'auteur, ces fameux Agnotes avaient, sans qu'on n'y comprenne goutte, reçu leur appellation de l'abondance des *marsoins* et des *piettes* (p. 159 (2)). L'auteur pose donc, d'entrée, une relation virtuelle entre ces hérétiques et ces animaux marins. Les premiers nommés, cités de nombreuses fois dans l'ouvrage, sont des cétacés de la famille des delphinidés, connus aussi sous le nom de *cochons de mer.* Nous les rencontrons une première fois (p. 135), lorsqu'il est question des *kjoekken-moeding* qui sont, selon une source empruntée encore une fois à Louis Figuier, des amas coquilliers que l'on trouve au Danemark. Les informations codées ayant été volontairement très intriquées par l'auteur, nous verrons plus loin quelle signification donner à ce terme danois, qui s'avère pour nous imprononçable. Mais dans ces amas coquilliers, il se trouve que l'on rencontre aussi des ossements de mammifères tels que le *loup* — allez savoir pourquoi ! — et notre *marsoin.*

Progressons ensuite de quelques pages (pp. 142 et 143), pour voir réapparaître trois fois ces sympathiques mammifères marins :

« La réputation des Basques et des Cantabres comme intrépides marins n'a jamais été contestée, et ce n'est pas sans raison qu'ils s'attribuent l'honneur d'avoir, les premiers, donné la chasse à la baleine. Du reste, si les baleines tombaient peut-être rarement sous leurs coups, il n'en était pas de même des marsoins, et cette chasse habituelle aux marsoins leur a valu le nom d'Occitani — *hog-sea (hogsi),* marsouin, — *to hit,* frapper, — *hand,* la main. Le terme Occitani est donc un nom général désignant les pêcheurs du golfe de Gascogne ».

Enfin, pour en terminer avec cette pêche presque miraculeuse, faisons une courte visite aux Wisigoths. (p. 198) En critiquant un long passage du toulousain Guillaume de Catel, qui essaie de donner une définition du Languedoc, l'auteur nous rappelle son escale chez les Cantabres et autres Aquitains et réitère sa démonstration *celtique* précédente. Voici ce passage :

« Cette citation montre que le point de départ pris pour expliquer le terme Languedoc, est l'interprétation tout à fait erronée de Occitania. Nous avons déjà vu que l'expression Occitania, — *hog-sea,* marsouin, — *to hill,* frapper, — *hand,* main, — la main qui frappe le marsouin —, est attachée aux habitants des bords du golfe de Gascogne ».

Cette prolifération de *cétacés,* qui apparaissent en tout huit fois dans le texte, ne peut être évidemment mise sur le compte du seul hasard et ne laisse pas d'intriguer. Il se trouve que *marsouin* est le surnom que l'on donne, en argot, aux militaires de l'infanterie de marine connue, en des temps aujourd'hui révolus, sous le nom d'infanterie coloniale ! Bien que l'auteur appartienne à une Institution comportant comme l'armée une hiérarchie, au sens premier du terme, et qu'il connaisse quelque peu l'argot, là n'était sans doute pas son propos. Essayons plutôt de progresser sur le sentier, non pas de la guerre, mais de la gnose !

C'est là une chose facile puisqu'il suffit simplement de permuter les lettres de *marsouin* pour obtenir *marsion* (+u). Et, phonétiquement, *marsion* ne diffère pas de Marcion, célèbre et dangereux hérésiarque chrétien, de tendance gnostique qui vécut et enseigna à Rome dès l'an 140. De prime abord — mais cela demandera confirmation, — ce pourrait-être à lui qu'il est fait allusion !

Marcion était né à Sinope, dans l'ancien royaume du Pont, vers l'an 85. Sa cité natale, fondée par les Grecs de Milet, qui avait vu naître bien avant lui le célèbre philosophe Diogène, est aujourd'hui un petit port turc de la Mer Noire, situé à une vingtaine de kilomètres à l'ouest de Samsun. Pour situer le contexte philosophico-religieux dans lequel il vécut, rappelons que, du fait de la proximité d'Antioche — l'un des berceaux de la chrétienté et des hérésies, — cette région d'Asie Mineure, (aujourd'hui la Turquie), fut pratiquement la première à être touchée par le christianisme dès le premier siècle. Le Juif Saül y vit le jour, à Tarse en Cilicie, et son premier et important adepte *gentil,* Sergius Paulus, naquit probablement à quelques lieues de là, à Antioche de Pisidie. La preuve en est qu'une pierre gravée portant son nom est exposée au musée de Yalvac, petite cité proche des ruines de cette ancienne cité romaine où elle fut retrouvée. Ce qui a conduit certains historiens à supposer qu'il était originaire de ce lieu, où Saül devenu Paul se rendit après l'avoir converti, avant d'entreprendre un périple dans la région et retourner finalement à Antioche. Enfin, il est inutile de rappeler que toutes les églises de l'Apocalypse de Jean sont situées dans cette même région de l'Empire romain.

Marcion, qui devint un riche armateur dans sa cité natale, était très porté sur la philosophie et, selon le témoignage de Tertullien, aurait été primitivement un adepte du *stoïcisme*. Puis, son père ayant été élu évêque de la communauté de Sinope, il adhéra au christianisme. Mais au fil du temps, l'étude des Epîtres de son compatriote Saint Paul, son principal inspirateur, le conduisirent à élaborer une doctrine qui, dans le cadre des nombreuses controverses ayant émaillé le christianisme naissant, portait principalement sur la définition de Dieu et l'origine du mal ; et surtout sur la condition de Jésus. C'est sans doute une longue et minutieuse étude de la Bible des Septantes [1], qui l'amena à la conclusion que cet ouvrage n'était probablement qu'une compilation de mythologies mésopotamiennes (Abraham venait de Ur et Harran) et nilotiques (Moïse ou Mosis et Joseph) que les Hébreux s'étaient appropriées et, les ayant soigneusement romancées, en avaient fait — sous le règne du roi Josias (VIe siècle av. J.C.) et à sa demande — l'histoire de leurs propres origines et de leur élection divine. Et qui était donc, pour lui, à ignorer [2] ! Cela le fit basculer dans un *dualisme* radical, lui faisant rejeter le Dieu des Juifs, qui n'était pour lui que le Dieu mauvais créateur de ce monde, le *démiurge*, par opposition au *Dieu étranger*, qui était le Dieu bon de l'Evangile, dont Jésus avait été l'envoyé un siècle plus tôt [3]. Il abondait ainsi dans le sens des gnostiques chrétiens, ce qui le fit apparenter à ces derniers par certains Pères de l'Eglise. Enfin, concernant Jésus-Christ, il professait sa nature divine et niait sa nature humaine — comme les docètes et plus tard les cathares — contestant ainsi son Incarnation, sa Résurrection et son Ascencion.

On sait qu'il voyagea beaucoup en Asie Mineure, où il diffusa abondamment sa doctrine, avant de se rendre à Rome, vers l'an 140, et à intégrer l'une des communautés chrétiennes de la ville. Il y prêcha ardemment et réussit même à y créer une véritable église avec un dogme, un clergé et des adeptes qui, pendant un temps, auraient été plus nombreux dans l'Empire que ceux de la Grande Eglise. D'ailleurs c'est lui qui rédigea, un bon demi-siècle avant cette dernière, une première *Bible* qui, faisant abstraction de l'Ancien Testament, comportait seulement dix *Epitres de Paul* [4] et un *Evangile* en partie conforme à celui de Luc. Cette Bible ne véhiculait donc pas une hérésie, ni un schisme, puisqu'il n'existait pas encore, à Rome, de Canon officiel, mais posait les bases d'une orientation différente du christianisme à laquelle mit fin, en l'an 144, le pape Pie 1er en chassant Marcion de la communauté chrétienne de Rome. On peut penser que ce fut au terme d'une violente controverse avec ceux, pour la plupart judéo-chrétiens, qui se disaient les successeurs des Apôtres et qui voulaient que Jésus ait eu une double nature, divine et humaine ; et qui, de par leur origine, tenaient également à conserver de toute force l'usage des anciens livres juifs. Controverse au cours de laquelle il n'obtint pas gain de cause, et subit le sort qui allait frapper plus tard Arius — mais pour des raisons inverses — au Concile de Nicée tenu en 325. Mais il n'en continua pas moins son enseignement, à Rome, jusqu'à son décès survenu autour de l'an 160-165. Il fut si craint, par ceux qui établirent plus tardivement le dogme de l'Eglise, que Tertullien le qualifia, un siècle plus tard, du peu sympathique surnom de *Loup du Pont* (Euxin). Ce qui rend cohérente, dans *LVLC*, la présence d'ossements de *loups*, mélangés à ceux des *marsoins,* dans les amas coquilliers du Danemark évoqués plus haut ! (p. 134)

Ce ne peut-être que par la lecture de certains Pères de l'Eglise que Boudet a connu l'existence des hérésies gnostiques, et aurait été particulièrement intrigué — et peut être même passionné — par l'Evangile de Marcion, précurseur de la croyance de ses ancêtres cathares ; ou du moins considérés sans doute par lui, comme tels !

Cette Bible originelle a probablement été rédigée en langue grecque, dans cette Asie Mineure dont était originaire Marcion. Voici ce qu'en dit un auteur, appartenant à la mouvance rationaliste, qui s'est penché sérieusement sur la question : [5]

« Les dates de la vie de Marcion ne sont pas bien connues. Nous savons que les Marcionites mettaient exactement cent ans entre l'apparition de Jésus sur la terre et la première manifestation de « leur très saint maître ». Comme l'apparition de Jésus est fixée, dans l'évangile de Marcion, à la quinzième année du règne de Tibère, c'est à dire en l'an 28-29, on peut conclure que c'est en 128-129 que Marcion commença sa réforme religieuse.... Le recueil des épîtres de Paul fut publié avant l'Evangile. Sa date de composition doit donc être cherchée dans les années qui suivent 130. (...) Les Evangiles dits canoniques dérivent donc d'un Evangile marcionite publié vers l'an 134. »

Marcion ayant été anathématisé, et ses écrits ayant été détruits, nous ne sommes renseignés sur leur contenu que par la synthèse des critiques acerbes qu'en ont données les œuvres de ses adversaires catholiques tardifs. Voici le début de cet *Evangile*, tel qu'il résulte selon le célèbre théologien allemand Von Harnack — contemporain de Boudet — de la synthèse des témoignages concordants de Pères de l'Eglise comme Origène (185-253), Tertulien (155-225), Irénée de Lyon (130-202), et Hippolyte de Rome (vers 170-235).

« L'an quinze du règne de Tibère César (c'est à dire il y a quelque cent ans), au temps du gouverneur Ponce Pilate, Jésus descendit du ciel et apparut à Capharnaüm, ville de Galilée. »

Débutant avec la prédication de Jésus à Capharnaüm, il *ignorait* donc l'Annonciation à la Vierge Marie, sa naissance à Bethléem, son enfance et sa présentation au Temple, la prédication de saint Jean le Baptiste et le baptême dans le Jourdain. Mais sa Bible comportait, comme on l'a vu, la plupart des Epîtres de Paul qui, manifestement, fut son principal inspirateur. On sait que l'*Apôtre des gentils* n'avait pas connu personnellement le *Fils de l'homme* et persécuta activement les chrétiens, notamment Etienne, avant d'être terrassé, sur le chemin de Damas, par l'éclatante lumière venue du ciel ; il avait alors entendu la voix du Seigneur. L'Evangile originel de Marcion étant pratiquement conforme au texte de celui de Luc, à partir du verset 4, 31, se pose donc le problème de la poule et de l'œuf ! Or, il faut savoir que la première ébauche du *Canon du Nouveau Testament,* tel que nous le connaissons aujourd'hui, n'aurait été établi par la papauté — selon le fragment de papyrus découvert en 1740 par l'historien Muratori dans la Bibliothèque Ambrosienne de Milan — que vers la fin du deuxième siècle, c'est-à-dire un demi-siècle après la *Bible de Marcion*. D'autre part les théologiens catholiques, suivant en cela les exégètes allemands, admettent que les synoptiques sont partiellement inspirés d'une source inconnue, nommée Q. (Initiale de Quelle : source en allemand). Une déduction logique — et non orientée — permettrait donc que l'on puisse éventuellement identifier cette source Q aux écrits antérieurs de Marcion. Mais les exégètes romains se gardent bien d'évoquer ce dernier, frappé de *damnatio memoriae* par son anathématisation.

Cette doctrine devenue hérétique, née en Asie Mineure, eut de très nombreux adeptes dans l'Empire, et subsista pendant plusieurs siècles. Par la suite, elle inspira les Manichéens et les Bogomiles, et obtint son couronnement — pour oser un mot malheureux — avec les Cathares d'Occitanie. C'est probablement pour cela que Boudet attachait un intérêt particulier à ce précurseur.

Mais retournons à *LVLC*. Occupés que nous étions à rechercher la signification des *agnotes* et autres *marsouins,* nous avons oublié en chemin les *piettes*. Ce sont des oiseaux de mer, comme a raison de le souligner l'auteur, car ces volatiles sont peu connus ! Or, en cherchant un peu, on apprend qu'ils appartiennent à la famille des *pies*. Ce qui tombe ici à point nommé, et confirme notre interprétation, puisque c'est le pape Pie 1er (vers 140 — vers 160) qui a excommunié Marcion en l'an 144. Boudet ne laissait dé(i)cidément rien au hasard !

Si nous passons enfin aux deux dernières citations, nous rencontrons le nom d'*Occitani* — qui évoque évidemment le verbe *occire* — et viendrait donc, selon l'auteur, des *pêcheurs* Cantabres et Basques du golfe de Gascogne (p. 143). On peut penser qu'appartenant tous à la même corporation, ils devaient se considérer comme des *frères* : des *frères p(r)êcheurs* en quelque sorte ! L'auteur aura encore mis là, pour ainsi dire, la charrue avant les bœufs, et confondu intentionnellement les marcionites, chrétiens dualistes, et les cathares qui leur ont tardivement succédé. Mais il est vrai qu'ils étaient tous des hérétiques ! Sans doute voulait-il aussi laisser entendre que les frères prêcheurs, qui ont pourchassé les successeurs des marcionites et terrorisé le Languedoc pendant un bon siècle, n'étaient pas originaires de cette province. Ils venaient de régions limitrophes, comme la Gascogne et, pourrions nous ajouter, le Limousin, d'où était originaire une vieille connaissance, le redoutable Bernard Gui.

NOTES

1. La Bible dite des Septantes porte ce nom pour avoir été traduite en grec, à Alexandrie, par soixante-dix docteurs juifs. Elle est incluse dans la Bible Chrétienne sous le nom d'Ancien Testament. Présentée sous la forme de deux rouleaux, les Juifs la nomment Thora, mais aussi Tanakh. Voir à ce sujet : *Dieu, Une biographie de Jack Miles*. Op. cité.

2. Voir la dernière étude sur cette datation effectuée par des archéologues israéliens in *La Bible dévoilée* de Israël Finkelstein et Neil Asher Silberman.Op. cité.

3. Ce Dieu étranger de Marcion pourrait, éventuellement, être identifié au Dieu Très-Haut, dont le prêtre était Melchisedech, roi de Salem, qui eut une entrevue avec Abraham (Genèse 4, 17 à 21). On retrouve cet épisode dans Saint Paul, lorsqu'il évoque le sacerdoce du Christ, dans *l'Epître aux Hébreux.* (7, 1 à 3).

4.Voici les dix Epîtres de Paul du Canon de Marcion : Galates, Corinthiens (1 et 2), Romains, Thessaloniciens (1 et 2), Ephésiens (que Marcion nomme Laodicéens), Colossiens, Tite, Philémon. Ce corpus a perduré dans l'Eglise syriaque avec en outre l'Epître aux Hébreux que quelques auteurs modernes attribuent à Marcion. (Les Anciens à Paul).

5. Voir la longue étude sur Marcion et son Evangile par P.L Couchoud in *Le problème de Jésus* (pp. 93 à 138). Op. cité. C'est après avoir présenté certaines raisons historiques ayant pu avoir une quelque influence sur les évènements de Rome, notamment la révolte des juifs menée par Bar-Kochba (le Fils de l'Etoile), en l'an 132 en Palestine, que l'auteur précité opte finalement pour l'an 134.

-XIV-

Les Gnostiques

En dehors de la saison thermale, le curé de RLB entretenait probablement certains contacts avec des sommités régionales déjà identifiées, parmi lesquelles se trouvait maître Paul Roché, notaire à Arques. Celui-ci appartenait à une famille de notables du canton de Couiza, intellectuels aux idées avancées dont les membres furent, de père en fils, naturellement portés sur la politique, mais aussi sur les traditions religieuses. Dans ce cadre, il s'était inévitablement penché sur l'histoire alors peu connue des cathares, et savait sans doute qu'un certain Raymond Roché avait été jadis enfermé au Mur (prison) de Carcassonne pour cause d'hérésie. Mais son esprit éclectique, et quelques préoccupations métaphysiques, le poussèrent aussi à la lecture des œuvres de néo-platoniciens, comme Plotin et Jamblique, et aussi de certains Pères de l'Eglise. Une preuve, très mince il est vrai, s'en trouve dans le fait qu'en 1877, ayant eu un fils, il lui donna le prénom peu usité de Déodat ; c'est à peu de chose près le prénom — Adéodat — que portait un fils illégitime qu'avait eu Saint Augustin dans sa jeunesse. Mais le fait de s'intéresser aux religions n'implique pas forcément d'y adhérer. D'autant que ses affinités politiques le poussèrent vraisemblablement à adhérer à l'une des *sociétés philosophiques,* qui fleurissaient alors à gauche de l'éventail politique, et dont la figure de proue était alors Omer Sarraut, maire de Carcassonne. Mais son vif intérêt pour la philosophie et l'histoire des religions l'incita à pousser son fils à explorer les mêmes voies. Boudet, qui à l'inverse de Saunière, n'a jamais fait état de tonitruantes opinions politiques, nous montre, en citant plusieurs fois Joseph de Maistre, qu'il était légitimiste. Cela ne l'empêcha pas, semble-t-il, d'entretenir de très bonnes relations de voisinage avec les Roché, père puis fils. D'autant que le père étant notaire, comme Edmond Boudet, ce qui comme nous l'avons déjà dit ne pouvait que faciliter les rapprochements. Il est probable qu'ils eurent même quelques pôles d'intérêt commun, tels l'étude du catharisme et de son ascendance potentielle, le gnosticisme chrétien. Un exemple d'une virtuelle connivence entre le prêtre et les Roché, à moins qu'il ne s'agisse d'un pur effet du hasard, transparaît en effet dans leurs écrits respectifs.

1. Valentin et la *Pistis Sophia*

Nous avons vu qu'en voulant établir certaines analogies *celtiques,* notre abbé avait cité deux fois le nom *Aleth* (p. 24) ; puis à nouveau sept fois (pp. 157 (5) et 158 (2)), lorsqu'il nous a conviés à un petit voyage en Armorique, et présenté quelques tribus aux noms très particuliers. Mais avant de nous perdre une nouvelle fois dans cette voie armoricaine semée d'embuches, une petite mise au point a paru nécessaire. L'auteur faisant état (p. 167) d'une assemblée des Etats Généraux de Bretagne, qui se tint à Rennes en l'an 396, et qui fut présidée par l'évêque Modéran, il a semblé à la fois intéressant et cohérent de se référer à un document de cette époque pour vérifier l'exactitude des noms des provinces gallo-romaines citées. Il s'agit de la *Notitia Galliarum* (déjà évoquée), document administratif romain établi après le dernier découpage de la Gaule qui eut lieu en 381, et dont l'auteur s'est manifestement inspiré. Dans cette *Notitia*, la province Lugdunum tertia, numérotée VIII, dont la métropole était Tours (Turonum), comportait effectivement les civitas Redonum, Namnetum, Coriosolitum, Venetum et Diablintum [1].

Et nous avons aussi vu que : « dans le terrain limitrophe des Curiosolites se trouvait la cité d'Aleth (avec un h terminal), située près de l'endroit occupé par la ville de Saint-Servan. » Cette localité dénommée Alet (avec ou sans h), fut effectivement l'évêché des Coriosolites, et non des Curiosolites. Ceci dit, la forme Aleth est vraiment une curiosité, qu'il a tirée de l'ouvrage de son ami Fédié parce que cela l'arrangeait. Selon l'abbé Sabarthès, l'Alet de l'Aude n'a jamais été écrite avec un « h » terminal, contrairement à l'Aleth de Bretagne. Ceci pour la bonne raison que le toponyme Alet — que l'auteur cite par ailleurs deux fois sous sa véritable forme d'Alet (pp. 234 et 241), et où habitaient alors ses amis Lasserre et Cailhol — procède du latin *Vicus electum* qui signifie *Lieu choisi*. En outre, on sait que l'ajout ou le retrait d'un « h », indique de sa part la présence d'une source potentielle d'information masquée.

D'autre part, au fil de la lecture on rencontre dix-huit fois le terme *vérité*, accompagné d'adjectifs très élogieux (pp. A.P., 25, 90, 98, 146, 214, 235, 241, 248, 253, 254, 260, 261, 265 (2), 303 et 306 (2)), ce qui prouve que cette vertueuse notion est vraiment pour lui essentielle. Ainsi, au hasard de la lecture nous pouvons relever : *fidèle vérité* (p. 90), *pure vérité* (p. 235), *immuable vérité* (p. 260) et *vérités traditionnelles* (p. 261). Enfin, et c'est sans doute là le plus significatif, les deux derniers termes de son ouvrage ne sont autres que *Eternelle Vérité* (avec des majuscules).

La proximité entre Aleth (p. 24) et vérité (p. 25) pourrait, de prime abord, ne relever que du seul hasard, mais en grec vérité se traduit par *alethéïa* ; terme dont on voit que la forme Aleth peut facilement être prise pour une apocope. Quelques pages plus loin (pp. 33 et ss), dans le chapitre consacré à la langue hébraïque, l'auteur tente par une de ces démonstrations alambiquées dont il a le secret, d'expliciter à sa façon les noms divins. Ainsi, nous dit-il, (p. 33) : « D'après les traditions des Hébreux, Jéhova exprimait la trinité des personnes dans l'unité divine. »

Les adeptes du Talmud seraient sans doute surpris d'une semblable audace syn(k)rétique ! « Mais, ajoute-t-il, où était la possibilité d'exprimer par le nom de Jehova, la Trinité dans l'Unité ? » En réponse, il nous fournit une longue et absconse démonstration celtico-hébraïque, afin d'essayer de démontrer que le saint nom de Jéhova est tout entier contenu dans le nominatif pluriel de la première personne : *Nous*. Car, dit-il : « *Nous* étant la somme des trois pronoms personnels, *Moi, Vous* et *Lui*, il représente un Dieu en trois personnes distinctes ; autrement dit la Sainte Trinité. » C'est là, il faut le reconnaître, une façon peu orthodoxe d'expliquer à des catéchumènes le symbole de Nicée ! D'ailleurs, il insiste lourdement sur ce *Nous* puisqu'il le cite huit fois (pp. 33 (1), 34 (4) et 35(3)). Enfin, en bon ecclésiastique, il clôt sa démonstration charabiesque par un verset de la Genèse (Chap. 11, 7) qui semble, en la circonstance, être tout indiqué : « Venez-donc, dit le Tout-Puissant, descendons en ce lieu, et confonds-y tellement leur langage qu'ils ne s'entendent plus les uns les autres ».

Forts de cet avertissement divin, avec un zeste d'imagination on finit par comprendre l'octuple survenue de ce pronom personnel pluriel. Et on finit par établir une similitude entre ce *Nous* et le terme grec *Noùs,* qui signifie esprit, ou intellect. Terme dont il convient de noter, au passage qu'il est mis particulièrement en évidence dans l'un des écrits gnostiques découverts tardivement (en 1945) à Nag-Hammadi en Egypte : il s'agit de l'*Evangile de Marie, (ou selon Marie).* Dans ce texte, la difficile interprétation de ce terme l'a fait qualifier, par certains exégètes, de *fine pointe de l'âme.* Donc ces deux mots grecs, suggérés et dispersés de façon aléatoire par l'auteur au fil du texte, *Noùs* et *Aléthéia* pourraient être traduisibles par cet *Esprit de Vérité*, expression que l'on retrouve chez l'évangéliste Jean (14, 15 à17), dans un passage à connotation quelque peu gnostique [2] :

« Si vous m'aimez, vous garderez mes commandements ; et je prierai le Père et il vous donnera un autre Paraclet, pour qu'il soit avec vous à jamais, l'Esprit de Vérité, que le monde ne peut pas recevoir parce qu'il ne le voit pas ni ne le reconnait. Vous, vous le connaissez, parce qu'il demeure auprès de vous, et en vous il sera. »

Puis dans un second où il fait ses adieux aux Apôtres (16, 13) :

« Mais quand il viendra, l'Esprit de vérité, il vous guidera dans la vérité tout entière. »

Les œuvres de Migne, exemplaires de l'abbé Saunière

Mais si l'abbé avait puisé cet *Esprit de Vérité* dans les passages précités, il ne se serait pas embarrassé de toutes ces circonlocutions pour aboutir péniblement à l'original grec. Or il faut savoir que cette expression était très usitée par les gnostiques, notamment le célèbre hérésiarque Valentin (90-165), connu pour être l'auteur d'un *Evangile de Vérité*. Dans ce cadre, il faut aussi faire état de l'existence d'un manuscrit gnostique d'origine copte, détenu depuis longtemps par le British Museum, et traduit en latin seulement en 1851. Très connu des ésotéristes, il se nomme *Pistis Sophia* (Pure Sagesse) et, selon Tertullien, serait de la main de ce même Valentin. Ce document fut traduit en français et publié dans le *Dictionnaire des Apocryphes* par Migne en 1856. Or, on sait que le collègue de Boudet, l'abbé Saunière — qui n'était pourtant pas comme lui un intellectuel — possédait dans sa bibliothèque de la Tour Magdala une collection complète des œuvres publiées par Migne. Après son décès, cette bibliothèque fut mise au pillage par des gens bien (mal) intentionnés, qui profitèrent évidemment de la naïveté de Marie Dénarnaud. Mais il subsiste une trace de cette collection de Migne, puisque certains volumes de la *Patrologie latine* ont échappé au pillage et figurent dans le fonds Corbu-Captier. Il est donc possible d'inférer, sans grand risque, que cette sulfureuse *Pistis Sophia* figurait dans ladite bibliothèque, et que Boudet avait pu l'étudier à loisir. Ce qui prouve bien que notre abbé portait un intérêt certain à cette hérésie qui, à Rome, au deuxième siècle, contribua grandement à l'agitation religieuse qui précéda la naissance de la Grande Eglise.

Mais retournons aux fréquentations présumées de l'auteur. Déodat Roché (1877-1978), le fils de Paul, est l'auteur de nombreux ouvrages sur le catharisme et fut le créateur d'un périodique — *Les Cahiers d'Etudes Cathares* — auquel étaient abonnées de nombreuses universités de par le monde et même, paraît-il, la bibliothèque du Vatican. Il amorça le renouveau de l'étude de cette religion et en fut longtemps considéré comme l'un des rares spécialistes ; à tel point qu'un journaliste le surnomma ironiquement le « *pape du Catharisme* » ; titre qu'il contestait évidemment, mais qui devait lui rester. En fait, avant de s'intéresser à la religion de ses supposés ancêtres, on sait qu'il fut un adepte de Rudolf Steiner, penseur mystique qui créa *l'Anthroposophie*, et dont le souvenir s'est un peu estompé de nos jours. Il fit une carrière dans la magistrature, fut mis à la retraite d'office par le gouvernement de Vichy car il était soupçonné d'être franc-maçon, comme son père, et devint maire de son village. Après une riche vie intellectuelle, il décéda l'âge de cent-un ans dans sa maison d'Arques, transformée aujourd'hui en musée. Il va sans dire que, partageant le sort de tous les précurseurs, nombre de ses options philosophico-religieuses ne sont plus reçues, de nos jours, par les spécialistes de la chose. Ainsi va le monde !

Dans un ouvrage collectif, auquel participèrent ses amis Jean Duvernoy (savant traducteur et commentateur des registres inquisitoriaux de Pamiers) et les historiens René Nelli et Fernand Niel, et dont le titre était *Les Cathares*, il présenta un long article consacré aux *Gnostiques et au Manichéens*, inspiré du philosophe Plotin (205-270) — auteur des *Ennéades* — et aussi de la *Pistis Sophia*. Il contient un chapitre, emprunté justement à Valentin, intitulé : *Philosophie platonicienne des gnostiques, des manichéens et des cathares,* lequel contient un passage intéressant dans le cadre qui nous occupe ; c'est une explication du mythe de *Sophia tombée du Plérôme Divin*, dont voici un extrait significatif :

« ... Au début était un Dieu absolu : l'Un, l'Inconnaissable, l'Abîme, le Premier Père. En lui était la Pensée. C'est de lui qu'est sorti par émanation, et non par création ex-nihilo, une série d'êtres éternels appelés Eons, par couples de masculin et de féminin.... L'Esprit de Vérité (*Noùs-Aléthéia*) est le Fils Unique, il à la connaissance directe et intuitive de l'Absolu.... etc ».

Cette communauté de vocabulaire grec entre les allusions dispersées par Boudet dans son ouvrage, et les écrits — beaucoup plus tardifs il est vrai — de Déodat Roché, ne semble pas être du seul ressort du hasard ! Les Roché, père et fils, auraient, comme notre abbé, probablement étudié la *Pistis Sophia*, ouvrage sulfureux dont la lecture n'était évidemment pas recommandée aux prêtres catholiques [3]. Pour essayer de conforter cette assertion, il suffit de se rendre en Armorique (p.159), où on rencontre *des côtes hérissée de rochers et battues par un océan sauvage* ; les termes *rocher* et *roche,* se rencontre par ailleurs d'innombrables fois dans l'ouvrage. Or on remarquera que *Roché* s'écrit comme *roche,* et se prononce comme *rocher.* D'ailleurs, dans le texte, *rochers* n'est pas loin d'*Aleth* (pp. 157-158) ; ce qui pourrait conforter nos suppositions sur une source commune d'information entre les deux auteurs.

2. La hache celtique et la pierre de Trou (Encore la lettre h)

Pour avancer quelque peu sur ce tortueux sentier gnostique, rendons-nous à présent dans son fameux *Cromleck de RLB*, dans lequel un sous-chapitre est consacré à la *Hache celtique* (la lettre h est vraiment récurrente chez lui) *et la pierre de Trou* (pp. 255 à 263). Sa lecture est très instructive et en voici quelques passages significatifs :

« La pierre polie dite hache celtique, faite de jade, de serpentine ou de diorite, affecte diverses formes. Le dialecte languedocien la nomme pierre de Trou. Elle représente ce qu'il faut *croire*, c'est-à-dire les enseignements nécessaires inscrits dans les grandes pierres levées — *to trow*, croire —. La pierre de Trou figure avec honneur sur les manteaux de cheminées, dans les maisons de nos montagnes. Une vague idée religieuse s'attache encore à cette pierre, dans la pensée de quelques-uns, elle préserve de la foudre, d'autres inclinent à croire qu'elle écarte certains malheurs. Ces imaginations diverses sont, en réalité, un reste fidèle de la signification première de la pierre de Trou. »

Puis, après une longue citation, empruntée encore une fois à Louis Figuier, nous pouvons lire : (p. 260)

« Les silex de Pressigny-le-Grand méritaient excellemment le nom de pierres de *Trou* ou pierres de la croyance, parce qu'elles renfermaient dans leur signification l'acte le plus essentiel de religion par lequel l'homme reconnaît sa dépendance entière de Dieu, le souverain Dominateur ».

Ensuite :

« ... tandis que les pierres de Trou, d'un port facile, les avertissaient avec persistance des devoirs religieux à remplir, de l'assistance divine à implorer sans cesse, surtout dans les voyages pleins d'aventures et de dangers qu'ils aimaient à entreprendre. » Comme les chapelets en quelque sorte !

Et sa conclusion est la suivante : (p. 263)

« A nos yeux, les silex de Pressigny et les pierres polies de Trou, placées dans un tumulus à côté des restes humains, proclament hautement la croyance inébranlable des Gaulois, à l'immortalité de l'Âme, et à l'excellence de la prière adressée à Dieu pour ceux qui les avaient précédés dans l'éternité. »

Au total, cette énigmatique *pierre de Trou* apparaît, dix fois, ce qui souligne l'importance que l'auteur semble attacher à cet objet symbolique. Pour tenter d'en découvrir la signification, sans doute faudrait-il se reporter à celle de Hache celtique qui, elle, doit bien exister. Toutefois, les linguistes évoquant quelquefois le génie d'une langue, si l'on possède quelque peu celui de la langue occitane, au terme d'une certaine réflexion, on peut accéder au sens qu'a voulu en donner l'auteur. Si la durée de cogitation a été assez longue, c'est que le docte abbé avait transcrit directement la phonétique du terme.... en oubliant tout simplement une lettre au passage ! En effet, il a écrit *trou* au lieu de *troun*, dont la graphie normalisée est *tron*, qui signifie tonnerre. Il s'agit donc d'une *pierre de tonnerre*, plus connue sous le nom de *pierre de foudre*. Si nous nous référons au grand spécialiste de la Tradition qu'est René Guénon : [7]

« On est assurément tenté de supposer que les « pierres de foudre » ou « pierres de tonnerre », doivent être des pierres tombées du ciel, des aérolithes, et pourtant il n'en est rien ; on ne pourra jamais deviner ce qu'elles sont sans l'avoir appris des paysans qui, par tradition orale, en ont conservé le souvenir. (...) La vérité est que les « pierres de foudre » symbolisent la foudre ; elles ne sont pas autre chose que les haches de silex préhistoriques.... »

Et il ajoute que « Le symbolisme de ces objets rituels, qualifiés quelquefois de « haches votives » par les archéologues, sont d'origine hyperboréenne et se rattachent à la plus ancienne tradition de l'humanité actuelle. »

Pour résumer sa pensée, il traiterait donc là d'une représentation païenne transmise par les Druides ; mais ne devrait-on pas dire plutôt les *Trouides* ? En effet, il a utilisé au sujet de ces *pierres* le verbe *to trow,* croire, dont c'est la troisième occurrence (voir aussi pp. 170 et 225). L'évocation des silex de Pressigny nous ayant conduits à Marie-Madeleine, la question se pose d'une relation entre la sainte et ce mystérieux talisman qu'il qualifie de *pierre de la croyance*. Lorsqu'il décrit la fontaine de la Madeleine, il nous dit qu'on y trouve du sulfate de fer d'une belle couleur verte. Or, il n'aura pas échappé au lecteur que ces *pierres de Trou* sont faites de jade, diorite ou serpentine ; minéraux dont on peut remarquer qu'ils présentent la particularité d'être tous de *couleur verte*, puisque leurs teintes varient du blanc olivâtre au vert foncé.

Si nous demeurons dans l'esprit apparent de l'ouvrage, c'est à dire la voie celtique, la couleur verte fait évidemment penser à la verte Erin, l'île des Celtes par excellence. A ce sujet, Guénon écrit dans une autre de ses ouvrages :

« A Ushnagh (avec deux h comme Neimheidh) était dressée une pierre gigantesque appelée nombril de la Terre (comme l'Omphalos de Delphes issu de la même tradition indo-européenne). Il s'y tenait une fois l'an, le premier mai, une assemblée générale tout à fait comparable à la réunion des Druides dans le « lieu consacré central » (médio-lanon ou médio-nemeton) de la Gaule, au pays des Carnutes. »

L'abbé n'avait pu lire les écrits de Guénon, beaucoup plus tardifs, mais il est clair que les deux auteurs ont puisé manifestement aux mêmes sources concernant la *Tradition Primordiale,* d'autant que ce dernier utilise aussi le mot de *nemeton* usité seulement par les Celtes exilés en Galatie (actuelle Turquie).

Mais la couleur verte est aussi celle de la sagesse divine et celle de l'initiation gnostique. C'est celle de l'émeraude, qui évoque pour nous la *pierre du Graal* de Wolfram von Eschenbach ; ce légendaire Graal que l'on retrouve dans le plan de la statuaire de l'église de RLC. Mais aussi, bien sûr, la Table d'Emeraude, fabuleuse pièce d'orfèvrerie qui appartenait au trésor des rois wisigoths de Toulouse et qui fut prise par les Arabes à Tolède en 711. Sans oublier son homonyme, la fameuse *Tabula Smaragdina* qu'Hermès Trismégiste légua aux alchimistes, et que nous retrouverons en bonne place plus loin.

Mais pour en terminer avec cette pierre, le sujet n'étant pas encore épuisé, nous allons, enfin, en décrire l'usage. Car si l'on se réfère à sa présentation (p. 254) : « les imaginations la concernant ne sont qu'un reste fidèle de sa signification première qui était celle de pierre de la croyance. » En outre, l'auteur précise qu'elle est d'un port facile. En fait, il décrit à n'en pas douter l'*abraxas*, pierre gravée facilement transportable, bien connue des spécialistes et utilisée autrefois dans certains rituels par les gnostiques chrétiens.

Voici ce que nous dit à ce sujet Serge Hutin, spécialiste de la Gnose : [8]

« De nombreux musées et collections possèdent des gemmes connues sous le nom collectif d'abraxas — bien que certaines d'entre elles seulement portent gravé le mot magique ABRAXAS ou ABRASAX — qui étaient en usage dans les sectes gnostiques chrétiennes de l'Empire romain. Ces bijoux servaient de signes de reconnaissance, chacun d'eux correspondant à un grade initiatique, mais beaucoup semblent avoir également servi d'amulettes. »

Avec en note la précision suivante :

« Le prestige occulte des « abraxas » est demeuré bien après la disparition des sectes qui en faisaient usage : le « talisman » de Catherine de Médicis était une médaille en bronze exécutée d'après des pierres gnostiques. »

Cet usage de l'abraxas est confirmé par Jean Marquès-Rivière. Il cite un passage du *Papyrus Bruce* (Berlin 1851), qui complète la *Pistis Sophia* — que nous avons déjà évoquée, — et qui est le suivant : [9]

« .... Jésus demande à ses adeptes gnostiques, qui sont devenus illuminés après ce qu'il leur a expliqué, de répéter les noms mystérieux qu'il leur a donnés, les noms des sceaux, et d'avoir en main le caillou. Et il leur sera livré passage. »

A l'évidence, cette pierre de Trou ou de la croyance, introduite sciemment par l'auteur, n'est donc autre que l'abraxas gnostique.

Voici, sur un sujet proche, une note de renvoi (Tome 1, page 242, Note 30), du chevalier du Mège — commentateur d'une édition de *l'Histoire Générale de Languedoc* — qui apporte des précisions sur un paragraphe de dom Vaissète [10].

« Les doctrines des gnostiques doivent avoir eu des sectateurs fervens (sic) dans les contrées qui forment le Languedoc. Le chevalier Viguier d'Estagnol, de Narbonne, possédait selon Latour d'Auvergne (Origines Gauloises, 11) de précieuses tablettes de plomb, trouvées dans les montagnes des Corbières, qui sont un appendice des Pyrénées. C'était un livre des gnostiques, ou basilidiens, presque semblable à celui que dom Bernard de Montfaucon a publié. L'auteur de ces notes possède un livre semblable, formé de sept tablettes de plomb et trouvé aussi dans les Corbières. La partie supérieure des pages est chargée de figures parmi lesquelles on croit reconnaître plusieurs divinités égyptiennes ; au dessus est gravé un texte en anciens caractères grecs. Ce curieux monument fait partie de ceux qui sont décrits dans l'Archéologie Pyrénéenne. M. Viguier avait cru y retrouver des caractères gravés par les Druides.... »

Pour en terminer avec cet abraxas, Hutin cite dans une autre note, un passage de Jérôme Carcopino qui peut éclairer le texte de *LVLC* et qui est le suivant : [11]

« Chez les gnostiques chrétiens on retrouve l'emploi d'antiques symboles comme le labyrinthe, la coupe, le livre, la baguette thaumaturgique (virga), appliquée sur les paupières du futur myste pour dessiller les yeux de l'homme intérieur. »

Le lecteur a déjà rencontré certains de ces symboles, et en rencontrera d'autres au fil de la lecture, tel le labyrinthe (p. 84), et le dessillement des yeux (pp. 277 à 280).

3. L'Homme primordial et le Sauveur

Retrouvons Serge Hutin dans son ouvrage précité qui, lorsqu'il traite des *Mythes gnostiques sur la chute spirituelle* (p. 50), introduit la notion *d'Homme primordial* :

« Comme pendant du mythe de Sophia (déjà rencontrée avec Noùs-Aléthéïa), nous trouvons celui de l'Homme Primordial ou Arkhanthropos, ou Anthropos tout court, préexistant au monde et tombé dans la matière. Il ne s'agit pas du premier homme, d'Adam, mais d'une entité métaphysique ou mythologique tout à la fois : le « Grand Homme » que certaines gnoses nomment Adamas. »

Or Boudet a puisé la totalité de la partie — disons archéologique — de sa démonstration celtique dans un ouvrage de l'incontournable Louis Figuier intitulé *L'Homme Primitif*. Les références à cet ouvrage, dans le texte ou en notes de bas de page, sont au nombre de neuf ; ce qui est loin d'être négligeable. C'est pourquoi il est permis de subodorer que cette *répétition* était d'attirer l'attention du lecteur, le poussant de la sorte à faire un rapprochement avec l'*Homme primordial* des gnostiques. Les deux adjectifs ont en effet un sens tellement proche que cette proximité à été mise à profit par l'auteur. Primitif vient du latin *primitivus* : qui naît le premier ; donc qui est à son origine, ou près de l'origine. Alors que primordial, du latin primordialis, signifie qui est le plus ancien et sert d'origine.

NOTES

1. *La Gaule chrétienne à l'époque romaine* d'Elie Griffe, p. 114.

2. Le caractère gnostique de l'Evangile de Jean avait été mis en évidence par l'abbé Loisy (1857-1940), ce qui contribua à son excommunication.

3. La *Pistis Sophia* traduite *du copte* fut publiée par Schwartz et Petermann à Berlin en 1851.

4. *Le manichéisme médiéval*. Op. cité, p. 15.

5. Voir *Le problème de Jésus et les Origines du Christianisme*. Op. cité.

6. On notera que St Paul est cité en clair, dans *LVLC,* en compagnie de Sergius Paulus. (p. 305)

7. *Le roi du Monde*. Op. cité, p. 79.

8. *Les gnostiques*. Op. cité, pp. 61-62.

9. *Histoire des doctrines ésotériques*. Op. cité, p. 193.

10. Tome 1, Livre III, LXX, p. 216) intitulé : *Les Priscillianistes répandent leurs erreurs dans les cinq Provinces*.

11 In *De Pythagore aux Apôtres* de Jérôme Carcopino.

-XV-

Les cathares et l'Inquisition

1. Les Isards et les Garumnites. (Les Volques Tectosages et le Languedoc. p. 194)

Poursuivant son étude historico-religeuse, l'auteur ne pouvait évidemment passer sous silence l'un des épisodes les plus dramatiques qui ont touché le pays de ses ancêtres ; ou en tout cas supposés tels ! Il leur consacre un long développement qui débute dans la bonne ville de Toulouse qui, depuis la fin de royaume wisigoth (418-507), était demeurée la capitale comtale, donc politique et intellectuelle du Languedoc.

Mais pour souligner l'importance historique de la palladienne Tolosa, il évoque évidemment un passé beaucoup plus lointain puisqu'il nous dit en guise de préambule : (p. 189)

« Les Volques Tectosages avaient rapporté, disent les historiens, l'or de Delphes et les dépouilles de la Grèce. C'est dans cette ville, qui existait déjà et était probablement la plus considérable de la Gaule méridionale, qu'ils avaient placé le siège de leur domination. »

Puis sa description devient relativement insolite : (p. 193)

« La Garonne, navigable sur un grand parcours, prêtait son service aux embarcations gauloises qu'on était cependant obligé de remorquer pour les faire arriver jusqu'à Tolosa. On employait comme remorqueurs de magnifiques taureaux du pays, les chevaux étant, aux yeux des Gaulois, des bêtes trop précieuses pour servir à pareil usage. »

Les taureaux, même ceux du pays garonnais, étant des animaux ombrageux, sinon dangereux, il est connu qu'on utilise ordinairement, pour ce faire, des bœufs, animaux castrés qui sont, eux, d'un calme olympien. Cependant, l'erreur commise par l'auteur n'est nullement fortuite car, selon le légendaire chrétien local, vers l'an 250 le premier évêque de la ville, Saint Saturnin — devenu aujourd'hui Sernin — fut attaché par une longue corde aux cornes de l'un de ses cornupètes rendu furieux, et remorqué dans les rues de la ville jusqu'à ce que mort s'ensuive. Le lieu exact où il aurait rendu l'âme est matérialisé, dit-on, par les quelques marches qui permettent aujourd'hui d'accéder à l'église du Taur — la bien nommée — située dans la rue du même nom ; d'ailleurs, cette artère conduit de la place du Capitole vers la célèbre basilique romane qui lui est dédiée. Il y aurait donc bien eu des *taureaux remorqueurs* à Toulouse, mais ils ne tiraient pas des embarcations !

Après ce bizarre hommage, rendu de façon quelque peu surréaliste à ce saint prélat, suivons à nouveau l'auteur prendre le frais au bord de la Garonne : (p. 195)

« La Garonne, Garumna, prend sa source dans les Pyrénées espagnoles. Cette contrée était occupée par la tribu des Garumnites, dont le fleuve Garumna a tiré son nom. Les montagnes des Garumnites nourrissaient de véritables troupeaux de chamois : l'espèce pyrénéenne est connue dans la région sous le nom d'isard. Cette appellation, tout à fait celtique, a trait à un détail important de la vie de ces animaux. Lorsque le troupeau pâture, deux ou trois vieux mâles se postent en sentinelles sur les éminences dominant le pâturage, et à la première apparence de danger, ils avertissent par un sifflement aigu : aussitôt, le troupeau entier s'élance vers les hauteurs avec la rapidité de l'éclair, — *to hiss* — siffler, — *hart,* un cerf. Les isards sont couverts d'un poil laineux d'un brun foncé en hiver et d'un brun fauve en été. Chassés avec ardeur, les isards ont gagné les points les plus inaccessibles des Pyrénées, pour échapper à la poursuite des Garumnites et de leurs descendans (sic), — *gare, (guère),* laine grossière, — *rum (reum)* singulier, drôle bizarre, — *neat (nit),* bêtes à corne. »

Ce texte d'un abord relativement anodin, et qui comporte d'ailleurs plusieurs erreurs commises sciemment, décrit en fait une triste réalité. En effet, pour aussi saugrenu que cela puisse paraître, nous pénétrons ici, évidemment à mots couverts, dans l'histoire de l'Occitanie dont un épisode peu reluisant, celui de la Croisade et de l'Inquisition, était alors totalement proscrit de la pensée et du discours ecclésiastiques. C'est pourquoi l'auteur, qui possède une secrète attirance pour la cause cathare, use de circonlocutions aussi abstruses qu'insolites pour évoquer ce sujet alors très sulfureux. A son époque, l'hérésie cathare et la Croisade de sinistre mémoire étaient seulement connues d'un public restreint et relativement averti, notamment grâce à *l'Histoire Générale de Languedoc,* du célèbre bénédictin dom Vaissète, natif de Gaillac. Puis il y eut les écrits de Charles Schmidt, pasteur protestant et professeur de théologie à Strasbourg qui publia, en 1849, « *Histoire et doctrine des cathares* ». Il fut suivi par l'ariégeois Napoléon Peyrat, contemporain de Boudet et auteur, en 1872, d'une lyrique « *Histoire des Albigeois* ». Enfin, il faut rappeler que plus tardivement, ce fut un enfant du pays, Déodat Roché, dont l'érudit Boudet était relativement familier, qui provoqua un renouveau des études sur le catharisme.

Notre abbé, qui possédait très bien le sujet, décrit en fait sous le terme **isard** les **parfaits cathares.** *Chassés avec ardeur,* ils furent d'abord contraints de se cacher chez les fidèles pour échapper aux sanguinaires barons du Nord. Puis, après 1229, *ils ont gagné les lieux les plus inaccessibles des Pyrénées* pour tenter d'échapper aux troupes royales et aux foudres de l'Inquisition, dont les membres sont évidemment désignés sous le terme de Garumnites. On aura reconnu, dans ces lieux inaccessibles, le fameux château cathare de Montségur ; mais aussi — et cela est moins connu — ceux d'Usson et d'Albédun. Toutefois, si ces forteresses sont bien des lieux relativement inaccessibles des Pyrénées, assimiler un isard à un parfait cathare peut sembler au lecteur encore plus grotesque que ne paraît insolite la prose de notre docte abbé. Il pourrait donc s'agir d'une assertion totalement délirante, en tout cas aux yeux de certains sceptiques, s'il n'existait une relation phonétique que l'on pourrait qualifier de séduisante, sinon convaincante ! La voici.

Au début du XIIIᵉ siècle, à Laurac, le parfait **Isarn de Castres** — frère du Guilhabert du même nom — fut le diacre d'une *domus haereticum,* avant de devenir évêque du Toulousain et de disparaître, anonymement, dans la tourmente de la croisade. En 1224, un autre parfait, Pierre **Isarn**, évêque cathare du Carcassès, avait fait du château de Cabaret sa résidence. En 1227, au cours d'une tournée pastorale, il fut capturé par l'armée royale dans le Lauragais, et remis entre les mains de l'archevêque de Narbonne, un certain Arnaud Amalric rendu tristement célèbre lors de prise Béziers, qui le jugea et le condamna à être brûlé. **Pierre Isarn** monta sur le bûcher à Caunes, dans le Minervois. Vous avez bien lu ! Il s'agit de la paroisse dont Boudet fut le vicaire de 1862 à 1866. Il était donc en terrain de connaissance, car le souvenir d'épisodes aussi dramatiques demeure solidement ancré dans l'inconscient collectif et traverse les siècles. La preuve en est qu'Amaury de Montfort, fils et incompétent successeur du sanguinaire Simon du même nom, ne put faire plier les Occitans et, abandonnant la partie, dut se retirer en Ile-de-France. Et depuis sept siècles, l'adjectif occitan *amorri* désigne, dans la vallée de l'Aude en tout cas, les demeurés et les imbéciles.

Pour compléter cette courte énumération, il convient d'ajouter qu'un certain **Isarn d'Hautpoul** fut, dès 1209, un adversaire acharné de Simon de Montfort. Cette coïncidence nous fournit, en quelque sorte, un fil d'Ariane puisque les Hautpoul devinrent ensuite, par alliance avec la famille de Voisins en 1422, les seigneurs de *RLC.* Les descendants des cathares qu'ils étaient s'y retrouvèrent en bonne compagnie. En effet, depuis que Pierre III de Voisins avait épousé en secondes noces, en 1291, une certaine Jordane d'Albedun, hérétique notoire, cette famille et leurs descendants étaient devenus des crypto-cathares. Jordane était, en effet, la petite fille de Bernard Sermon d'Albedun qui, entre 1229 et 1231, avait offert l'hospitalité dans sa forteresse au plus célèbre des évêques cathares, Guilhabert de Castres ; celui-là même qui avait affronté Saint Dominique au cours de *disputes théologiques*, dont le souvenir a été immortalisé par le peintre dominicain Fra Angélico, dans un tableau devenu célèbre.

Nous nous bornerons à cette courte énumération car elle est déjà significative. Mais demeure le cas des *Garumnites et de leurs descendans* (sic) qui *poursuivirent les Parfaits cathares vers les lieux les plus inaccessibles des Pyrénées.* Ils assiégèrent Montségur, obtinrent sa reddition et firent un gigantesque autodafé (acte de foi) en brûlant vifs deux-cent vingt croyants qui avaient refusé d'abjurer leur foi. Si l'on suit Fernand Niel, à côté de la bannière du sénéchal Hugues de Arcis qui commandait une armée de dix mille hommes, flottait celle de Pierre Amiel, archevêque de Narbonne et chef religieux de cette meurtrière expédition [1].

A son habitude, l'auteur nous donne des Garumnites une traduction celtique qui est la suivante : « *gare,* laine grossière,— *rum,* singulier, drôle, bizarre *et neat,* bêtes à cornes ». Assez bizarrement, il ne poursuit pas sa démonstration par l'assemblage de ces définitions qui aurait du donner : *singulières bêtes à cornes à la laine grossière.* Or il a commis une erreur de traduction ; ce qui, venant d'un personnage aussi érudit en linguistique que précis et méticuleux, semblait tout bonnement impossible. En effet, le dictionnaire Harraps ne connaît pas de terme anglais *gare* traduisible par laine grossière ; le seul débutant par *gar* et possédant quatre lettres est *garb*, qui signifie habit, et est particulièrement usité sous la forme *clerical garb : habit ecclésiastique*. Et un habit peut évidemment être fait de laine grossière, comme la bure dont sont revêtus certains moines. Nous avons donc le choix entre : *bêtes à corne à l'habit singulier,* ou *à l'habit ecclésiastique* et enfin, *singulières bêtes à corne à la robe de bure.* Le dicton selon lequel l'habit ne fait pas le moine pourrait donc trouver ici un démenti.

Mais il se trouve que notre auteur a commis sciemment une seconde erreur, puisque les habitants des rives de la Garumna étaient les Garumnii (cf. Diction. Gaffiot) et non les Garumnites. En fait, l'ajout de ces trois lettres lui permet de favoriser l'émergence de deux variantes anagrammatiques très instructives :

GARUMNITES donne en effet : GRIMAUTS Nés

Cette expression, dans laquelle on reconnait phonétiquement GRIMAUD n'est pas très flatteuse. Mais la seconde version est beaucoup plus significative puisque cela donne :

GENS A MITR(U) qui, en changeant la voyelle terminale donne GENS A MITRE.

Cette expression désigne évidemment des évêques catholiques qui, contrairement aux évêques cathares, portaient des mitres. Et en portent toujours, d'ailleurs ! Il convient de noter que l'on rencontre deux fois le terme mitre (p. 265) et l'auteur indique : « Qu'il s'agit d'une coiffure orientale.... (...). Il est tout à fait intéressant de retrouver la mitre sous la dénomination d'Eubates que portaient les Druides... »

Bien que les principaux acteurs de l'Inquisition en Languedoc aient été des moines — les frères prêcheurs ou dominicains, — il faut savoir qu'avant 1231 les évêques ont été les seuls à participer, de façon active, à cette sinistre et désastreuse entreprise. Parmi les prélats ayant eu d'importantes responsabilités, outre les deux déjà croisés (au fil du texte s'entend), on peut citer les évêques d'Agen et Albi. Mais le plus éminent fut sans conteste Jacques Fournier, évêque de Pamiers, qui sévit un siècle plus tard. Par la suite, il devint pape en 1334 sous le nom de Benoît XII. Le cartulaire, dans lequel sont consignés ses interrogatoires entre 1318 et 1325, a été excellemment traduit par l'érudit toulousain Jean Duvernoy et il en sera fait état plus loin [2].

Mais faisons un petit retour sur nos *bêtes à cornes à l'habit singulier,* momentanément abandonnées en cours de route. Pourquoi bêtes à cornes ? Présentés au départ comme les membres de la tribu habitant les sources de Garumna, ces fameux Garumnites sont passés, au fil du discours — et pour des raisons aussi insolites qu'inexpliquées — de l'état humain à l'état animal. En outre l'auteur ajoute l'explication bizarre suivante (p. 195) :

« La description de l'espèce animale renfermée dans Garumnites se rapporte moins à l'isard qu'au bouquetin. Les poils de celui-ci sont un peu plus longs : les cornes recourbées en arrière sont surtout remarquables : elles sont composées de nombreux anneaux.... »

Donc, les *bêtes à l'habit singulier* dont il nous entretient possèdent en réalité des cornes de bouquetin. Ce sont là des animaux que l'on rencontre plus souvent dans les Alpes que dans les Pyrénées, où ils étaient fort rares à son époque et ont aujourd'hui totalement disparu. En outre, si l'isard est un chamois qui appartient à la famille des antilopes, il n'en est pas de même du bouquetin qui est un bouc de rocher.

Le bouc est un animal domestique connu surtout pour sa mauvaise odeur, mais il est présent dans les écrits religieux, dans la magie et aussi dans l'art. Les Hébreux le chassaient dans le désert après l'avoir chargé des iniquités d'Israël et des malédictions qu'on voulait détourner du peuple (Lévitique. XVI) : c'était le *bouc émissaire*. Dans la mythologie nordique — donc païenne, — ce sont deux boucs qui tiraient le char de Thor, l'Ase au marteau. Thor était le *seigneur des boucs* et peut-être même, à l'origine, lui-même un *dieu-bouc*. Plus tard, cet animal a joué un grand rôle dans les procès de sorcellerie qui furent, comme l'on sait, jugés et punis par l'Inquisition. En effet, le diable qui présidait au sabbat des sorcières était connu sous le nom de *grand bouc Léonard*. Le célèbre peintre espagnol Francisco de Goya (1746-1828) a peint un étrange et sombre tableau, intitulé « *Le sabbat* » qui est aujourd'hui exposé au Musée du Prado à Madrid. La scène représente une réunion nocturne de sorcières, présidée par le diable sous l'aspect d'un bouc en habit de moine.

Il est fort probable que Boudet avait vu, dans quelque ouvrage, une reproduction de ce tableau fort connu. On sait que Goya, dont un frère était prêtre, éprouvait un certain ressentiment — et c'est là un euphémisme — à l'encontre du clergé en général. Ayant durement traité prêtres et moines espagnols dans certaines de ces gravures, il fut poursuivi par l'Inquisition. Se sentait très menacé, et décida de quitter l'Espagne, en 1824, pour se réfugier à Bordeaux, ville où il termina sa vie trois ans plus tard. On peut inférer que les Garumnites (singulières bêtes à cornes à la laine grossière) pourchassant les isards (Parfaits cathares) ne sont autres que des représentations du *diable* tel qu'il apparaît dans le tableau de Goya sous la forme d'un *bouc vêtu d'une robe de bure* !

Pour trouver une illustration saisissante de la prose de l'auteur sans se rendre au Musée du Prado, il suffit simplement de gravir une colline. Sans en avoir de preuves formelles, de nombreux chercheurs avaient subodoré que l'église de RLC, avait été décorée sur les directives occultes du curé de RLB. En voici une nouvelle preuve ! Le fameux diable, à demi-agenouillé et supportant le bénitier qui en décore l'entrée, possède des ailes, comme les anges, et pourrait donc faire penser à Lucifer, déchu du Plérôme pour avoir accédé à la connaissance et ployant sous le poids de sa faute. En réalité il est directement sorti de l'imagination de Boudet, et a été conçu pour effrayer les âmes sensibles. Cette statue sulpicienne a été affublée d'une cape ; à moins que ce ne soit une toge, insigne du pouvoir romain ; auquel cas elle pourrait représenter Constantin, dont la devise (modifiée) « *Par ce signe tu le vaincras* » figure au dessus du bénitier. Ce diable possède de grandes oreilles, des yeux de verre, des doigts griffus, ... et il est facile de voir que son crâne est orné de *cornes de bouquetin* reconnaissables aux nombreux anneaux caractéristiques ! Cela invite donc à penser, outre l'hypothèse évoquée ci-dessus, qu'il n'est autre que la représentation symbolique des membres illustres de l'Inquisition qui, au Moyen-Age, pourchassèrent pendant plus d'un siècle les Bons Hommes, puis les simples fidèles cathares. Et ne leur laissèrent le choix qu'entre *le pain de la douleur et l'eau de la miséricorde* dans les sinistres geôles du Mur de Carcassonne, ou les flammes d'un enfer bien terrestre [3].

Le Diable de l'église de Rennes-le-Château

Mais il est probable que le visiteur naïf, et non informé, peut croire qu'il a été placé là pour barrer la route, ou décourager, d'éventuels hérétiques !

Pour clore cet intéressant chapitre, autorisons-nous une petite digression. Si l'auteur n'avait pas introduit d'erreur dans sa description primitive, il aurait donc utilisé le terme de Garumni. Or, dans le dictionnaire Gaffiot, ce terme latin est précédé de garum et suivi de garus. Le *garum* était une sorte de saumure, très prisée des Romains, issue généralement de la macération d'intestins de poissons. Comme le condiment indochinois bien connu ! Quant au garus, c'était l'un des poissons spécialement utilisés pour la fabrication du garum, auquel il a donné son nom. Dans *Garum-ni*, il y a donc le *poisson* et la négation *ni*. Or on sait que les poissons (ichtus) étaient primitivement identifiés aux chrétiens. On pourrait donc en induire que les Garumnites, identifiés précédemment aux Inquisiteurs, n'aimaient pas les Bons Chrétiens.

D'autre part, sur la côte atlantique, entre Loire et Garonne et près d'anciens marais salants, les archéologues ont constaté la présence d'amas très importants de coquilles d'huitres. Ces amas étant trop importants pour correspondre à la consommation normale de ce coquillage dans la région, leur présence s'explique par la fabrication du *garum* destiné à l'exportation vers Rome. Le naturaliste romain Pline l'Ancien — que l'auteur se plait à citer — indique qu'il existait effectivement plusieurs variétés de ce condiment dont l'une élaborée à base d'huitres. Cette petite digression, basée sur une erreur de dénomination commise à dessein par l'auteur, nous invite à cheminer à présent vers le Septentrion, qui vient *de septem triones* : sept bœufs de labour. A ne pas confondre avec les taureaux remorqueurs !

2. Un bien curieux détour au pays de Hamlet....

Au milieu du chapitre IV consacré à la description des Cantabres et autres Ibères (p. 126), il se trouve que l'auteur introduit effectivement une insolite bifurcation vers le Septentrion pour nous conduire au Danemark. Et pour cela il a évidemment recours à son ami Louis Figuier qui, pour lui, est décidément une mine inépuisable de renseignements. Voici ce qu'il nous dit sur les amas coquilliers que l'on rencontre aussi dans ce pays (p. 124) :

« Les détails donnés, à ce sujet, par M. Louis Figuier sur les amas coquilliers du Danemark, présentent un si grand intérêt que nous ne saurions résister au désir — il aurait plutôt dû dire au savoureux plaisir — d'en citer la partie la plus importante. »

Si nous suivons la longue description empruntée à l'auteur précité (pp. 131 à 135), nous apprenons que ces amas coquilliers se nomment *Kjoekken-moeddings, dont le nom,* dit-il, *est si rude à prononcer pour une bouche française.* Citons à présent quelques passages dignes d'intérêt par les sous-entendus qu'ils contiennent, mais qui ne pourront être appréciés du lecteur qu'au dénouement de la démonstration :

« Ces coquilles avaient appartenu pour la plupart à des individus arrivés à pleine croissance, qu'on n'y voyait presque jamais de jeunes. Une telle singularité indiquait évidemment une intention raisonnée, un acte de volonté humaine.... (...) ... Lorsqu'on y eut trouvé des restes de foyers, sortes de petites plateformes qui conservaient encore des traces de feu, on devina l'origine de ces immenses amas coquilliers... (...) ... De là le nom de *kjoekken-moeddings*, composé de deux mots : *kjoekken*, cuisine et *moeddings*, amas de rebuts. Les *kjoekken-moeddings* sont donc les rebuts de repas des populations primitives du Danemark. »

Nous n'irons pas plus avant dans cette longue description de Figuier, sinon pour indiquer que l'on retrouve aussi, dans ces amas, des ossements de mammifères déjà mis en évidence comme le *loup* ou le *marsouin*. Voici à présent les commentaires qu'en fait notre auteur :

« L'interprétation par la langue celtique de kjoekken-moedding confirme et éclaire puissamment l'exposé de M. Louis Figuier sur les amas coquilliers du Danemark. Ces amas sont vraiment des rebuts de repas, et le mot savamment combiné de *kjoekken-moedding* indique avec assurance que l'on rejetait tout ce qui aurait été douloureux à la bouche, c'est-à-dire les arêtes aiguës, les entrailles et *la tête des poissons* — *jaw (djâu)*, bouche, — *to ake (éke)*, être douloureux, — *keen (kin)*, aigu, — *maw (mâu)*, panse, — *head (hèd)*, la tête, — *to ding (digne)*, jeter avec violence, — *jawakekeen-mawheadding* —. (...). Le peuple dont les rebuts de repas ont produit les amas coquilliers est-il tellement primitif que l'histoire n'en ait conservé aucun souvenir ? »

L'expression danoise kjoekken-moedding figurant douze fois dans le texte, c'est dire l'importance que l'auteur lui attache ! Quant à rebut de repas on le rencontre seulement trois fois. Il semble évident, étant donné l'étrangeté de la première expression, que la seule solution ne puisse être trouvée que dans une conversion anagrammatique. Et il existe effectivement un arrangement phonétiquement significatif, utilisant toutes les lettres qui est : *de kokkjn de monges.* Or, dans les langues nordiques le « j » étant phonétiquement assimilable à un « i », cela permet d'identifier la transcription phonétique *de coquins de monges,* facilement interprétable en occitan et traduisible en français par *de coquins de moines.* Il semble que nous ayons là le début d'une phrase, qu'il convient de compléter en allant, finalement, au plus facile. En effet, une anagramme de *rebuts de repas* n'est autre que *bures de trépas.* Ce qui donne finalement *Bures de trépas de coquins de moine,* dont une extrapolation plus explicite est la suivante :

COQUINS DE MOINES (aux) BURES (annonciatrices) DE TREPAS.

Après ce triste dénouement, il est bon de rappeler ce qui a été écrit plus haut : « Une telle singularité (en parlant des restes) évoquait une volonté humaine.... Lorsqu'on y eut trouvé des traces de foyers, sortes de petites plateformes qui conservaient encore des traces de feu... (...) et la tête des poissons... »

Le résumé est très significatif puisqu'on y trouve *le coquin de moine vêtu de bure* (l'inquisiteur), *les traces du bûcher* et *les têtes des poissons* (les Parfaits cathares).

3. ... qui se termine à nouveau en Armorique.

Pour abonder dans cette voie, nous allons retourner en Armorique, et plus précisément chez les Vénètes voisins des Corisopites, dont la capitale était Dariorigum, aujourd'hui Vannes. Si, nous suivons l'auteur (p. 154) :

« Nous avons déjà constaté l'habileté des Aquitains et des Bituriges à élever et dompter des chevaux, et maintenant, dans une autre partie de la Gaule, nous pourrons nous convaincre de quels soins vigilants les Celtes entouraient l'espèce chevaline ; car Dariorugum se traduit par : oser tailler un cheval, — *to dare*, oser, — *to hew (hiou)* tailler, — *rig*, cheval à demi châtré —. »

Pour *tailler un cheval*, comme il le prétend, il faut vraiment *oser !* En fait cette prose ridicule nous invite à nous méfier, car il nous joue vraiment un mauvais tour. En effet *rig* n'a jamais eu la moindre accointance équine, mais signifie tout simplement *farce*. Ensuite il disserte longuement sur les chevaux et les chariots des Vénètes et nous explique que : (pp. 154 et 155)

« .... Les Gaulois se formaient à conduire leurs chariots de guerre, armés de faux, leurs *cobhains, kob,* cheval, — *to hem,* entourer —, et on sait quelle adresse redoutable les Celtes y déployaient. »

Or, là encore, *kob* n'a jamais signifié cheval, mais est le nom d'une antilope d'Afrique du Sud ; et *cobhains* est évidemment introuvable ! Par contre on peut découvrir une anagramme de ce néologisme boudétien qui n'est autre que Basochins. La basoch, qui vient du latin basilica, était l'ancienne corporation des clercs des procureurs de Philippe le Bel, qui subsista jusqu'en 1789. Les Basochins, ou Basochiens, étaient donc des hommes de loi, des enquêteurs, dont les initiateurs furent les inquisiteurs. C'est donc là une allusion à peine voilée à ces derniers !

4. Au gui l'an neuf.

Pour changer un peu d'air — mais pas pour autant d'atmosphère ! — nous allons à présent passer des curiosités danoises et armoricaines au folklore régional et, pour cela, allons devoir consulter le sous-chapitre IV du *Cromleck de RLB* (pp. 282 à 288) qui a pour titre « Le gui sacré ». Il débute de la façon suivante :

« Le traitement de certaines maladies par les eaux des Redones était trop simple et trop facile pour n'être point familier aux Druides. »

C'est ainsi que l'auteur introduit, dans son cadre celtique, l'usage du *gui,* végétal sacré mais, comme nous le verrons au final, fausse panacée universelle (p. 282). Pour cela, il se livre à l'une de ses habituelles digressions de façon imagée :

« Le vieil usage de courir les rues, le premier jour de l'an, au cri de *au gui l'an neuf,* se rattachait au culte des Gaulois. C'est alors que, selon Pline, l'on immolait des victimes (deux taureaux blancs), en priant Dieu de rendre son présent salutaire à ceux qui auraient l'avantage de le posséder. » (p.284)

Puis il complète sa description, se référant à un certain abbé Monlezun, en disant : « qu'on retrouve une partie de cet antique usage dans l'arrondissement de Lectoure. » Et il conforte cette information en nous précisant que : « *l'aguillouné* chanté à Lectoure, est la véritable expression celtique dont se servaient nos ancêtres. »

Les Gaulois de Lectoure immolaient donc deux taureaux blancs au jour de l'an en chantant *l'aguillouné.* L'auteur semble connaître ses classiques puisqu'on a retrouvé dans cette ville trente-quatre autels tauroboliques des IIe et IIIe siècles — aujourd'hui au Musée lapidaire — élevés en commémoration des sacrifices de taureaux à la déesse Cybèle. Il était donc difficile de prier Dieu, le sien s'entend, au cours de cette fête païenne ! Mais profitons de notre passage dans la région pour faire plus ample moisson, car les deux abbés semblent avoir fait un étrange amalgame, et on ne sait plus sur quel pied danser. En fait, ces taureaux devaient être aussi blancs que le fil dont est cousue cette description, car il est possible de faire un certain rapprochement avec un autre culte. Païen lui aussi ! En effet, à l'époque du Bas-Empire, au solstice d'hiver, les sectateurs de Mithra immolaient des taureaux en l'honneur du *Sol invictus*, le soleil invaincu. Le culte solaire de Mithra, importé par les légionnaires romains jusqu'en Novempopulanie (région de Lectoure) fut un très redoutable adversaire du christianisme. A un point tel qu'à cette fête païenne a été substituée celle de Noël ! Certains historiens pensent que le mithraïsme fut supplanté par le christianisme pour la bonne et simple raison que les femmes étaient exclues des cérémonies.

Mais entrons à présent dans le vif du sujet car, après moult développements sur *au gui l'an neuf*, l'auteur nous dévoile (p. 285) : « que gui n'est qu'une partie du mot aguillouné — chanté à Lectoure, — qui se décompose en *ague (éguiou),* fièvre intermittente et *nay (né),* non, adverbe négatif, *éguiouné.* »

Et que, d'après son interprétation *celtique* (p. 286) :

« Le gui était un préservatif absolu de la fièvre intermittente, et on l'employait en infusion dans l'eau, infusion, sans doute, fortement prolongée. Le gui ne délivrait donc pas de tous les maux, comme l'avance Pline, mais seulement d'une maladie singulièrement redoutable pour les Gaulois ; car les fatigues de la guerre préparaient, pour ainsi dire, leurs corps à l'invasion de la fièvre intermittente. » (C'est moi qui souligne)

Mais agissons dans l'ordre et penchons nous tout d'abord sur cet *aguillouné,* qui figure trois fois dans le texte. Le dictionnaire Alibert nous apprend que ce mot dérive de l'occitan *agulhon* (phon. Aguilloun) qui signifie aiguillon, mais aussi peigne de Vénus, qui et un coquillage aux bords dentelés. Vénus — l'Aphrodite des Grecs — étant née à Chypre, vous voyez à qui il est ainsi fait allusion ! Or en latin, peigne se dit *pecten,* dont une acception secondaire désigne des doigts entrecroisés en forme de peigne. Si vous souhaitez en voir une illustration, allez donc admirer ceux de Marie-Madeleine priant dans sa grotte, sur la face avant de l'autel de l'église de RLC.

Passons à présent aux choses plus sérieuses, si l'on ose dire ! L'affection connue sous le nom de fièvre intermittente, censée, selon l'auteur, être soignée par le gui, n'est autre que la fièvre des marais, plus connue sous le nom de paludisme ; elle se caractérise par des accès d'élévation de température brutaux suivis de rémissions survenant de façon aléatoire et irrégulière. Il existe aussi les fièvres récurrentes dont les manifestations sont similaires ; mais le terme récurrent à une connotation mathématique qui postule des intervalles réguliers. Il est douteux que cette fièvre des marais ait existé à l'état endémique chez ceux des Celtes qui vivaient dans la sécheresse des collines des Corbières, comme les Atacini et les Redones locaux ! C'est pourquoi ce passage possède une signification cachée évidente.

En fait, cette fièvre intermittente aux dangereux accès est une allusion à peine voilée aux diverses hérésies, dont ce pays fut coutumier de survenues aussi nombreuses qu'aléatoires. Voici quelques éléments de compréhension nécessaires à l'édification du lecteur.

L'historiographie officielle prétend, à la suite de Grégoire de Tours, que la Narbonnaise fut christianisée au IIIe siècle par un certain Paul Serge, qui fut évêque de Narbonne. L'auteur préfère penser — et le suggère — que ce Paul Serge n'était autre que Sergius Paulus ; et c'est aussi, comme on l'a vu, l'avis du savant dom Vaissète. On sait que ce personnage était le proconsul de Chypre qui fut converti par Saint Paul, dans les conditions rapportées dans les *Actes des Apôtres* dont la rédaction est imputée à Saint Luc, évangéliste dont l'attribut est un bœuf ! Ce qui explique peut-être la propension de l'auteur à évoquer plusieurs fois les bovidés ! Par la suite, Sergius Paulus reçut une charge importante de *curator* (administrateur des rives du Tibre) à Rome, vers l'an 47. Ensuite il disparaît des tablettes de l'Histoire. A-t-il fait le voyage d'Ostie à Narbonne pour y porter l'Evangile ? L'auteur semble le croire et doit avoir de bonnes raisons pour cela ! Si on le suit, la région aurait donc reçu la *Bonne Parole* dès le premier siècle ; ce qui est loin d'être en accord avec le discours officiel de l'Eglise ! Les seules connaissances que l'on possède sur le sujet se résument aux écrits de Saint Irénée de Lyon, dans lesquels il souligne qu'il fut contraint de lutter ardemment contre l'hérésie gnostique qui sévissait en Gaule vers la fin du deuxième siècle.

Vers l'an 320, l'empereur Constantin, après avoir été élevé à la pourpre en Bretagne, vint dans le sud de la Gaule, probablement accompagné de sa mère Hélène. Il y laissa une preuve avérée de son passage puisqu'il fit reconstruire l'antique cité d'Illibéris, sise sur la Via Domitia, à qui il donna précisément le nom d'Helena, devenue aujourd'hui Elne. Bien que Constantin n'ait jamais fait ouvertement profession de foi, et qu'il ait été baptisé sur son lit de mort par *l'évêque arien* (vous avez bien lu !) Eusèbe de Nicomédie, on sait que sa mère, Sainte Hélène, fut une catholique fervente. C'est elle, en effet, qui conduite par l'évêque Makarios (Macaire), aurait découvert la Vraie Croix dans une citerne du Golgotha, à Jérusalem.

Un *Triumvirat,* terme utilisé par l'auteur (p. 305), constitué de ses trois fils, Constance, Constantin le Jeune et Constant lui succéda à la tête de l'Empire. En février 350, Constant fut assassiné dans le piedmont pyrénéen alors qu'ayant été déposé par l'usurpateur Magnence il fuyait vers l'Espagne. Des éléments historico-géographiques et toponymiques très probants montrent que ce funeste évènement eut probablement lieu — et c'est là l'opinion de votre serviteur — dans la vallée de la Salz au pied de la cité de Rhedae. La dénomination primitive du village de Coustaussa était en effet *Villa que vocatur Constantianum.* C'est-à-dire *Villa dite de Constant* ou *de Constance.*

Après sa mort, son frère Constance II, alors Basileus de Constantinople, vint en Gaule pour éliminer Magnence et séjourna de longs mois dans le Midi. Contrairement à feu son frère qui était catholique romain, Constance était arien. Il faut savoir qu'après le Concile tenu à Nicée en 325 sur ordre de Constantin, qui avait vu la victoire des Trinitaires, les ariens menés par l'évêque Eusèbe de Nicomédie, avaient repris le dessus à la cour d'Orient. Et cette situation dura jusqu'en novembre 380, date à partir de laquelle l'empereur Théodose, originaire d'Espagne, imposa par le glaive le catholicisme comme religion officielle de l'Empire romain. C'est d'ailleurs sous son règne « que prit naissance le rôle *d'inquisiteur de la foi* dont le nom, dit Edward Gibbon, est si justement abbhoré » (Voir dans *LVLC* : le terme approché d'*Inquisiteur des mœurs*, pp 93 et 94)

Lors de sa venue en Gaule, Constance ordonna la tenue de deux conciles : l'un en Arles en 353 et l'autre à Béziers en 356, pour tenter d'imposer l'arianisme à la partie de la population — essentiellement urbaine — qui était de foi catholique. La suite de l'Histoire montre que son initiative échoua. Mais le souvenir de ce concile hérétique — *Si je t'oublie, oh Béziers !* — pourrait expliquer que près de neuf siècles plus tard, les Croisés s'acharnèrent particulièrement sur cette ville et en massacrèrent un très grand nombre d'habitants. On prête en effet à leur chef, l'évêque Amalric de Citeaux, l'ordre funeste bien connu : *Tuez- les tous, Dieu reconnaîtra les siens !*

Voici que quelques années plus tard, une nouvelle doctrine hérétique ayant son foyer en Espagne, infesta partiellement la Narbonnaise. Vers l'an 330, un certain Marc l'Egyptien, venant d'Orient, avait apporté dans la Péninsule Ibérique des enseignements gnostiques et manichéens, qui se répandirent grâce à un de ses disciples nommé Priscillien. Condamné par un concile tenu à Saragosse en 380, ce dernier n'en fut pas moins consacré évêque d'Avila. Il fut finalement destitué et exécuté à Trèves, en 385, mais fut, dès lors, vénéré comme un martyr en Espagne. Le *priscillianisme*, bien que combattu par Saint Jérôme et Saint Augustin, et à nouveau condamné par un concile tenu à Tolède en 400, n'en continua pas moins à infester l'Espagne et certaines régions circonvoisines, dont probablement le Razès, jusqu'au VIe siècle.

Mais ce n'était là qu'un début, car à partir de l'an 440 environ — mais en 461 seulement pour la ville de Narbonne — les monarques Wisigoths jetèrent leur dévolu sur la vallée de l'Aude et installèrent à Rhedae une place forte royale. Comme chacun sait, ces monarques venaient d'Orient et étaient *ariens*. Et ils le demeurèrent jusqu'en 589, date à laquelle le roi Recarède se convertit officiellement à la foi trinitaire. Mais on ne sait s'il en fut de même pour tous ses sujets de Septimanie, puisqu'une certaine instabilité y perdura jusqu'en 610.

Puis vint l'intermède encore plus exotique de l'invasion arabe, dont il n'est pas nécessaire de rappeler que les acteurs étaient de religion musulmane. Narbonne tomba entre leur pouvoir en l'an 720 et y demeura jusqu'en 759. Cette durée d'occupation fut trop courte pour imprégner tant soit peu les esprits et, en dehors de la forme parallélépipédique des clochers, il semble que la religion du Prophète n'ait laissé nulle trace marquante.

Quelques années plus tard, après la malheureuse expédition de Charlemagne à Saragosse en 778, l'émir de Cordoue passa à l'offensive, poussant devant lui des populations qui avaient fait momentanément alliance avec les Francs. Le Roussillon et le Razès furent alors envahis par un flot de réfugiés qui, cause de leur origine, furent nommés les *Hispani*. Un grave problème religieux allait à nouveau se faire jour car ces gens véhiculaient avec eux une nouvelle hérésie, l'*adoptianisme*, ou encore *hérésie félicienne*, du nom de son promoteur, l'évêque Félix d'Urgel, ancien profès du monastère Saint-Saturnin de Tavernoles. En fait, c'était une résurgence tardive d'une hérésie apparue en Orient au IIIe siècle, dont le plus ardent défenseur avait été un évêque d'Antioche nommé Paul de Samosate, et dont nous serons amenés à reparler. Après avoir été condamné par trois conciles successifs — Ratisbonne en 792, Francfort en 794 et Aix la Chapelle en 799, — Félix fut finalement destitué. Une nuée de moines francs s'abattit alors sur les régions infestées, essentiellement le Roussillon et le Razès, pour éradiquer le poison hérétique. Le résultat en fut que l'écriture cursive, dite wisigothique, disparut au profit de la caroline. Et l'hérésie de Félix disparut avec ! Du moins en principe !

Mais Rome n'était pas au bout de ses peines car, au cours du XIIe siècle, se répandit dans le Languedoc la dernière et de loin la plus dangereuses des épidémies de fièvre intermittente. Synthèse et prolongement naturel des diverses hérésies d'origine orientale qui avaient auparavant infesté le pays : gnose, docétisme et dualisme. Ses directeurs de conscience, évêques et diacres, portaient le nom de Parfaits ou Purs, et les fidèles, qui n'avaient pas encore reçu le *Consolamentum,* se faisaient appeler les Bons Chrétiens. Cette recherche de la pureté valut plus tardivement à cette religion, lors de sa redécouverte par les historiens, l'appellation issue du grec de *catharisme.* La dernière épidémie de fièvre intermittente, ayant infesté le pays, trouva un dramatique aboutissement avec la Croisade et la terrible Inquisition, qui n'avait évidemment de sainte que le nom. Dans ce cadre, le *médicament préservateur absolu de cette affection,* dont l'auteur prétend que c'est le *gui* (répété 21 fois en six pages) est aisément reconnaissable. Il ne peut s'agir que du terrible inquisiteur **Bernard Gui**, de sinistre mémoire dans tout le Languedoc, puisqu'il exerça au quatorzième siècle ses « talents » à Toulouse et Carcassonne.

Bernard Gui (1261-1331), appelé par certains Bernard de la Guionie et, en Italie, Bernardo Guidoni, entra dans l'Ordre des Prêcheurs à l'âge dix-huit ans à l'abbaye de Limoges. C'était en 1279, année justement où furent inventés, à Saint-Maximin, les restes de Marie-Madeleine. Sainte dont on sait qu'elle allait devenir, pour cet Ordre religieux, l'*Apôtre des Apôtres* et, en 1295, la seconde patronne. Bernard Gui Il fut ordonné en 1280 et on peut dire, au sens figuré, qu'il fit une brillante carrière, puisqu'elle fut, en grande partie, éclairée par les flammes des bûchers. Il est en effet connu, avec Geoffroy d'Ablis et l'évêque Fournier, comme l'un des plus efficaces et redoutables inquisiteurs — sinon le plus redoutable — qui sévirent en Occitanie après l'établissement de cette terrible institution judiciaire. Dans le cadre de cette mission à lui confiée, il mit tant de sérieux et d'application qu'il fit même œuvre de législateur. On lui doit, en effet, un ouvrage intitulé *Practica Inquisitionis* (Pratique de l'Inquisition) qui, avec la *Summa Autorictatis* (Somme des Autorités) dont l'auteur est inconnu, étaient sensés résumer les croyances hérétiques et établissaient les procédures inquisitoriales à mettre en œuvre contre les cathares et autres vaudois. A titre d'exemple ponctuel, la doctrine des Cathares est ainsi définie dans cette *Practica* :

« Ces hérétiques affirment et confessent deux dieux et deux seigneurs, l'un bon qui a été le créateur du monde invisible et spirituel, l'autre mauvais qui a créé la nature sensible. Ils déclarent que le monde matériel n'a été fait ni par Dieu le Père céleste, ni par le Seigneur Jésus (sic), mais par le Dieu méchant qu'ils nomment diable, Satan, Dieu de ce siècle, Prince de ce monde. » [4]

Par la suite, Bernard Gui fut appelé à la Curie pontificale d'Avignon et, à partir de 1316, devint le proche conseiller du pape Jean XXII. Pontife pour lequel il accomplit plusieurs missions diplomatiques dans lesquelles, selon certains historiens, il semblerait qu'il n'ait pas été très efficient. Il fit également oeuvre d'historien religieux en commentant, dans sa *Chronique des papes et empereurs*, l'invention des restes de Marie-Madeleine à Saint-Maximin ; découverte miraculeuse au sujet de laquelle il avait été commis pour enquêter. Enfin, en remerciement des services rendus, il fut nommé évêque de Lodève, où il termina tranquillement ses jours avec, probablement, le sentiment du devoir accompli.

Marie-Madeleine à Saint-Maximin

Il y a environ un quart de siècle, le souvenir de cet inquisiteur fut extrait des limbes de l'Histoire, et de l'inconscient collectif, par un érudit sémioticien italien nommé Umberto Eco. Celui-ci en fit l'un des principaux personnages de son roman policier médiéval intitulé *Le nom de la Rose* ; ouvrage qui devint un best-seller mondial. Bernard Gui y tenait évidemment le rôle de l'inquisiteur sans pitié, qui conduisit au bûcher une jeune bohémienne coupable d'avoir déniaisé un moinillon dénommé Adso de Melk. Les lecteurs non historiquement avertis crurent évidemment que ce Bernard Gui était un personnage purement romanesque. Cet ouvrage donna lieu par la suite au tournage d'un film, qui devint non moins célèbre, mais auquel avaient été ajoutées certaines invraisemblances. Ce fut le cas avec la mort, dramatisée, de l'inquisiteur qui, fuyant l'abbaye en flammes et la colère des paysans, péri dans un accident de la circulation, son immense carosse ayant été précipité dans un ravin.

5. Le cartulaire de Pamiers suivi des tribulations de Guilhabert de Castres.

Le cartulaire en question est un registre contenant la somme des interrogatoires conduits, entre 1318 et 1325, par l'inquisiteur Jacques Fournier, évêque de Pamiers, agissant en tant qu'inquisiteur. Ils marquent l'agonie du catharisme, qui avait alors connu une résurgence passagère dans les hautes vallées de l'Aude et de l'Ariège avec les prédications des frères Authié revenus de Lombardie. Le contenu de ce registre, conservé à la Bibliothèque Vaticane, a été traduit de façon magistrale par le latiniste toulousain Jean Duvernoy, et publié en 1966 sous le titre de *Inquisition à Pamiers*. Cette traduction fut ensuite partiellement analysée sous l'angle ethnographique, et portée en 1975 à la connaissance du grand public par le best seller de l'historien Emmanuel Leroy-Ladurie intitulé *Montaillou village occitan*. Comme l'indique Jean Duvernoy, des extraits de ce registre avaient déjà été publiés sous forme de monographies par Mgr Jean-Marie Vidal, aumônier de Saint-Louis des Français à Rome, mais sont aujourd'hui introuvables. Et ceci antérieurement à la publication de *LVLC*, ce qui explique que Boudet pouvai en connaitre le contenu.

Mais avant de nous plonger à nouveau dans *LVLC*, il a semblé légitime de présenter ce Jacques Fournier, ariégeois de naissance, qui eut une destinée hors du commun. Il entra comme profès chez les cisterciens de l'abbaye de Boulbonne, fit des études à Paris et devint, par la suite, abbé de Fonfroide ; abbaye dont on sait qu'elle demeura longtemps le poste de commandement de la Croisade. Puis il fut nommé au siège épiscopal de Pamiers en 1317, avant de l'être à celui de Mirepoix en 1326, puis revêtu de la pourpre cardinalice. Enfin, il fut élu pape en 1334 sous le nom de Benoît XII et on lui doit le début de l'édification du Château des Papes d'Avignon.

Les nombreuses allusions au contenu de ce document se trouvent dans le sous-chapitre III de la *Langue Celtique* (pp174 et suivantes), intitulé « Le Rhône — Marseille — les Allobroges — Lyon. » Bien que l'exposé de l'auteur ne soit pas adapté à la chronologie historique, nous allons le suivre dans sa remontée du cours du Rhône, en passant rapidement sur les multiples citations de Rhodanus, Rhodiens et Rhoda qui rappellent Rhedæ et ses habitants. Puis nous rencontrons Euxène (5 fois), comme le Pont du même nom et donc la Mèr(e) hospitalière : Sainte Marthe. Puis :

« Les Segobriges (pp. 176 et 177) qui s'étaient vus dans la nécessité de construire des ponts (sur le Rhône) en vue de rendre leurs relations aisées et faciles. Nous ne reviendrons pas sur cette tribu dont le lecteur se rappellera sans doute que son anagramme fait allusion au pape Grégoire le Grand. »

Poursuivant notre route vers le Lac Léman, nous pénétrons dans le pays des puissants Allobroges où se trouve Grenoble. Jusque là rien que de normal sauf qu'il nous indique (p. 178) que :

« L'industrie prédominante de cette tribu n'est pas disparue de la région qu'ils possédaient. Les liqueurs de la Côte Saint-André, les ratafias de Grenoble, ont succédé aux produits spiritueux et excitants fabriqués par les Allobroges, *to alloo (allou),* animer, exciter (terme anglais inconnu), — *brewage,* mélange de différentes bières. »

Sans vouloir nullement faire injure à ses habitants, peu de nos contemporains doivent connaître l'existence du bourg de la Côte Saint André. Ce qui était le cas de votre serviteur, mais pas celui de l'inquisiteur Fournier !

En effet, en l'an 1319, il eut à juger le cas d'un certain Raymond de Sainte-Foy, originaire de la Côte Saint-André, venu s'installer à Pamiers. C'était un diacre vaudois instruit, placé à la tête une demi-douzaine de personnes. Après un long interrogatoire conduit dans les règles de l'art par l'inquisiteur — assisté du Frère Gaillard de Pomiès (O. P.), — ce malheureux entra rapidement dans la voie de la franchise et finit par reconnaître et expliquer ses croyances. Et que croyez-vous qu'il advint :

« Raymond de Sainte-Foy, diacre vaudois de la Côte Saint-André, fut brûlé à Pamiers avec Agnès Francou, sa nourrice, le 1er mai 1320. »

S'il est vrai que spiritueux n'est pas spirituel — les esprits n'étant pas de la même sorte, — ils ont toutefois la même origine. Il en est de même pour les Cathares qui, bien qu'également hérétiques, ne sont pas des Vaudois. Même s'ils sont spirituellement proches, ils ne sont pas de la même bière, si l'on ose dire, car leurs cendres à tous deux ont été allègrement dispersées au vent !

Mais les Vaudois étant aussi appelés Pauvres de Lyon, cela incite, en toute logique, l'auteur à nous conduire dans cette bonne ville qui se nommait autrefois Lugdunum. Et il ne peut faire l'économie — qui n'est pas celle du salut ! — de gloser longuement sur l'origine de ce toponyme qui viendrait, selon une légende véhiculée par Plutarque et Clitophon, (p. 179) du celtique *lougon* signifiant corbeau et *dun,* colline ou éminence. Et puis il s'étend très longuement et bizarrement sur le mot *dun.* D'abord, Lugdunum viendrait selon lui de *Luckdun,* du terme *luck (leuk)* qui signifie accident, bonne fortune ; on peut voir là, au passage, une petite allusion à l'apôtre du même nom. Mais la suite devient plus délectable est mérite donc d'être exposée textuellement : (p. 180)

« Quant à *dunum,* qui termine le nom de plusieurs villes celtiques, il ne désigne pas l'éminence sur laquelle une ville pouvait être bâtie, car *to dun* signifie : ennuyer un débiteur. Il est bien probable que les cités portant le nom de *dun* ou *dunum* étaient primitivement des villes de refuge où les débiteurs insolvables allaient se mettre à l'abri des poursuites des créanciers trop importuns. Le savant Dom Martin, dans son histoire des Gaules, a déjà émis cette pensée, que les cités gauloises étaient peut-être de simples villes de refuge, vides d'habitants, où l'on courait se mettre à couvert d'un danger pressant. Le verbe *to dun* offre un sens tout à fait clair, précis, expliquant parfaitement la cause de la fuite précipitée d'un débiteur et sa retraite subite dans une ville éloignée. »

Tout d'abord, et accessoirement, *Dom Martin et son Histoire des Gaules,* font évidemment penser à *Dom Vaissète et son Histoire de Languedoc.* Ensuite se pose la question de la longueur de son exposé et la répétition du thème de « la fuite du débiteur insolvable dans un refuge — dont le nom se termine par *dun,* — où l'on peut se mettre à l'abri d'un danger pressant. »

La réponse est fort simple, et l'on va voir que le *débiteur insolvable* désigne le plus célèbre des évêques cathares : Guilhabert de Castres. A partir de 1195, celui-ci siégea à Fanjeaux, comme Fils majeur de Gaucelm, évêque du Toulousain, et ordonna notamment comme Parfaite la fameuse Esclarmonde de Foix en 1204. En 1209, pour fuir la sanguinaire avance des Croisés du Nord, il dut chercher refuge à Monségur où il succéda à Gaucelm comme évêque. Il y demeura jusqu'en 1220, année qui vit la déconfiture d'Amaury de Montfort et, les circonstances politiques étant redevenues favorables, réintégra son ancienne maison de Fanjeaux, d'où il réussit à remettre sur pied l'Eglise cathare. Mais, après la croisade victorieuse de Louis VIII et l'accession de son fils Saint-Louis au trône de France, fut conclu le Traité de Meaux qui vit la soumission de Raymond VII et l'effondrement de la cause méridionale. Cette capitulation eut lieu à Pâques 1229 et Guilhabert de Castres (débiteur insolvable) se trouvait alors dans le Tarn, à la merci des troupes royales et donc du bûcher qui lui était promis (danger pressant). Des chevaliers faydits (Nobles cathares hors la loi) le conduisirent par étapes, et bien sûr nuitamment, vers un lieu réputé militairement inaccessible du piedmont pyrénéen : la vertigineuse forteresse d'Albédun. Il y fut chaleureusement accueilli par le seigneur du lieu, Bernard Sismund le Vieux, qui était un fidèle parmi les fidèles et avait réussi, au terme de nombreuses vicissitudes, à réintégrer son fief abandonné en 1210 [5]. Mais trois ans plus tard, en 1231, le roi de France accorda en apanage à Pierre de Voisins, ancien Sénéchal de Simon de Montfort, la cité de Redas (Rhedæ) dont dépendait Albedun. Bernard-Sismund devint à nouveau faydit, et Guilhabert fut contraint de s'exiler, en compagnie de son Fils majeur Raymond Aguilher, dans un château du Pays de Sault appartenant à la famille d'Aniort. L'année suivante, en raison d'un nouveau changement de l'environnement politique, il dut de se replier sur Montségur, dont il fit le nouveau siège de l'Eglise cathare. Il y mourut de sa belle mort, en 1240, quatre ans avant que la citadelle ne tombe et que son successeur, Bertran den Marti, accompagné de deux-cent vingt Bons Chrétiens ne soient brûlés vifs.

Pour aussi frappante que puisse être l'adéquation de ce lieu à la description allusive qui en a été faite par l'auteur, on peut trouver d'autres exemples significatifs. Ce n'est sans doute là qu'un simple effet du hasard, mais il se trouve qu'il semblerait exister une mystérieuse corrélation entre les cathares et les sites terminés en *dun*. Ainsi dans le Pays de Foix on rencontre les localités de Dun, Château-Verdun et Saverdun — citées dans le cartulaire de Pamiers — et, plus au nord Verdun sur Garonne et Verdun Lauragais. Or, toutes ces localités ont eu à souffrir de la peu affectueuse sollicitude de l'Inquisition pour avoir accueilli d'importantes communautés cathares.

Le choix des pérégrinations géographiques ayant pris le pas sur le respect d'une nécessaire chronologie historique, mais aussi la dispersion erratique des informations dans l'ouvrage, nous contraignent à un retour momentané sur l'évêque Fournier. Il eut aussi à juger Béatrice de Planissolles, châtelaine de Montaillou, village de la Haute Ariège dont presque tous les habitants furent poursuivis pour hérésie par l'Inquistion. Béatrice fut la maîtresse de l'abbé Clergue, curé hérétique de ce lieu, lequel s'accordait d'ailleurs un droit de cuissage envers la plupart des paysannes de sa paroisse, sous le fallacieux prétexte que cela leur procurerait un accès direct au Paradis. En mars 1321, après avoir impliqué Clergue, Béatrice fut condamnée au « mur » (prison) du château des Allemans (Aujourd'hui La Tour du Crieu), et ne fut libérée qu'en 1322 avec port des croix [6].

Mais son implication indirecte dans *LVLC* est à rechercher dans le fait qu'elle eut deux époux. Le premier, qui était un adepte cathare de Pierre Authier — Parfait que Bernard Gui fit brûler en 1310 — se nommait Bérenger de Roquefort. Or dans le sous-chapitre consacré aux Atacini, riverains de l'Atax devenu par ses soins Alder, l'auteur s'étend quelque peu sur le site de Roquefort-de-Sault qu'il cite cinq fois (pp. 220 - 221). Le Pays-de-Sault est d'ailleurs la région où se situe Montaillou. En outre, il prétend que ce lieu se nommait autrefois Roucafort (cité trois fois), terme de son cru indiquant qu'il faut s'intéresser au contexte.

Bérenger de Roquefort appartenait à une grande famille occitane, fort connue dans le pays pour avoir défrayé la chronique. En effet, au moment de la croisade de 1209, l'un de ses membres, Bernard-Raymond, était évêque catholique de Carcassonne alors que, paradoxalement, sa famille était totalement acquise au catharisme. C'est pourquoi, en 1211 il fut remplacé par le moine cistercien Guy des Vaux de Cernay, ami intime de Simon de Montfort. Mais lorsque ce dernier mourut, en 1224, c'est vraiment à n'y pas croire mais Bernard-Raymond récupéra le siège épiscopal en dépit du fait que l'un de ses cousins, Pierre Isarn, déjà évoqué, fut à ce moment là évêque cathare du Carcassès.

Le second mari de Béatrice se nommait Othon de Lagleize. Or, lors de la description de son hypothétique village celtique de RLC, l'auteur cite (p. 292) un terrain qui porte le nom de Gleizole. En occitan gleisola, qui est un diminutif de gleisa (église), désigne une chapelle ou un oratoire. On pourrait donc prendre cette gleizole pour une seconde allusion à Béatrice de Planissoles et donc à l'évêque Fournier.

6. L'immortalité de l'âme.

La doctrine de la création de l'âme au moment où naissent les corps est celle de la plupart des théologiens. Platon, dans le Phédon, estime que l'âme étant spirituelle, et donc simple, ne peut se décomposer, et donc mourir. Cette notion d'immortalité est une pensée émise par les philosophes de tous les siècles, que l'on retrouve aussi bien dans Pythagore, puis Platon, que dans l'enseignement de Confucius et du Bouddah ; et en Occident chez les païens comme chez les chrétiens.

Cette notion importe grandement à Boudet, puisqu'il en attribue la croyance pas moins de quatre fois à ses prédécesseurs les Druides. Ainsi :

p. 171. *Le fondement de leur doctrine* (les Druides du Neimheid) *est que les âmes ne périssent pas.*
p. 263. *La Pierre de Trou proclamant la croyance inébranlable des Gaulois en l'immortalité de l'âme.*
p. 283. *Le gui était-il simplement, aux yeux des Druides, le symbole de l'immortalité de l'âme ?*
p. 303. *La croyance inaltérée en l'immortalité de l'âme conduisait les Celtes à déployer une grande pompe religieuse dans les derniers devoirs à rendre à leurs parents et leurs amis.*

Les cathares, auxquels l'auteur prête, nous l'avons vu, une attention soutenue, professaient l'existence d'une âme immortelle car éternelle. Si l'on suit Anne Brenon :

« La part spirituelle et éternelle du composé humain correspond aux âmes des créatures célestes de Dieu, tombées dans la prison des corps charnels, qui sont la fabrication du mauvais. Ces âmes, préexistantes à la production continue des corps physiques, sont donc toutes bonnes et promises au salut éternel. » [7]

Ils pensaient donc que ces âmes, procédant d'une âme préexistante unique et éternelle, étaient l'objet d'une transmigration dans des corps successifs.

Or cette croyance en *l'immortalité de l'âme* n'est pas en accord avec le dogme, puisque le christianisme conçoit l'immortalité dans la restauration intégrale de l'homme, c'est-à-dire dans la résurrection du corps par l'Esprit. C'est pourquoi le symbole des Apôtres a remplacé *l'immortalité de l'âme* par la *résurrection des corps* et la *vie éternelle*. Notion il est vrai plus gratifiante, et donc plus attractive, pour le fidèle.

NOTES

1. In *Que Sais-je* N° 689. Op cité.

2. Voir *Inquisition à Pamiers* de Jean Duvernoy. Op. cité.

3. En Espagne, patrie de Goya, et dans les Colonies d'Amérique, pas moins de 12000 hérétiques auraient péri sur les bûchers dressés par l'Inquisition entre 1231 et 1595.

4. *Histoire des doctrines ésotériques*. Op. cité, p. 222

5. Voir *l'Epopée cathare* de N. Roquebert. Tome 3, p. 436. Pour des raisons qui ne laissent pas d'intriguer, de nombreux historiens ont passé sous silence le séjour de trois ans que fit Guilhabert dans la plus mystérieuse forteresse des Corbières : le château d'Albedun. Pourtant ce haut lieu fut, de ce fait, le siège de l'Eglise cathare durant cette longue période.

6. Voir Duvernoy, pp. 49 et suivantes.

7. Voir *Dico du catharisme* d'Anne Brenon. Op.L cité.

-XV-

Les Hussites

Nous allons devoir retourner, encore une fois, chez les tribus d'Armorique, région décidément pleine d'enseignements : (pp.152 et 153)

« La tribu la plus puissante de la confédération armoricaine, nous dit l'auteur, était celle des Vénètes. Ces marins redoutés étaient fort religieux, mais ils ne connaissaient pas le temple pour y prier. Le nom des Vénètes indique que cette fière coutume, était d'ailleurs commune à tous les Gaulois tout aussi religieux que les Vénètes : *vane (vène),* temple, *tout hate (hète)* détester. »

Bien que l'on sache pertinemment que les Celtes ne possédaient pas de temples, l'examen de sa fumeuse traduction celtique montre qu'il nous mène en bateau ; sans doute parce que les Vénètes étaient des marins ! En effet, en anglais le terme *vane* signifie girouette ou encore turbine, mais nullement *temple* qui est usité avec la même signification en français et en anglais.

En réalité les *Vanes* sont des dieux de la mythologie germano-nordique, qui avaient pour nom Njördhr, Frey et Freija, et qui étaient primitivement opposés aux Ases Odin, Thor, Tyr et Baldur. Leur évocation par Boudet n'était peut-être pas inutile car ils gouvernaient la fécondité et la richesse. On connait peu de gens qui détestent la richesse ! Il suffisait simplement que le mot fut prononcé ! Probablement, voulait-il à son habitude, attirer simplement l'attention sur cette anomalie de traduction et introduire de toute force le mot temple. Les Vénètes dont il nous entretient auraient-ils tout simplement détesté les Templiers ? Cela paraît peu probable car ils ne vivaient pas à la même époque.

Heureusement il existe une autre voie, suggérée par l'auteur mais abandonnée momentanément à l'entendement du lecteur, qui consiste à considérer la diction de vane non comme vène, mais comme vén qui est proche phonétiquement de vin. Auquel cas il faudrait entendre *les Vénètes détestaient le vin.* Le contexte de l'ouvrage étant à forte connotation religieuse — du fait de l'état de l'auteur, — cette allusion au vin fait évidemment penser au pain et au vin de l'Eucharistie. Il ne manque donc que le pain ! Mais si nous poursuivons notre périple en Armorique, nous allons être rassasiés (p. 167) :

« Le cercle de pierres, ordinairement de forme ronde, représente le pain : Cromleck, en effet dérive du *Krum_(Kreum),* mie de pain et de *to like (laïke),* aimer, gouter. Dans le Cromleck de RLB, on voit de fortes pierres rondes figurant des pains, placées au sommet de roches énormes. »

A son habitude, l'auteur a vraiment voulu attirer notre attention sur le pain puisqu'il a commis à dessein une erreur et écrit *Krum* et non *crumb* pour désigner la mie de pain. Puis il continue d'enfumer (à la façon des abeilles !) encore plus le lecteur à la page suivante (p. 168), puisqu'il ajoute pour faire bonne mesure :

« On rapporte généralement le peulven au ménir (sans h) et le lichaven au dolmen. En réalité, les peulvens et les lichavens présentent une idée semblable à celle qui est renfermée dans le nom de Vénètes (encore) car peulven exprime un sentiment de répulsion pour les temples, — *to pull (poull),* arracher, — *vane (vène),* temple —, et lichaven représente un peuple manquant d'édifices religieux, *to lack,* manquer de, — *vane (vène),* temple — : ce dernier devrait être écrit *lackven* au lieu de *lichaven.* »

Dans ces *lichavens*, qui manquent de temples, on peut reconnaître les cathares aux prêcheurs itinérants, mais aussi puis les protestants de l'époque du désert et des dragons de Villars. Quant aux *peulvens,* c'est-à-dire ceux qui manifestent une répulsion pour les temples (lieu de réunion des protestants), on peut reconnaître évidemment les catholiques. Cependant, toutes ces définitions emberlificotées, dans lesquelles peulvens et lichavens sont renfermées dans celle de Vénètes ne posent-elles pas aussi, tout simplement, le problème de la *communion sous les deux espèces* ?

Chez les catholiques, pour des raisons dogmatiques, seuls les prêtres officiants la pratiquent. Mais en fut-il de même en tous lieux et à toutes époques ? On sait que l'Eglise a connu, au cours des siècles, de nombreuses controverses dogmatiques ayant généré autant d'hérésies plus ou moins durables, mais aussi des schismes. L'un de ces épisodes, intéressant pour nous, eut justement pour thème *la communion sous les deux espèces,* et le promoteur en fut le prédicateur praguois **Jean Huss** (1370-1415). Cette façon de faire conduisit à l'établissement d'une hérésie durable, qui provoqua de nombreux désordres avec, pour corollaire, d'innombrables victimes. Condamné par le Concile de Constance, tenu en 1414, devant lequel il avait comparu, et lâché par l'empereur Sigismund, qui lui avait pourtant promis sa protection, Huss fut condamné au bûcher et brûlé l'année suivante. Et pour que son souvenir disparaisse à jamais, sa condamnation fut accompagnée de *damnation memoriæ* par le pape **Martin V** (1368, 1417-1431). Ce fut en pure perte puisque, en 1915, à l'occasion du cinq-centième anniversaire de sa mort, les Praguois lui élevèrent, sur la Place de la Vieille Ville (Staré Mesto), un immense et magnifique monument en bronze où on le voit prêchant à de nombreux fidèles.

Le grand théologien que fut Jean Huss était très aimé de la population de Bohème, et sa condamnation ignominieuse généra les interminables Guerres hussites (1419-1432), au cours desquelles ses partisans tinrent tête à pas moins de cinq croisades, envoyées par Rome et l'empereur Sigismund qui craignait évidemment pour son pouvoir. A des époques différentes, les Hussites eurent donc une communauté de destin, dans le malheur, avec les gens d'Occitanie. Leur programme fut défini en 1420 par les *Quatre articles de Prague*, document révolutionnaire pour l'époque puisque, outre *La libre prédication des Ecritures* et *la communion sous les deux espèces*, le pain et le vin, ils exigeaient également *la confiscation des biens du clergé*. Ils souhaitaient donc retourner au christianisme primitif ! Ces hérétiques sécessionnistes furent dénommés utraquistes ou encore calixtains, car ils avaient pour emblème un *calice* — symbole de la communion sous les deux espèces — surmonté de l'inscription « *sub utraque specie* ». L'église de Notre-Dame du Tyn, qu'ils construirent à Prague était ornée des mots : « La Vérité domine », en référence à la profession de foi de Jean Huss qui était : « Cherche la Vérité, écoute la Vérité, apprends la Vérité, défends la Vérité jusqu'à la mort. »

Jan Hus à Prague

On ne peut que rappeler que l'abbé Boudet était un inconditionnel de la Vérité, et qu'elle le tenait tout aussi à cœur que l'hérétique Jean Huss et les utraquistes bohémiens. En effet, dans la *Vraie langue celtique*, nous avons vu que le terme Vérité apparait huit fois dans l'ouvrage accompagnée d'épithètes flatteurs : *Fidèle vérité* (p. 90), *Inaltérable vérité* (p. 111), *Vérités traditionnelles* (p. 261), *Vérités fondamentales* et *Vérités conservées intactes* (p. 265), *Vérité des esprits* (p. 306) et enfin, pour couronner le tout, la dernière expression qui clôt l'ouvrage *Eternelle Vérité* (p. 306).

Au premier abord, ce glissement des Vénètes vers *la communion sous les deux espèces* chère à l'hérésiarque Jean Huss pourrait sembler, pour les lecteurs d'un naturel sceptique, n'être que le résultat d'un pur délire imaginatif. C'est pourquoi, comme les écoliers autrefois, nous allons essayer d'apporter la preuve par neuf, en quelque sorte. Et cela en rappelant que la croisade, levée contre les Hussites après le Concile de Constance, le fut par le pape **Martin V,** et qu'elle était commandée par un certain cardinal **Césarini**. Or on peut facilement remarquer que dans la page où il traite des Vénètes (p. 153), l'auteur cite deux fois **César** : une fois en clair dans le texte et une seconde en note de bas de page sous la forme *De bell. Gall* : abrégé du titre latin de *La Guerre des Gaules* de Jules César. Voici pour le cardinal Césarini !

Quant au pape Martin, il apparaît de façon dispersée dans l'ouvrage. On sait que l'auteur a puisé la plupart de ses références celtiques, et donc armoricaines, chez l'historien Henri **Martin** qui est cité sept fois dans l'ouvrage. (pp. **5**, 25, 165, 175 (2), 185, et 285**)**. Il est évident que cette profusion de 5, ne peut être du seul ressort du hasard et pourrait constituer un indice supplémentaire. De plus, pour souligner l'aspect ecclésiastique de son allusion, il a recours à une homonymie et nous inflige deux fois le savant bénédictin **dom Martin** (pp. 143 et 180). Vous avez dit bizarre, tiens comme c'est bizarre !

-XVI-

La langue punique

1. Le labyrinthe, Mesraïm et Phuth.

Offrons nous à présent un brin de dépaysement, dans le cadre d'une excursion en Afrique du Nord. Ainsi, le chapitre III de l'ouvrage (p. 82) est consacré à la *Langue punique,* qui est, dit-il, celle des descendants de Cham.

« Parmi les descendans (sic) de Cham nous retiendrons seulement Phuth, son troisième fils, que les commentateurs de l'Ecriture Sainte pensent être la souche des premiers habitants du nord de l'Afrique. »

C'est une Afrique désertique et mystérieuse, que l'auteur s'efforce de présenter de façon poétique en se référant au vent du désert : « Malheur aux voyageurs que le simoun, dans sa course rapide, rencontre engagés dans ces parages funestes... »

En évoquant ce continent, il paraît indispensable d'évoquer les Egyptiens, en laissant toutefois de côté leurs monuments et la longue liste de leurs rois, mais en nous penchant sur un certain labyrinthe (p. 83), par ailleurs fort hypothétique !

« Le labyrinthe égyptien et Mesraïm, premier roi du pays, nous arrêteront à peine un instant », dit-il, avant de gloser sur l'ascendance biblique de ce dernier « qui n'est autre que le second fils de Cham, ce qui donne une preuve, selon lui, de la sûreté et de la véracité des affirmations de Moïse ; affirmations qui sont une base scientifique inébranlable. »

Venant d'un homme aussi instruit, parler *de* base scientifique en citant Moïse, est pour le moins curieux et donne à craindre que ces *affirmations* ne soient teintées d'une légère pointe d'ironie. D'autant qu'il ajoute que :

« Mesraïm est célèbre comme premier roi d'Egypte : il mérite néanmoins d'être autrement signalé à cause d'une fantaisie architecturale léguée par lui aux siècles futurs et dont ceux-ci, dans leur ingratitude, ont oublié l'auteur. »

Avant de traiter de ce fameux Mesraïm (pp. 83 (3), 84 et 85), voyons tout d'abord ce qu'il en est de cet énigmatique labyrinthe égyptien. En fait, l'immense complexe semi-souterrain, comportant douze palais et deux fois quinze cents appartements dont il était impossible de sortir, décrit comme tel par Hérodote puis, plus tardivement, par Pline qui pense que « Tithoes seul doit en revendiquer la gloire », n'était pas un labyrinthe. Hérodote, se fiant probablement à ses informateurs égyptiens avait vu grand, très grand ! En effet l'édifice objet de sa description, puis de celle de Pline, a été identifié, depuis, comme étant probablement le temple funéraire de proportions beaucoup plus modestes, attenant à la très peu connue pyramide de Haouâra, située effectivement près du lac Moéris, dans l'oasis du Fayoum. C'était la sépulture du roi Amenemhat III (1844-1797 av. J.C.) [1].

En fait, le grec Hérodote, surnommé à juste titre *le Père de l'Histoire,* a utilisé ce terme de façon figurative (Histoires. Livre 2, CXLVIII), par analogie avec le labyrinthe crétois ; celui de Dédale qu'il cite également. Le seul véritable labyrinthe appartient en effet à la mythologie minoenne. Pour éclairer le sujet, voici ce qu'en disent certains spécialistes. L'historien des religions, Mircea Eliade, indique :

« Quant à l'étymologie, on avait expliqué le mot comme signifiant « maison de la double hache » labrys ; autrement dit elle désignait le palais royal de Cnossos. Mais le mot achéen pour la hache était pelekis. Il est donc probable que le mot dérive de l'asianique labra / laura : pierre, grotte. Le labyrinthe désignait donc une carrière souterraine taillée de main d'homme. » [2]

La tablette de Pylos, une des plus anciennes
représentations du labyrinthe
(Musée archéologique d'Athènes)

Ce que confirme un autre spécialiste de l'époque minoenne :

« Pour certains, le symbole investi du don d'ubiquité, la double hache, prouve l'existence d'un dieu suprême qui devait devenir ultérieurement le Zeus Labrandeus dont la double hache, ou Labrys, est à l'origine du nom du labyrinthe de Cnossos. » [3]

Mais l'utilisation de ce terme par l'auteur n'est ni fortuite ni innocente car, pour René Guénon, le labyrinthe est utilisé dans les symboles fondamentaux de la science sacrée. En effet :

« Le labyrinthe permet ou interdit l'accès à un certain lieu où tous ne doivent pas pénétrer indistinctement. Il y a donc une idée de sélection, et le parcours du labyrinthe n'est autre qu'une représentation des épreuves initiatiques. »

L'auteur nous indique donc qu'il n'est pas facile d'atteindre à la connaissance — en grec gnosis — et que dans le cas présent, il faut posséder le sésame qui permet d'accéder à l'intelligence du texte, ou être initié. Mais dans une version plus terre à terre, si l'on peut dire, il pourrait simplement vouloir désigner, par ce terme, une carrière souterraine taillée de main d'homme.

Passons à présent à ce Mesraïm qui (pp. 84 et 85) « seul peut nous mettre sur la voie, et nous montrer l'issue de ce labyrinthe d'hypothèses, en avouant qu'il est bien l'auteur de cet édifice étrange.... »

Après avoir constaté que ce labyrinthe est vraiment hypothétique nous pouvons lire :

« Si Mesraïm livre son secret sans difficulté, il n'en est pas de même de Phuth, troisième fils de Cham. Ce nom bizarre ne présente en lui-même, dans sa forme monosyllabique, aucun sens dont l'esprit puisse se déclarer satisfait. Il doit être divisé en deux syllabes, et alors il offre une signification raisonnable se rapportant fidèlement au caractère et aux vêtements des peuples Lybies et Gaetules dont Phuth est le père. »

En fait, il a sans doute choisi les formes Mesraïm et Phuth, pour qu'elles puissent se prêter à certaines variations qu'il affectionne particulièrement. Ainsi, on voit sans peine que MESRAIM a pour anagramme SMARIEM ; terme dans lequel on reconnaît bien Marie, mais qui devient beaucoup plus parlant si on lui ajoute un point et un trait d'union. Ce qui nous donne S. MARIE-M, c'est à dire **S**(ainte) **MARIE** — **M**(adeleine).

Demeure à savoir pourquoi Boudet, procède à cet étrange rapprochement entre le labyrinthe et Marie-Madeleine ? Peut-être la réponse finira-t-elle par apparaître !

Mesraïm a donc livré son secret sans trop de difficultés. Mais le décryptage du monosyllabique *Phuth* (pp. 82, 85 (4)) semble se présenter à nous sous des auspices beaucoup moins favorables. Essayons donc d'utiliser le mode d'emploi qu'il nous a suggéré, en indiquant que Phuth est le père des Libyes (pp. 85 (2), 86, 87 (4), 89, 91, 101, 103) et des Gaetules (pp. 85 (4), 86 (2), 87 (2), 89, 91,101et 103), et doit être divisé en deux syllabes. Mais passer d'une syllabe à deux présente évidemment un véritable casse-tête, car c'est tout bonnement impossible. Une signification raisonnable se rapportant fidèlement, selon ses dires, au caractère de ces deux peuplades, exotiques à souhait, nous incite à nous attarder sur leur contenu virtuel.

Intéressons-nous donc aux Lybies qui sont les habitants de la Lybie. D'après le très savant évêque Isidore de Séville (560-636), la Lybie tient son nom d'une certaine Lybia, qui était la fille d'Epaphus ; lui-même étant le fils de Jupiter et Io et le fondateur mythique de Memphis. Sans changer la phonétique, fille d'Epaphus peut s'écrire fille de Paphus. Or, il faut aussi savoir que, selon la mythologie, Paphus était le nom du fils du sculpteur grec Pygmalion, et a donné son nom à la ville de Paphos ; cette cité était donc connue des anciens — et aussi de Boudet ! — sous ces deux dénominations. Il est inutile d'épiloguer sur ce lieu, identifié précédemment, où il est probable que Marie-Madeleine a séjourné avant d'embarquer pour Rome puis, enfin, pour Narbonne.

Ce point étant acquis, venons-en aux Gaetules, dont il se trouve qu'une anagramme est Ste Gaule :

« Ils menaient une vie nomade, errant à travers la prairie — *lea (li)* prairie, — *by (baï)*, à travers, — se faisaient remarquer par la forme particulière de leurs manteaux — *to get (guet)* avoir, — *hull,* une couverture extérieure, un manteau. Le signe distinctif du manteau des Gaetules consistait dans le capuchon, et le burnous algérien nous paraît être une partie traditionnelle des vêtements portés par Phuth et ses descendans (sic). Les Gaetules nous ont seuls permis, par la vue de leurs manteaux à capuchon, de saisir la composition du nom de Phuth leur aïeul — *foe (fô),* ennemi, — *to hood (houd),* mettre un capuchon. »

Ces gens qui erraient dans la sainte Gaule, étaient vêtus d'un manteau avec un capuchon, semblable au burnous — qui fait évidemment penser à bure,— dont Phuth était à la fois l'aïeul et l'ennemi. Cela nous renvoie à « Romulus, l'homme au manteau bizarre — *rum*, bizarre, — *hull*, couverture extérieure » (p. 212), au sujet duquel l'auteur nous dit : « qu'il ouvrit (à Rome) un asile aux vagabonds, aux mécontents et à tous ceux qui fuyaient les importunités de leurs créanciers. » Comportement qui, à la vérité, semble impossible à interpréter et identifier !

En insistant lourdement sur ce manteau, l'auteur fait sans doute allusion aux Parfaits cathares qui portaient effectivement une espèce de manteau de bure de couleur brune. Il utilise par ailleurs une même formulation sur les poursuites des créanciers, lorsqu'il traite du nom des villes dont le nom se termine par *dun* ou *dunum* (p. 180).

2. Les rois Numides et les généraux Carthaginois.

Pour nous présenter les Numides, l'auteur s'appuie sur le témoignage de Salluste (Caïus Sallustius Crispus : 86 à 36 av. J.C.), célèbre historien latin dont le nom est étrangement cité plus abondamment qu'il ne semble nécessaire (pp. 86, 87, 88, 89, 90, 95, 100 et 103). Pourquoi cette insistance ? La raison en est simple, et tient à son habitude de pratiquer quelquefois le double sens. Il existe en effet une second Salluste dit le Philosophe (Flavius Sallustius, mort en 372), d'origine gauloise, donc celte, bien moins connu que le précédent. Il vécut sous l'empereur Julien l'Apostat (331, 361-363), qui fut l'un des successeurs de Constantin et tenta de rétablir le culte des dieux anciens. Ce Salluste est l'auteur d'un ouvrage intitulé *Des dieux et du monde.* Julien le nomma Préfet d'Orient, et il joua un rôle politique important dans la tentative — avortée — de restauration du paganisme. L'auteur n'a pu résister au plaisir de jouer sur cette ambiguïté, pour rappeler à sa façon un épisode dramatique qui appartient à l'Histoire oubliée de l'Eglise.

Mais revenons au premier Salluste, dans l'ouvrage duquel, *La guerre contre Jugurtha*, l'auteur semble avoir puisé ses renseignements. Il nous dit que les Lybies et autres Gaetules, déjà connus du lecteur, furent subjugués par les puissants Numides qui occupèrent tout le pays situé autour de Carthage (p. 87. Cette peuplade (dont une anagramme est démunis) semble présenter un intérêt très particulier pour l'auteur, puisqu'il cite vingt-six fois leur nom (pp. 82, 86, 87 (3), 88 (2), 91 (3), 92 (5), 93, 94, 95 (2), 96, 99 (2), 103, 104 (2), 105) et six fois celui de Numidie ((pp. 87, 95, 96, 97 (3)). Pour situer géographiquement cette Numidie antique, il faut savoir qu'elle comportait grosso modo la Tunisie et la moitié orientale de l'Algérie.

A son habitude, il définit ces Numides de façon inimitable en précisant « qu'ils étaient toujours couverts de leur manteau à capuchon », possédaient quelquefois des maisons — que Salluste nomme mapalia, dont l'anagramme est aïma pla (occitan phonétique : *aimer bien*) — mais la plupart d'entre eux était nomade et « Ils conduisaient leurs troupeaux dans des prairies nouvelles et plus fraîches — *new (niou)* nouveau, — *mead (mid)* prairie.

Ils possédaient de magnifiques chevaux, lesquels ne leur étaient toutefois d'aucun secours pour affronter le désert (p. 88). Après quoi il nous inflige une longue tirade sur le chameau, à la sobriété légendaire et qui était utilisé par les Maures, sur laquelle il ne semble pas utile de nous étendre. Et son galimatias, du genre « dalinien », est finalement couronné par une démonstration celtique qui mérite d'être rapportée :

« L'expression *maw (mâu)* désigne bien le chameau, puisque dans la langue des Tectosages, une étoffe faite de poil de chameau s'appelle *mohair*. » Puisqu'il le dit, n'est-ce pas...!

Après une plongée dans la Mythologie, avec l'inévitable Hercule « à la poursuite des pommes d'or (citées quatre fois) du jardin des Hespérides » (p. 90), nous en venons, enfin à l'endroit où le récit, concernant toujours les Numides, présente pour nous un intérêt plus soutenu. (pp. 91 à 98) En voici le début qui rappelle le mode d'emploi du texte :

« Les Phéniciens, fondateurs de Carthage, parlaient la langue cananéenne, et ce langage, malgré de nombreuses dissemblances, devait accuser une étroite parenté avec celui des Numides. Mais est-ce bien à, la langue des Carthaginois qu'il faut attribuer le nom de punique, et ce nom n'appartiendrait-il pas plutôt à celui des Numides et des Maures ? Nous croyons que la langue numide peut aisément le revendiquer et, en examinant de près le langage actuel des Kabyles, on s'assurera qu'il est fait de jeux de mots et par conséquent le seul punique — *to pun (peun)*, faire des jeux de mots. Cette assertion ne paraîtra pas sans fondement si nous comparons les noms des plus illustres généraux Carthaginois avec ceux des rois Numides, et on pourra sentir dans les noms propres Carthaginois une certaine résistance à l'interprétation, tandis que les noms propres numides cèderont très volontiers les monosyllabes qui les forment. »

Il ne semble pas déroger à sa façon habituelle de faire, mis à part que la langue punique, qui comme l'hébreu vient du cananéen, appartient à la branche sémitique. Elle n'a donc pas de liens avec le berbère et le kabyle qui sont, elles, des langues chamitiques. Mais sans doute a-t-il quelque idée derrière la tête pour faire ainsi une entorse aux filiations linguistiques. Cela apparaît trois pages plus loin (p. 92) puisqu'il a écrit, faussement, en parlant du langage des Kabyles : « On s'assurera qu'il est fait de jeux de mots et, par conséquent, le seul à être punique — *to pun (peun),* faire des jeux de mots. »

Pour éclairer le lecteur, il est Il est important d'indiquer qu'en anglais le terme *pun* signifie calembour qui, tel que défini par le Petit Robert, est « Un jeu de mots fondé sur une similitude de sons recouvrant une différence de sens. » Donc, notre mystificateur confirme qu'il joue avec les calembours et les anagrammes. Ce que nous savions déjà !

Malheureusement, malgré des efforts répétés, les dix noms propres numides cités ne cèdent pas très volontiers leurs monosyllabes. Si Amilcar (4 fois cité) donne lacrima (larme), Hannibal (4) contient seulement banni, Hasdrubal (7) : hasard, et Massinissa (5) m'assassini. Quant aux autres : Micipsa (4), Mastanabal (3), Gulussa (3), Jugurtha (6), Adherbal (4) et Hiempsal (2), ils semblent hermétiques à toute interprétation.

Cependant, au fil du texte, il rapporte une étude de mœurs qui ne manque pas de sel :

« Amilcar avait aussi avec lui, dit Cornélius Népos, un beau jeune homme, Hasdrubal, qu'on lui reprochait d'aimer beaucoup plus qu'il n'aurait fallu. De là il advint que l'inquisiteur des mœurs lui défendit de garder Hasdrubal à la maison. »

Autrement dit Amilcar (Hamilcar Barca : 290-229 av. J.C.) éprouvait les mêmes sentiments pour Hasdrubal dit le Beau (270-221 av. J.C.), que le plus tardif empereur Hadrien (76-138) pour son cher giton Antinoüs. Rien de nouveau sous le soleil, donc, comme il est dit dans un texte biblique très apprécié par l'auteur ! Mais voici que, pour tourner la difficulté : « Amilcar donna sa fille en mariage à Hasdrubal, car il était dans leurs mœurs qu'on ne pouvait défendre à un gendre d'habiter avec son beau-père. » A la mort d'Amilcar, Hasdrubal devint le chef de l'armée avant d'être assassiné (Voir Massinissa) et remplacé par son beau-frère, le célébrissime Hannibal Barca (247-183 av. J.C.) fondateur mythique de Barcino (Barcelone), qui passa les Alpes avec ses éléphants pour aller battre les Romains à Cannes (en Italie) puis s'assoupit dans les délices de Capoue. Mais retournons aux mœurs d'Amilcar :

« Le fait, raconté par Cornélius Népos (encore lui) donne l'intelligence du nom d'Hasdrubal. Pressé qu'il était par l'inquisiteur des mœurs (déjà évoqué) Amilcar voulant faire cesser des bruits fâcheux et désirant toutefois garder Hasdrubal avec lui, se hâta de lui donner sa fille en mariage — *to haste (heste),* se hâter, — *row (raou)* bruit, — *to pall (pâul)* abattre, affaiblir.

N'ayant pu, pour des raisons circonstancielles, consulter l'œuvre de Cornélius Népos, (93-30 av. J.C.), ami de Cicéron et auteur d'une *Vie des Hommes célèbres* incluant celle d'Hamilcar, nous ne pouvons savoir si l'expression inquisiteur des mœurs rapportée par l'auteur, figurait effectivement dans l'ouvrage indiqué. Mais si c'est le cas, pour tout dire, c'est trop beau pour être vrai. En effet, outre la mise en évidence du terme inquisiteur qui, on le sait, génère une répulsion certaine chez l'auteur, une anagramme de l'expression inquisiteur des mœurs, n'est autre que :

Ô ruses, mères d'iniquité.

Cet apparentement entre l'original et son anagramme a une lourde signification puisque, en langage religieux, l'iniquité désigne les péchés et les actes contraires à la religion et à la morale. C'est pourquoi Jésus s'est chargé de nos iniquités.

En outre, nous sommes contraints de nous interroger, sans résultat, sur la présence de ce *pâul* phonétique qui réapparaît dans la traduction celtique d'Annibal : (p. 94)

« Aussi l'avait-on appelé avec raison Annibal, c'est-à-dire ennuyé de mener la vie insipide d'un officier subalterne (**N.B. :** pendant la régence d'Hasdrubal) — *to annoy (annoï),* ennuyer, — *to pall (pâul)* devenir insipide. »

Et aussi sur l'étrange passage (p. 95) concernant Massinissa, allié des Romains, qui est le suivant :

« Cavalier indomptable, Massinissa ne connaissait point le repos dans une maison ou dans les hôtelleries dont il faisait profession de se moquer, — *mass,* amas — *to inn,* loger dans une auberge, *to hiss,* se moquer. »

L'auteur affectionne particulièrement les expressions hôtelleries ou *loger* dans une auberge puisqu'on les rencontrera plusieurs fois par la suite (pp. 124 et 303) où elles trouveront des explications cohérentes. Ce qui n'est pas le cas présentement.

Puis vient inévitablement le déclin des rois numides, avec les crimes affreux commis par Jugurtha, dont la description *celtique* donne lieu à une troisième et ultime apparition de ce mystérieux *paûl* : (p. 97)

« Jugurtha ajoute un autre crime, assiège malgré l'opposition des Romains, Adherbal dans une ville où il s'était réfugié, s'empare de ce dernier héritier de Micipsa et le fait périr dans les tourments, — *to add,* ajouter, — *heir (hér),* héritier, — *to pall (pâul),* abattre. »

Comme dans la première citation, la traduction française de *to pall* (pâul étant en outre mis en italiques), est erronée. Mais il doit bien y avoir une raison à cela !

3. Le bon Saint Augustin

Pour clore ce chapitre sur les rois Numides, en voici le couronnement qui nécessite, pour bien l'apprécier, la citation complète du texte : (pp. 97 et 98)

« Après la conquête de la Numidie par les Romains, des collèges furent établis dans les grandes villes africaines, pour l'étude des lettres latines et grecques : néanmoins, la langue punique ne cessa point d'être parlée dans son intégrité ; et ce qui le prouve, c'est le nom punique donné, vers la fin du quatrième siècle après Jésus-Christ, au plus grand génie que l'Afrique ait produit, Saint Augustin. A peine âgé de vingt-huit ans, possédant toutes les connaissances humaines enseignées à cette époque, il professait avec éclat la rhétorique à Carthage et quelques années après à Milan où il fut baptisé par Saint Ambroise en 387. Intelligence élevée, avide de toute science et surtout de vérité, esprit subtil et pénétrant, ayant une parole entraînante et un raisonnement d'une logique inébranlable, Saint Augustin méritait certainement le nom d'Aigle des assemblées, qu'on lui a donné avec justice et bonheur — *hawk (hâuk),* faucon, — *hustings (heusstings)* salle d'assemblée. »

Venant d'un prêtre catholique, cette tirade dithyrambique à l'égard de Saint Augustin d'Hippone (354-430), qui fut l'un des plus célèbres Pères de l'Eglise, semble tout indiquée et dans l'ordre des choses. Mais, pour comprendre la suite, il est nécessaire d'expliciter et compléter le texte ci-dessus. Augustin était né, à Thagaste, aujourd'hui Souk-Harras, en Algérie. Son intelligence précoce et ses larges dispositions intellectuelles lui avaient permis de faire de solides études, en partie autodidactiques dit-on. Très jeune, il avait enseigné la rhétorique à Carthage, mais avait connu à ce moment là une vie relativement agitée puisque, avant l'âge de vingt ans, il avait eu un enfant avec une concubine ; un garçon qui fut prénommé Adéodat. Sa pensée fut très marquée par le néo-platonisme et il succomba même aux sirènes du manichéisme. C'est lors d'un séjour à Milan où il s'était rendu, à l'incitation de sa mère Monique qui était fort dévote, qu'il fut conquis par l'éloquence de Saint Ambroise (339-394), évêque de cette cité — qui avait d'ailleurs eu, comme lui, une jeunesse fort agitée — mais qui devint également un Père de l'Eglise. Augustin se convertit tardivement au catholicisme puisqu'il fut baptisé, par ce même Ambroise, alors qu'il avait trente-trois ans, l'âge présumé du Christ à sa mort. A son retour en Afrique, il fut élu et consacré évêque d'Hippone (Bône devenue Annaba). Cette cité se trouvait dans la province romaine de Numidie, et était alors gouvernée par le comte Boniface, qui n'allait pas tarder à devoir affronter les plus terribles des barbares, les Vandales du roi Genséric. La situation était d'autant plus grave que les jeunes romains christianisés refusaient d'être assujettis au service militaire ; et ceci, en dépit du fait que le Concile d'Arles, tenu en 314 sous Constantin, avait décidé d'excommunier tous ceux qui refuseraient le service armé. Mais cela semblait dans l'ordre des choses puisque Jésus, au Jardin des Oliviers, avait jeté la condamnation sur « *celui qui se sert de l'épée* » ! Boniface, avait une escorte essentiellement composée de soldats goths ariens, et dans cet entourage se trouvait un évêque arien, du nom de Maximin, venu accompagner un certain comte Sigisvult. Ce Maximin, faisant preuve d'un certain activisme, se heurta inévitablement à Augustin et eut à Hippone, avec ce dernier, une grande controverse théologique. C'est là un fait connu puisqu'il nous est resté un sermon intitulé *Contre les blasphèmes de Maximin, établi en Afrique avec le comte Sigisvult.* Il faut savoir que ce Maximin était vraiment très virulent, et influent, puisqu'il s'opposa aussi à Saint Athanase d'Alexandrie, chef du clan trinitaire de Nicée et que ce dernier, pour l'affronter, fut contraint de requérir l'aide de Saint Antoine le Grand, dit Saint Antoine Ermite, et l'extirper ainsi momentanément de sa thébaïde.

Cette petite digression historique pourrait paraître superfétatoire, mais elle s'inscrit très bien dans le cadre du présent ouvrage, puisque ce Maximin est le seul personnage portant le titre d'évêque connu des historiens. Ce qui n'a pas empêché l'Eglise de faire d'un certain Maximin, qui pourtant ne figure même pas dans les écrits apocryphes chrétiens, le premier évêque d'Aix en Provence et le compagnon de Sainte Marie-Madeleine. Il est vrai qu'à la suite de Grégoire de Tours, l'imagination des clercs du Moyen-Age ne connut plus de limites !

En 410, Augustin apprit à son grand désespoir que Rome, berceau et centre de la chrétienté occidentale, avait été prise et mise à sac par les Wisigoths d'Alaric. Ce qui le conduisit à rédiger son œuvre principale, *La Cité de Dieu,* pour essayer de raviver une foi, devenue défaillante, parmi ses contemporains terrorisés. Il fut un auteur très fécond et, parmi ses œuvres les plus connues figurent *Les Confessions,* ouvrage à la fin duquel il cherche à donner une définition, demeurée célèbre, du mystère prégnant de l'écoulement du temps. Il mourut dans sa bonne ville d'Hippone, alors qu'elle était assiégée par les Vandales de Genséric et n'allait pas tarder à tomber entre leurs mains. C'était le début de la fin pour la chrétienté d'Afrique avant la survenue, deux siècles plus tard, des troupes du Prophète qui allaient trouver en ces lieux le terreau favorable de l'arianisme.

Le contexte historique ayant été rapidement brossé, penchons nous à présent sur la partie la plus intéressante du texte, c'est-à-dire la fin, dont un détail, jusque là méconnu, ne peut qu'attirer l'attention du lecteur : (p. 98)

« ... Saint Augustin méritait certainement le nom d'Aigle des assemblées qu'on lui a donné avec bonheur — *hawk*, faucon, — *hustings*, salle d'assemblée. »

C'est — en tout cas à ma connaissance — la première fois qu'apparaît cette bizarre expression d'*Aigle des assemblées*. On savait que l'Eglise avait fait de l'aigle le symbole de Saint Jean l'Evangéliste, et que Bossuet était surnommé l'Aigle de Meaux, mais celui des *assemblées* manquait jusqu'ici à l'appel !

Tout d'abord, vous conviendrez avec moi qu'un faucon n'est pas un aigle, sinon cela se saurait. Ensuite hustings n'a jamais signifié salle d'assemblée, comme il le prétend, mais désigne tout simplement une estrade, ou une tribune, depuis laquelle les candidats à une élection haranguent les électeurs.

Hawk-hustings, qui rend bien phonétiquement Augustin prononcé par un locuteur anglais, signifie tout simplement *faucon des estrades*, ce qui n'est pas très flatteur. L'auteur a donc choisi *Aigles des assemblées*, expression à la fois plus martiale, car elle rappelle les aigles romaines ou impériales, et plus religieuse pour les raisons indiquées plus haut.

En fait, cette expression inédite a été choisie avec un grand discernement par l'auteur car elle permet plusieurs versions anagrammatiques, dont voici la première :

AIGLE DES ASSEMBLEES donne *MAGE DES SABELLIES.*

Cette expression n'a pas, en l'état, de signification identifiable. Mais en fouillant un peu le domaine religieux, et en ajoutant une consonne, cela prend une tournure et un sens plus évidents :

MAGE DES SABELLIENS.

Les *sabelliens* étaient les adeptes de la doctrine hérétique (encore une !) de Sabellius, anathématisée lors d'un synode tenu à Alexandrie en 261. L'hérésiarque Sabellius, né au deuxième siècle en Lybie, considérait les trois personnes de la Trinité comme trois aspects d'une même personne, et niait la nature humaine de Jésus-Christ, pour ne lui reconnaître que la nature divine. Il était donc un tenant du docétisme, vieille croyance chrétienne antique qui, avec le dualisme, imprégna plus tard les cathares. Lors du Concile de Nicée, tenu en 325, les tenants les plus durs de l'orthodoxie trinitaire, en particulier Marcel d'Ancyre — du nom de la ville fondée par les Galates qui étaient des Celtes — furent accusés de sabellianisme par les ariens.

Toujours égal à lui-même, Boudet demeure très cohérent puisque, d'une part, Sabellius était un Lybien, donc un voisin d'Augustin qui était Berbère et, d'autre part, nous retrouvons, à travers les sabelliens, les thèmes qui lui sont chers, c'est-à-dire les docètes, Marcion et les cathares. A n'en pas douter, l'auteur savait que Saint Augustin avait doublement pêché dans sa jeunesse un peu agitée, puisque, pendant un temps, il avait eu un net penchant pour le manichéisme. Mais là ne s'arrête pas sa démonstration, car une seconde version, encore plus sophistiquée est disponible :

AIGLE DES ASSEMBLEES donne aussi *LE MAGE DE SES BASILES*

ou encore

LE SAGE DE MES BASILES.

Nous avons donc le choix entre le mage et le sage accompagnés chacun, dans l'expression, d'une relation d'appartenance : ses et mes. Comme l'on sait les mages étaient des prêtres pratiquant l'astrologie dans l'Orient ancien, Chaldée, Perse et Babylone. On les retrouve dans l'épisode des Rois mages qui, ayant suivi l'étoile, s'étaient rendus à Bethléem pour saluer l'enfant Jésus et lui offrir symboliquement l'or, l'encens et la myrrhe. Le sage, lui, peut avoir également un sens religieux dans le cas où c'est celui qui détient la Sainte Sagesse — *Aghia Sophia* — matérialisée par la merveille de l'art byzantin qu'est Sainte Sophie de Constantinople.

Demeure ce mystérieux basile qui n'en est pas moins intéressant, car il s'intègre très bien dans le contexte de l'ouvrage. Et l'auteur fait même d'une pierre plusieurs coups, ce qui est peu banal !

Il évoque d'abord *Basile Valentin*, pseudonyme sous lequel furent publiés, au XVe siècle, de nombreux ouvrages d'alchimie dont le renom est resté inégalé. On pense que l'auteur en était un moine bénédictin inconnu, appartenant à l'abbaye Saint-Pierre d'Erfurt, en Allemagne, car c'est en ce lieu que furent retrouvés, par hasard, ses manuscrits. Et nous verrons que Boudet, esprit très ouvert, s'intéressait aussi à l'alchimie.

De fil en aiguille, et à titre purement anecdotique, si nous passons momentanément de Basile à Valentin, nous mettons en évidence le plus célèbre des gnostiques ayant enseigné à Rome, à la même époque que Marcion. Nous avons vu, par ailleurs, que la théogonie de Valentin avait été effleurée par l'auteur lorsqu'il a introduit, de façon dispersée dans le texte, sa première dyade : *Noùs-Alethéia*. Et, pour boucler le cercle des coïncidences, Valentin eut pour maître, à Alexandrie dont il était originaire, un certain Basilide, philosophe néo-platonicien considéré comme l'un des précurseurs du gnosticisme.

Illustration extraite de *La sixième des douze clefs,* Basile Valentin, 1618.

Ensuite nous trouvons Saint Basile (329-379), évêque de Césarée, en Cappadoce. Il est l'un des Pères de l'Eglise grecque et s'attacha, après le Concile de Nicée, à combattre les schismes et, en particulier, l'arianisme qui avait refait surface à Constantinople sous l'empereur Constance. On sait que l'arianisme était la croyance des Wisigoths et fut transmise, par eux, à toutes les tribus barbares germaniques orientales.

Enfin, et c'est sans doute là que voulait en venir l'auteur, le basile est l'archétype de l'hypocrite et du faux dévot, cupide et calomniateur. Il tient son nom du personnage très connu du *Barbier de Séville* de Beaumarchais qui, vêtu de l'habit ecclésiastique, est sournois, intrigant et trompeur :
« Calomniez, calomniez, il en restera toujours quelque chose ! »

Nous avons donc le choix entre le Mage de ses basiles, donc ceux d'Augustin, et *le Sage de mes basiles,* ceux qui appartiennent à l'entourage étendu de l'auteur !

Mais poursuivons notre lecture de la même page, pour rencontrer les Kabyles qui sont les successeurs des contemporains d'Augustin. (p. 98)

4. Les bourdonnements des abeilles kabyles.

L'auteur nous présente tout d'abord une étude de mœurs des divers prédécesseurs des Kabyles que nous avons déjà rencontrés. Il nous dit que les Carthaginois se distinguaient des autres peuples par la finesse et la ruse et qu'ils étaient donc d'une insigne mauvaise foi.

« Cependant, ajoute-t-il, cette *mauvaise foi* n'appartenait point aux seuls Carthaginois mais entachait aussi les Numides en la personne de Gulussa qui nous a suffisamment édifié sur la tromperie habituelle de ses mœurs. Les Kabyles, descendans (sic) incontestés des Numides, avaient également des mœurs chicanières comme le montre leur nom : *to cavill,* chicaner. Quant aux Maures, relativement à la chicane, ils n'avaient rien à envier aux habitants de la Grande Kabylie. Les uns et les autres ne manquent aucune occasion de prouver combien sont grandes leur mauvaise foi et leur perfidie. »

Et il termine ce tour d'horizon par les Berbers, peuplade à laquelle on sait qu'appartenait saint Augustin, et qui de ce fait, mais assez bizarrement, vont obtenir son absolution :

« Les Berbers montrent une grande honnêteté dans leurs relations. Elle provient sans doute de ce que, pendant plusieurs siècles, le christianisme a été florissant dans leur pays ; et cette cause est plus que suffisante pour que les mœurs d'un peuple accusent le changement profond opéré par la pratique exacte des préceptes évangéliques. Malgré le despotisme musulman qui les a saturés de mahométisme, les Berbers n'ont point perdu le souvenir de la religion chrétienne, et ils montrent avec orgueil la croix tatouée qu'ils portent sur leur main ou sur leur bras. »

Outre sa violente charge contre le despotisme musulman — normale puisqu'il s'agit de concurrents dans la domination des esprits, — c'est sous sa plume la première apparition de la plus éminente des vertus théologales, la foi, mais avec une connotation négative car mauvaise. Nous sommes loin de l'œcuménisme !

Après avoir longuement disserté sur les généraux carthaginois, les rois numides, rendu un hommage, à vrai dire très discutable au grand Saint Augustin, et finalement insisté sur la mauvaise foi de ces peuplades africaines, l'auteur en vient tout naturellement à l'évocation de la langue kabyle. Comme on le sait, ces Kabyles descendent des Numides, autrement dit des démunis, et il imagine chez eux outre la présence de sang vandale, celle éventuelle de sang gaulois, « Car chez les Kabyles, dit-il en se référant à un certain général Daumas, certains individus ont quelquefois les cheveux roux et les yeux bleus. »

Puis il nous précise pour la énième fois le mode d'emploi à utiliser pour éclairer la suite de son texte :

« On a remarqué avec quelle facilité la langue punique, par ses jeux de mots, savait créer les noms propres d'hommes.... (...) ... Les noms communs offrent aussi des combinaisons semblables et représentent en plusieurs monosyllabes associées, des phrases entières avec un sens rigoureux et précis. » (pp. 101 et 102)

Essayons donc de voir s'il est possible, comme il le sous-entend, d'accéder aux subtilités de cette langue. Ou du moins de ce qu'il en dit. Pour cela, nous allons devoir faire une brève incursion dans le domaine de certains hyménoptères sociaux, qui participent involontairement, depuis des temps immémoriaux, à la subsistance des humains. C'est ainsi que :

« Les anciens habitants de l'Afrique du Nord n'élevaient point probablement les abeilles, dont les essaims se propageaient en liberté dans le creux des troncs d'arbres ou les fentes des rochers. Ces abeilles, peu accoutumées au voisinage des hommes et des animaux, « tourmentaient cruellement les voyageurs qui passaient près de leur demeure et troublaient par leurs piqûres cuisantes la tranquillité de leur marche. » Tel est le sens du mot abeille en kabyle *thizizouith,* au pluriel *thizizoua.* »

Faisons l'impasse sur la décomposition celtique du terme kabyle ci-dessus, *thizizouith,* espèce d'onomatopée sifflante chargée d'égarer le lecteur, et attachons-nous plutôt à découvrir, grâce au mode d'emploi punique proposé, ce que cachent ces fameuses *abeilles.* Tout d'abord il constitue, en l'état, une référence géographique dont nous verrons plus loin l'utilité. Ensuite, ce terme possède tout simplement une anagramme connue qui est Le *basile, (bis repetita)* sur laquelle il est inutile de revenir ! Comme la suite va le montrer, c'est le genre de personnage qui s'insère le mieux dans le contexte puisque, si nous poursuivons notre lecture nous obtenons, au terme d'une utile traduction celtique, son bourdonnement :

« Nous employons pour cette interprétation le pluriel *thizizoua.* Toutefois en nous affranchissant des terminaisons propres au singulier ou au pluriel, le sens de *thizizouith* devient encore plus facile et plus clair, puisque c'est alors le bourdonnement de l'insecte qui importune et trouble le repos — *to tease,* importuner, — *ease,* repos — *to whiz,* bourdonnement. »

D'ailleurs nombreux étaient ceux qui détestaient entendre ces bourdonnements, puisque l'auteur écrit, dans le chapitre suivant concernant la langue basque : (pp. 122-123)

« Les périphrases employées dans la langue basque sont plus sensibles encore dans l'expression de certains faits naturels : « Le lever de soleil, iruzki atheratzea, présente le sens suivant : celui qui est fatigué, déteste d'entendre bourdonner dans l'air.... ». Puis « Le coucher du soleil, iruzki sartea » accuse une formation semblable : le cultivateur arrivé au soir, déteste d'entendre bourdonner dans l'air. »

Ainsi, au terme de nombreuses circonlocutions et traductions celtiques, mais de façon très logique, nous sommes conduits de l'abeille sauvage et misanthrope, au bruit qu'elle fait en volant : le bourdonnement.

Saint Roch à Rennes-le-Château

En fait, on a coutume de dire que l'abeille bourdonne parce que son mâle est appelé faux-bourdon. Mais l'auteur était bien placé pour savoir que bourdon est un terme polysémique, c'est à dire qui possède plusieurs acceptions, à connotation religieuse. C'est par exemple une grosse cloche au son grave, ou encore un jeu d'orgue ; mais c'est aussi un long bâton, surmonté d'un ornement généralement en forme de pomme ou de calebasse, utilisé au Moyen-Age par les pèlerins. Pour en voir un, il suffit simplement de se rendre dans l'église de RLC, si chère à l'auteur, et de contempler la statue de saint Roch qui le retient par son bras droit. Ce multiple bourdonnement a été introduit sciemment par l'auteur, car le bourdon du pèlerin est passé dans le langage populaire de l'Occitanie médiévale sous la forme bourdonnier ou bourdonneau [4]. Au cours de la croisade, c'est en effet l'un des surnoms que les malheureux occitans angoissés donnaient aux croisés, basiles et autres inquisiteurs, personnifiés par des pèlerins ou porteurs de bourdons.

Ce qui explique pourquoi *les abeilles sauvages*, ces basiles sauvages, *tourmentaient cruellement les voyageurs* — Parfaits cathares à la prédication devenue itinérante — *qui passaient près de leur demeure* — tribunaux de l'Inquisition — *et troublaient par leurs piqûres cuisantes* — comme des bûchers — *la tranquillité de leur marche*. C'est, je suppose, ce qu'il entendait par phrase entière avec un sens rigoureux et précis !

NOTES

1. Voir *Guide Bleu d'Egypte*. Op. cité.

2. In *Histoire des croyances et des idées religieuses. Tome 1*. Op. cité, pp. 144-145.

3. In Histoire de l'Humanité. tome 1. Op. cité, p. 613.

4. Il convient de noter également que le terme *bourdon*, se rapproche de bourdaine qui n'est autre que la dénomination d'une espèce d'aulne (*Rhamnus frangula*). Arbre dont une variante est citée plusieurs fois dans le texte sous le terme *alader* ou *alder* (p. 18 et 220), et dont il sera démontré l'utilité de sa présence au chapitre XXI, 7.

-XVIII-

Dieu serait-il sphérique ?

Lorsqu'il veut traiter de la signification religieuse du Cromleck — celui-ci étant, comme l'on sait, un monument mégalithique circulaire fait de pierres dressées — l'auteur développe le symbolisme du cercle d'une façon imagée qui lui est toute personnelle (p. 245) :

« Les cercles tracés par les pierres levées, avaient pour les Celtes un sens profondément religieux. Les Druides de même que les anciens philosophes, regardaient la figure circulaire comme la plus parfaite : elle leur représentait la perfection Divine, immense, infinie, n'ayant ni commencement ni fin. Zénon enseignait que Dieu était sphérique, c'est-à-dire parfait, et la sentence si recommandée d'Empédocles, disant que Dieu est une sphère intellectuelle et incompréhensible dont le centre est partout et la circonférence nulle part, ne signifie pas autre chose que l'excellence et la perfection infinies de Dieu. Le roi David s'écrie dans le même sens : « Le Seigneur est grand et au dessus de toute louange : il n'y a point de fin à sa grandeur. » »

Tout d'abord, il semble évident que les philosophes grecs auxquels il se réfère ne pouvaient traiter de Dieu (avec une majuscule), car il s'agit d'une notion judéo-chrétienne plus tardive. Cependant la philosophie grecque servit de support dans l'élaboration du christianisme, car les Pères de l'Eglise, qu'ils soient grecs, latins ou berbère comme Saint Augustin, étaient, pour la plupart, imprégnés de néo-platonisme. Seul Saint Thomas d'Aquin, dix siècles plus tard, après la redécouverte en Espagne musulmane des textes grecs, et leur traduction en latin, préféra appuyer ses démonstrations sur la logique aristotélicienne.

Mais intéressons nous donc aux deux philosophes choisis par l'auteur. Le choix de Zénon n'est pas innocent, car il a, à son habitude, voulu nous tendre un piège. En effet, comme ce fut le cas pour Salluste, il existe deux personnages grecs célèbres portant ce patronyme. Le premier est Zénon d'Elée (né vers 500 av. J.C.), qui fut un élève de Parménide et est considéré comme l'inventeur de la dialectique. Il est le philosophe de la continuité, par opposition aux pythagoriciens qui, s'appuyant sur les nombres, sont ceux de la discontinuité. Opposition que l'on retrouve encore de nos jours dans les sciences dites *dures* comme la physique et la cosmologie, avec l'impossibilité — que l'on espère provisoire — de concilier la théorie de la relativité d'Einstein (continue) et la mécanique quantique de Planck (discontinue). Pour démontrer cette continuité Zénon s'appuyait sur deux paradoxes célèbres qui sont ceux de la flèche qui n'atteint jamais sa cible, et d'Achille qui fait la course avec une tortue qu'il ne peut jamais rattraper. Son intérêt pour la géométrie l'a peut-être poussé à s'intéresser à la *sphère,* en tant que volume parfait, mais votre serviteur est contraint d'avouer ne pas savoir s'il enseignait qu'elle était comparable à Zeus, le maître de l'Olympe.

La basilique Saint Lazare à Larnaca

Le second, qui s'intègre mieux au cadre de cet ouvrage est Zénon de Citium (ou Kition) (vers. 335.- vers. 262 av. J.C.) qui enseigna à Athènes et est considéré comme le fondateur de l'Ecole stoïcienne. Outre que l'auteur semble éprouver une forte inclination pour cette philosophie, le seul intérêt de la chose réside, pour nous, dans le fait que la ville antique de Kition (aujourd'hui Larnaca), se trouve à Chypre ; et que, selon la Tradition de l'Eglise orthodoxe grecque, son premier évêque aurait été Lazare, le frère de Marie-Madeleine. Selon la version religieuse locale, recueillie sur place par votre serviteur, son tombeau aurait été découvert en l'an 890 dans un cimetière paléo-chrétien. Il put être identifié par son orientation est-ouest et une inscription portée sur le couvercle du sarcophage qui aurait été la suivante : *Ci-git Lazare, l'ami de Jésus.* Dans la liesse générale, une bonne part des restes du *ressuscité de Béthanie* et l'extrémité gravée de la dalle — preuve de l'identification — furent immédiatement envoyés, en hommage, à l'empereur régnant alors à Byzance, Léon VI le Philosophe. En remerciement, ce basileus dépêcha à ses sujets insulaires un architecte et les fonds nécessaires à l'édification d'une basilique commémorative dédiée à ce saint. Elle fut élevée sur l'emplacement dudit cimetière dans les années 900-910 et, au cours des siècles et aussi au hasard des nombreuses invasions, dont la dernière, très coercitive, fut l'ottomane, elle subit de nombreuses déprédations et plusieurs remaniements. Le sarcophage dans lequel Lazare aurait reposé est encore visible dans la crypte, à son emplacement originel, et il y manque effectivement le corps et l'extrémité de la dalle de couverture sur laquelle aurait figuré l'inscription. Ce tombeau est toujours l'objet d'une grande vénération de la part de pèlerins venus de tout le monde orthodoxe.

Demeure le problème des conditions de cette découverte. Qu'un Charlemagne, régnant à une époque pour le moins obscurantiste, prenne pour argent comptant les élucubrations mirobolantes de son entourage ecclésiastique n'a en soi rien d'étonnant. Qu'un basileus byzantin, qualifié de philosophe, ait pris très au sérieux les dires du clergé insulaire, conduit à essayer d'en savoir plus sur le personnage. Pour conserver une certaine distanciation à l'égard de ce phénomène, de type religieux, et vu la rareté des sources accessibles, nous ferons appel à l'historien anglais Edward Gibbon, que l'on ne peut soupçonner de complaisance à l'égard de la religion. Il écrit au sujet du basileus Léon VI : (tome 2, p. 392)

« La superstition la plus puérile troubla son esprit ; il consacra par ses lois l'influence du clergé et les erreurs du peuple ; et ces oracles, où il révéla en style prophétique les destinées de l'empire, ne sont fondées que sur l'astrologie et la divination. »

Voilà qui est très inquiétant pour un personnage prétendument philosophe ; mais le célèbre historien tempère un jugement relativement sévère de sa part, puisqu'il ajoute :

« Si l'on examine d'où lui vient le surnom de philosophe, on trouve qu'il fut moins ignorant que la plus grande partie de ses contemporains, soit de l'ordre ecclésiastique, soit de l'ordre civil ; que le savant Photius avait dirigé son éducation et que cet empereur publia, sous son propre nom, plusieurs ouvrages sur les matières sacrées ou profanes. Mais un tort de conduite domestique, et la multiplication des ses mariages nuisit à sa réputation de philosophe et d'homme religieux. »

Léon VI était donc un homme de son temps, c'est-à-dire religieux. Et tout philosophe qu'on ait pu penser qu'il fut, la foi étouffait sans doute chez lui une part de discernement. On ne saura donc jamais si les inventeurs du sarcophage de Lazare avaient gravé eux-mêmes les inscriptions figurant sur la dalle de couverture ! Ceci posé, il semble tout de même réaliste de penser, comme le prétendent les traditions catholique et orthodoxe, que Lazare serait venu à Chypre se placer sous la protection du proconsul Sergius Paulus devenu chrétien, y aurait exercé son apostolat et serait décédé à Kition vers l'an 75. Mais alors, comment expliquer la présence de ses prétendues reliques à l'abbaye Saint-Victor de Marseille, et la tradition locale qu'elles ont fait naître ? Et bien depuis le voyage de Sainte Hélène à Jérusalem, et l'Invention de la Vraie Croix retrouvée dans une citerne du Golgotha à l'initiative de Makarios, évêque du lieu, s'était instaurée, dans les deux parties de l'Empire, une véritable chasse aux reliques. Reliques dont la plupart étaient le plus souvent des faux, mais qui drainaient d'importants pèlerinages organisés pour soutenir la foi des fidèles, et générer des revenus financiers considérables aux établissements religieux qui en étaient les heureux possesseurs. On sait que cette habitude néfaste se répandit en Occident dès l'époque carolingienne, comme le montre l'exemple de ce moine, nommé Rodoin, qui déroba le crâne du pape Grégoire le Grand dans la crypte de Saint-Pierre de Rome, au profit de son monastère. Ou cet autre nommé Badilon qui, à l'initiative du bourguignon Girard de Roussillon, aurait volé, à Aix-en-Provence les reliques présumées de Marie-Madeleine, pour en faire bénéficier l'abbaye de Vézelay, dont la basilique fut consacrée en l'an 1050. Mais il s'agissait là d'une guerre picrocholine interne à l'Eglise romaine puisque, deux siècles plus tard, en 1279, les reliques de cette sainte furent inventées en un lieu devenu depuis Saint-Maximin.

En avril 1204, la troisième Croisade détournée de son but, aboutit à la prise de Constantinople — alors la plus belle et la plus raffinée des villes du monde connu — et à sa mise à sac par les Francs et les Vénitiens. Sac beaucoup plus violent et sanguinaire que celui qui avait suivi la prise de Rome par les Wisigoths d'Alaric, en août 410. Au-delà de toutes les irréparables dévastations matérielles et drames humains qui entachèrent ce triste événement, Gibbon nous apporte cette information complémentaire et peu répandue qu'il dit avoir tirée de *l'Histoire Ecclésiastique de Fleury* (Tome. XVI, p. 269-270) :

« Les plus éclairés d'entre les pèlerins, ceux qui ne partageaient pas les goûts grossiers et sensuels de leurs compatriotes, exercèrent pieusement leur droit de conquête sur les reliques des saints. Cette révolution procura aux églises d'Europe une immensité de têtes, d'os, de croix et d'images, et augmenta tellement par ce moyen les pèlerinages et les offrandes, que ces reliques devinrent peut-être la partie la plus lucrative du butin rapporté d'Orient. »

Il n'est donc pas impossible que la mâchoire de Saint Lazare détenue par l'abbaye Saint Victor de Marseille — et non de Marsilla ! — ait figuré dans cet inventaire à la Prévert.

Mais venons-en à Empédocle (490-430 av. J.C.), qui était originaire d'Agrigente, en Sicile. C'était un philosophe présocratique, personnage excentrique que certains considèrent comme un initié de la nature et des sciences secrètes, et qui voulait dépasser la condition humaine. Ce qui explique que Nietzsche s'en soit inspiré. Il se serait suicidé en se jetant dans le feu de l'Etna, abandonnant ses chaussures sur le bord du cratère comme preuve de son acte. Son cas est différent de celui de Zénon d'Elée, car il a effectivement traité de la sphère. Il a en effet écrit qu'au commencement (du monde) régnait le dieu de forme sphérique, *Sphairos*, qui était indistinct et indifférencié et sans autre limite que sa circonférence [1]. En outre, dans l'exposé de sa philosophie, il représente par la sphère un univers empli des quatre éléments, le feu, l'air, la terre et l'eau, qui est perpétuellement agité par l'opposition existant entre l'amour et la haine. Enfin, *the last but not the least*, comme eut dit Boudet ! Il est l'auteur d'un ouvrage proche des préoccupations de ce dernier, puisqu'il a pour titre *les Catharmes* (Les Purifications).

N'ayant pu vérifier si ce philosophe avait écrit «que Dieu est une sphère intellectuelle et incompréhensible dont le centre est partout et la circonférence nulle part », nous ne lui tiendrons pas rigueur de n'avoir pas su qu'une sphère est limitée par sa surface et non par sa circonférence [2]. Cette définition fort poétique lui a d'ailleurs été tardivement empruntée, car elle figure de façon remaniée, dans un livre, très connu de ceux qui s'intéressent à l'ésotérisme et l'alchimie, attribué à Hermès Trismégiste, personnage légendaire qui aurait vécu vers 2900 av. J.C., et qu'évoquent Platon et Jamblique. En réalité, il s'agit d'un écrit apocryphe apparu vers le XIIe siècle et intitulé : *Livre des vingt-quatre philosophes*, dans lequel il est dit que « Dieu est un cercle dont le centre est partout et la circonférence nulle part. » [3]

Mais puisque nous avons évoqué les écrits attribués à Hermès et l'alchimie, nous allons poursuivre dans cette voie. Il est à peu près certain que notre sympathique abbé s'intéressait à l'alchimie pour deux raisons. Tout d'abord, Louis Figuier, son auteur de prédilection, avait publié en 1854 un livre

intitulé *L'alchimie et les alchimistes*, ouvrage que Boudet n'avait sans doute pas manqué de lire ;
et qui semble encore faire autorité en la matière, puisqu'il fut réédité deux fois cent ans plus tard,
en 1960 et 1970. La seconde raison tient au fait que l'auteur nous gratifie, avant de clore son
ouvrage (p. 305), d'un site exotique totalement inconnu, susceptible de n'attirer l'attention que
d'un lecteur ayant atteint la fin de son ouvrage sans sombrer en léthargie. En effet, il est écrit :

« Un nouveau village fut construit sur le plateau de Villanova qui domine les thermes du côté nord-est. »

Dans cette zone, il avait déjà évoqué un site dénommé Artigues ; mais alors Villanova, comme aurait
pu lui rétorquer dans leur idiome maternel son confrère Bérenger Saunière : Ount es aco ? (Où est-
ce ?) Qu'en est-il, en effet, de ce mystérieux plateau de Villanova qui ne figure même pas sur la carte
dessinée par son frère Edmond ? Rien d'autre qu'une espèce de mariage entre la carpe et le lapin,
procédé usité fréquemment par l'auteur pour égarer le lecteur légèrement anesthésié par la lecture
de sa prose. Si le *plateau* est issu de son imagination, le terme *Villanova* a, par contre, été introduit
sciemment par ses soins pour nous ramener à l'époque de l'Inquisition. Il fait en effet référence à un
personnage célèbre, Arnaldo de Villanova, plus connu en France sous le nom d'Arnaud de Villeneuve. C'est un clin d'œil à un personnage, dont il nous signifie qu'il appartient à son univers intellectuel, et qui avait comme nous allons le voir des idées très larges et quelque peu hétérodoxes.

Arnaud de Villeneuve

Arnaldo de Villanova (1235-1311), né en
Catalogne, fit de solides études de médecine,
de droit et de théologie dans les plus célèbres
universités de son temps : la Sorbonne,
Salerne en Italie et aussi Montpellier, dont il
devint le plus réputé des médecins et des pro-
fesseurs. Les cours magistraux qu'il y dis-
pensa attirèrent des étudiants de l'Europe
entière. C'était un homme vraiment excep-
tionnel, d'un tempérament curieux et imaginatif et l'une des têtes les mieux faites de son
temps. L'élaboration des médicaments,
nécessaires à l'exercice de sa profession, le
conduisit inévitablement à l'utilisation des
cornues et des colonnes de distillation. Et
donc à la pratique de *l'alchimie,* héritage
local de l'influence arabe, dont il avait appris
les premiers rudiments à la Sorbonne sous le
magistère du fameux dominicain Albert le
Grand. *La Tabula Smaragdina* (Table d'Emeraude) et le *Liber Philosophorum* (Livre des
24 philosophes), apocryphes que la légende,
nous l'avons vu, attribue à Hermès Trismé-

giste, ne présentaient donc pour lui aucun secret. Le lecteur se souvient sans doute que cette *Tabula Smaragdina* avait été précédemment évoquée dans le cadre des multiples références à la couleur verte, dans le chapitre consacré à la *pierre de Trou* — « avec le jade, la diorite et la serpentine » (p. 256), –et à la source de la Madeleine « où l'on aparçoit du sulfure de fer d'une belle couleur verte. » (p. 274)

Certains pensent qu'Arnaud de Villeneuve fut le premier à introduire le concept de *Pierre Philosophale* (Lapis philosophorum) et l'*Elixir de Vie*. Dans un écrit intitulé *Rosarium Philosophorum*, qu'on lui attribue sans doute faussement, cette pierre miraculeuse est ainsi décrite :

Hic lapis exilis extat precio quoque vilis,	*Cette pierre insignifiante mais d'une valeur insigne*
Spernitur a stultis, amatur plus ab edoctis.	*Est méprisée par les insensés et très appréciée des sages.*[4]

Cette *Lapis exilis* est évidemment à rapprocher de la *lapsit exilis*, qualificatif que Wolfram von Eschenbach donne au Graal-Emeraude dans son Parzival. On dit que cette gemme, que certains nomment Urna, serait tombée du front ou de la couronne de Lucifer lors de sa chute du Plérôme ; son évocation permet évidemment une liaison facile avec la Table d'Emeraude.

Villanova introduisit la philosophie et la spiritualité dans le domaine de l'alchimie, avec la notion de *spiritus* qui, selon lui — car il était aussi astrologue — véhicule l'influence des astres dans l'Univers et sert, au niveau du microcosme, de pont entre le corps et l'âme. Enfin, on lui prête également la connaissance de la *kabbale*. C'est pourquoi, l'étendue de son domaine d'activité et ses connaissances encyclopédiques le firent classer, par la suite, parmi les magiciens.

En dehors des occupations intellectuelles que lui procuraient ses nombreuses activités, il aurait pu, étant féru de philosophie, occuper son temps disponible à rédiger quelques commentaires sur Platon et Aristote. Mais à la Sorbonne il s'était frotté à la scholastique et, pour son malheur, chercha à pénétrer plus avant les arcanes de la théologie. Puis, chose impensable, il se lança même dans la prédication. Mal lui en prit car cela lui valut, sur ses vieux jours, quelques tribulations dont il ne réchappa, comme nous l'allons voir, que de façon quasi-miraculeuse.

Ainsi, vers l'an 1300, il fut appelé au chevet de son souverain, Jacques II d'Aragon (1291-1327), qui tenait alors sa cour à Montpellier et était souffrant. Il le soigna et le guérit, mais le troubla fortement par une insolite prédication religieuse. En digne émule du célèbre moine calabrais Joaquim de Fiore, il lui déclara avoir lu dans les astres le proche avènement de l'Antéchrist — pourtant Frédéric de Hohenstaufen était mort depuis cinquante ans ! — et la fin du monde. Le monarque s'en étant probablement ouvert à son confesseur, cela valut à Arnaldo ses premiers démêlés avec les frères prêcheurs, aux oreilles desquels cette prophétie était parvenue. Lesquels interdirent, dès lors, la lecture de ses livres. Ensuite son souverain l'envoya en mission auprès du roi Philippe le Bel. Mais dès son arrivée à Paris, les Inquisiteurs l'attendaient et l'arrêtèrent. Au cours d'un procès tenu en Sorbonne devant les sommités ecclésiastiques, on lui reprocha son animosité à l'encontre du clergé, sa prophétie et le contenu de son *Traité sur le Saint Nom*, ouvrage disparu qui exhalait probablement de forts relents gnostiques. En foi de quoi, ledit tribunal ordonna que ses écrits fussent brûlés en public. Mais, finalement, il en réchappa et fut élargi sur l'intervention du roi et du pape Boniface VIII, à la demande duquel il se rendit en Italie. Hélas, à son arrivée, bis repetita, il fut à nouveau emprisonné, puis traduit devant une sorte de consistoire secret devant lequel, c'est à n'y pas croire, il aurait déclaré qu'il puisait directement son inspiration chez le Christ. Il dut abjurer ses erreurs — provocations semblerait plus adéquat ! — et aurait évidemment été condamné au bûcher si les circonstances — à moins que ce ne soit une véritable intervention divine ! — n'avaient plaidé en sa faveur. En effet, le pape était à ce moment là gravement malade, et c'est probablement la raison pour laquelle il avait dû l'appeler à son chevet afin de bénéficier de sa réputée science médicale. Arnaldo le soigna et, à son habitude, lui rendit temporairement la santé. Mais il devait mourir peu de temps après, consécutivement au choc émotionnel provoqué par la gifle que lui asséna l'occitan Guillaume de Nogaret. Finalement Arnaldo put quitter Rome après que Boniface l'ai remercié de lui avoir sauvé la vie ; mais ce dernier lui conseilla de se limiter dès lors à la médecine, domaine dans lequel il excellait, et lui rappela qu'en matière de théologie, les voies du Seigneur devaient rester impénétrables aux profanes ! Il retourna donc à Montpellier reprendre ses cours, ses recherches et ses travaux devant ses fourneaux. Car il était un expérimentateur reconnu à qui l'on doit les applications thérapeutiques de l'alcool, qui par ses vertus supposées fut qualifié d'*eau de vie*. Par la suite, on sait qu'il soigna aussi le pape Benoît XI, et enfin son successeur Clément V, l'Aquitain Bertrand de Goth, qui résidait alors en Avignon. Pour le remercier, ce dernier l'aurait autorisé à exposer sa philosophie devant le Sacré Collège. Echaudé par ses précédentes tribulations, Arnaldo avait dû mettre de l'eau dans l'alcool de ses théories, puisque cette docte assemblée ecclésiastique n'aurait, semble-t-il, rien trouvé à lui reprocher. Par la suite, on sait qu'il fit un séjour en Sicile, à la cour de Frédéric III, frère de Jacques II, et il mourut en 1311, au cours du voyage de retour vers Montpellier, au terme d'une vie pleine d'aventures et d'imprévus.

Arnaldo de Villanova a, hélas, laissé peu d'écrits puisque la plupart a été brûlé sur ordre de l'Inquisition. En dehors des rois et des papes qu'il avait eu l'insigne honneur de soigner — et de guérir ! — il avait aussi d'excellentes fréquentations. Intellectuelles s'entend ! Ainsi l'un de ses contemporains et ami, catalan comme lui, qui fut élevé à la cour de Jacques 1er, aux Baléares, et fréquenta les meilleures universités d'Europe, avait pour nom Ramon Lullio, plus connu sous le nom de Raymond Lulle (1235-1316). Celui-ci vint à Montpellier ou Villanova l'initia à l'alchimie, *science* dont on prétend, peut-être à tort, qu'il devint par la suite un grand spécialiste. On lui attribue en effet au moins une centaine d'ouvrages, dont le plus célèbre est un traité intitulé *Ars Magna*. Pythagoricien, il croyait au pouvoir des nombres et aussi, comme Villanova, à celui des astres ; ce qui lui valut le surnom de *Doctor Illuminatus* (Docteur Illuminé). Mais, contrairement à ce dernier, il ne s'écarta jamais du dogme. En fait, son but ultime était de convertir les infidèles et, comme il parlait l'arabe, il se rendit à Tunis pour les évangéliser [5]. Comme il aurait pu s'y attendre, il fut lapidé, grièvement blessé, et mourut sur le bateau qui le ramenait au bercail. Il eut donc une fin analogue à celle de son ami Arnaldo.

Si Boudet a choisi d'évoquer fugitivement cet homme illustre que fut Arnaldo de Villanova, c'est probablement parce qu'il éprouvait une admiration certaine pour ce personnage hors du commun qui fut, au cours de son siècle d'*ardente* coercition religieuse, l'un des seuls — l'autre étant le moine franciscain carcassonnais Bernard Délicieux — à oser affronter la terrible Inquisition. Il n'échappa au bûcher, qui lui était promis, que parce qu'il tenait entre ses mains la vie du pape Boniface VIII qui, heureusement pour lui, échappa momentanément à la mort. Notre abbé avait, comme ce savant illustre, de multiples centres d'intérêt et partageait sans doute avec lui, mais en secret, une large liberté d'esprit. D'un naturel curieux, et intrigué sans doute par la notion de *spiritus*, il s'intéressa probablement, et entre autre, au côté philosophique et spirituel de l'alchimie.

NOTES

1. Voir Encyclopedia Universalis à ce nom.

2 . De la même façon, de nombreuses personnes confondent chiffre et nombre.

3. Voir de Titus Burckhardt : *L'Alchimie, science et sagesse.*.p. 193. Op. cité.

4. In *Graal* de John Mattews.Op. cité.

5. A ce sujet, il est possible d'établir un parallèle avec les tribulations, supposées mais non avérées, de Saint Vincent de Paul qui ont été déjà évoquées. Selon certains de ses hagiographes, au cours de sa jeunesse, il aurait été capturé par les barbaresques, alors qu'il se rendait (bizarrement) par voie de mer de Narbonne à Marseille, et emmené en esclavage à Tunis. Mais il s'agit là d'un passage mystérieux de sa vie quelquefois mis en doute ! Durant sa captivité, il aurait été placé au service d'un vieux spagyriste arabe, qui l'aurait initié aux arcanes de la transmutation des métaux. Finalement, il aurait réussi à échapper à ses geoliers et à retourner en France. Ses connaissances alchimiques supposées auraient servi, plus tard, à expliquer certaines grosses dépenses de sa part, en arguant du fait qu'il savait fabriquer de l'or ! Comme Nicolas Flamel ! Il est à noter qu'un autre Nicolas, dont le patronyme était Pavillon, aurait été nommé à la tête du diocèse d'Alet par Richelieu sur sa recommandation. Encore une étrange relation entre ce diocèse audois et l'or, qui était peut-être celui des *pommes du jardin des Hespérides* ! *(LVLC p. 90)*

-XIX-

L'énigmatique langue basque

Nous allons, à présent, être contraints de retourner sur nos pas pour disséquer graduellement le chapitre IV de l'ouvrage. C'est en effet là que se situe, dans tous les sens du terme, son centre de gravité. Ce chapitre a pour titre la Famille de Japhet, personnage biblique dont on sait qu'il était le frère de Sem et Cham. Passons rapidement sur son fils aîné Gomer qui serait, selon la tradition, la souche de la grande famille celtique et dont les descendants ont été évoqués par saint Jérôme et Flavius Josèphe. Mais l'auteur s'intéresse plus spécialement à la descendance de son son frère Tubal, que Ptolémée désigne sous le nom de Tobéliens alors que Josèphe — encore lui ! — les nomme Ibériens.

1. Tubal et les Ibères. (pp. 108 à 112)

« Tubal s'était fixé, avec sa famille, au pied des montagnes du Caucase entre le Pont-Euxin et la mer Caspienne. Josèphe connait les descendans (sic) de Tubal sous le nom d'Ibériens. Une partie de ces Ibères abandonna le pays où ils s'étaient d'abord propagés, et se mettant au dire des traditions basques, sous la conduite de Tharsis neveu de Thubal (avec un h), ils affrontèrent les périls de la navigation, à la recherche d'une nouvelle contrée dans laquelle ils pourraient s'établir, en conservant leurs coutumes et leurs mœurs particulières. .... (....) ... Les Ibères portaient-ils déjà ce nom avant de se diriger vers l'Espagne, ou bien l'ont-ils reçu des Celtes lorsque les deux peuples se sont heurtés dans le sud de la Gaule ? La suite de la chose que nous tenions à faire remarquer, c'est que les Ibères formaient une population bien clair-semée lorsque les Celtes les ont absorbés... »

Si nous résumons : une peuplade très clairsemée, établie au départ près du Pont-Euxin (la mère hospitalière), affronta les périls de la navigation, traversant la mer depuis les côtes d'Asie. Et, conservant ses coutumes et mœurs particulières, se heurta aux Celtes dans le sud de la Gaule avant d'être absorbés par eux.

Dans l'Empire romain, la peuplade qui avait les coutumes et les mœurs les plus particulières était sans conteste celle des Juifs. Au dire des traditions basques, grossière allusion à la tradition provençale, on aura reconnu dans ce récit celui de la venue, par voie maritime, de Marie-Madeleine et de sa famille, dont Marthe, la mère hospitalière, dans le sud de la Gaule.

2. Les subtilités d'une langue (pp. 112 à 125)

Mais voici le passage le plus insolite et saugrenu dont il nous ait gratifiés : celui de la langue basque. On peut relever que cette *langue basque* est citée six fois (pp. 112, 117, 119, 122, 123 et 125), et qu'elle admet une anagramme phonétique occitane qui est : *Qué l'angé salbau* (phonét. salbo et littéral. salva). La traduction française en est : Que l'ange sauve. Sauve qui ? Mystère ou simple fantaisie de l'auteur ! Mis à part la présence de ce *séraphin*, cela n'apporte au lecteur aucune information, mais traduit simplement l'habituel petit penchant de l'auteur pour la pratique de la langue punique ! D'ailleurs, le traitement par ses soins de cette langue basque va nous conduire, de façon évidemment allusive, au cœur du sujet. (p. 112)

« Il n'est pas sans intérêt de remarquer, par la formation des mots basques, comment s'est faite à Babel la confusion du langage.... (....) .... Dans la langue des descendans (sic) de Tubal, « les hommes, ghizônac, » sont des êtres possédant des coutumes, c'est-à-dire des lois non écrites, et comme la coutume, ou loi non écrite, est la manifestation de la volonté réglée par la raison, cette définition de l'homme par le terme « ghizônac » se rapporte parfaitement aux définitions les plus exactes qui en aient été faites. »

Il est plutôt rare qu'un homme d'église fasse appel de la sorte à la raison ! Mais continuons : (p. 113)

« Ces êtres à coutumes conservaient précieusement le souvenir des actions hardies, courageuses et les confiaient à la mémoire de leurs enfants pour les transmettre à la postérité. L'habitude d'apprendre par cœur, ne prouve pas cependant que l'écriture leur fut inconnue.... Nous ignorons sans doute la forme des caractères dont les Basques faisaient usage; mais cette forme importe peu puisqu'elle varie avec chaque nation. »

Bien que l'écriture ne leur fut pas inconnue, et probablement par crainte que leur propre histoire ne soit déformée par les clercs qui avaient pour mission d'en donner la version orthodoxe et officielle, ils usaient d'une tradition orale apprise par cœur et se transmettant de père en fils. Ainsi : (p. 114)

« Nous ignorons encore sur quel papier ils (les Basques) traçaient les caractères de leur écriture, toutefois, il serait injuste de leur refuser la connaissance et l'emploi d'une substance solide et légère telles qu'étaient les minces lames fournies par le papyrus d'Egypte. Les lames ou tuniques formant la tige du papyrus étaient au nombre de vingt environ. »

Cette approximation sur le nombre pourrait évidemment donner du grain à moudre aux sceptiques, et leur laisser penser que seul le hasard aurait pu permettre la présence, dans la même phrase, des *lames*, du *papyrus* et de ce nombre *approché*. Seulement voilà que, quelques lignes plus loin, il ajoute :

« Nous donnons ces détails à cause de l'expression fort curieuse « quire » rencontrée dans le verbe basque écrire « ichkiribatzia ». Quire se traduit en celtique (anglais) par une main de papier, et les mots réunis dans ichkiribatzia affirment qu'écrire, c'est avoir la démangeaison d'ajouter, d'accumuler, d'entasser les mains de papier — *to itch*, démanger, — *quire (qouaïre)*, une main de papier, — *to heap (hip)*, entasser, accumuler, — *to add*, ajouter. »

En réalité notre abbé essaie d'abuser le lecteur, car *main de papier* s'écrit *quire of paper* ; dans cette expression, il est donc possible d'identifier quire à *main*. Or, on sait que main est un terme usité dans le jeu de cartes : on dit par exemple *avoir la main,* ou encore *passer la main* ; ce qui, en anglais, se traduit par *over quire : main de passe*. Donc l'auteur nous annonce, à mots couverts, qu'il est un adepte du Tarot.

3. Le tarot et ses arcanes

MONDE PRIMITIF,

ANALYSÉ ET COMPARÉ

AVEC LE MONDE MODERNE,

CONSIDÉRÉ

DANS L'HISTOIRE NATURELLE

DE LA PAROLE:

OU

GRAMMAIRE UNIVERSELLE

ET COMPARATIVE.

Οἷα τοῦ Μουσέων ἱερὰ δῶρις ἀνθρώποισιν.

C'est le présent le plus précieux des Musés.

Hésiode, Théogonie.

II

Le livre de Gebelin

Le Tarot n'est pas un simple jeu de cartes mais, pour les adeptes de l'ésotérisme, un support d'arcanes hermétiques permettant la divination. Pour expliciter ceci, disons que, ce qui n'était à l'origine qu'un passe temps très ordinaire, allait devenir l'une des bases de nébuleuses spéculations. La faute en incombe à un protestant nîmois, qui fut un temps pasteur, nommé Court de Gebelin (1719-1784). Celui-ci légua à la postérité une œuvre très importante intitulée *Le Monde primitif*[1] qui comprenait neuf volumes. Il s'agit d'un travail d'une grande érudition — l'auteur étant ouvert aux Lumières — mais dans lequel transparaît cependant l'inévitable irrationalité d'un homme d'église. A l'époque, l'histoire ancienne de l'Egypte était assez mal connue, et ce pays était considéré — du moins par certains — comme celui des mystères. Ce qui laissait toute latitude à Gebelin, évidemment sensible à la face obscure des choses, pour conjecturer que les 22 figures symboliques du Tarot n'étaient autre que la copie des feuillets — en papyrus évidemment ! — du *Livre de Thot*. Voici ce qu'écrit un autre spécialiste, Kurt Seligmann, à ce sujet[2]

« Thot — Hermès, auteur présumé des plus anciens livres hermétiques et que les alchimistes nomment leur Grand Maître, fut promu par Gebelin au rang d'inventeur des lames du tarot. Il fut l'inventeur de la magie, des langues, de l'écriture et de la représentation dessinée. ; selon la légende, il avait peint tous les dieux. Son carnet d'esquisses mystiques était appelé A-Rosh ; A signifiant doctrine et Rosh, commencement. A-Rosh avait inspiré le tarot par ses images et le mot « tarot » lui-même, dit Gebelin, est dérivé des Tar, chemin, et de Rog, royal. Ainsi tarot signifierait Voie Royale. »

Dès lors, la conjecture de Gebelin allait faire son chemin dans l'inconscient collectif. Le siècle suivant vit en effet la floraison de nombreuses sociétés secrètes, reliées ou non à la Franc-Maçonnerie, dont le fond de commerce était l'occultisme, inséparable par définition de l'ésotérisme et l'hermétisme. Elles utilisaient principalement comme vecteurs la Kabbale, l'Alchimie et le Tarot. Procédant de l'imagination débordante de leurs promoteurs, ces associations baignaient évidemment dans le mystère et l'irrationnel. Dans le sillage des écrits de Court de Gebelin, elles ne pouvaient donc échapper à la magie du Tarot, déjà utilisé dit-on depuis fort longtemps par les *tsiganes* pour la *divination*. Mais pour rendre crédible son utilisation aux yeux des adeptes, encore fallait-il en habiller convenablement les *lames majeures*. Pour cela on leur attribua une signification symbolique liée, selon le cas, à une correspondance astrologique, à l'alphabet hébraïque — lequel comporte par bonheur 22 lettres — et, de là, à l'arbre séphirothique. L'un des ouvrages les plus connus sur le sujet, intitulé *Le Tarot des imagiers du Moyen-Age* est dû à un suisse nommé Oswald Wirth (1860-1943). Cet occultiste proclamé fut à la bonne école, puisqu'il était le secrétaire de Stanislas de Guaïta (1861-1897), cofondateur avec Joséphin Péladan (1859-1918) de l'*Ordre kabbalistique de la Rose-Croix*. Mais pour faire bonne mesure, et décrire convenablement l'atmosphère *ésotérique* dans laquelle — outre son ministère sacerdotal — baigna toute sa vie Boudet, il convient de rajouter à cette cohorte de hiérophantes un certain Eliphas Lévi — de son vrai nom Alphonse-Louis Constant — (1810-1875) qui était un ecclésiastique, le docteur Gérard Encausse, plus connu sous le pseudonyme de Papus (1865-1916), auteur du *Tarot des Bohémiens*, et enfin Jules Doinel, ancien bibliothécaire à Orléans qui, sous divers *déguisements*, termina sa vie en portant la bonne parole dans l'Aude. Boudet, naturellement curieux de ces choses, ne pouvait donc échapper au tropisme ambiant. Ce qui explique qu'il s'intéressa au Tarot et aussi à l'Alchimie et la Kabbale.

Le jeu de Tarot est la plus ancienne forme connue de jeu de cartes en Europe occidentale. Répandu depuis l'Italie au quatorzième siècle, il serait, comme en attestent certaines chroniques, d'origine orientale, Ainsi, selon Jean Marquès-Rivière [3] :

« « Tous les historiens des cartes à jouer citent la fameuse phrase de Feliciano Bussi dans *L'Istoria delle città di Viterbo* (Rome, 1742. p. 213) » : En l'an 1379 fut introduit à Viterbe le jeu de cartes qui vient du pays des Sarrasins et s'appelle chez eux naïb. Le mot tarot vient de l'italien tarocco. Les Arabes ont été, comme les Bohémiens, « des transporteurs d'ésotérismes » en plus de leur tradition propre. » »

Un autre spécialiste, René Alleau, qui s'appuie également sur la Chronique de Viterbe de 1379, donne une version légèrement différente puisque, selon lui, «se seraient des enfants d'émigrés arméniens qui auraient appris à leurs petits camarades italiens un jeu dénommé naïbi ou carte à jouer » [4]. Ce terme originel de naïbi, qui n'est plus usité, est attesté par des documents espagnols et italiens plus tardifs. Il viendrait de l'hindoustani *naïb* (lieutenant) dont le pluriel, *nawwâb*, aurait donné le français *nabab*. La provenance présumée bohémienne ou arménienne du jeu, et l'origine hindoustani du mot *naibi,* laissent supposer qu'il était depuis longtemps usité par les Roms ou Tsiganes — qui venant de l'Inde ont transité par l'Arménie — et qui l'auraient véhiculé avec eux dans leurs déplacements vers l'ouest. Quant au vocable *carte,* il viendrait de *charta,* feuille de papier, dérivée du grec *kharta* signifiant *feuille de papyrus.* (p. 114) Tiens donc !

Le jeu complet de Tarot comporte 78 cartes que l'on nomme lames ; il y a 22 lames majeures qui sont des figures symboliques utilisées pour la divination et 56 lames mineures qui sont représentées par des symboles simples : le denier (sicle d'or), l'épée, le bâton (en forme de massue) et la coupe. Ces dernières sont numérotées de 1 à 10 et comportent les mêmes figures que le jeu de Piquet, c'est-à-dire valet, dame et roi.

Les 22 lames majeures constituant le Tarot hermétique seraient, selon certains occultistes jamais à court de superlatifs, considérées comme « les 22 arcanes de la magie sacerdotale ». Expression pour nous très évocatrice puisque nous cheminons justement, depuis le début, en compagnie d'un savant sacerdote qui possédait inévitablement quelques lumières sur le sujet ; sinon il ne l'aurait pas évoqué !

La pratique de cette divination s'effectue par tirage de cartes disposées de façon aléatoire sur un tapis. Mais elle n'est en réalité fondée ni sur le hasard, ni sur une quelconque science malgré ce que prétendent les occultistes et autres devins. Mais comme dans divination il y a divin, elle pourrait éventuellement résulter d'un don prophétique — ou prétendu tel — de la personne qui la pratique. Mais encore faut-il croire aux prophéties !

Ces lames numérotées de I à XXI, sont les suivantes :

Le Bateleur (I), la Papesse (II), l'Impératrice (III), l'Empereur (IIII), le Pape (V), l'Amoureux (VI), le Chariot (VII), la Justice (VIII), l'Ermite (VIIII), la Roue de la Fortune (X), la Force (XI), le Pendu (XII), la Mort (XIII), la Tempérance (XIIII°, le Diable (XV), la Maison-Dieu (XVI), les Etoiles (XVII), la Lune (XVIII), le Soleil (XVIIII), le Jugement XX), le Monde (XXI) et le Fou ou Mat (sans numéro)

Pour entrer dans le jeu de l'auteur de façon limitée mais suffisamment significative, nous n'allons pas pratiquer la divination en tirant des lames au hasard mais, à titre d'exemple, en choisir simplement trois qui sont les suivantes [5] :

Le Bateleur. (I) C'est par définition celui qui occupe le premier l'estrade (*hustings*. p. 98) et qui présente le spectacle. C'est donc Boudet lui-même qui s'est représenté sous la forme d'un jeune homme portant un chapeau à large bord, comme celui d'un ecclésiastique, incurvé en forme de huit couché (lettre H), assimilable à l'indice mathématique représentant l'infini. Le Bateleur est placé devant une table rectangulaire dont on ne voit que trois pieds — évoquant donc le triangle — sur laquelle sont disposés une coupe, un glaive et un denier (sicle d'or) décoré d'une croix grecque. (pp. 232(2), 233, 235 (2) et 236) Il tient, dans sa main gauche, un long bâton aux extrémités garnies de boules (sphère, p. 245), qui est également dirigé vers le denier. A la vue de cette représentation très explicite, il est possible de conjecturer que l'auteur pourrait l'utiliser pour faire allusion à l'endroit où gisent les restes de Marie-Madeleine (la coupe de nard), de Sergius Paulus (le glaive symbole du pouvoir temporel du gouverneur), un trésor matériel.... et enfin une bien mystérieuse croix grecque !

Pour les occultistes, le Bateleur est le commencement de toute chose, l'indice de l'acuité du discernement et de la compréhension. Et aussi le rejet de toute suggestion étrangère et l'émancipation de tout préjugé. Ce qui décrit bien le caractère de l'auteur.

L'Ermite. (VIII) Couvert d'une grande cape, il avance tenant, tel Diogène, une lanterne dans la main droite et semblant tâter le sol d'une canne en bambou à sept nœuds. A ses pieds se trouve un serpent. Oswald Wirth analyse cette figure de la sorte :

« L'ermite ne tâte pas le sol en aveugle. Sa droite lève en effet une lanterne partiellement voilée par un pan de la cape, car il craint d'éblouir les yeux trop faibles pour supporter l'éclat de son modeste falot. Sa mission n'est point de fixer les croyances en formulant le dogme, mission réservée au Pape. Il ne s'adresse pas aux foules et ne se laisse approcher que par les chercheurs de vérité qui osent s'enfoncer jusque dans sa solitude. »

Nous verrons en temps utile que cette définition, dans laquelle nous rencontrons le *dogme*, le *pape* et les *chercheurs de vérité* s'avèrera finalement criante de... vérité ! Dans la réalité, si l'ermite tient une lanterne, c'est tout simplement parce qu'il se déplace dans l'obscurité ; et si sa canne tâte le sol devant lui, c'est pour éviter les pièges éventuels dans lesquel il pourrait choir. Le personnage représenté de la sorte est donc pour nous bien réel et apparaît d'ailleurs trois fois dans l'église de RLC : deux fois statufié et la troisième sous forme symbolique. Il a guidé Boudet vers cette *Vérité,* que celui-ci tient pour une vertu essentielle et primordiale puisqu'il l'évoque douze fois dans *LVLC.* (A.P. et pp. 25, 90, 111, 214, 260, 261, 265, 303 et 306).

Le Pendu. (XII) C'est un jeune homme pendu par le pied gauche à un gibet constitué de deux troncs d'arbre ébranchés et reliés par une traverse sommitale faite également de bois. Il a la jambe droite repliée derrière son genou gauche, les bras croisés derrière son dos et ne semble pas souffrir de son inconfortable punition. Selon l'analyse qui en est présentée par Wirth :

« Il symbolise une conception religieuse très haute, trop sublime pour que le commun des mortels puisse y atteindre. » On ne pouvait mieux décrire un adepte de la Gnose. « Sa tête étant dirigée vers la terre indique qu'il se dévoue pour le bien d'autrui, la rédemption des pauvres humains victimes de leur ignorance et de leurs passions égoïstes. »

Cette lame est très significative car Boudet s'est identifié lui-même deux fois au *Pendu* dans des passages déjà connus du lecteur. (pp. 255 et 303). Voici le rappel du second de ces passages :

« Du reste, la justice était prompte et sévère, et les Fangallots des Redones — *to faint (fént)*, disparaître, — *Gallows (Galleuce)*, potence, gibet, — rappelaient aux habitants de la région que la pendaison était la juste punition des criminels. »

Selon l'interprétation occultiste, comme l'ermite, il évoquerait *le sacerdoce, le prêtre* et *le prophète*. Mais aussi l'abnégation, l'oubli total de soi-même et le désintéressement absolu.

Enfin, pour ne pas alourdir inutilement le texte, nous avons négligé le Pape (V), le Chariot (VII), la Roue de la Fortune (X), la Maison-Dieu (XVI) et le Fou, ou Mat, qui semble mettre ici le Pape en échec ! Le lecteur pourra évidemment, s'il le désire, en rechercher lui-même des corrélations après lecture du décodage total de *LVLC*.

4. La kabbale

Il était presque inévitable que notre docte auteur ne fasse une allusion à la kabbale. Il le fait de façon à peine voilée et, pour varier un peu son codage, procède d'une façon phonétique, mais seulement accessible à ceux qui pratiquent la langue occitane. C'est ainsi qu'il saupoudre son texte de chevaux. Or, en occitan, cheval se dit caval que l'on prononce cabal [6] Et l'on voit bien que, toujours phonétiquement, cabal a une prononciation très proche de kabbale.

Ainsi les Numides — qui pratiquaient la langue punique — et que nous avons croisés il y a peu, « étaient possesseur de magnifiques chevaux » mais, ajoute-t-il : « pour s'aventurer au milieu du désert, ils employaient le chameau de préférence au cheval » (pp. 87 et 88)

Ensuite, ce sont les Basques, de qui nous traitions précédemment, qui nous entraînent dans cet univers équin de la façon suivante :

« Les Basques appellent, dit-on, leur langue, l'Escualdunac, c'est le langage des dompteurs de chevaux, dompteurs au visage sombre et renfrogné, — *to scowl (skaoul)*, dompter, — *hack*, cheval. — Le titre de dompteurs de chevaux n'appartient pas aux seuls Basques, il doit être partagé avec les Aquitani. Il est difficile aux Aquitains d'être de mauvais cavaliers, car leur pays est fécond en chevaux renommés. »

Mais ces peuplades ne sont évidemment pas les seules à maîtriser les chevaux puisque les Vénètes, qui ne sont pas pour nous des inconnus, étaient aussi des spécialistes de la chose. Ainsi nous apprenons (p. 153) que :

« Leur ville principale était Dariorigum, aujourd'hui Vannes. Nous avons déjà constaté l'habileté des Aquitains et des Bituriges à élever et dompter des chevaux.... Car Darorigum se traduit par : oser tailler un cheval, — *to dare,* oser, — *toh ew (hiou),* tailler, — *rig,* cheval à demi châtré. »

Ici on aura remarqué sans peine que, sans doute pour attirer l'attention du lecteur, l'auteur sombre volontairement dans le ridicule. *Tailler un cheval* n'a évidemment aucun sens et, en outre, *rig* ne signifie pas cheval mais *farce.* Il nous a donc joué un mauvais tour !

Ensuite il insiste lourdement dans cette veine puisque « les alignements faits de pierres levées », sur lesquels il se demande s'il nous était permis *dé hasarder* (coquille de l'éditeur ?) « sont en réalité des lieux d'exercice .... où les Gaulois se formaient à conduire les chariots de guerre, armés de faux, leurs *cobhains,* — *kob,* cheval, — *to hem,* entourer. » (p. 155)

On relèvera, tout d'abord, que le terme *kob* n'a jamais désigné un cheval.... mais une *antilope* ! Curieuse erreur de la part d'un angliciste confirmé ! Ensuite que *cobhains* est l'anagramme exacte de *Basochin* ou membre de la Basoche. Ce que nous savions déjà.

NOTES

1. On notera, au passage, que Boudet à puisé nombre de ses sources dans l'*Homme primitif* de Louis Figuier, lequel pourrait apparaître comme une synthèse de l'*Homme primordial* des Gnostiques et du *Monde primitif* précité.

2. Voir, de cet auteur, *Histoire des magies*, p. 203.

3. Voir de cet auteur *Histoire des doctrines ésotériques*, p. 303.

4. Voir *Encyclopédia Universalis.* Tome 4, page 302.

5. A titre documentaire, si nous les avions tirées au hasard, la probabilité de sortie des trois lames choisies aurait été de :
$$1/22 \times 1/21 \times 1/20 = 1/9240 = 0{,}00011.$$

6. Localement on écrit *cabalh* (avec le l mouillé), qui se pronoce cabail.

-XX-

Le secret du sanglier

Rendons nous à présent au Chapitre VIII : *Le village celtique de RLB*, qui clôt l'ouvrage et, en tant que tel, possède un contenu à la fois riche et synthétique, puisqu'on y retrouve divers thèmes déjà connus du lecteur. Intéressons nous tout spécialement au sous-chapitre III, intitulé *La chasse au sanglier* (p. 298), dont le texte — enrichi de deux citations — est relativement attrayant, mais dans lequel l'auteur ne peut, inévitablement, se départir de quelques celtique-ries dont il a le secret.

Selon lui « les Gaulois adoraient chasser le sanglier et se servaient dans leurs chasses d'excellents chiens courants. » A titre d'exemple, il évoque quelque toponyme locaux prétendument occitans, tels que : « La Coume das houns — *hound (haound)* chien de chasse, chien courant, — et la fontaine *das houns*, garants de cette assertion qui sont situées au nord de l'Haum moor, fort près des deux roulers du cromlech de RLB. » Il s'agirait donc, selon lui, du ravin et de la fontaine des chiens. *Ce* terme *houns,* on l'aura compris, n'a évidemment rien à voir avec chien qui se dit *gos* (gous) en occitan local. En fait, son tour de passe-passe n'avait pour but que de justifier son assertion, et de nous conduire, une fois de plus, vers l'église de RLC. C'est dans sa nef que figure, en bonne place, la statue de Saint Roch accompagné de ce fameux chien qui lui sauva la vie, dit-on, en lui apportant du pain qu'il volait à son maître.

« Mais les habitants du pays quelque peu celtibériens (ce qui est exact), n'avaient point perdu l'habitude de la chasse à l'ours comme l'indique le *clot das hourcés* appelé aujourd'hui la *Loubatière.* »

Clot signifie trou, fosse ou tombeau et ours a encore une fois été mal orthographié, car la graphie exacte est *ors,* ou *orsés,* et non hourcés. Quant à la loubatière, c'est la francisation de l'occitan *lobatièra* (phon. loubatièro) qui signifie *tanière du loup* ou encore *lieu hanté par les loups.*

Avec un zeste d'imagination, on peut inférer de tous ces artifices de langage *qu'un tombeau contenant de l'or serait hanté par les loups.* Autrement dit, fréquenté par des gens peu fréquentables : des pilleurs de tombes !

Venons-en enfin au sanglier. « Les préférences gauloises — dit-il — étaient réservées au san-glier, très répandu dans tout le pays celtique et dont la chasse représentait de sérieux dangers. » Nous voici sérieusement avertis !

Ne connaissant pas le dessein caché par l'auteur avec toutes ces animaleries, nous allons pré-senter deux approches : l'une sur le fond, totalement hypothétique, mais s'inscrivant dans le cadre global de l'ouvrage, et l'autre sur la forme qui se soldera, comme nous l'allons voir, par un résultat plus parlant.

Sur le fond, pour avoir un premier éclairage sur le sujet, référons nous à René Guénon, ardent défenseur de la Tradition Primordiale :

« Chez les Celtes, le sanglier et l'ours symbolisaient respectivement les représentants de l'au-torité spirituelle et ceux du pouvoir temporel, c'est à dire les deux castes des druides et des chevaliers équivalentes, au moins originairement et dans leurs attributions essentielles, à ce que sont dans l'Inde celles des Brâhmanes et des Kshatrias. (....) Une des marques du rattache-ment direct de la tradition celtique à la Tradition primordiale du présent Manvantara. »

Ce n'est probablement pas par hasard que l'auteur fait référence à la Mythologie grecque, avec l'inévitable *Hercule chassant le sanglier du mont Erymanthe*, car cela conduit à mettre en évi-dence un lien historique indirect ancien avec la région. Cela mérite une explication car il s'agit des Wisigoths auxquels l'auteur consacre un sous-chapitre (pp. 196 à 200), agrémenté d'une citation empruntée à l'historien toulousain Guillaume de Catel. Nous allons compléter sa des-cription et faire apparaître ainsi certaines corrélations imprévues.

En l'an 395, sous la conduite d'Alaric, les Wisigoths envahirent la Grèce et furent finalement assiégés, dans les montagnes d'Arcadie, par le patrice Stilicon. Au terme d'une manœuvre audacieuse, Alaric réussit à briser l'encerclement et à passer les cols du mont Erymanthe avec ses troupes, puis le détroit de Rion-Antirion et se réfugia en Epire. C'est là qu'il fut élu roi par les guerriers qui suivaient ses étendards, en l'an 498. Et c'est au cours de cet épisode que naquit son fils Théodorède, plus connu sous le nom de Théodoric 1er, qui devait être le premier roi wisigoth de Toulouse... Et le créateur probable de la place forte de Rhedae, vers l'an 440. On peut penser qu'il avait choisi ce lieu à cause de sa position stratégique, de sa topographie favorable, de la beauté de son site et de la proche présence du sel ; ce qui fait déjà beaucoup de raisons ! Mais en plus — et c'était la cerise sur le gâteau — il y avait les eaux chaudes ! Et en bon Germain, comme en témoigna plus tard Charlemagne, il devait aimer venir prendre les eaux, thermales ou salées, aux Bains de Rhedae, aujourd'hui RLB.

Il convient d'ajouter que les Wisigoths parlaient aussi le latin, et même certains d'entre eux fort bien, puisque l'un de ses fils et successeurs, Théodoric II, avait fait ses Humanités sous le magistère de l'illustrissime gallo-romain Avitus, et adorait, dit-on, lire Virgile dans le texte originel. Son frère cadet, qui l'assassina pour prendre sa place et devint le plus puissant des rois de Toulouse, se nommait Euric, ou encore Evaric. Et en langue germanique — mais nous dirons celtique pour accorder un plaisir posthume à Boudet — cela signifie *Sanglier Puissant*. Or le roi des Wisigoths, en tant que *thiudans*, possédait à la fois le pouvoir spirituel — contenu ici dans son nom — et temporel avec l'*ours* figurant sur ses étendards. Pour la petite histoire, il faut aussi savoir que les Goths étaient des experts dans l'art de la guerre. Lors de leurs charges de cavalerie — célèbres pour avoir défait les légions de l'empereur Valens, en 378 à Andrinople, et les hordes d'Attila en 451 au Campus Mauriacus — leurs escadrons montés, aux charges irrésistibles, adoptaient une configuration en triangle appelée la *tête de sanglier.*

Nous allons à présent nous consacrer à la forme. Le titre du chapitre, comportant bizarrement une faute d'orthographe — ghasse mis pour chasse — ne peut qu'attirer l'attention car l'auteur, usant souvent d'anagrammes, n'est pas, par la force des choses, coutumier de ce genre de bévue. A moins que cela lui ait échappé à la lecture des épreuves ! Le *sanglier*, dont la chasse présente de sérieux dangers car *il peut frapper le chasseur de son terrible boutoir*, est en effet un *porc* sauvage dont les canines apparentes portent le nom de défenses. Le texte n'a rien que de très banal, sinon que l'auteur en profite pour indiquer « que les anciens Grecs connaissaient la prédilection des Gaulois pour ce type de chasse. » Et à l'appui, comme nous l'avons vu, il cite l'exemple d'Hercule, chassant le sanglier du mont Erymanthe. La lecture de ce texte anodin ne peut qu'inciter à la désespérance ! On le relit plusieurs fois sans pouvoir détecter la moindre faille ou anomalie et, en désespoir de cause, on finit par dénombrer les répétitions. Ainsi on s'aperçoit qu'*Erymanthe* est répétée trois fois, dont la première sans « h », et qu'*Eurysthée* figure quatre fois, dont une avec une inversion de lettres. La présence de trois fautes en trois pages, très inhabituelle, n'apporte évidemment aucune information ; mais ce sont autant de balises indiquant que nous devons demeurer plus que jamais dans l'expectative ! Nous retiendrons simplement, au passage, que le massif de l'Erymanthe constitue la limite septentrionale de l'Arcadie, région montagneuse du Péloponèse célèbre par ses bergers, dont les Anciens faisaient le lieu de l'innocence et du bonheur !

Si l'on ajoute que le terme sanglier apparaît quatorze fois (encore) en trois pages, et qu'il n'y a dans cet espace nulle tentative de traduction celtique, il convient de se plonger dans une profonde méditation et de traquer le subterfuge. On s'est aperçu à l'usage que la clef réside souvent dans le dialecte occitan, le celtique, la phonétique et l'anagramme. Il convient donc d'essayer d'utiliser successivement ces moyens. Ainsi, parmi les multiples combinaisons anagrammatiques auxquelles se prête le terme sanglier, la plus séduisante semble être *sangreil*. Dans la langue celtique, autrement dit l'anglais moderne, elle n'est autre que la traduction phonétique de *Sangrail* qui, dans le même idiome, signifie Saint-Graal !

De plus, l'auteur sait évidemment que le terme *chasse* peut être usité, dans certains cas, en lieu et place de *quête* ; cette *chasse au sanglier* dont il nous entretient ne serait-elle pas la *Quête du Saint-Graal* ?

Le Saint-Graal est une légende appartenant au merveilleux chrétien, qui vit le jour vers le douzième siècle et fut propagée par divers écrits, dont les plus connus sont dus à Chrétien de Troyes — qui paradoxalement aurait été juif — Robert de Boron ou encore le franconien Wolfram von Eschenbach. Mais ce n'est pas une légende au sens religieux du terme, qui est un récit de la vie de saints, et dont le recueil le plus connu est la *Légende Dorée* de Jacques de Voragine. C'est pourquoi la légende du Graal est considérée avec une certaine circonspection par l'Eglise.

Nous avons vu à l'usage que la procédure habituelle appliquée par l'auteur implique que la même page comporte souvent deux ou plusieurs informations intriquées. Ainsi nous avons remarqué qu'Erymanthe figure trois fois, dont une sans « h ». Or Erymante est l'anagramme de *mentery* (+a) ou encore *manterye*. Bien que cela ressemble à du celtique, ce n'est qu'une traduction phonétique de *menterie,* forme ancienne mais toujours usitée de mensonge.

Le mensonge, selon le Petit Robert, est « une assertion sciemment contraire à la vérité, faite dans l'intention de tromper. Les synonymes sont contre-vérité, fable, histoire et invention. » Il semble que, dans le cas présent, le terme affabulation, extension de fable, soit le plus indiqué.

Deux interprétations, de sens totalement opposé, s'offrent donc à nous. D'une part, on peut inférer que la Légende du Saint-Graal n'est qu'une affabulation ; proposition totalement cohérente si l'on considère le sens trivial du terme légende, qui est un récit populaire ou traditionnel plus ou moins fabuleux. D'autre part, on peut aussi inférer *qu'une affabulation a été bâtie sur la* (véritable) *tradition* (religieuse) *du Saint-Graal*. Venant d'un ecclésiastique cette deuxième proposition semblerait être la plus plausible.

TROISIÈME PARTIE

-I-

Géographie sacrée.

1. Sur les pas de Sainte Marie-Madeleine

Dans les chapitres consacrés au *Cromleck* de RLB et au *Village celtique* de RLB (chapitres VII et VIII. pp. 234 à 304), on ne rencontre nommément qu'un seul lieu dédié à Sainte Marie-Madeleine : c'est celui de la Fontaine de la Madeleine, anciennement de *la Gode*. Mais on ne peut que se poser inévitablement la question du pourquoi de l'existence, hors des limites de l'épure géographique définie par l'auteur, de deux autres lieux dédiés de façon cryptée à la sainte : il s'agit de *Notre-Dame de Marsilla* (p. 276) et de la *Mataline* (p. 303), sites distants tous deux d'une vingtaine de kilomètres à vol d'oiseau du centre du prétendu *Cromleck* de RLB. Il est évidemment impossible de savoir si la tradition orale parvenue aux oreilles de Boudet — qui était vieille de dix-neuf siècles et donc purement légendaire — aurait pu désigner ces endroits comme lieux séjour de la Madeleine. Il y a peu de chances que se soit le cas. Donc, on pourrait inférer qu'ils auraient pu être choisis à dessein par l'auteur pour s'intégrer dans un schéma géographiquement significatif. Afin de vérifier cette assertion, il suffit de consulter une carte routière de la région ; cela permet de s'apercevoir que les trois lieux ainsi désignés, se situent sur les sommets d'un magnifique triangle. Presque parfaitement isocèle qui plus est. Ce schéma ne peut donc qu'avoir été construit à dessein par l'auteur et devrait contenir, de ce fait, une signification jugée par lui importante.

Face à cette construction géométrique singulière, la question se pose de la possibilité, pour l'auteur, d'avoir pu déterminer avec une certaine précision, les positions géographiques de la Mataline et de N. D. de Marsilla. Sites qui, du fait de leur distance et de leur situation topographique, étaient évidemment hors de portée optique de RLB. Il n'a donc pu se référer qu'à des cartes plus précises que celle de Cassini. Or il faut savoir que les premières cartes dites d'Etat-Major (au1/50 000), résultant de relevés effectués dès 1850 par des militaires, existaient à son époque ; la preuve en est que celle dessinée par son frère Edmond, et annexée à son ouvrage, a été copiée — à une légère anamorphose près — sur la carte numéro 254 de Quillan, dont la version mise à jour en 1889 était encore commercialisée en 1946.

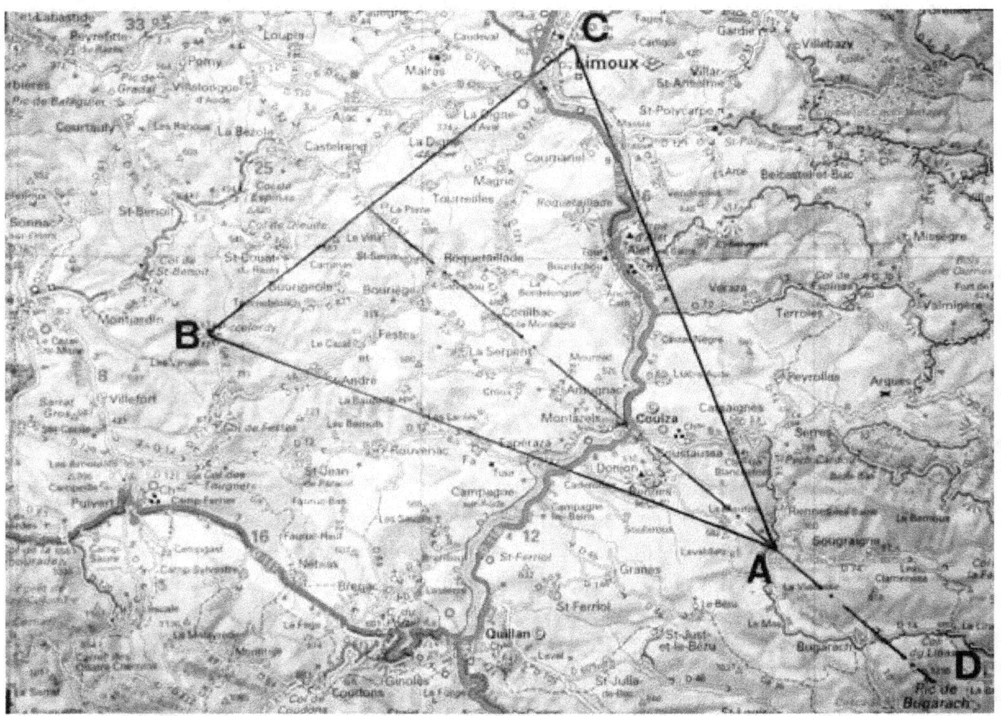

Extrait de la carte Michelin Aude, Pyrénées-Orientales. 344 Local au 1 / 150 000

Légende

A. Fontaine de la Madeleine ou de la Gode, à Rennes-les-Bains (Pages 273 et 274).

B. Mataline (Pages 302 et 303). Le repère est placé sur Picolordy (Ruines de l'église St Michel de Font-Rouge), qui est le point culminant (772 m.) de la région, visible de Rennes-le-Château. Les ruines de La Made se trouvent en contrebas, à l'est-nord-est, et à environ 700 m. à vol d'oiseau.

C. Notre-Dame de Marsilla = Ste Marria Madelleno. Notre-Dame de Marceille (Pages 276 à 279).

D. Pech de Bugarach ou de la Tauze (1230 m.) (Page 269).

2. La voie de l'hermétisme

L'utilisation de trois points géographiques significatifs, pratiquée habituellement en géodésie, pourrait être symboliquement une allusion à la Sainte Trinité. Mais étant donné que le triangle est un symbole maçonnique très connu, cela conduit inévitablement à se poser la question de l'éventuelle appartenance de l'auteur à quelque obédience qui, en l'occurrence, ne pouvait être que catholique.

Ceci posé, on constate de visu que ce triangle a la forme d'une flèche dont l'angle aigu, situé dans le cromleck, pointe vers une certaine direction. Et le fait est que le prolongement de sa bissectrice (très approchée) passe par un quatrième point, qui se trouve être un lieu à la fois singulier et remarquable : le Pech de Bugarach.

Mais pour pouvoir prolonger cette intéressante incursion dans la géométrie, nous allons devoir porter momentanément notre attention sur les eaux qui sourdent du relief — sources et fontaines — pour lesquelles nous avons vu que l'auteur présente une forte inclination. Ce qui semble tout naturel puisqu'il vit depuis quatorze ans déjà dans une station balnéaire. Ainsi, en parlant des eaux thermales, il nous dit (pp. 266 et 267), « Que les Celtes avaient les fontaines en grande estime. (...) ... fontaines d'eau pure et limpide destinées à étancher la soif. » Nous brûlons, en effet, d'étancher notre soif.... et de connaître la suite ! Puis, il poursuit en précisant que : « Les Gaulois de la décadence avaient une vénération idolâtrique pour les fontaines. » Ces Gaulois décadents étaient, à l'évidence, des Celtes qui avaient perdus les qualités propres à cette nation païenne, car ils étaient romanisé et avaient déjà perçu les balbutiements du christianisme !

La suite de cet intermède bucolique et balnéaire va nous nous révéler que l'auteur, outre les fontaines, présente vraiment une secrète attirance pour le nombre trois. C'est effectivement le cas puisqu'il insiste sur la présence, dans l'enceinte de son *cromleck*, de *trois fontaines* — différentes de la source de la Madeleine — qui y sont enfermées. (pp. 268-269) Voici le long et instructif passage qui donne d'elles une description détaillée :

« Les fontaines enfermées dans l'enceinte du cromleck sont fort nombreuses : trois sont thermales à des degrés divers de température. La source dite du Bain Fort possède une température de + 51 degrés centigrade, tandis que les deux autres, dites de la Reine et du Bain Doux, atteignent + 41 et +40 degrés centigrades. Il est facile d'apprécier la <u>profondeur extrême</u> du siphon amenant à la surface du sol cette eau minéralisée et élevée à des degrés de chaleur. On sait généralement que la température varie d'une manière fort sensible dans l'intérieur de la terre, suivant les différentes <u>profondeurs</u> auxquelles on peut atteindre. En prenant pour point de départ les <u>caves</u> de l'Observatoire de <u>Paris</u> (nous y voila !), qui sont à vingt-huit mètres au dessous du sol, et où le thermomètre marque constamment + 11 degrés centigrades, on trouve en moyenne un degré de plus de chaleur pour chaque trente mètres de profondeur, en pénétrant plus avant dans l'intérieur de la terre. L'eau du Bain Fort marquant + 51 degrés centigrades, qui se réduisent à quarante, puisqu'il faut retrancher les onze degrés constants marqués par le thermomètre à vingt-huit mètres au dessous du sol, dans les caves de l'Observatoire de <u>Paris</u> (encore !), le point de <u>profondeur extrême</u> du siphon serait à peu près à <u>douze cent trente mètres</u> (tiens donc !), abstraction faite cependant de toute déperdition de chaleur produite par des causes secondaires et accidentelles. Quant aux sources de la Reine et du Bain Doux, leur degré de température accuserait neuf cent trente et neuf cents mètres de <u>profondeur</u>. » (C'est moi qui souligne.)

On aura remarqué sans peine que dans ce texte, outre les fontaines, sont cités une Reine, des caves, Paris (comme le berger), et plusieurs profondeurs dont il s'avère que l'une d'entre elles, l'*extrême*, ne peut échapper à la perspicacité d'un observateur averti. En réalité, cette description se voulant scientifique est, en fait, *hermétique* ! Et ceci au sens où, pour la décrypter, il faut se référer à la mythique *Table d'Emeraude*, attribuée à un nébuleux Hermès Trismégiste (Le trois fois grand). Cette œuvre anonyme, on le sait, est considérée comme l'une des *Bibles de l'Alchimie* et, cela va étymologiquement de soi, comme étant à l'origine de l'hermétisme. Mentionnée pour la première fois dans un traité arabe du VIIIe siècle, sa version latine, ayant pour titre *Tabula Smaragdina*, était connue du célèbre Albert le Grand (1206-1280) ; et donc des sorbonnards et autres écolâtres de cette époque, dont Arnaldo de Villanova — cité dans *LVLC* (p. 305) — fit partie. Cet ouvrage comprend douze préceptes essentiels, présentés comme nécessaires et suffisants pour la pratique de l'alchimie. Boudet en avait inévitablement pris connaissance — par des voies personnelles ou la lecture de l'ouvrage que Louis Figuier lui consacra — et ne manqua pas de remarquer que son contenu était susceptible de lui apporter un support hermétique pour crypter ce passage.

Et pour cela il n'y a pas à chercher très loin, puisque son premier précepte semble tout indiqué pour nous aider à interpréter ce texte, qui paraissait en première lecture assez anodin. Le voici [1] :

« En vérité, sûrement et sans aucun doute : ce qui est en bas est semblable à ce qui est en haut, et ce qui est en haut semblable à ce qui est en bas, pour produire les miracles d'une chose. »

Dans un cadre propre à l'alchimie, ce précepte établissait une analogie entre la texture de l'univers (macrocosme) et celle de la matière (microcosme). Cette modélisation de la structure de la matière a d'ailleurs perduré jusqu'au début du siècle dernier. Depuis, elle a été supplantée par la création, par Planck, Bohr, Schrodinger et Heisenberg, de la mécanique quantique, de nature probabiliste, dont les derniers développements sont la théorie des cordes et celle, différente et opposée, de la gravité quantique à boucles.

Cependant, hors de son contexte hermétique, et simplement prise au pied de la lettre, cette définition établit aussi, en toute logique, une relation de *symétrie verticale* par *rapport à un plan médian*. La vérité invite donc à croire — et c'est là un vrai miracle — que par rapport à un certain plan de référence, *ce qui est en bas* (en dessous donc) est identique à *ce qui est en haut* (au dessus). Et ceci est suffisamment explicite pour l'appliquer au passage concernant les fontaines de son cromleck. Il suffit simplement de remplacer profondeur (ce qui est en bas), par hauteur (ce qui est en haut) pour aboutir à un résultat probant. Ainsi, à la profondeur extrême de la source du Bain Fort, selon ses propres calculs, correspond, dans la géographique locale, à l'altitude extrême (1230 mètres) d'une montagne qui n'est autre que celle que nous avons déjà identifiée par la triangulation précédente ! D'autre part, cave étant une apocope de caverne, cela fait penser inévitablement à celle du berger Ignace Paris ! Quant à cette mystérieuse Reine, il suffit de suivre la description qu'il en donne pour subodorer de qui il s'agit : (p. 272)

« L'appellation de la Reine, distinguant la source thermale située entre le Bain Fort et le Bain Doux, pourrait bien faire supposer que c'était la source la plus estimée, la vraie fontaine des Redones — Rennes ou Reine — sans nous dire la vertu curative de ses eaux, d'après la pensée des membres du Neimheid. »

Au sens figuré, on peut entendre par source celle de la tradition religieuse. Or cette tradition ne peut trouver son origine qu'à l'ultime demeure de la Reine, c'est-à-dire son tombeau, dont il nous dit — en changeant ce qui doit être changé — qu'il est situé à une altitude d'environ neuf cent trente mètres. On aura évidemment compris que tout l'environnement textuel contenant le vrai message n'est qu'un habillage pseudo-scientifique utilisé pour égarer le lecteur inattentif, ou rendu léthargique par la lecture de cet ouvrage insipide.

Pour en terminer avec les fontaines du cromleck, il a paru utile de présenter à nouveau la conclusion, qui précède l'évocation des fontaines de Marsilla et du Cros.

« A l'occasion des fontaines du cromleck de RLB, nous voudrions donner, dans un ordre d'idées bien différent, un exemple frappant de l'avantage précieux que nous offrent les noms celtiques des fontaines, pour découvrir bien des faits perdus par la tradition et cachés dans l'obscurité des histoires locales. »

Ayant déjà retrouvé les *faits perdus par la tradition* (l'officielle), demeure à savoir ce qu'il en est des *faits cachés dans l'obscurité des histoires locales*. Contrairement à la tradition — qui est ici un terme à connotation religieuse — ces histoires locales véhiculent une connotation triviale, rappelant en quelque sorte des faits divers. On notera qu'il y en a plusieurs et qu'elles sont locales ; mais nous verrons par la suite que régionales conviendrait mieux.

3. Le secret de la montagne.

Par la triangulation géographique des trois sites magdaléniens — Marsilla, Made et Madeleine
(Gode) — puis par la corrélation entre les profondeurs et les altitudes obtenue par application
d'un texte ésotérique fort connu — la Tabula Smaragdina — il semblerait donc que l'auteur
nous invite à déplacer notre centre d'intérêt vers cette montagne, proche de RLB.

Le Bugarach (1)

D'une majesté et d'une puissance tellurique remarquables — en tout cas pour les personnes
sujettes à ce type de sensation irrationnelle — le Pech de Bugarach (1230 mètres) est situé à
l'avant de la chaîne des Pyrénées et domine toute la région et les Corbières. Dans des temps relativement anciens, un édifice d'une trentaine de mètres de haut, la tour de la Tauze, coiffait sa
calotte sommitale. Pour des raisons totalement inconnues, elle a été entièrement démantelée et il
n'en subsiste aujourd'hui que l'empreinte circulaire, constituée par un mamelon d'une douzaine
de mètres de diamètre. Pour ce qui concerne le toponyme, qui est celui de la bourgade située à son
pied, il est nécessaire de rappeler que j'avais jadis émis l'opinion qu'il pourrait dater du début de
la domination wisigothique sur la Septimanie, et résulterait d'une déformation du gréco-gothique
Bug-oros : *montagne du Bug* [2]. Le Bug étant le nom du fleuve — salé dans sa partie terminale
selon Hérodote — auprès duquel les Wisigoths vivait en Dacie avant 378, et qu'ils auraient transposé dans leur nouvelle patrie du fait de la présence d'une rivière, elle aussi salée. On ne saurait
oublier que leur domination sur le Razès a en effet duré plus de quatre siècles, de 440 à 870, année
de disgrâce des descendants du comte wisigoth Béra, marquis de Gothie.

Le Bugarach (2)

Le Pech de Bugarach, lorsqu'il apparaît brusquement dans un virage, sur la route conduisant de *RLB* au village portant son nom, présente l'aspect d'un vaste tronc de cône dont le sommet étêté, de forme arrondie et totalement dénudé, repose sur une très large base. Mais sa symétrie est rompue, au sud-ouest, par un énorme entablement rocheux horizontal qui s'en détache, et qui est d'une altitude moyenne de 1000 mètres, C'est là son côté le plus connu et représentatif, mais il s'agit d'un aspect très trompeur. En effet, si on le contourne par le sud on constate de visu — et encore mieux sur les clichés aériens, — que son couronnement rocheux aigu, égal ou supérieur à 1000 mètres épouse, en réalité, la forme d'un immense fer à cheval, d'aspect cratériforme, dont la partie basse est orientée précisément vers le sud. Mais le massif n'étant pas d'origine volcanique, nous dirons qu'il s'agit d'un immense thalweg, densément boisé d'essences méditerranéennes, dont la pente monte de façon parabolique vers le nord. Cette zone boisée est dénuée de rochers, et son pourtour est déterminé, à l'ouest par les énormes falaises de l'entablement, au nord par la crête sommitale dénudée, et à l'est par une longue et basse falaise qui épouse sa pente. Au dessus de celle-ci se trouvent des zones caillouteuses très abruptes, traçant leur sillon entre de longs alignements rocheux, de largeur relativement homogène, disposés de façon presque radiale depuis la demi-couronne sommitale. Ces structures rocheuses sont hétérogènes et constituées de blocs légèrement inclinés d'une quarantaine de mètres de haut, plus ou moins jointifs, dont certains sont pointus et rappellent, par la régularité de leur forme, des menhirs naturels. On voit sur le cliché aérien [3] que l'un de ces alignements rocheux est entièrement arasé, dans sa partie basse, sur une centaine de mètres de longueur. Il est impossible de déterminer, à priori, si cette anomalie est d'origine naturelle — ce qui semble très douteux étant donné la structure environnementale, — ou résulte d'une intervention humaine. L'immense thalweg se termine, dans sa partie sud et sur environ 450 mètres de large, par une zone de type collinaire de pente relativement douce. En fait, vu en plan l'ensemble de la montagne est grossièrement inscriptible dans une ellipse, dont le tracé suit les lignes de niveau égales ou supérieures à 800 mètres ; son grand axe, est-ouest, mesure environ 1000 mètres, et le petit 750. Cet immense bassin versant, de forme vaguement paraboloïde inclinée, a une surface qui peut être grossièrement estimée à environ 2,5 kilomètres carrés.

La zone collinaire sud serait d'un franchissement très facile si elle n'était envahie, depuis la disparition des troupeaux d'ovins, par un maquis arbustif très dense et pratiquement impénétrable. L'accès au thalweg, et à sa forêt interne, n'est actuellement possible que par une cluse excessivement étroite — deux à trois mètres — fendant le massif rocheux dans la partie sud-est (au cap 240° environ). Cette gorge, taillée dans le calcaire, est très accidentée et sa partie basse présente des ressauts verticaux allant jusqu'à une dizaine de mètres. Elle sert de collecteur à toutes les eaux de pluie issues de cet important bassin versant. En outre, un petit ruisseau sans nom, issu du haut du massif émerge, au sein même de la gorge, d'un conduit souterrain [4]. A la sortie basse de la gorge, une profonde saignée, susceptible de véhiculer le flux maximal, conduit à la Blanque en passant sous la route. L'eau ne coule que très sporadiquement l'hiver, mais lors de très gros orages sur le massif, le débit doit être très important, sinon impressionnant, rendant évidemment l'accès totalement impossible. Par contre, une petite source coule, même en été, dans sa partie basse, non loin de la route [5]. Enfin, les voies d'accès classiques au sommet étant déjà au nombre de deux — par le Col du Linas et le sentier dit de la Fenêtre (GR 36) — peu de personnes se hasardent en ces lieux, car une fois franchie la zone intérieure boisée — dans la mesure où on peut y parvenir ! — l'ascension terminale vers le sommet est relativement abrupte, caillouteuse et glissante. De mémoire d'habitant, les seules personnes connues pour avoir fréquenté de façon assez durable cette forêt, étaient des réfugiés espagnols qui, pendant la dernière guerre (1939-45), avaient été réquisitionnés pour fabriquer du charbon de bois ; c'était un combustible alors très recherché, car nécessaire pour alimenter les gazogènes propulsant les véhicules automobiles.

4. Le cromlech (sans k) naturel de Bugarach.

Beaucoup mieux que les collines entourant RLB, le Pech de Bugarach apparaît comme la véritable illustration du quatrième détail des *Observations préliminaires* de l'ouvrage, que nous avions laissé en instance et qui, on s'en souvient, concernait les roches aiguës qui couronnent nos montagnes. Dans la description que nous donne l'auteur de son cromleck de RLB, il convient donc d'essayer d'extraire et de transposer certains détails topographiques et orographiques dans un second cromlech, situé ailleurs, et innommé jusque là. Il apparaît bien que la montagne qui vient d'être décrite soit un candidat idéal pour représenter ce cromlech, car elle est d'une forme générale elliptique — projection d'un cercle sur un plan incliné nord-sud (1100 à 900 mètres) — et contrairement à celui de RLB, couronnée de roches aiguës ; très aiguës même, pour certaines qui, comme on l'a vu, peuvent être assimilées à des menhirs.

Enfin, pour compléter l'environnement géographique du lieu nous allons, dans une lecture au second degré, rechercher des informations significatives dispersées à dessein par l'auteur dans son texte. Ceci afin de générer une sorte de jeu de piste, permettant de baliser une direction possible d'accès.

Tout d'abord, intéressons-nous à la rivière Blanque, dont le nom vient de la francisation de l'occitan *Blanca* (Phon. Blanco) qui signifie Blanche. Etant donné la structure orographique générale de la région, elle devrait logiquement donner son nom au cours d'eau jusqu'à son confluent avec la rivière Aude, dont le nom ancien était Atax, mais que l'auteur choisit d'appeler *Alder*. Mais, dès qu'elle a pénétré dans le cromleck de RLB, la Blanque voit ses eaux gâtées par l'amertume de celles issues d'une importante source salée, qui s'y jettent par une vallée transversale. Elle prend dès lors le nom caractéristique de son affluent et devient la Sals, orthographiée souvent de façon germanique Salz. Bizarrement, nous sommes là en présence du même schéma que celui du fleuve Bug, auprès duquel vécurent les anciens Wisigoths, tel que décrit sous le nom d'Hypanis par Hérodote.

La Blanque prend sa source dans le bassin versant nord du massif des Fanges, prolongement du Bugarach, et longe le pied de ce dernier. Voici un passage significatif de sa description, susceptible de retenir l'attention car il contient quatre fois un même toponyme insolite et très poétique : *le ruisseau de Trinque-Bouteille* (Déjà évoqué au chapitre VII-5). Ce vocable a, à l'évidence, été introduit à dessein par l'auteur pour évoquer François Rabelais ; et donc le langage des oiseaux qui est une autre appellation du *langage punique*, duquel le lecteur est déjà familier. Mais ce ruisseau comporte un détail qui constitue un indice irréfutable que notre cheminement est le bon.

Voici la description précise qu'en donne l'auteur : (p. 237)

« A droite des roulers, en se plaçant vers le midi, l'œil peut suivre les contours de la crête qui enserre le ruisseau de Trinque-Bouteille et se perd insensiblement dans les terres de l'Homme mort (NdA. hauM-Moor). Le ruisseau de Trinque-Bouteille coule constamment, même au plus fort de chaleurs de l'été, et on a toujours faculté d'y puiser et d'apaiser sa soif, — *to drink*, boire, — *bottle*, bouteille —. (…) Tout près de l'endroit où Trinque-Bouteille déverse ses eaux dans la Blanque, de nombreuses pointes devaient s'élever sur les grandes roches bordant la route de Bugarach : un seul menhir existe sur pied, ayant perdu l'acuité de son sommet.… »

JEAN ALAIN SIPRA

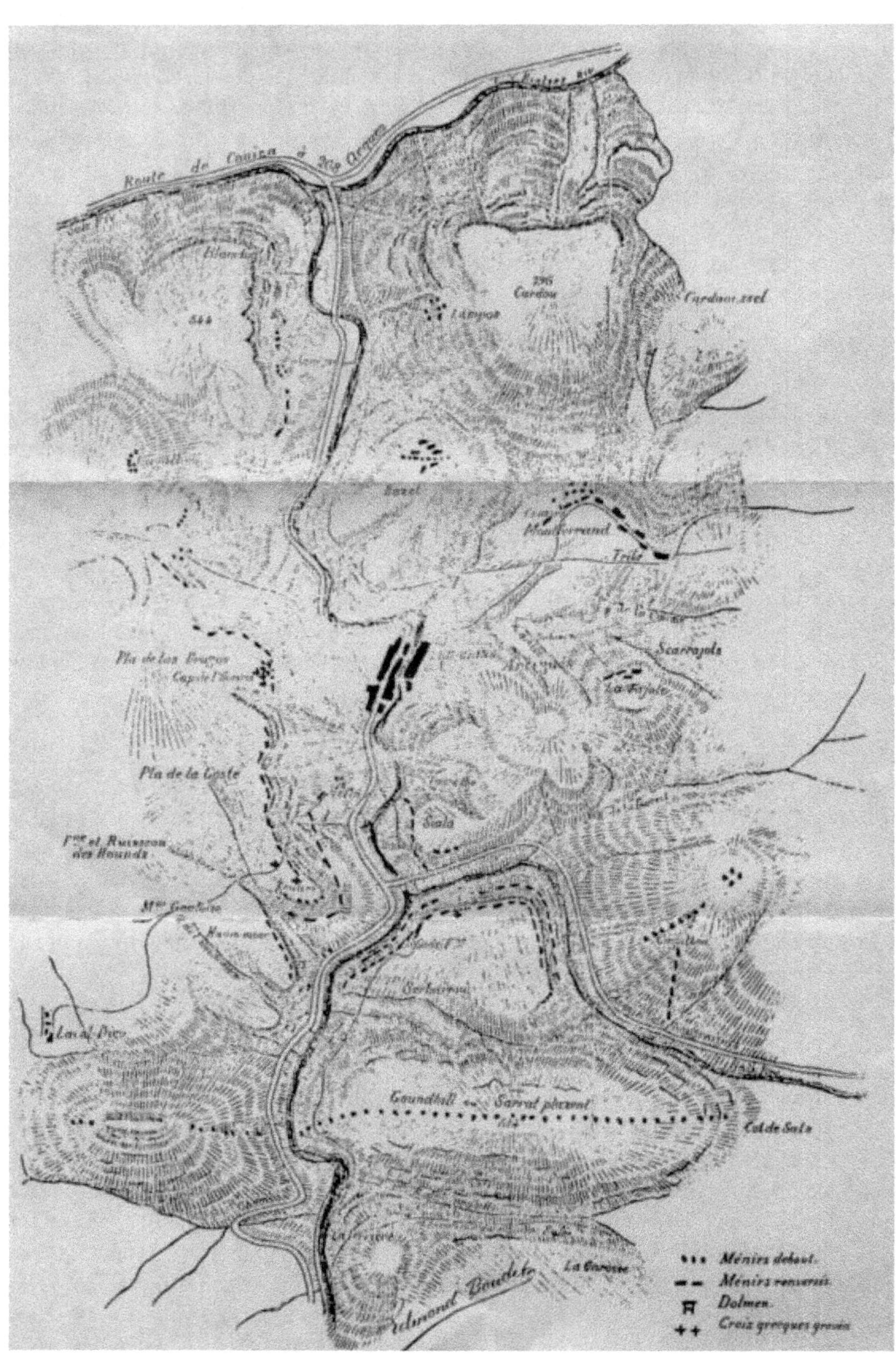

Carte Boudet

Dans la fameuse carte dessinée par Edmond Boudet qui, depuis de nombreuses années a fait fantasmer une multitude de chercheurs, ce ruisseau figure dans le pseudo-cromleck de RLB. Mais ceux des lecteurs de *LVLC* qui auront suivi le contenu de cet ouvrage à la lettre ont dû être fort marris de constater que le ruisseau en question présente, après les dernières giboulées de mars — et pour utiliser une terminologie boudétienne — l'aspect d'un véritable oued kabyle ! Il est totalement à sec et, en dehors de violents orages, nul ne l'a jamais vu couler *au plus fort des chaleurs de l'été* ! D'autre part le tènement de l'Homme mort, où il est sensé se perdre, ne figure pas sur la carte officielle de l'époque (relevé de 1850) de laquelle s'est inspiré Edmond, mais a été rajouté par la suite sur une version postérieure à 1946. Et ce problement à la demande d'un lecteur de Boudet. Comme ce fut aussi le cas pour le château d'Albedun, dont un lecteur de l'abbé Mazières persuada l'IGN qu'il s'agissait d'un château des Templiers !

En fait, le lecteur curieux de la chose pourra constater lui-même, sans grand effort, que le véritable ruisseau affublé par les frères Boudet de cette dénomination est celui, figurant sur la carte officielle de façon anonyme, qui est (effectivement) *enserré dans les contours d'une crête* ; mais qu'il agit de celle du Pech de Bugarach. Ensuite, « Non loin de l'endroit où il déverse bien ses eaux dans la Blanque, de nombreuses pointes devaient s'élever sur les grandes roches bordant la route de Bugarach. » ; en fait, cette route est celle qui va de ce village au Col de Saint-Louis, et qui est dominée par une immense falaise qui culmine à près de mille mètres. *Et ce déversement dans la Blanque* a lieu non loin du Roc de la Beille. Cette assertion de nature topographique pourrait sembler un peu présomptueuse, mais elle est (provisoirement) d'autant plus justifiée — Beille étant contenue dans B(out)eille — qu'elle est dans le droit fil des errements boudetiens habituels ! D'ailleurs, pour oser une plaisanterie, un allemand dirait qu'il s'agit du ruisseau de Trinque-Boudeille ! Enfin, le dernier élément justificatif et irréfutable du choix de ce ruisseau réside dans le fait q*u'il coule constamment, même au plus fort des chaleurs de l'été.* Il suffit en effet de faire le déplacement près du Roc de la Beille, suivi d'une marche de quelques minutes à pied sec dans le lit du ruisseau, pour rencontrer une petite source, déjà évoquée, et dont il a été constaté, par votre serviteur, qu'elle coulait encore à la mi-juillet. Et ils auront la faculté *d'y puiser et d'apaiser leur soif* [5]. Je ne pense qu'il soit nécessaire d'ajouter un dessin !

5. Nécessaire digression sur la littérature.

François Rabelais (1494-1553), auteur majeur de la littérature française, remarquable par l'abondance de son vocabulaire et sa puissance verbale, fut incontestablement l'une des têtes les mieux faites de son temps. Né en pays de Loire, il entra en 1420 chez les Cordeliers (Franciscains), ordre qui n'appréciait pas du tout la culture intellectuelle. C'est pourquoi, grâce à l'aide de puissants protecteurs, il obtint un indult du pape qui lui permit d'entrer chez les bénédictins de Saint-Maur des Fossés ; lieu de haute culture où exerça, par la suite, le fameux dom Vaissète, auteur d'une irremplaçable *Histoire de Languedoc.* En 1528, il alla à Paris étudier à la Sorbonne, et jeta son froc de moine aux orties pour devenir prêtre séculier. Puis il entreprit un tour de France qui le conduisit à Bordeaux, Agen — où il rencontra le savant Scaliger — Toulouse, Carcassonne, Narbonne et Montpellier où avait exercé autrefois le fameux alchimiste Arnaldo de Villanova. Il y étudia la médecine et obtint le grade de docteur. Une tradition audoise prétend que lorsqu'il était étudiant dans cette ville, il aurait fait un court séjour dans une station thermale de l'Aude qui n'aurait été autre.... que Rennes-les-Bains ! Par la suite, il fit une très longue halte à Lyon, où il devint chanoine, et exerça longtemps dans un hôpital. Son séjour fut entrecoupé de plusieurs voyages à Rome où il suivit son bienfaiteur, monseigneur du Bellay. Finalement, son ouvrage ayant été une énième fois condamné par la Sorbonne, il se réfugia à Metz puis termina ses jours comme curé de Meudon ; lieu où, bizarrement, le célèbre écrivain François-Ferdinand Céline, qui s'inspira beaucoup plus tard de son style syncopé, finit lui aussi ses jours comme médecin.

Rabelais est l'auteur, comme l'on sait, de Gargantua et de son fils Pantagruel, ouvrage encyclopédique, dont l'introduction, fort imagée, est la suivante : *La vie très horrificque du grand Gargantua père de Pantagruel, jadis composée par M. Alcofribas abstracteur de quinte-essence.*

Cet Alcofribas mystérieux, gage d'un certain anonymat, est tiré d'Alcofribas Nasier qui n'est autre que l'anagramme de François Rabelais. Par la suite, fort de certains appuis politiques et religieux, il osa endosser la paternité de ses œuvres puisque son *Tiers livre est composé par M. François Rabelais, docteur en médecine.*

Au fil du texte, dans cette œuvre érudite et au vocabulaire très dense, qui débute par les fameuses guerres picrocholines, on rencontre le truculent frère Jean des Entommeures en son abbaye de Thélème, dont la devise est Fay ce que voudra. Puis le non moins célèbre Panurge — qui nous a légué ses moutons — et qui, à force d'errer en consultant plusieurs personnages, finit par arriver à *L'oracle de la Dive Bouteille* (Livre V, XLV). Le seul problème est que cet épisode se trouve dans livre cinquième, qui ne parut que onze ans après la mort de Rabelais (1564). Ce qui, aux yeux de nombreux spécialistes, rend son authenticité douteuse. La question se pose donc de savoir qui aurait pu composer cet intéressant plagiat ? Mystère ! Voici le passage significatif où un *vénérable pontife* nommé *Bacbuc* interprète le mot de la bouteille (V-XLV) :

« Voici (dist Panurge) un notable chappitre et glose fort autenticque : est-ce tout ce que veut prétendre le mot de bouteille trymégiste ? J'en suis bien, vrayement.

Rien plus (respondit Bacbuc) : car trinch est un mot panomphée, célébré et entendu de toutes nations, et nous signifie : beuvez. »

C'est bien la traduction celtique qu'en a donnée Boudet : *to drink-bottle.* Trymégiste renvoie évidemment à l'hermétisme, déjà évoqué et trinch est tiré du germanique *trinken,* qui signifie boire et a donné le verbe français trinquer. Quant à panomphée, c'est l'un des noms du Zeus qui rend les oracles en toutes langues. Sous un habillage bacchique, Boire (trinquer) à la Dive Bouteille signifie en fait s'abreuver à la fontaine de la connaissance.

Le choix du nom rabelaisien donné à un petit ruisseau, qui descend d'un tènement de l'Homme mort, passe près des roulers (Sergius Paulus), et déverse ses eaux dans la Blanque sur la route de Bugarach, n'a à l'évidence pas été fait innocemment. En effet, nous avions omis à dessein d'indiquer que dans les chapitres précédents du Livre V, la quête de cette Dive Bouteille conduisait dans un *temple souterrain éclairé par une lampe admirable* (V-XLI), *où se trouve une fontaine phantastique* (V-XLII).

Gargantua et Pantagruel furent condamnés plusieurs fois par la Sorbonne, et cette œuvre ne figure donc pas parmi celles, plus édifiantes, dont la lecture est recommandée aux séminaristes ! Pourtant Boudet, qui avait eu un parcours quelque peu identique à Rabelais — médecine et sacerdoce — en était probablement un fervent lecteur. Le nom de son ruisseau de Trinque Bouteille, qu'il cite quatre fois d'affilée dans la même page, est donc une composition de sa part, extrapolée du passage précédemment évoqué. Et dans le droit fil de l'ouvrage, son ruisseau de Trinque Bouteille — dans la mesure où on peut le localiser — devrait conduire à un temple souterrain, éclairé par une lampe admirable et où l'on peut accéder à la connaissance. On aura évidemment remarqué que le petit ruisseau qui descend du Bugarach *coule constamment, même au plus fort des chaleurs de l'été !*

La source du pont. Cette petite résurgence sourd dans le bas du lit du ruisseau issu de la gorge sud du Pech de Bugarach. Alimentée par le réseau hydrographique souterrain du Bufo Fret, *elle coule constamment même au plus fort des chaleurs de l'été* (*LVLC* p 237). C'est donc là le vrai ruisseau dénommé par Boudet Trinque-Bouteille.

6. Intrusion d'une mystérieuse (quinte) essence.

Ensuite, la Blanque réapparaît quatre fois (pp. 238, 240, 273 (2)), dont la dernière pour situer l'emplacement de la source de la Madeleine sise sur sa rive droite. Ce voisinage entre la Blanche (couleur virginale) et Madeleine est vraiment fort poétique et contraire aux idées reçues. Pourtant elle est, nous le verrons, significative !

En fait, cette rivière constitue pour nous un véritable fil d'Ariane car, nous l'avons vu, elle conduit à cet Alder auquel l'auteur attache une certaine importance puisqu'il le cite onze fois. (pp. 18, 220 (5), 221 (2), 222, 223 et 227). Selon lui, cette dénomination — à vrai dire fantaisiste — peut-être tirée de l'appellation de *flumen Aldae*, figurant dans certains textes anciens, donc attestée. Puis, de fil en aiguille, il glisse vers une essence végétale (p. 220) :

«Alda — dit-il, — est le même terme que *Alder*, et dans le celtique, Alder désigne l'aune. Essence d'arbre qui croit naturellement sur les deux rives de l'Aude. »

Branchage de *Rhamnus alaternus* ou N*erprun alaterne* 'occitan : Aladern).

Dans *LVLC*, il est nommé Alader et Alder (p. 18), puis Alder ou Aune (pp. 220 et 223). Cette photographie a été prise par l'auteur sur le bord du ruisseau de Trinque-Bouteille identifié ci-dessus, en amont de la source. Ses baies rouges noircissent en mûrissant (photos prises le 13 juillet 2010).

Or il se trouve que le véritable alader, lui, croît probablement ailleurs ! Et pour mettre ceci en évidence, nous allons être contraints à un petit détour par la botanique. Qualifié d'arbre vert à feuilles persistantes, qu'il identifie au terme anglais alder désignant l'aune, ce végétal était déjà apparu en bonne place puisqu'il figure en tête de son tableau des correspondances linguistiques. (p. 18) En fait, cet alader — dont la graphie occitane normalisée est aladern, — n'est autre que l'alaterne, qui est un nerprun à feuilles persistantes (*rhamnus alaternus*). Le nerprun — qui vient du latin *niger prunus* (prunier noir) — a pour fruit la bourdaine et est parfois appelé aulne noir (en anglais *black alder*) ; il peut pousser en montagne et affectionne les terrains calcaires et drainés. Dans ledit tableau de la page 18 figure également une autre essence, le buis, sous sa forme phonétique bouich, qui garnit les flancs nord du Pech. Mais paradoxalement, bien qu'il figure une fois en clair dans le texte (p. 231), l'auteur semble avoir oublié, entre les deux, le chêne vert ou yeuse — en occitan *ausina* (phon. aousino) — qui croît dans cette région de façon endémique. D'ailleurs, la forêt qui garnit l'immense thalweg et les flancs sud-ouest du Pech de Bugarach est composée, pour une très grande part, d'arbres appartenant à cette espèce. Mais on y rencontre aussi, de façon dispersé, tels les cailloux blancs guidant le Petit Poucet, d'autres arbres à feuilles persistantes clairement identifiables à ces fameux nerpruns alaternes. Ces derniers ont d'ailleurs une fâcheuse tendance à pousser sous forme de buissons, rendant ainsi le cheminement très malaisé, sinon impraticable. Bien que cette forêt ait été exploitée pendant la dernière guerre, on peut affirmer, après vérification, que l'alader est toujours présent en ces lieux. Hors l'indice éventuel de cheminement, si l'auteur, profitant de l'ordre alphabétique, a choisi de placer cet arbre en tête de son tableau avec une identification à l'aune — ou aulne — cela pourrait revêtir aussi un sens symbolique. Celui d'affronter une forêt inconnue, dense et ténébreuse, qui a rarement vu le passage de l'homme. On pense évidemment ici à la *Ballade du Roi des Aulnes* (Erlkönig) de Goethe, mise en musique dans un lieder de Franz Schubert. Issu d'une vieille légende scandinave, ce poème décrit le danger qu'il y a à pénétrer dans les forêts mystérieuses, domaine des Elfes séduisants mais aux sortilèges quelquefois mortels. Goethe a illustré ces légendaires maléfices par un cavalier, portant en selle son jeune fils et contraint, pour rejoindre sa demeure, de traverser la forêt où règne le Roi des Aulnes. La terreur de l'enfant grandit au cours de la chevauchée, puis l'angoisse saisit le père lui-même et cela se termine en drame :

> *La frayeur saisit le père qui presse son cheval,*
> *Et serre dans ses bras l'enfant gémissant.*
> *Il parvient enfin avec peine en sa demeure,*
> *Mais dans ses bras l'enfant était mort !*

Nous verrons plus loin que l'évocation de ce poème était en quelque sorte prémonitoire !

7. Quelques autres indices parlants.

Ce premier et important jalon géographique posé, reprenons notre lecture à la première apparition de *Jésus Sauveur* (p. 79). L'auteur cite un passage d'un Evangile, dont l'auteur est indiqué en note de bas de page sous la forme suivante : *Saint Math.* c. I. 21. Il semble évident qu'un prêtre catholique ne pouvait pas ne pas savoir que Matthieu prend deux T. Sauf erreur — inimaginable de sa part — cette anomalie était donc destinée à capter l'attention d'un chercheur encore suffisamment éveillé à ce stade de la lecture. Or sur la Blanque, au pied du Pech, se trouve la Cascade des Mathieux (545 mètres) ; avec un seul T. En outre, à cet endroit, la vallée est dominée, côté montagne, par le Roc de la Beille (606 mètres) ; ces deux dénominations figurent sur la carte IGN (N° 2347 OT. Quillan). Cette dernière expression rappelle évidemment les abeilles (l'abeille) qui avaient déjà retenu trois fois notre attention par leurs bourdonnements. (p.102). Mais il y a plus, car ce bourdonnement fait songer à la bourdaine qui est le fruit du nerprun évoqué il y a peu.

Voici donc mis en évidence trois éléments naturels s'intégrant dans la géographie proche, et fort aptes à indiquer une direction d'accès au lieu recherché. Pour progresser dans cette voie, qui s'avère pour l'instant assez bénéfique, nous allons passer au *Chapitre VII* décrivant le *Cromleck de RLB* (pp. 225 et suivantes), et essayer de transposer certains passages significatifs dans le vrai cromlech qui est l'objet du cryptage. La description qu'il nous en donne débute ainsi :

« On pourrait se demander pourquoi le nom de Rennes est appliqué à notre station thermale ; on en trouve aisément la raison, lorsqu'on examine de près cette étrange contrée : en effet, ses montagnes couronnées de roches — qu'il ne qualifie pas ici d'aiguës comme des menhirs ! — forment un immense Cromleck de seize ou dix-huit kilomètres de pourtour. »

Malgré tout le respect qu'on lui doit, il faut tellement d'imagination pour se représenter son cromleck de visu que nul n'y est encore parvenu ! Puis il continue en citant Strabon qui : (p. 225)

« dans son histoire des Galates ou Tectosages asiatiques, rapporte que le peuple gaulois possédait toujours un « *drunemeton* » ou cromleck central. C'était le lieu où se réunissaient les membres de la société savante connue sous le nom de Neimheid. La décomposition de *drunemeton* jette une vive lumière sur cette belle institution celtique. Cette appellation, comprenant la première syllabe trow de Drouide, et aussi le mot nemet, nous apprend avec certitude quels étaient les membres composant l'Académie celtique. Le verbe to trow, comme on l'a déjà vu, signifie : penser, croire, imaginer. Le second verbe *to name (nème),* possède le sens de nommer, appeler, et *head (hèd),* se traduit par la tête, le cerveau, l'esprit, le chef. (....) Le cromleck central était fixé tout naturellement par les pierres savantes, et ces pierres étaient dressées dans la tribu des Redones. »

N'étant pas à une approximation près, pour réintroduire son cher Neimheid, il a remplacé son drunemeton par *trow / name / head,* mais qui est plus proche de *dru / name / head* ou nom (de la) tête (des) *Dru-ides.*

Puis il continue en indiquant (pp. 226 et 227) :

« Qu'un drunemeton se dressait en Armorique et qu'un autre, nécessaire dans le midi, avait été dressé dans la région celtibérienne au pied des Pyrénées, sur les hauteurs de la Sals et devenue aussi, par ce fait, Redones ou pierres savantes. Si l'expression Redones doit désigner un ensemble complet de pierres levées et d'aiguilles naturelles ou artificielles, c'est bien à RLB qu'elle appartiendra à juste titre. »

Outre que sa phraséologie est totalement incohérente, rappelons que les Redones — ou Rhedones — sont les ancêtres putatifs des habitants de RLC située effectivement, elle, *sur les hauteurs de la Sals.* Cité dans laquelle existait un immense monument ayant une forme circulaire — donc semblable à un cromlech — et où subsistaient des *pierres savantes* : la fameuse dalle Reddis, Regis, et celle dite de Coumesourde.

Mais il semble nécessaire, en outre, d'apporter quelques précisions sur son texte dans lequel sont utilisés abusivement certains termes. D'une part, il est douteux que Strabon ait écrit *peuple gaulois* en désignant les Galates. C'étaient des indo-européens qui appartenaient effectivement à la branche celte — qu'il affuble en outre du titre de Tectosages asiatiques — dont on sait qu'ils avaient créé la ville d'Ancyre, aujourd'hui Ankara. Strabon rapporte effectivement qu'ils possédaient un sanctuaire central, appelé drunemeton ou encore sanctuaire du chêne. Mais pour les besoins de sa démonstration, Boudet assimile ce drunemeton, qui est un bosquet sacré, à un cromlech dont on sait qu'il s'agit d'un enclos circulaire, de dimension limitée, fait de pierres levées. Et ce faisant, il se contredit puisque, citant un texte de Figuier, il avait écrit précédemment (p. 164) :

« Ces monuments de pierre, nous l'avons déjà dit, ne sont pas plus celtiques que druidiques. Les Celtes, peuple qui occupa une partie de la Gaule plusieurs siècles avant l'ère chrétienne, sont tout à fait innocents des constructions mégalithiques. Ils les trouvèrent toutes faites lors de leur immigration. »

Le seul terme proche qui, en Europe occidentale, désignait une structure de ce genre était celui de *nemeton*. Il a donc introduit abusivement cinq fois le terme drunemeton de façon délibérée, car cela lui permettait de se livrer à l'un de ses passe-temps favoris : les conversions anagrammatiques. Et avec ce terme, il avait de quoi faire car elles sont nombreuses et variées. En voici une liste :

A.	Tour de men(n) (mis pour hommes)
B.	Trône du men
C.	Rune de mont
D.	Mont de rune
E.	Mont de (l)'urne
F.	Mont Redune
G.	Munt Redone

On aura évidemment compris que la mise en évidence de toutes ces expressions, générées par des permutations de lettres, résulte évidemment du seul effet du hasard. Mais le fait que certaines d'entre elles soient appropriées à la description orographique souhaitée par l'auteur indique que celui-ci avait choisi ce terme, d'origine celtique orientale, avec un grand discernement.

Ainsi, le mamelon sommital du Pech était autrefois couronné par une *tour* (**A**) d'une trentaine de mètres de hauteur. Elle figure sur la carte d'Etat-Major contemporaine de celle dont son frère Edmond s'est inspiré, sous la dénomination La Tauze Tr. Elle est également citée par l'abbé Sabarthès, dans son Dictionnaire, sous le nom de « La Tauze : tour au sommet du Pic de Bugarach (1266 mètres) ». Malheureusement, du fait que cet auteur ne cite pas ses sources, on ignore ce qui justifiait sa présence en ce lieu dominant, à quelle époque elle fut construite, celle à laquelle elle fut entièrement démantelée, et surtout pour quelles raisons ? Et en outre par qui ? En tout cas, son existence avérée ne dépare pas le mystère qui nimbe le passé de la région.

Le terme anglo-français Trône du men (**B**) peut-être grossièrement traduit par Trône de l'homme. Serait-ce une allusion au Fils de l'homme, où à un site naturel présentant une forme significative ? A ce sujet on se rappelle la remarque faite au sujet de la fresque de l'église de RLC, dans laquelle Jésus est juché sur un mamelon hémisphérique. Et bien, le point sommital du Pech, où se situait autrefois la Tour de la Tauze, a effectivement une forme hémisphérique régulière d'une douzaine de mètres de diamètre ! Cette identification des reliefs laisse penser que *Le Trône de l'homme* semble être la dénomination la plus significative dans le cadre de notre recherche. Comme dit Matthieu, en parlant de Jésus (5, 1) :

« Voyant les foules, il gravit la montagne, et quand il fut assis, ses disciples s'approchèrent de lui. Et prenant la parole il les enseignait.... »

Celui qui a déjà gravi le Pech peut très bien imaginer la scène à son sommet !

Mont de rune (**D**) pourrait laisser supposer que ce lieu comporte en son sein des inscriptions gravées de ce type.

Mont de (l)'urne (**E**) retient particulièrement l'attention, du fait de la présence de la cuvette centrale qui pourrait inciter à une analogie. On sait que l'urne est un vase destiné à recevoir les cendres des morts, mais c'était aussi, dans l'Antiquité, l'emblème des dieux et des déesses des fleuves et des sources, telles les Nymphes et autres Néréides. *L'Urna*, quant à elle, est le nom donné à la pierre précieuse — une émeraude selon la tradition germanique — qui tomba du front de Lucifer lors de sa chute du Plérôme. Enfin, sur certaines représentations, une urne figure le vase qui aurait contenu le nard dont la pécheresse, Marie-Madeleine en l'occurrence, oignit les pieds de Jésus lors du repas chez Simon (Luc 7, 36 à 50).

Enfin le *Munt Redone* (**G**) est traduisible phonétiquement en occitan par *Mount Redone* qui signifie *Mont (des) Redone*s. Ce qui semble, ici, éminemment approprié ! Le fait que l'auteur ait bizarrement assimilé les *Redones* aux *pierres savantes* (p. 227) — ici les runes (**D**) — n'a en soi aucun sens et semble indiquer qu'il a tiré cette corrélation des deux versions anagrammatiques de *drunemeton* que nous venons de mettre en évidence. Mais dans tous les cas, la présence du terme *Mont* dans cinq versions sur sept, quelle que soit la signification que l'on puisse y attacher, confirme que nous sommes sur la bonne voie.

Après cette intéressante mise en bouche, nous allons à présent pénétrer avec Boudet dans son *Cromleck de RLB*, et tâcher d'identifier quelques termes vraiment inappropriés dans son discours, et donc transposables dans le cromlech caché, en l'occurrence le Pech.

« La Sals, ou rivière salée ; coule d'abord du levant au couchant, et, après sa jonction avec la Blanque, vers le centre du Cromleck des Redones, poursuit son cours du sud au nord jusqu'à l'entrée des gorges où commencent à se dessiner les premières aiguilles naturelles. »

Passons sur certains détails topographiques secondaires, qui concernent l'implantation de RLB et, retournons avec lui au confluent de la Sals et du Rialsés décrit ci-dessus :

« Au temps des Celtes, la gorge était sans doute fort difficile, parce qu'une longue barrière de roches plongeant dans la rivière en défendait l'entrée. De plus, la déclivité extrême des pentes des montagnes devait inspirer une certaine crainte aux membres savants du Neimheid, (ceux de l'époque) chargés de donner un nom à cette partie du terrain d'un aspect si sauvage. Aussi se sont-ils demandé comment et de quelle manière ils pourraient voyager en chariot (en latin rheda), en s'engageant dans ce défilé presque inaccessible. »

Tout d'abord on se demande qui, depuis le temps des Celtes, a bien pu briser la barrière rocheuse plongeant dans la rivière et qui en défendait l'accès. L'auteur savait très bien que la durée des phénomènes géologiques est totalement incommensurable avec le décompte temporel humain ! D'autre part, pour voir en amont du confluent de la Sals et du Rialsés une *gorge* et un *défilé presque inaccessible*, il faut vraiment être atteint d'un astigmatisme bien supérieur à celui qui affectait le célèbre peintre tolédan Doménico Théotopoulos, dit le Gréco. Une telle description, venant de Boudet, est d'autant plus bizarre qu'il avait passé son enfance non loin d'un véritable défilé, alors presque inaccessible, celui de la Pierre Lys. Et qu'à son âge, il connaissait évidemment les gorges de Saint-Georges, puisqu'il cite Roquefort de Sault et Buillac ; également celles du Rébenty et surtout celle, très représentative, de Galamus où résidait encore, peu avant son affectation à RLB, un ermite. Personnage que nous ayons déjà rencontré indirectement dans le Tarot !

On voit donc que les termes utilisés sont tellement inappropriés à la description véritable des lieux qu'ils désignent manifestement l'entrée d'un autre cromlech, naturel lui aussi, mais plus représentatif de sa dénomination par sa forme. Et dont l'entrée est protégée par une véritable gorge !

Cependant, l'itinéraire qu'il nous propose est pour nous relativement intéressant car, y a trois siècles, la voie d'accès à RLB passait effectivement par le village de Serres, comme le montre la carte de Cassini, et contournait le haut mamelon hémisphérique, dit Pic de Cardou (795 mètres), par le Col du Bazel. Ce sont deux lieux sur lesquels il s'attarde et qu'il cite plusieurs fois (Sept fois pour le Cardou : pp. 228, 229 (3), 231 (2) et 243 ; et trois fois pour le Bazel : pp. 229, 230 et 192). Ce qui, a poussé nombre de chercheurs de trésor — matériel ou spirituel — ayant pris le texte au pied de la lettre, à écumer littéralement cette montagne à l'aspect très placide. Le terme Cardou vient probablement de l'occitan cardon (Phon. cardoun), qui signifie chardon. Il permet une petite digression dans le domaine de l'hermétisme, cher à notre auteur. Pour cela il suffit de se référer à l'*Autoportrait au chardon* d'Albrecht Dúrer, et de chercher à savoir pourquoi ce célèbre peintre-graveur allemand s'est représenté tenant une tige de chardon dans sa main ? Simplement parce que cette plante est l'emblème de l'homme qui recherche la connaissance et qui à soif de savoir, car elle présente la particularité d'amasser la rosée dans les concavités de ses feuilles. Mais la prononciation cardou pourrait résulter de la graphie cardo. Or, en latin, cardo est le point capital, le pivot ; et ici, le lieu ainsi nommément désigné ne correspond pas à cette fonction, car le vrai point capital régional est, on le sait, le Pech de Bugarach. Mais le terme est également utilisé pour désigner, dans les camps romains, la ligne du nord au sud perpendiculaire au *décumanus* qui, lui, va d'est en ouest. Mais pour Pline, qu'affectionne particulièrement l'auteur, le cardo désigne aussi *la partie la plus resserrée d'un lieu*. Tiens donc !

Quant à la colline du Bazel, l'auteur se permet à son endroit une digression bizarre, dans le genre de celle de Trouide déjà connue du lecteur. Voici en effet ce qu'il écrit :

« En rendant à ce terme la prononciation assez dure qu'il devait avoir autrefois, nous aurions à dire Passel. Or, Passel signifie une route, et ell, la mesure de longueur dont se servaient les Celtes. »

Ce à quoi nous pourrions rétorquer, tout d'abord, que *pass* ne signifie pas route, mais col, défilé ou passage de montagne. D'autre part, qu'on ne connait pas précisément les mesures utilisées par les Celtes ; par contre, il est avéré que *ell* est une mesure anglaise, signifiant aune ou aunée ? Or en français, l'aune est également une ancienne mesure, mais aussi l'arbre vert à feuilles persistantes que nous avons déjà rencontré. On le nomme encore verne. Comme le Jules du même nom qui était contemporain de l'auteur !

Mais il semble que nous ayons légèrement divergé et pénétré une structure labyrinthique conduisant à une impasse ! Aussi, pour aller au fond de la pensée de l'auteur, il est nécessaire de rappeler une vieille locution proverbiale qui dit : *On sait ce qu'en vaut l'aune !* Autrement dit : On sait le peu de cas qu'il faut faire de la chose dont on parle. C'est pourquoi, il semble qu'il faille chercher une solution plus simple ailleurs. Comme nous l'avons déjà vu, avec le hel d'Hercule, ell présente la même phonétique que *hell* qui, lui, signifie *enfer*. Le Passel qu'il a élaboré artificieusement peut, de ce fait, être traduit par *Défilé de l'enfer*. Deuxième évocation surprenante d'un défilé !

Plus loin, il évoque le site du Cugulhou sur lequel il insiste assez lourdement, puisqu'on le rencontre sept fois (pp 232, 233 (2), 234, 242 (2) et 243), nombre biblique ! L'auteur le décrit (p. 233) comme ayant un nom bizarre et le traduit à sa manière habituelle par *to cock, redresser, — ugly, (eugli), difforme, — to hew (hiou), tailler*. En réalité, il s'agit probablement là d'un localisme occitan dérivé de la forme *cugulièra*, du latin *cuculus*, qui désigne un lieu fréquenté par les coucous. Ce sont des oiseaux bizarres, au comportement unique dans la gent volatile, qui pondent dans les nids d'autres espèces et, ce faisant, s'en attribuent la propriété. Ils peuvent berner même les pie(s), pourtant beaucoup plus grosses qu'eux, qui ne s'opposent pas à leur intrusion et préfèrent aller nicher et pondre ailleurs. Une vieille tradition populaire qui s'y attache — et que devait connaître l'auteur — prétend que : « C'est un présage de fortune si l'on trouve de l'or en entendant son chant. » Mais encore faut-il trouver de l'or ! On peut évidemment penser que ce site *coucouesque* n'a pas été introduit et répété sept fois innocemment. La question se pose donc de savoir à qui il pouvait être fait ainsi allusion ? Ne serais-ce point, par hasard, à un hiérarque vénal, averti de certaines choses, et qui avait la fâcheuse habitude de prélever sa dîme au passage ?

Enfin, il cite trois fois (p. 243) La Fajole — qui vient de foutelaie, lieu planté de hêtres — qu'il définit par to *fadje* (verbe inconnu), *convenir,* — *hole*, creux, caverne, petit logement. Outre la présence du hêtre et de la caverne, son second intérêt se situe dans le fait qu'un village homonyme, situé sur le haut Rébenty, à pour patronne Sainte Magdeleine.

Coordonnées des sites de la géographie sacrée (Origine Géoportail Internet).

A) Source de la Madeleine ou de la Gode. (p.273)
02° 19' 08.6" E
42° 54' 25.3" N

B) La Mataline = Ruines de la Made (p.302).
02° 05' 23.1" E
42° 58' 39.4" N

C) Notre-Dame de Marceille + Notre-Dame de Marsilla (p. 276).
02° 13' 54.5" E
43° 04' 01.8" N

D) Sommet du Pech de Bugarach
02° 22' 45.0" E
42° 51' 48.8" N.

NOTES

1. Voir *L'alchimie, science et sagesse*, p. 191 (p.113).

2. Voir, de l'auteur, *La cité du chariot ou RLC, du trésor des Wisigoths au secret de l'abbé Saunière*, pp. 75 et 76. (p. 115)

3. Ce cliché est disponible sur internet : sites IGN ou Google. (p. 115)

4. S'il y avait peu de randonneurs qui fréquentent ce lieu très escarpé, il s'en trouve de fort nombreux aujourd'hui. La cause en est qu'en 1998, un explorateur curieux et avisé, monsieur Christian Raynaud, découvrit cet orifice dans le sol de la gorge, et remarqua qu'il s'agissait d'un trou souffleur, et donc de l'entrée d'une cavité karstique. Cavité qui fut baptisée *Bufo Fret* (en français *Souffle Froid*), et explorée par le Spéleo Corbières Minervois dès 1999. Pour en faciliter l'accès, les spéléos installèrent à demeure une échelle métallique, qui permet de franchir facilement un ressaut d'une dizaine de mètres de haut. Début 2004, la cavité courant sous le Pech — dont le point bas est constamment noyé — atteignait 5000 mètres. Un peu en amont du trou (souffleur) d'entrée (z = 703 m.) commence la forêt.

5. *Cette petite source, coulant même l'été*, passe en réalité facilement inaperçue. J'ai en effet remonté deux fois le lit du ruisseau jusqu'au trou de *Bufo Fret*, et je ne me suis aperçu de sa présence que lors de la deuxième descente ? C'était le 13 juillet 2010, date pour moi mémorable ! Une eau fraîche sourd, en effet, au pied de l'un des multiples plis gréseux qui coupent tranversalement le lit, et se matérialise sous la forme d'une flaque d'une dizaine de centimètres de profondeur. Mais, comme l'affirme Boudet, *on peut y puiser et apaiser sa soif, même par les fortes chaleurs* ! Elle est alimentée par l'immense réseau karstique du Bufo-Fret et a été répertoriée sous le nom de Source du pont (603 m.) par l'école française de spéléologie ! Consulter le site http://ecole-française-de-spéleologie.com/stages-rapports/151. Il comporte une coupe du réseau souterrain p.35.

N.B. : Dans le « *cromleck de RLB* » il n'y a qu'un ruisseau qui coule encore quelquefois à la belle saison, et encore pas toujours, c'est celui qui descend de La Fajolle et se jette sous forme de cascade dans la Salz, en face de la piscine de l'établissement de la Reine.

-II-

Où trouver le flambeau ?

1. Entrée en matière

Ce mystérieux *flambeau* recherché avec anxiété par Boudet, qui s'est finalement montré à ses yeux, et dont le premier rayon tombé sur le nom des Tectosages l'a *ébloui,* ne pouvait manifestement être retrouvé que dans un tombeau contenant des restes humains identifiables. D'ailleurs flambeau ne rime-t-il pas avec tombeau !

En tant que tels, les tombeaux figurent plusieurs fois dans l'ouvrage ? Ainsi lorsqu'il traite des monuments celtiques (pp. 161 et 163), on rencontre une longue citation de Louis Figuier, dans laquelle se trouvent deux passages contenant ce terme ; on en appréciera éventuellement le degré d'intérêt :

« Il est parfaitement prouvé aujourd'hui que les dolmens ne sont autres que des tombeaux qui appartiennent à l'époque antéhistorique de la pierre polie. »

Mais, dans le présent contexte, voici un passage qui permet de mieux les situer virtuellement :

« Les menhirs (avec un h) étaient d'énormes blocs de pierre brutes, que l'on fichait en terre aux environs des tombeaux. »

En outre, lorsque l'auteur traite de *La signification religieuse du cromleck, des ménirs, dolmens et roulers* (pp. 248 et 249), il ajoute personnellement la précision suivante :

« On n'a pas oublié la signification littérale de ménir (ici sans h), dolmen, rouler et cromleck. L'interprétation de ces dénominations <u>repousse bien loin l'idée d'une sépulture ordinaire</u> sous les dolmens et <u>au pied des ménirs</u>. (C'est moi qui souligne). »

Les dolmens étant absents, le *cromleck* omniprésent et le *rouler* déjà identifié, demeurent les *ménirs* — qui pourraient être simplement des rocs verticaux ayant cette forme caractéristique, au pied desquels il précise que se trouvent des sépultures vraiment peu ordinaires.

Enfin, il faut retourner sur nos pas (p. 216), dans les cités Sardanes de Caucolibéris (l'actuelle Collioure) [1] et Illibéris (l'actuelle Elne) pour retrouver, de façon à vrai dire très emberlificotée, l'évocation des funérailles antiques. Les Celtes envahisseurs, et donc nouveaux venus, empêchent les Ibères de brûler leurs morts sur le bûcher funéraire, et donnent ainsi son nom à la chaîne des Pyrénées : « *pyre (païre),* bûcher funéraire — *to rain (ren),* réprimer. »

L'auteur, ayant extrait *to rain* — qui signifie pleuvoir — de façon abusive d'une expression plus générale, donne ainsi un signal de pause nécessaire à la réflexion. Mais voici la suite qui n'en sembler pas moins fantaisiste et dans laquelle on retrouve les mêmes approximations sur les vocables anglais :

« Les efforts des Celtes ont dû être couronnés de succès, si l'on en croit le nom de la cité Sardane de Caucolibéris — *to cock,* relever, redresser, — *hall (hâull),* maison, salle, — *to eye (aï)* voir, –*to burry (béri),* enterrer, puisque les habitants de cette contrée ont élevé, dans la suite, des tombelles pour ensevelir leurs morts. »

Mais voici que l'explication devient beaucoup plus embrouillée :

« Illibéris, autre ville des Sardanes (NDA. On y pratique en effet toujours cette danse), ne contredit point cette assertion ; il constate uniquement la pompe que les Ibères déployaient dans les funérailles, *higly (haïli),* ambitieusement, — *to bury (beri),* enterrer — ; en tenant cependant un compte rigoureux des deux «l» qui se trouvent dans Illibéris, ce nom se rattacherait alors à celui de Caucolibéris ; car il signifierait simplement une éminence construite pour une sépulture — *hill,* éminence, — *to eye (aï),* voir, — *to bury,* enterrer —.

On notera que cette description possède une connotation topographique et religieuse. Tout d'abord cette cité qu'il prétend sardane — en fait celtibère — a été restaurée par l'empereur Constantin qui, en l'honneur de sa mère, lui a donné le nom d'Héléna. Ensuite, l'auteur n'a pas retenu la véritable signification de *hill* qui est colline ou coteau, mais a choisi une acception vraiment secondaire, mais au sens plus large, qui est éminence. D'une façon générale, une éminence désigne une position relativement isolée qui domine son environnement ; qu'il soit géographique — une colline ou une montagne — ou religieux puisque c'est un titre d'honneur donné aux cardinaux.

Enfin, lorsqu'il clôt son ouvrage (pp. 303 et 304), dans l'avant dernier sous-paragraphe ayant pour titre *La chasse au sanglier,* déjà connu du lecteur, l'auteur revient sur les cités sardanes et y insiste assez lourdement en soignant davantage le détail :

« Les noms des divers terrains, dans le cromlech de RLB, n'évoquent point le souvenir des funérailles celtiques, parce qu'elles sont déjà écrites (et non décrites) dans le pays des Sordes, à Caucolibéris et Illibéris. Jules César en loue la magnificence extrême. La croyance inaltérée à la vérité de l'immortalité de l'âme conduisait les Celtes à déployer une grande pompe religieuse dans les derniers devoirs rendus à leurs parents et leurs amis. Ils ensevelissaient leurs morts dans des tombeaux formés de terre et de pierres, élevés en cône et connus sous le nom de *barrow*, — *barrow (barrô)*, tombe, tertre — ».

Ce passage est très difficile à interpréter car fort ambigu. D'une part, comme en *témoignent les noms des divers terrains,* il n'y aurait pas eu de funérailles celtiques dans le Cromleck de RLB. C'est donc qu'il faut chercher ailleurs. Ensuite, il contredit ce qu'il avait déclaré précédemment : si les *Sardans*, qui étaient pêcheurs, *tenaient les côtes et fixaient leurs demeures sur les bords de la mer* (ce qui est faux pour Illibéris), les Sordes, quant à eux, *étaient fixés dans les vallées et les montagnes des Pyrénées — Orientales.* (p. 216). En faisant abstraction de la division départementale de notre pays, on remarquera que, géographiquement, la vallée de la Blanque-Sals est située dans la partie orientale des Pyrénées. Ensuite surgit un mot nouveau qui est barrow. S'il signifie effectivement tombe ou tertre, il possède une troisième acception, usitée en Bretagne qui est *galgal* ; terme qui vient du dialecte gaélique et signifie gros caillou. Il s'agit d'un tumulus mégalithique fait de terre et de cailloux qui recouvre en général une crypte. Or un gros caillou peut ressembler à un menhir naturel et une crypte contient souvent des sarcophages ! En outre, par un pur effet du hasard — qui, dit-on, fait si bien les choses — dans les encyclopédies le terme le plus proche de galgal est Galgala. C'est le nom d'une ancienne ville de Judée, où demeurait la tribu de Benjamin, et qui est réputée avoir abrité un certain temps l'Arche d'Alliance. Dans ce même contexte vétéro-testamentaire, on sait que lors de la traversée du Jourdain, Josué ordonna de dresser, dans l'empreinte des pieds des prêtres qui portaient l'Arche d'Alliance, un cercle de douze pierres dénommé Guilgal. Du *barrow* à l'*Arche d'Alliance*, il n'y a donc que quelques pas.... que Boudet semble avoir allègrement franchis !

Puis, passant à nouveau aux Basques, il poursuit par l'évocation de *métaux précieux qui jonchent la terre*, de façon à vrai dire assez bizarre (p. 120) :

« Il ne faudrait pas croire que les Basques fussent exclusivement chasseurs. Ils étaient aussi agriculteurs et préféraient d'ailleurs les productions du sol aux métaux précieux existant abondamment dans leur pays, puisqu'ils fermaient les yeux au lieu de les ouvrir avidement lorsqu'en hersant leurs champs, leurs regards étaient frappés par l'éclat de « l'argent, cilhara » que leur travail amenait à la surface de la terre cultivée. »

Lorsqu'il évoque « l'existence abondante de métaux précieux dans leur pays, » cela pourrait laisser supposer qu'ils avaient bien mis la main sur un trésor matériel, « qu'ils amenèrent à la surface et sur lequel ils fermèrent (momentanément !) les yeux, » avant d'atteindre à ce qu'ils cherchaient réellement. Mais que cette trouvaille matérielle, pour intéressante qu'elle fut, ne pouvait les détourner de leur véritable quête qui était évidemment d'ordre spirituel.

2. Excursion montagnarde

Après cette courte digression *aurifique*, poursuivons ce périple dans les monts et les bois. Ainsi la moisson d'informations devient très profitable lorsque s'égrènent les mois de l'année (pp. 120 et 121) :

1. « « Janvier, Urtharilla. » Le mauvais temps arrête les travaux de ceux qui voudraient passer la herse dans leurs champs. »

L'expression passer la herse, usitée par l'auteur, doit être interprétée dans sa version non pas agricole, mais tactique. Et ici, elle présente même un double sens. D'abord figuré, car la *herse* est un obstacle difficilement franchissable dont on connaît l'utilisation dans les châteaux-forts. Lorsque les assaillants ont réussi à passer la herse, il ne reste plus que le donjon comme ultime refuge des assiégés ! Or dans la gorge qu'emprunte le ruisseau, il y a un ressaut constitué d'une falaise d'une dizaine de mètres de haut, difficilement franchissable l'été et impossible en mauvaise saison car les eaux doivent tomber en une abondante cascade. Il faut donc pouvoir passer cet obstacle pour accéder au pied du donjon ; et pour cela se munir d'une échelle. Ou alors essayer de contourner la gorge par la droite, ce qui n'est pas évident car il faut, aujourd'hui, affronter une forêt quasi impénétrable.

2. « « Février, Otsaïla. » La chaleur est suffisante pour déterminer la débâcle des glaces du Pont-Euxin et permet de mettre à la voile. »

Depuis la dernière glaciation, il y a dix mille ans, il est sans doute très rare que le Pont-Euxin — même sur ses côtes septentrionales — ait été pris dans les glaces. Ensuite, en février, il ne peut y avoir de débâcle de cette hypothétique banquise, puisque nous sommes encore au cœur de l'hiver. L'auteur tient donc un discours totalement délirant, destiné à capter et retenir notre attention. Nous savons que le Pont-Euxin est la dénomination que les Grecs donnèrent à l'Ashaena, ou mer sombre des anciens Scythes. Au XVe siècle, les Turcs l'ont dénommée Kara Deniz dont la traduction, Mer Noire, est usitée actuellement. Bien qu'elle soit sujette à de très redoutables tempêtes, elle porte le surnom de Mer Hospitalière ; ce qui nous avait permis de l'identifier à Sainte Marthe : *la mère hospitalière*. Mais une inévitable version anagrammatique de la fin de la phrase fournit une expression plus imagée qui est la suivante :

PERMET DE METTRE A LA VOILE donne LE MALAD(t) VOIT PERE ET MERE.

Pour que cette expression ait un sens, il faut se poser la question de savoir qui est le témoin de la vision, et pourquoi il est qualifié de malade ? En toute logique, ce témoin ne peut-être que le narrateur lui-même et, en renversant la proposition, on peut penser que c'est la vision de ce couple, *père et mère*, qui l'aurait plongé dans cet état pathologique. Donc, en remettant les choses dans l'ordre, il vient : *la vision du père et de la mère a rendu le narrateur malade*. Ce qui incite à supposer, subséquemment, que l'affection devait être de nature psychosomatique. Quant à ce fameux couple, pour être qualifié de la sorte, il avait forcément un ou plusieurs enfants.

3. « « Mars, Martchoa. » Les pluies continuelles de mars changent forcément les terrains en marécages — marsh, marais, un lieu marécageux. »

Une fois n'est pas coutume, cette définition semble en accord avec une certaine réalité ; météorologique s'entend, à cause des giboulées. Mais que peut-on en tirer ? Et bien, il est bon de rappeler que les lieux marécageux sont, tout au long de l'ouvrage sauf ici, désignés par la bizarre expression de *haum-moor*. Or nous avons vu que la définition de haum-moor a été générée, plus loin dans le texte (pp. 237 et 238), par une déformation celtique d'Homme mort (avec un h majuscule). Or cet *Homme mort* n'est séparé du *Cap de l'Hommé (Tête de l'Homme) — où se trouvait sur un ménir une magnifique tête du Seigneur Jésus, le Sauveur de l'humanité,* — (p. 235) que par le petit ruisseau de Trinque-Bouteille. Or ici, dans la partie basse du ruisseau, non loin de la route, sourd une source d'eau claire, qui coule même en été et dans laquelle on a toujours la possibilité d'apaiser sa soif. En dehors de celle de l'eau, il n'est pas précisé s'il s'agit d'une soif mystique ou de connaissance !

4. « « Avril, Aphirila. » Désirer que les céréales présentent bientôt l'image de l'épi. »

Il s'avère que pour pouvoir être interprétée, cette expression doive être tronquée et échantillonnée. Sans en changer foncièrement le sens, voici ce que cette opération permet de faire apparaître :

DESIRER (….) L'IMAGE DE L'EPI donne LE PILIER (du) MAGE SIDERE.

Le découpage de Saunière

Bien que cette traduction semble relativement incohérente, elle peut trouver une illustration dans le présent contexte. Ce *mage* fait évidemment penser aux *rois mages* qui sont des personnages bibliques venus rendre hommage au roi des Juifs qui venait de naître (Matthieu 2, 1 à 12). Il se trouve que dans les archives léguées par l'abbé Saunière — qui fut un initié tardif — on a retrouvé, collés sur la page de garde d'un cahier de comptes très banal, deux dessins énigmatiques découpés dans un hebdomadaire religieux auquel il était abonné. Le premier représente le transport angélique d'un bébé — très courant à l'époque dans l'imagerie religieuse — avec la légende suivante : « L'année 1891 portée dans l'éternité, avec le fruit dont on parle ci-dessous. » Or, dans son collage, Saunière a remplacé le texte décrivant ce fruit inconnu, par une illustration montrant l'offrande des rois Mages à l'Enfant Jésus. On peut y lire : « Reçois, ô Roi, l'or, symbole de la royauté. » ; puis « Reçois la myrrhe, symbole de la sépulture » et enfin « Reçois l'encens, ô toi qui est véritablement Dieu. » Pour Saunière, l'année 1891 fut sans doute fertile.

Mais il faut convenir qu'il évoque une bizarre Trinité dans laquelle on rencontre Dieu, l'or et la sépulture. Il s'agit peut-être d'un simple effet du hasard, mais il se trouve que cela correspond à ce que cherchaient nos deux explorateurs ! Ceci posé, la présence de ce *pilier* pose problème, et il a donc semblé utile, sinon nécessaire, de rechercher une version plus explicite qui, en rajoutant il est vrai une voyelle, devient la suivante :

L'(I)MAGE (du) PILIER SIDERE (Indice très important)

Vue du « Saint Roc » prise depuis la route entre la Beille et la bas du ruisseau de Trinque-Bouteille, au cap 30° environ. Lorsque l'on conteple la partie sud du Pech, c'est le seul rocher vertcal et isolé qui émerge des alignements rocheux, du bas desquels il se détache. Coordonnées de ce menhir naturel d'après le géoportail internet :

02°22'28.O'' E

42°51'51.5'' N

Altitude de la base : 900 m. environ

Altitude du sommet : 970 m. environ

On notera tout d'abord que l'image d'un pilier — donc sa perception visuelle — peut permettre une localisation géographique. Elle est donc, bien qu'extrapolée, préférable à celle de mage. L'auteur définit d'ailleurs plus loin ce terme de pilier, utilisant pour cela une citation d'Henri Martin (p. 165) qui est la suivante :

« Les pierres isolées, dit H. Martin, se nomment men-hir, pierre longue, ou peulvan, <u>pilier de pierre</u> (je souligne) ; les grottes factices (leckh), roche, ... etc. »

Dans un relief montagneux, le pilier en question pourrait donc désigner un roc isolé, de forme régulière et de grande taille, que certains montagnards appellent un gendarme, mais dont l'image rappelle celle d'un menhir. L'auteur souligne l'importance de ce terme, puisqu'il le cite trente-sept fois dans le texte (trois fois menhir et trente-quatre fois *ménir*). Mais une grande pierre dressée vers le ciel recouvre aussi la notion de bétyle (Genèse. 28, 18 et 19) qui symbolise la présence de la divinité. La grotte factice, par contre, nous laisse dubitatif. Pourquoi factice ? Dans cette description bizarre on ne peut manquer de remarquer également la proximité, entre ce pilier de pierre, cette grotte factice, et le leckh qui signifie roche. Avec un zeste d'imagination raisonnée on peut en retirer, comme interprétation, que *le pilier de pierre, qui est une roche (naturelle), indiquerait l'entrée d'une grotte factice* ; donc une galerie souterraine ! *Q*uant à être sidéré, c'est originellement subir l'influence funeste des astres, autrement dit être abasourdi ou frappé de stupeur devant cet élément naturel.

Mais un contexte religieux très ancien, ce pilier possède une forte charge symbolique puisqu'il figure déjà dans le *Livre des morts* égyptien, et se rapporte au culte osiriaque. Dans son *Histoire des doctrines ésotériques*, Jean Marquès-Rivière nous explique les choses suivantes :

« Osiris, dieu vénérable, grand et bienfaisant, prince de l'éternité, est surtout le dieu des Mystères, celui que le Livre des Morts nous montre guidant, conduisant, et identifiant les morts. Son symbole est le fameux pilier djd (djed) de Busiris, qui a intrigué de nombreux égyptologues. (....) En réalité le djed est la colonne vertébrale humaine, organe très important dans les traditions de physiologie mystique ; c'est « l'arbre de vie » de la Kabbale, c'est le mont Méru renfermant la force cosmique, la Kundalini des traditions hindoues. (....) Osiris, Seigneur de l'Initiation, Prince des Adeptes, était donc symbolisé par le centre physiologique initiatique humain. Nous sommes loin des hypothèses qui veulent faire d'Osiris un « dieu de la végétation. »

Il est bon de rappeler qu'Osiris, frère et époux de la déesse Isis, fut assassiné par son frère Seth (pp. 44, 45 et 46) qui en était jaloux, lequel découpa son corps en *quatorze* morceaux (p. 23). Finalement, Isis en retrouva treize — le sexe ayant été avalé par un poisson — et reconstitua le corps de son époux. On ne sait si elle lui redonna la vie, mais le fait est qu'elle engendra un fils nommé Horus, dieu à tête de faucon (p. 98). La déesse Isis, citée dans *LVLC* (Osismii = Moi Isis. p. 159), est donc un symbole de la Vierge Mère. (Eglise de *RLC*.)

Vue du même pilier situé à l'avant de l'alignement rocheux issu du sommet. Sur sa gauche, on distingue un arasement de forme bizarre. Cette « anomalie » pourrait correspondre à l'ancienne entrée d'une grotte ayant été obstruée il y a plus d'un siècle. Située dans la partie basse d'un couloir d'écoulement, son « nivellement » apparent pourrait résulter de l'apport d'alluvions et de débris rocheux erratiques chariés depuis le sommet lors de gros orages.

Ce cliché a été pris depuis la zone de la Pique-Grosse (z= 1000 m) au cap 130° environ. Ses limites verticales sont comprises entre les altitudes 850 m et 1000 m envron (*LVLC* p. 165).

5. « « Mai, Maiytza. » Aux épis souhaités viennent s'adjoindre, en mai, les brillantes fleurs des champs. »

BRILLANTES FLEURS DES CHAMPS donne LAMPES BRULANTES D(s) CHER FILS.

On a du mal à imaginer, au sens profane, ce que peuvent être ces lampes brûlantes mais, pour qui est familier des Ecritures — et l'auteur l'était forcément — cela fait tout d'abord penser à un passage de l'*Apocalypse de Jean* (1, 12) que voici :

« ... Je me retournai pour regarder la voix qui me parlait et, m'étant retourné, je vis sept candélabres d'or, et, au milieu des candélabres, comme un Fils d'homme.... »

Les candélabres étant des lampadaires, voici pour les lampes ! Ensuite, indirectement, nous rencontrons les anges qui, dans le *Livre d'Isaïe* (6, 1 à 6), gardent le sanctuaire du trône du Seigneur. Ce sont des séraphins, terme qui est la traduction de l'hébreu « brûlants ». Mais les anges sont aussi présents dans les quatre Evangiles, puisqu'ils sont préposés à la garde et à l'accueil du tombeau vide de Jésus, lors de l'apparition à Marie de Magdala (Matthieu 28, 1 à 4 ; Marc, 16, 5 à 6 ; Luc 24, 4 à 6 et Jean 20, 11 à 15).

Ainsi Matthieu, qui a un penchant manifeste pour le merveilleux, dit que lorsque les femmes vinrent visiter le sépulcre :

« Et voilà qu'il se fit un grand tremblement de terre : l'Ange du Seigneur descendit du ciel et vint rouler la pierre, sur laquelle il s'assit. Il avait l'aspect de l'éclair, (encore !) et sa robe était blanche comme neige. A sa vue, les gardes tressaillirent d'effroi et devinrent comme morts... »

Marc, qui est plus réaliste, indique « que les femmes, étant entrées dans le tombeau, virent un jeune homme assis à droite, vêtu d'une robe blanche, et elles furent saisies de stupeur. »

Quant à Luc, il voit deux hommes au lieu d'un : « « Elles (les femmes) allèrent à la tombe. Elles trouvèrent la pierre roulée devant le tombeau mais, étant entrées, elles ne trouvèrent pas le corps du Seigneur Jésus. Et il advint que deux hommes se tinrent devant elles, en habit éblouissant. Et tandis que, saisies d'effroi, elles tenaient leur visage vers le sol ils leur dirent : « Pourquoi cherchez-vous le Vivant parmi les morts ? Il n'est pas ici ; mais il est ressuscité. » »

Dans ces deux passages, nous pouvons relever que les témoins (femmes ou gardes) sont saisis d'effroi ou de stupeur et que les hommes sont au nombre de deux : comme Boudet et un compagnon éventuel, qui vont être eux aussi plongés dans l'*hébétude* après leur entrée dans l'hypogée et leur découverte. Pour Saint Jean qui connaissat bien le *Livre d'Isaïe*, ces hommes sont redevenus des anges forcément de taille humaine, donc des séraphins !

« Marie se tenait près du tombeau, au dehors, tout en pleurs. Tout en pleurant, elle se penche vers l'intérieur du tombeau et voit deux anges, en vêtements blancs, assis là où avait reposé le corps de Jésus, l'un à la tête et l'autre aux pieds.... »

Boudet, pour nous permettre d'authentifier le gisant du tombeau, souhaitait naturellement le définir en se référant aux Livres Saints. C'est pourquoi il a che*rché* une expression dont l'anagramme contenait un synonyme de candélabre, et il a trouvé lampe ; et celle de brûlant, identifiable à séraphin. Ces brûlants sont donc préposés à la garde du tombeau du *cher Fils*, qui ne peut être que le *Fils d'homme* de Jean l'évangéliste.

    6. « « Juin, Erearoa. » S'agiter pour passer la herse dans les champs. »

A cette époque, le débit du ruisseau est faible, sinon nul, et le passage de l'obstacle est donc possible. En outre, cette expression contient un sens anagrammatique caché, à connotation spirituelle indirecte, qui est le suivant :

PASSER LA HERSE donne SERA (S) LA SPHERE.

Or, selon la version qu'il donne des écrits d'Empédocles dans *LVLC* (p. 245), la Sphère n'est autre que Dieu. Donc, en passant la herse, on va aussi, symboliquement, à la rencontre de Dieu.

    7. « « Juillet, Uztalia. ». Différer les grandes réunions, les assemblées, sans doute à cause de la chaleur — *to hustle,* remuer ensemble, — *to while (houaïle),* différer. »

Ici l'avertissement est clair : différer de remuer ensemble semble signifier : cesser toute tentative d'accès probablement à cause de la chaleur.

    8. « « Août, Agorilla. » Les ruisseaux cessent de couler. »

On peut donc continuer les incursions qui ont débuté en juin. On pourrait même en inférer qu'en 1882, ou 83, il a sans doute fait beaucoup plus chaud en juillet qu'en août.

    9. « « Septembre, Bûruïla. » Désirer de se terrer, de s'enfermer dans les cavernes affectées à l'habitation. »

DESIRER SE TERRER dans les cavernes donne SE TERRER dans les cavernes SIDERE.

Bien que de nombreux indices aient déjà été présentés, il semble que les chercheurs aient enfin réussi à pénétrer dans les tréfonds de la caverne et atteint le sanctuaire. Si le terme caverne est moins usité dans le texte que celui de mén(i)r, il apparaît tout de même neuf fois dans ce chapitre (pp. 118 (3), 119, 121, 127, 128, 129 et 130) et celui de *grotte* quatre fois (pp. 119 (2), 128 et 129). C'est dire tout l'intérêt que l'auteur semble lui attacher !

En outre, si s'enfermer dans des cavernes frappe de stupeur — c'est la seconde fois que l'auteur est sidéré ! — quelle peut bien en être la cause, sinon une découverte vraiment inattendue et effectivement sidérante. Elle doit être contenue dans le curieux inventaire qu'il nous a concocté, au fil de cette année symbolique, et dans lequel nous avons rencontré successivement Dieu, le père et la mère, le Fils et enfin l'Homme mort.

10. « « Octobre, Urria. » se hâter dans les travaux des champs. »

L'arrivée du mauvais temps invite évidemment à cesser les incursions.

11. « « Novembre, Hazila. » la brume se traîne sur les montagnes. »

LA BRUME SE TRAINE donne (La) BAUME SERT L'ARIEN.

En occitan, bauma signifie affleurement de roche, caverne ou grotte.

C'est donc traduisible par : « (La) grotte sert l'arien. » Mais l'affleurement rocheux n'est pas inintéressant. Que peut-il bien y avoir en des lieux ainsi désignés, qui aient manifestement une relation avec l'arianisme ?

Enfin, en décembre, l'accès à ces lieux montagneux est manifestement devenu encore plus dangereux.

12. « « Décembre, Abendoa. » se couvrir de vêtements de laine. »

3. Poursuite d'une quête astrale puis souterraine

Changeant de sujet (p.122), l'auteur se met à gloser sur les phénomènes naturels. Ainsi : « Les périphrases employées dans la langue basque sont plus sensibles encore dans l'expression de certains faits naturels comme le lever et le coucher du soleil et le lever et le coucher de la lune. »

Les développements des quatre faits énumérés ci-dessus sont brièvement les suivants :

Au lever du soleil, celui qui est fatigué — nous avons vu plus haut pourquoi — déteste entendre bourdonner dans l'air. Il en est de même au coucher du soleil, mais cette fois, on ne sait pourquoi, c'est le cultivateur qui déteste entendre bourdonner dans l'air. Bizarrement, bourdonner rappelle à la fois le bourdonneau que tient Saint Roch dans l'église de RLC, et la bourdaine qui est le fruit du nerprun, arbre relativement commun en ces lieux !

Au lever de la lune, l'homme harassé de fatigue déteste (de) vouloir prêter l'oreille aux cris. Alors qu'au coucher de la lune, le cultivateur désire par contre (de) prêter l'oreille aux cris. Aux cris de qui ? Mystère !

Outre que le soleil et la lune correspondent à deux lames du Tarot : Soleil (lame XIX) et Lune (lame XVIII), nous nous pencherons spécialement sur la Lune. Sur la lame qui la représente, on voit à gauche et à droite deux tours carrées aux murs verticaux, entre lesquelles coule un ruisseau qui serpente. La lune pourrait donc symboliser la cluse dans laquelle coule sporadiquement le ruisseau.

Mais la présence de cette lune devient beaucoup plus captivante, si nous nous référons encore à la décoration de l'église de RLC. En effet, sur la quatorzième station du chemin de croix , qui représente *la Mise au tombeau*, figure un astre dont la nature a déjà entraîné certaines controverses. On sait que les quatre Evangiles canoniques donnent des versions à peu près similaires de l'ensevelissement de Jésus. Mais le plus explicite semble être celui de Marc dont le résumé est le suivant :

La quatorzième station

« Déjà le soir était venu lorsque Joseph d'Arimathie s'en vint hardiment trouver Pilate et réclama le corps de Jésus... (...) ... Ayant acheté un linceul, il descendit Jésus, l'enveloppa dans le linceul et le déposa dans une tombe qui avait été taillée dans le roc. »

Le moment de début des opérations (le soir déjà venu) et leur durée (aller et retour au prétoire, descente de croix et transport du corps), conduisent à penser que la mise au tombeau eut lieu alors que la nuit était déjà venue. Donc l'astre qui figure sur la station XIV, un peu au-dessus de l'horizon, est bien la lune à son lever. Ce qui signifie que les deux prêtres étaient bien à la recherche d'un tombeau bien particulier, sur lequel nous aurons bientôt un éclairage plus précis. Ensuite, les évènements journaliers présentent moins d'intérêt et ont été évoqués en guise de garniture destinée à rendre le texte crédible, mais inoffensif. Nous ne nous arrêterons que sur les définitions qui, en clair ou de façon anagrammatique, contiennent des informations. (pp. 123 à 127)

13. « « Une source, ithurri beghi bat » commencer à hâter sa course. »

Dans son ouvrage, l'auteur utilise indifféremment source (dix-huit fois) et fontaine (trente-trois fois) ; propension à l'aquifère qui semble due au fait qu'il vit dans une station thermale ! Mais dans ce chapitre, ces deux termes ne figurent qu'une fois chacun. (pp. 123 et 124) La source en question, qui coule même en été, se trouve dans le bas du ruisseau — identifiable à celui de Trinque-Bouteille — non loin de la route actuelle. A partir de là, il convient donc de se hâter pour atteindre la forêt et arriver rapidement à pied d'œuvre.

14. « « Une fontaine, ithurri bat. » Précipiter sa course. »

Une fois passée la herse, on rencontre un important orifice, dans le sol, qui n'est autre que le débouché d'une longue rivière souterraine. Explorée par des spéléologues, elle a été dénommée Bufo Fret (Souffle froid). Mais peut-être y a-t-il aussi une fontaine, située au pied de la falaise dominée par le saint Roc ! A n'en pas douter, il ne manquera pas de volontaires pour aller vérifier !

15.« « Cabane, etchôla. » Une foule de tête sous le même toit. »

On pense évidemment à la petite maison insérée à tort dans la traduction celtique de hole dans le kaï-rolo, dont il dit « qu'il était le souterrain renfermant la précieuse céréale » (p. 295). Céréale qui, dans le cas présent, n'est autre que le trésor.... que l'on pourrait penser être celui de la Toison d'or, à cause, bien sûr, de la brebis de Sainte Germaine. La multitude de têtes montre que cette cabane est probablement une ancienne bergerie, dont les ruines sont masquées de nos jours par une abondante végétation. A l'époque du berger Paris — si tant est que c'est en ce même lieu qu'ils ont fait leur découverte — la forêt était probablement inexistante ou très clairsemée en ces lieux, à la fois éloignés et d'un abord escarpé. Mais c'était une excellente station d'estive pour les ovins.

16. « « Epingle, ichkilin. L'extrême propreté était loin de briller dans les hôtelleries où s'arrêtaient d'infortunés voyageurs. ... (...) ... *to itch*, démanger, — *to kill*, tue, — *to inn*, loger dans une auberge. »

Manifestement, les deux explorateurs passent la (ou leurs) nuit(s) dans un endroit très rustique, et sont confrontés à des parasites divers, dont probablement des puces ou des tiques qui troublent leur sommeil. Mais ce qui retient l'attention est l'expression loger dans une auberge, dont l'auteur use par ailleurs trois fois dans l'ouvrage (pp. 95, 124 et 302). Or :

LOGER DANS UNE AUBERGE donne LE BERGER DANS UN AEGOU (Phon. : Egout)

L'égout, étant en général un conduit souterrain creusé de main d'homme, peut évidemment être assimilé à la *caverne* dans laquelle le berger Paris a trouvé autrefois de l'or. C'est là une façon imagée pour dire que les deux explorateurs avaient finalement découvert une entrée de grotte. Etait-ce celle du berger Paris ?

Parvenus à ce point du périple, il a semblé nécessaire, pour des raisons de cohérence de parcours, de bousculer un peu l'ordre des définitions proposées par l'auteur et de les replacer dans la disposition suivante :

17. « « Se casser une jambe, zango bat aûstea. » Gâter l'os de la jambe, — *shank*, l'os de la jambe, — bat, une, — *to waste (oueste)*, gâter. »

C'est probablement une allusion à la statue de Saint Roch, dont la jambe droite découverte laisse apparaître une profonde blessure à la cuisse. En fait la Légende Dorée dit qu'il avait à la cuisse un bubon, contracté en soignant des pestiférés. Roch fait évidemment penser à rocher ; mais un rocher de forme suffisamment particulière pour devoir être évoqué: pour l'auteur c'est le saint Roc. D'ailleurs, il ressemble à un pilier tellement haut qu'il sidère, et il balise évidemment la zone de la sainte caverne. A l'appui de ceci, il est bon de rappeler que l'auteur avait écrit (p. 163) : « Les ménhirs étaient d'énormes blocs de pierres brutes que l'on fichait en terre aux environs des tombeaux. » Ici, il s'agit tout simplement d'un gigantesque menhir naturel !

18. « « Le tonnerre, ihurtzuria. »Voir en haut l'éclair qui est sûr de faire du mal. »

C'est là, la description exacte de la seizième lame du Tarot, qui a pour nom la Maison-Dieu et dans laquelle un éclair frappe le sommet d'une tour et la détruit. Titre éloquent s'il en est dans le cas présent car Maison Dieu est la traduction de l'hébreu Beithel, nom du lieu où Jacob a eu son fameux songe de l'échelle qui monte au ciel et a rencontré Jehova. Nous pouvons en tirer une double signification. D'une part, les deux prêtres se trouvent proche d'un bétyle qui est une pierre sacrée. D'autre part, ils sont à l'entrée d'un lieu dont ils éprouvent la sensation qu'il est vraiment redoutable — terribilis est locus iste — puisque, dit la Bible : « Ce n'est rien de moins qu'une maison de Dieu et la porte du ciel » (Genèse 28,17-18). Par ailleurs, on ne saurait oublier que l'Ange du Seigneur qui descendit vers le tombeau de Jésus avait l'aspect de l'éclair ! (Voir en 5 ci-dessus)

Enfin, étrange coïncidence, on notera que dans le Tarot, l'une des interprétations divinatoires possible de cette lame est, selon l'ouvrage de Wirth : « *Effondrement des Eglises intolérantes qui se proclament infaillibles.* »

19. « « Cave, sotua. » Partie de la maison où l'on pourrait devenir hébété à force de boire. »

Cette phrase bizarre n'a, en soi, aucune signification ; d'autant que l'auteur n'était pas connu — contrairement à deux de ces confrères — pour être porté sur la boisson. Il dit avoir déjà été frappé de stupeur par deux fois, voici maintenant qu'il craint de devenir hébété à force de boire. En fait, la cave dans laquelle il va pénétrer ne contient pas de vin ou autres boissons alcoolisées susceptibles de l'énivrer. Il s'agit d'un lieu souterrain dans lequel il sait que ce que l'on pourrait voir est *stupéfiant,* et donc *peut rendre hébété.* Pour donner une certaine cohérence à cette phrase, il convient donc de lire : *pourrait devenir hébété à force de voir.* Ce qu'il y a à voir doit donc être vraiment très étonnant !

Quant à la *cave* en question, ce pourrait être une longue cavité naturelle — fréquente en milieu karstique — mais dont l'intérieur aurait été en partie réaménagé et mis hors d'eau *de main d'homme* [4]. Un système au plan très compliqué et, pour tout dire, dédaléen. En témoigne le fait que l'auteur, qui a l'habitude de distiller les informations de façon erratique dans son ouvrage, nous a entretenus auparavant — et à cet endroit là sans raison aucune — d'un certain labyrinthe égyptien. Rappelons-en les passages intéressants : (p. 83)

« Mesraïm est célèbre comme premier roi d'Egypte : il mérite néanmoins d'être autrement signalé à cause d'une fantaisie architecturale léguée par lui aux siècles futurs et dont ceux-ci, dans leur ingratitude, ont oublié l'auteur. Les Anciens avaient bâti en différentes contrées certains monuments appelés labyrinthes ... (...) ... Cette construction était-elle un monument dédié au soleil, ou bien était-elle destinée à la sépulture des rois ? ... (...) ... Mesraïm (Phonét. S. Marie. M) peut seul(e) nous mettre sur la voie et nous montrer l'issue de ce labyrinthe d'hypothèses, en, avouant qu'il(elle) est bien l'auteur de cet édifice étrange... »

Après quoi l'auteur décrit ce labyrinthe qui est :

« Un immense complexe semi-souterrain, comportant douze palais et deux fois quinze cents appartements dont il était impossible de sortir, décrit comme tel par Hérodote puis, plus tardivement, par Pline qui pense que Tithoes seul doit en revendiquer la gloire. »

En fait, dans ce cas précis justement, il ne s'agissait pas d'un labyrinthe. Hérodote, se fiant probablement à ses informateurs égyptiens, avait vu grand, très grand ! En effet, l'édifice objet de sa description — puis de celle de Pline — a été identifié, depuis, comme étant probablement le temple funéraire, de proportions beaucoup plus modestes, attenant à la très peu connue pyramide de Haouâra, située près du lac Moéris, dans l'oasis du Fayoum. C'était la sépulture du roi Amenemhat III (1844 -1797 av. J.C.) [3]. En fait, le grec Hérodote — surnommé à juste titre *le Père de l'Histoire* — a utilisé ce terme de façon figurative (Histoires. Livre 2, CXLVIII), par analogie avec le labyrinthe crétois, celui de Dédale, qu'il cite également. Car le seul véritable labyrinthe appartient en effet à la mythologie minoenne.

Le symbole du labyrinthe a été étudié par René Guénon, spécialiste de la Tradition Primordiale [4], auquel le lecteur pourra éventuellement se référer, mais aussi par Mircea Eliade, historien des religions. Pour éclairer le sujet, voici ce qu'en dit ce dernier dans deux de ses ouvrages :

« Le labyrinthe pouvait défendre une cité, un tombeau ou un sanctuaire, mais dans tous les cas il défendait un espace magico-religieux que l'on voulait rendre inviolable aux non–initiés. En langage militaire, un labyrinthe interdisait ou du moins compliquait la pénétration de l'ennemi, tout en permettant l'accès à ceux qui connaissaient le plan des ouvrages défensifs. » [5]

Puis il ajoute les explications suivantes :

« Quant à l'étymologie, on avait expliqué le mot comme signifiant « maison de la double hache » labrys ; autrement dit, elle désignait le palais royal de Cnossos. Mais le mot achéen pour la hache était pelekis. Il est donc probable que le mot dérive de l'asianique labra / laura, « pierre », « grotte ». Le labyrinthe désignait donc une carrière souterraine taillée de main d'homme. » [6].

Dans le cas qui nous occupe, la logique la plus élémentaire conduit à penser que si des sarcophages contenant les restes de personnages bibliques éminents, sinon illustres, avaient été dissimulés dans le sein d'une montagne c'était, aux yeux de certains religieux *égarés*, pour garantir la pérennité de leur existence passée dans la proche région. Et, pour les tenants du dogme établi, parce que cela constituaient une réalité très gênante, pouvant entraîner de grands bouleversements, et devant donc justifier un *silence absolu* à leur sujet. A cause de cela, l'accès au sanctuaire les renfermant ne devait être possible qu'aux *égarés*, et interdit aux autres. Mais il fallait tout d'abord localiser géographiquement le lieu, puis découvrir l'entrée et, ensuite, accéder au sanctuaire dans lequel se trouvaient lesdits sarcophages. L'évocation du labyrinthe, dans le texte de *LVLC*, sous entend que ce sanctuaire n'était accessibles qu'au terme d'un parcours souterrain semé d'embuches. Ce qui suppose que pour atteindre au but de leur quête, les deux prêtres ont dû faire appel à beaucoup de sagacité !

20. « « Les ténèbres, ilhumbeak ». Apaiser les bourdonnements, les aboiements et les bêlements. »

En s'enfonçant dans le cœur de la montagne, on s'éloigne évidemment du saint Roc — le chien et le bourdon de Saint Roch — et des bêlements entendus dans la bergerie.

4. Conséquences de la recherche.

Après que les deux chercheurs aient touché au but, c'est-à-dire pénétré dans le sanctuaire, voici comment l'auteur décrit à présent leurs états d'âme :

21. « « S'aveugler, itxutzea ; » L'œil se referme par l'effet d'un coup, *to hit*, donner un coup, *to shut (cheut),* se refermer. »

L'utilisation de la forme pronominale du verbe aveugler n'est pas innocente, car elle signifie *se rendre aveugle* donc *refuser de voir*. Or, pour avancer dans les ténèbres à l'éclairage d'un simple falot, on ne peut se permettre de ne pas regarder devant soi ! L'auteur laisse donc entendre que ce qui s'est présenté à lui, et qu'inévitablement il a aperçu, même furtivement, aurait été normalement interdit à la vue. En tout cas à la sienne ! D'ailleurs, il précise que cela lui a donné un coup — sûrement derrière les oreilles — qui l'a obligé à refermer les yeux ! Ce lieu doit être vraiment terrible !

22. « « Pleurs, nigarrac. » Refuser le nécessaire. »

Après avoir *refusé de voir* ce qui se présentait à la vue, l'auteur sombre à présent dans un abîme de préoccupations métaphysiques et se met à pleurer. Cette expression pourrait donc être interprétée comme refuser de voir la réalité en face !

23. « « Rival, yelostarria. » Pousser des cris d'horreur à la vue de l'ennemi et l'attaquer pour le piller. »

C'est le complément de la phrase précédente. L'ennemi ne peut être que cette réalité à laquelle on n'était pas préparé *à faire face, qui rend hébété et incite à pousser de nécessaires cris d'horreur*. Le réflexe immédiat est donc d'attaquer mentalement cette chose inimaginable pour l'effacer de son esprit.

Enfin, pour en terminer avec cette visite souterraine, nous allons devoir affronter à présent cette réalité, dont on comprend qu'elle ait désarçonné les deux prêtres et les ait remplis de stupéfaction, car elle était vraiment aux antipodes de leur croyance.

24. « « Famille, maïnada. » Ajouter l'essentiel, c'est à dire les enfants, — *main*, essentiel, — *to add,* ajouter. »

En occitan « mainada » (phon. mainado) signifie troupeau, mais aussi famille. Cependant, dans le parler de Foix, il signifie aussi « enfants ». Dans le dialecte local enfant se dit plutôt mainatge (phon. maïnatche).

En février, le malade — maintenant on comprend la pathologie de l'auteur puisqu'il est devenu hébété — disait voir père et mère ; couple matrimonial que n'avions pu identifier. Voici à présent des enfants auxquels nous ne nous attendions vraiment pas, et qui donnent toute sa cohérence au récit. Cette découverte a tellement désarçonné le narrateur, qu'il a en subi un terrible ébranlement psychosomatique tel que décrit dans ce qui suit :

25. « « L'honneur, ohorea. » Etre obligé d'avoir les cheveux blancs, to *owe (ô)*, être obligé, *hoar (hôre),* qui a les cheveux blancs. »

Dans le cas présent même l'anglais phonétique est facilement traduisible : ô, hôre(ur) ! Il souligne la surprise, infiniment désagréable, ressentie par les deux inventeurs. Tellement désagréable qu'elle induit un phénomène physiologique peu connu car excessivement rare : le blanchissement presque instantané des cheveux ! Lorsque l'on avance en âge, un phénomène naturel, du à un défaut de génération de mélanine, blanchit le système pileux ; et donc les cheveux. Mais à trente et quarante-cinq ans, on n'est pas obligé d'avoir les cheveux blancs. Toutefois, il a été confirmé médicalement que certaine personnes jeunes, soumises à un choc émotionnel très intense, ont vu d'un coup blanchir leur chevelure. Mais il faut, évidemment, que l'émotion atteigne les limites du supportable ! C'est en tout cas l'image qui est offerte ici !

Mais cette expression recouvre un second sens qui est biblique. Pour le découvrir, nous allons devoir à nouveau nous référer à l'*Apocalypse* (1, 13) — livre qui prend ici tout son sens de révélation — et compléter le passage déjà évoqué en 5 :

> 26. « « ...Et au milieu des candélabres, comme un Fils d'homme, revêtu d'une longue robe serrée à la taille par une ceinture en or. Sa tête avec ses cheveux blancs, est comme de la laine blanche, comme de la neige.... »

On ne peut être plus clair !

Enfin, l'auteur clôt sa description par ces mots :

« Et nous terminerons cette série déjà assez longue par une expression prouvant que de tout temps la grande instruction et la doctrine élevée ont conduit les hommes à la « gloire, loria », *lore,* doctrine, instruction, — *to eye,* avoir l'œil sur. »

Dans le vocabulaire religieux, la gloire est la splendeur des manifestations divines. Ainsi, lors de la Parousie, le Christ doit réapparaître en gloire. Mais il est nécessaire, nous dit l'auteur, d'avoir l'œil sur la doctrine, autrement dit considérer le dogme avec une certaine circonspection, et ne pas lui obéir aveuglément. Il veut sans doute indiquer qu'à défaut de la foi du charbonnier, qui l'habitait jusque là, il n'a quand même pas perdu l'espérance en l'immortalité de l'âme, car la grande instruction religieuse et une doctrine élevée, autre que le dogme imposé, peuvent conduire l'homme à son accomplissement.

Première synthèse

Vue de la face sud prise depuis la route de Saint-Louis. (à l'altitude de 600 mètres et au cat de 30 environ). Au centre de la photo et à mi-hauteur, on voit très bien le menhir naturel.

Après une analyse approfondie du texte, on se rend compte que, pour rendre encore plus complexe l'interprétation, le narrateur a intriqué volontairement, dans la description de la quête, celle basée sur le temps et l'autre sur le déplacement dans l'espace. Voici une tentative de synthèse, et donc de reconstitution chronologique et spatiale cohérente de l'épopée des deux prêtres : (Les chiffres et lettres entre parenthèses indiquent les paragraphes correspondants.)

Tout d'abord, de façon intemporelle, il y a cette image du pilier qui peut sidérer (**4**) — c'est-à-dire stupéfier — dans la mesure où elle peut attirer irrésistiblement le regard du voyageur curieux. C'est probablement pour cela que cet énigmatique pilier, en forme de gigantesque menhir visible de fort loin, un peu comme l'aiguille d'Etretat, a été choisi pour baliser l'entrée du royaume des morts. Ces défunts devant être, selon l'antique tradition religieuse locale — et donc dans son esprit — les omniprésents personnages évangéliques de son œuvre, il se devait de donner à ce pilier le nom de saint Roc (**20**). Le seul problème était d'y accéder, et pour cela on a vu qu'il faut franchir une gorge très étroite. En janvier, le mauvais temps empêche de *passage de la herse* (**1**) à cause de la cascade qui constitue un obstacle infranchissable. Mais en juin cela devient possible, on peut *franchir la herse* (**6**) car le débit de l'eau est nul. Mais il faut tout de même, comme dans le rêve de Jacob, se munir d'une échelle ! En aval de la gorge, dans le lit du ruisseau de Trinque-Bouteille, on rencontre une *source* qui coule même l'été (**13**). Dans la gorge, au dessus de la cascade, on rencontre une fontaine (intermittente) (**14**) qui est figurée par l'émergence d'un ruisseau souterrain ; phénomène fréquent en milieu karstique. Ensuite on pénètre difficilement dans la forêt où l'on rencontre des aladerns, arbres dont vous vous souvenez sans doute ! Puis on devrait rencontrer une bergerie, (**15**), dont les ruines sont aujourd'hui noyées dans la forêt. Elle devrait se situer non loin du saint Roc (**17**), représenté par un menhir naturel (**18**). Il marque l'entrée de la cave (**19**), qui n'est autre qu'une galerie souterraine labyrinthique. Quand on y pénètre, cela revient à se terrer (**9**) et, ce faisant, on s'enfonce dans les ténèbres (**20**). Dans cette galerie souterraine, il y a de si nombreux centres d'intérêt que l'*on* devient hébété à force de voir (**19**) ; c'est-à-dire par ce que l'on est forcé de voir. Il s'agit en premier lieu de Sainte Marthe, la mère hospitalière (**2**) qui est inévitablement — bien que ce ne soit pas formellement indiqué — accompagnée de sa sœur Marie-Madeleine. Mais le plus troublant est incontestablement la présence d'un Homme Mort qui ne pourrait être autre que Jésus (**3**), désigné plus loin par l'expression de cher Fils (**5**) veillé par des séraphins (**5**). Et en allant à sa rencontre, on va à celle de *Dieu* (**6**).

Au terme ce cette synthèse déjà fort explicite, passons à la troisième description basée sur le registre émotionnel, et dans laquelle on constate que l'état psychique des deux chercheurs s'est considérablement dégradé lors de cette découverte.

En effet. Tout d'abord on refuse de voir (**21**) autrement dit de regarder la réalité en face (**22**). C'est comme un coup de tonnerre dans un ciel serein : voir en haut l'éclair qui est sûr de faire du mal (**18**). Mais le plus éprouvant pour eux, ce qui les rend psychologiquement malades, c'est la vue du père et de la mère (**2**), car toute la famille est là, avec les enfants (**24**). On pousse des cris d'horreur (**25**) et le trouble qui les envahit est tel et leurs cheveux blanchissent (**25**). La conclusion logique en est qu'il est nécessaire d'avoir l'œil sur le dogme, qui est une construction doctrinale purement humaine, et donc de le considérer avec une certaine méfiance.

Cependant l'auteur semblerait faire preuve, dans son discours global, d'une inexplicable incohérence puisque, dans son Avant-Propos, il avait déclaré : « Lorsque le flambeau que nous cherchions avec anxiété s'est montré à nos yeux, son premier rayon est tombé sur le nom des Tectosages, et ce rayon nous a ébloui. »

Semblerait seulement puisque, d'une part, le nous se veut magistral — puisque le dernier verbe est au singulier — mais il pourrait aussi s'appliquer aux deux chercheurs. D'autre part, le flambeau en question ne représenterait pas seulement Marie-Madeleine, mais aussi, évidemment, Jésus. Enfin le verbe éblouir est à prendre ici au sens de son acception principale qui est : troubler la vue par un éclat insoutenable. Ce qui est en conformité avec et voir l'éclair qui est sûr de faire du mal **(18)**, et s'aveugler **(21)**.

Récapitualtion des indices de localisation géographique de l'hypogée sacré :

Pour clore ce chapitre, il a semblé utile de rappeler les divers indices ayant permis de localiser l'hypogée. Ils sont au nombre de sept, nombre biblique par excellence. Les voici avec leur pagination :

Triangulation des sites dévolus à Marie-Madeleine : (273, 277, 302-303)

Inverse de la profondeur des sources : (268-269)

Ruisseau de Trinque-Bouteille : (237)

Présence de l'alader : (18, 220-222)

Roc de la Beille : (102)

Cascade des Mathieux : (note 79)

L'image du pilier qui sidère : (120)

Coordonnées du menhir naturel = saint Roc ou pilier. (Référence Géoportail Internet.)

02° 22' 28.0'' E

42° 51' 51.5'' N

Z (de la base) : environ 900 m.

Z (du sommet) : environ 980 m.

NOTES

1. Boudet a probablement emprunté le toponyme Caucolibéris à l'ouvrage *Le Comté du Razès* de son ami Louis Fédié, publié en 1880.

2. Voir de cet auteur : *RLC. Le secret dérobé* et *RLC. Le puzzle reconstitué.*

3. Voir le *Guide Bleu Egypte*. p. 334.

4. R. Guénon. *Symboles fondamentaux de la science sacrée*. pp. 213 à 217.

5. M. Eliade.*Traité d'histoire des religions*. p. 321.

7. M. Eliade. *Histoire des croyances et des idées religieuses. Tome 1,* pp. 144 et 145.

QUATRIÈME PARTIE

L'église Sainte Marie-Madeleine de Rennes-le-Château

1. Historique

L'histoire de cette église étant très peu connue, et donc aussi nébuleuse qu'énigmatique, a inévitablement généré une controverse durable. Le seul travail universitaire la concernant est une thèse pour l'obtention d'un diplôme en Histoire de l'Art, rédigée par madame Brigitte Lescure en 1978, sous le magistère de monsieur le professeur Durliat, grand spécialiste de l'Art roman méridional[1]. Dans ce document technique très fourni, l'auteur citait notamment une visite, faite en 1859 par monsieur Guiraud Cals, Architecte Inspecteur des Edifices Diocésains. Ce dernier, qui possédait évidemment l'esprit de géométrie nécessaire à cette profession, avait relevé, outre le mauvais état des murs et de la voûte, « la disposition d'un plan tout à fait irrégulier et bizarre. » Et certains projets de restauration qui suivirent furent refusés « en considération du fait que l'église de Rennes-le-Château avait un caractère architectural d'une époque très reculée qu'il convenait de conserver. » Or, en dépit de ces remarques d'un homme de l'art, cette thèse universitaire conduisait à la conclusion — évidemment nécessaire pour son obtention — que « cette église appartenait à la lignée des édifices du premier art préroman méridional. »

Intrigué par les remarques de l'architecte Cals, qui étaient en total désaccord avec les conclusions de la thèse précitée, je me résolus à me pencher sur la question. Ce fut évidemment en dilettante car, d'une part, il est difficile de chasser le naturel et, d'autre part, parce que je n'avais en architecture que des connaissances relativement fragmentaires. Cependant, étant de formation scientifique, je réussis à contourner cette lacune dans le domaine de l'art en abordant le problème de façon logique.... et donc géométrique ! Ce qui me conduisit évidemment à concentrer mon attention sur la disposition irrégulière et bizarre du plan. Et, l'analyse que j'en fis révéla effectivement des anomalies géométriques, perceptibles pour un œil moyennement averti, puisque la structure interne du chevet présente, en plan, une disposition effectivement très bizarre. En effet, les deux premiers pilastres de la nef, qui auraient dû en toute logique supporter l'arc de décharge de l'abside, sont séparés de cette dernière[2]. Or, si l'on poursuit le tracé interne de cette abside romane en direction desdits pilastres, le cercle généré présente un point de contact avec l'angle interne de ces derniers [3]. Cette reconstitution géométrique montre, à l'évidence, que l'abside primitive n'était pas romane, mais de plan en fer à cheval, caractéristique des églises wisigothiques et mozarabes espagnoles. Et aussi de l'oratoire de l'évêque wisigoth Théodulf, élevé à Germigny-des-Prés (Loiret) et consacré en 806. Donc, contrairement à ce qui s'avère être devenu aujourd'hui une idée reçue, cet édifice n'est pas de construction préromane, et son origine est très antérieure au XIIe siècle.

D'autre part, lors de la restauration du presbytère effectuée en 1993, le décapage de la face interne du mur gouttereau nord a fait apparaître une amorce d'arc formeret indiquant, toujours par déduction logique, la présence d'anciens collatéraux. Malgré mes recommandations, ce mur fut malencontreusement rebouché et crépi peu après, mais il en existe des photographies. Enfin, la nature et l'épaisseur du mur porteur interne du presbytère actuel montre qu'il n'est autre que celui de l'ancienne façade de l'église. Et sa position démontre, par déduction, que la nef possédait à l'origine deux travées supplémentaires dans le sens de la longueur.

Si nous récapitulons, cet édifice était probablement à l'origine une église de création paléo-chrétienne ou wisigothique (mozarabe ?), qui a subi de multiples transformations. D'une part, elle fut *romanisée,* vers le XIIe siècle, par une modification interne du chevet, consistant en l'aménagement de deux alvéoles internes latéraux, percés de fenêtres, à l'avant des pilastres. C'est la structure actuellement apparente. D'autre part, sa nef était plus longue de deux travées et comportait probablement deux collatéraux. Elle fut en grande partie détruite par les Protestants, en 1578, et ensuite maladroitement restaurée (avant 1646), la nef étant raccourcie, et les collatéraux non réédifiés. La voûte fut en partie reconstituée à l'aide de mauvais cintres, et la partie droite de l'abside reconstruite, comme le montrent l'absence de bandes lombardes de ce côté, ainsi qu'un léger défaut de circularité perceptible à la mesure. Le clocher, de plan carré, fut élevé contre le mur nord, à l'emplacement du collatéral gauche, vers 1730-40.

Enfin, les travaux de restauration entrepris par l'abbé Saunière après 1885 — pose de doubles cloisons en briques et plâtrages — masquent probablement d'autres indices architecturaux qui pourraient être significatifs. Voici le compte rendu qu'il fit à Mgr Billard, lors de la Pentecôte 1897, tel que rapporté par l'abbé Bruno de Monts :

« Monseigneur, dans la nef, au moyen de briques creuses, les arceaux ont été régularisés et les murs latéraux assainis, depuis leurs bases jusqu'à la voûte par de solides cloisons, établissant en quelque sorte, un mur de séparation entre la maçonnerie et les murs de l'église. »

Selon l'érudit abbé Lasserre, ce lieu de culte aurait été consacré à Sainte Marie-Madeleine par Sergius, archevêque de Narbonne, en 1059 ; donc neuf ans après que celle de Vézelay l'ait été par le pape Léon IX (1049-1054). La localité de Redas, vestige de l'ancienne Rhedae, aurait donc eu à cette époque plusieurs églises. En effet, une certaine *Beata Maria de Reddis* — qui devait être alors située hors les murs actuels — est citée dans un document de l'an 1185 recensé par l'abbé Sabarthès.

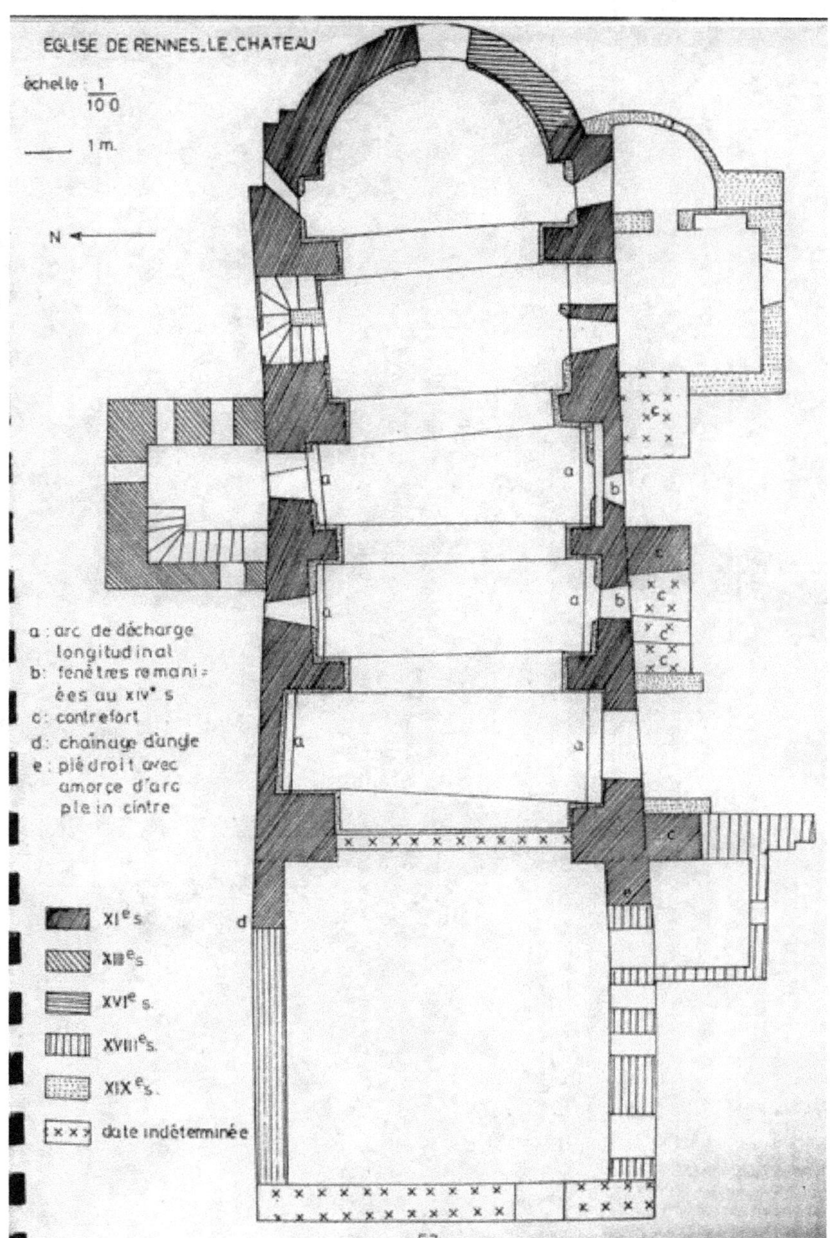

Le plan de l'église de Rennes-le-Château selon Brigitte Lescure.

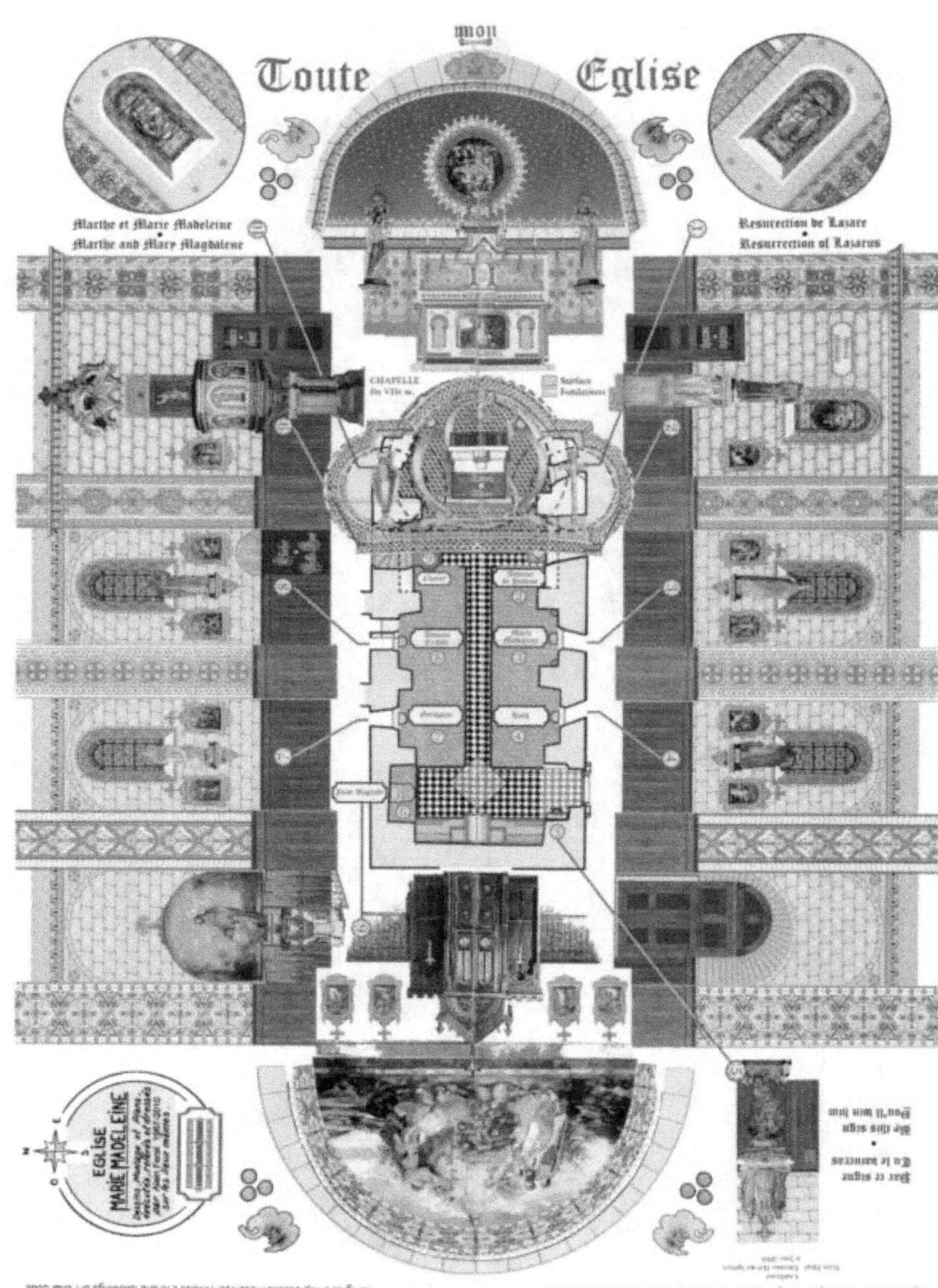

Plan Féral remastérisé

En outre, l'abbé de Monts a fait état de l'existence d'un troisième lieu de culte, situé dans le village et encore identifiable, qui aurait été consacré à Saint Pierre-aux-Liens.

Enfin, c'est à l'initiative de l'Association Terre de Rhedae, qui a présenté un dossier rédigé par mes soins [4] à la Direction Régionale des Affaires Culturelles de Montpellier, que l'église Sainte Marie-Madeleine a été classée à l'Inventaire Supplémentaire des Monuments Historiques, en 1994, avec pour mention : « *En raison de son mobilier sulpicien et du caractère particulier de son architecture.* » (C'est moi qui souligne)

2. Dimensions.

Voici, à l'intention des lecteurs qui ne sont pas familiers des lieux, les caractéristiques internes actuelles de cette petite église : (Relevés sur le plan historié réalisé par Patz (Alain Féral) en 1985-86)

Longueur de la nef :	13,33 m.
Longueur du chevet :	4,66 m.
Diamètre de l'abside romane actuelle :	5 m.
Longueur totale	18 m.
Largeur de la nef (entre murs porteurs) :	6,3 m.
Largeur entre pilastres support des arcs:	4,66 m.
Nombre de pilastres doubles et d'arcs :	5
Nombre de groupes statuaires : 9 + chaire (5) + fresque en ronde bosse.	
Distance moyenne entre statues latérales :	3 m.

3. Description du décor

Extérieur

Le porche de l'édifice fut réaménagé par l'abbé Saunière en 1891. Il est surmonté d'un toit en forme de triangle isocèle, dans le volume duquel se trouve une statue intitulée Sta MARIA MAGDALENA. Elle est placée dans une niche de style roman qui la protège, et elle tient dans ses bras une croix inclinée vers le sud-est. Elle et encadrée par quatre vases contenant des fleurs à sept branches. Au dessus de la niche est placé une sorte de moulin à vent, dont les six ailes dissymétriques sont enveloppées dans un bandeau hémi-circulaire portant l'inscription IN HOC SIGNO VINCES, devise que Constantin avait fait inscrire sur le labarum.

Nous avons déjà rencontré l'expression latine qui désigne ici la sainte dans l'anagramme de Notre-Dame de Marsilla, et la position de la croix est dirigée vers une certaine montagne déjà connue du lecteur. Les fleurs à sept branches font évidemment penser à la Ménorah, et le moulin à ceux figurant sur la dalle dite de Coume-Sourde, qui sont situés sous le village. Quant à Constantin, c'est peut-être le Grand Romain ! (*LVLC*, p. 105)

Le haut du porche

Les deux pieds droits de l'ancien portail ont été conservés. Dans celui de gauche se trouve une pierre comportant le monogramme « JHS » du Christ et, dans celui de droite, une autre avec la date de 1646. La porte, en chêne, est surmontée d'un arc avec l'inscription « *Terribilis est locus iste. Hic domus Dei est et porta coeli.* » On aura reconnu là la forme latine de la conclusion du songe de Jacob à Bethel : « Que ce lieu est redoutable, ce n'est rien de moins qu'une maison de Dieu et la porte du ciel. » (Genèse. 28, 18 et 19). Passage qui a été mis précédemment en évidence dans les paragraphes 5 et 18. Mais la présence de cette sentence ne constitue pas une singularité, car elle semble être une dédicace très classique pour un lieu de culte catholique. A gauche se trouvent les armes de Mgr Billard avec sa devise « *In verbo tuo, laxabo rete* » ; à droite celles du précédent évêque Mgr Leuilleux, avec la devise « *In fide et linitate* » ; et à tout seigneur tout honneur, au centre, les armes du pape régnant, Léon XIII, avec sa devise « *Lumen in coelo* » *:* Lumière dans le ciel.

La présence de la seconde inscription latine, « *Domus mea, domus orationis vocabitur* » que l'abbé de Monts prétend avoir été empruntée à Isaïe (56, 7), et qui est en réalité tirée du verset de Matthieu traitant des « Vendeurs chassés du temple » (21,13), introduit une certaine équivoque car elle est tronquée. En l'état, elle signifie : « Ma maison sera appelée maison de prière *» et, selon Gérard de Sède, elle n'eut pas l'heur de plaire à Mgr Billard qui en connaissait évidemment la suite « Mais vous, vous en avez fait un repaire de brigands ! »

Intérieur.

Vue schématique en plan de la nef et de la statuaire :

Mur nord

Jésus et Jean-Baptiste	Germaine	Antoine Ermite	Chaire (Luc)
			Joseph
Jésus (Sur la montagne)			Autel (Avec fresque M.M)
Diable	Roch	Madeleine	Antoine de P.

———Entrée——————————————————————(XIVᵉ station)———

Mur sud

Entrons donc dans ce lieu réputé redoutable et observons-en le décor qui se compose de cinq statues individualisées, sept composées ou groupées, un bas relief en ronde bosse et quatorze stations de chemin de croix. L'ensemble a été fourni la maison Giscard, de Toulouse, statuaire sur plâtre et terre cuite réputé. Il y a aussi sept vitraux, dont cinq historiés, qui sont dus à maître Feur de Bordeaux.

Nous porterons tout d'abord notre attention sur l'ensemble des statues et le bas-relief, que nous désignerons désormais, dans un but de simplification, par le terme générique de statuaire. Ce qui frappe, dès l'entrée, c'est évidemment ce diable, cornu griffu et aux yeux de verre, agenouillé sous le bénitier, qui semble avoir été placé là pour effrayer les enfants — ce fut mon cas jadis — et les personnes sensibles. Cette insolite représentation confirme bien que ce lieu est effectivement redoutable (*terribilis est locus iste*), comme il est indiqué sur le porche. Ensuite ce qui frappe est la densité et les couleurs de l'importante statuaire sulpicienne. Ledit bénitier est surmonté par quatre chérubins faisant le signe de croix, sur le socle desquels est inscrite la célèbre devise de Constantin, bizarrement modifiée : PAR CE SIGNE TU LE VAINCRAS. Les lecteurs férus d'ésotérisme découvriront à n'en pas douter que cette devise comporte vingt-deux lettres : comme l'alphabet hébraïque et les lames majeures du Tarot. Pour ajouter au mystère, ces chérubins sont eux-mêmes surmontés d'une croix grecque inscrite dans un cercle, dans laquelle les mêmes verront probablement un symbole rosicrucien. Et, comme la suite va le montrer, ils n'auront pas forcément tort !

En contemplant le diable, le regard est inévitablement attiré par le sol de l'entrée et de la travée centrale qui est couvert de mosaïques blanches et noires formant un damier. Et si l'on fait preuve d'une très grande attention, on s'apercevra que l'intersection de ces deux allées, disposées en forme de Tau, détermine en diagonale un échiquier de soixante-quatre cases.

4. Jésus sur la montagne

Après le bénitier, et recouvrant tout le plein cintre au-dessus du confessionnal, se trouve un très important groupe statuaire, représentant *Jésus consolant les affligés*. Il est juché au sommet d'une montagne, et entouré de dix disciples — dont une femme portant un bébé — aux pieds desquels se trouve une insolite bourse percée, et court l'inscription : VENEZ A MOI VOUS TOUS QUI SOUFFREZ ET QUI ETES ACCABLES ET JE VOUS SOULAGERAI. Cette injonction semble être une transposition des celle des Béatitudes (Luc, 6, 20).

Fresque Jésus (sur la montagne)

Un chercheur, Daniel Dugès, dit avoir reconnu, dans la disposition de ce décor et des personnages, des postures maçonniques [5]. On pourrait penser que ceci aurait pu être dû à une facétie du fournisseur de l'ensemble, Giscard, qui appartenait probablement, lui, à quelque loge toulousaine. En témoigne la décoration insolite de sa maison, située Avenue de la Colonne — derrière la gare Matabiau — qui est aujourd'hui, comme la présente église, classée à l'Inventaire Supplémentaire des Monuments Historiques. D'ailleurs, et au grand dam des intégristes, Notre-Dame de Paris elle-même comporterait quelques symboles maçonniques, habilement dissimulés ou inaccessibles, qui auraient été rajoutés lors d'une restauration par les soins d'un architecte appartenant à une loge parisienne.

Mais on peut opposer à cette remarque que le dallage des allées est ici analogue au pavé mosaïque, et que le cul de four de l'abside représente une voûte étoilée ; ce sont là, effectivement, deux décors caractéristiques des temples franc-maçons. Donc ce décor de type maçonnique confirmerait que les abbés Boudet et Saunière appartenaient à une organisation catholique de ce type, probablement rosicrucienne.

5. La statuaire bilatérale de la nef

Avançons à présent de quelques pas et, nous plaçant face au chœur, portons notre attention sur la statuaire bilatérale de la nef. A gauche, donc contre le mur nord, nous avons tout d'abord le baptistère qui fera plus loin l'objet d'une étude particulière. Puis les statues de Sainte Germaine et Saint Antoine Ermite, et enfin la chaire. Celle-ci, de section octogonale posée sur un pied ouvragé — due également à Giscard — constitue un ensemble moulé du plus bel effet. Elle est décorée de cinq statues évidemment de petite taille. Sur la face centrale, dirigée vers le sud, se trouve un Christ en majesté avec, à sa gauche, les évangélistes Matthieu et Marc et, à sa droite, Jean et Luc. Contrairement à l'ordre des Evangiles, les positions de ces deux derniers personnages ont été inversées. Probablement pour donner une prééminence à l'Evangile de Luc.... et rappeler ainsi Marcion. A droite, contre le mur sud nous rencontrons successivement Saint Roch, Sainte Madeleine et Saint Antoine de Padoue.

On ne connaît pas de façon précise la nature du décor de l'église, qui devait être très pauvre, avant la restauration radicale effectuée par Saunière. On peut, par contre, se poser la question du choix des saints présentement statufiés, de leur nombre, et de leurs emplacements respectifs. Question qui ne se pose évidemment pas pour Marie-Madeleine, sainte patronne de l'église, et à un degré moindre pour Antoine Ermite dont on sait, par une correspondance adressée par Saunière à Giscard, qu'il en serait le second patron. Ce qui justifie qu'ils aient été placés en vis-à-vis au centre du dispositif.

Dans le cadre de *l'affaire* Saunière, cette statuaire a inévitablement donné lieu à de nombreuses publications, dans lesquelles la diversité des interprétations variait en fonction de l'orientation religieuse ou philosophique des auteurs. Il y eut évidemment l'explication catholique — ce qui n'a rien de surprenant — mais aussi franc-maçonne, rosicrucienne, ésotérique ou alchimique. Pour ajouter à ce surabondant florilège, nous allons devoir présenter deux autres explications qui, elles, résultent de simples constatations, et auxquelles nous espérons que le lecteur trouvera un certain intérêt.

St Antoine l'Ermite

La première est liée à la statue de Saint Antoine Ermite, que le rusé instigateur du décor a accompagné non pas de son cochon habituel mais d'un sanglier, dont on a vu précédemment (Chapitre XX) qu'une anagramme représentait la version anglaise phonétique du Saint Graal. Fantaisie qui n'était pas pour surprendre, venant de l'angliciste Boudet, mais encore fallait-il en découvrir, si possible, une confirmation. Or il se trouve qu'elle a été mise en évidence, dans cette église, par un religieux appartenant à un ordre régulier, il y a une quinzaine d'années. Mais c'était dans un but tout autre que d'expliciter les écrits de Boudet ! Elle obéit à une géométrie simple dont voici le détail :

Considérons la vue en plan de la nef, telle que présentée plus haut, et prenons la statue de sainte Madeleine à la fois comme base — donc située hors du dispositif à mettre en évidence, — et comme clef. Si nous projetons l'initiale de son nom (**M**) sur le plan, en faisant coincider les angles de cette lettre avec les cinq autres statues, cela donne **Germaine**, **Roch**, **Antoine Ermite**, **Antoine de Padoue** et **Luc**. (Ce dernier opportunément déplacé sur la chaire) On voit sans peine que les initiales font apparaître le terme **G-R-A-A-L**.
CQFD !

Mais voici la seconde explication. Le procédé utilisé pour faire apparaître **GRAAL**, en couchant le **M** inversé de Sainte Madeleine sur le plan de la nef, permet également de décrire le cheminement montagnard exact conduisant au *trésor spirituel,* donc au *Saint Graal,* objet de la quête des deux prêtres. En voici le détail :

    1. Tout d'abord portons notre regard sur la statue de la **Magdaléenne**. (à droite et au centre)

Elle est représentée s'appuyant sur une croix faite de grosses branches et tenant dans sa main gauche le vase de nard qui l'identifie. Si l'on en croit l'historien des religions Mircea Eliade :

« Cette Croix — au sens symbolique — est faite du bois de l'Arbre du bien et du mal, et est identifié ou se substitue à l'Arbre Cosmique. Elle est décrite comme un arbre qui monte de la terre aux cieux, plante immortelle qui soutient l'Univers : c'est l'Arbre de Vie planté au Calvaire. »

Mais le plus intrigant est le pied gauche de la sainte posé sur un livre ouvert sur lequel repose une tête de mort. *Ce* thème du livre est omniprésent dans la présente statuaire, puisque nous allons le rencontrer pas moins de quatre fois. A l'exemple de celui figurant sur la tombe d'Axat, il représente évidemment l'ouvrage de Boudet. La configuration imagée qui nous est proposée ici devrait signifier que la lecture de ce livre — ouvert, mais uniquement à ceux qui peuvent le décrypter — conduit vers le domaine des morts : donc à des tombeaux cachés. La statue de Madeleine est placée au centre du dispositif, de telle sorte qu'en tournant symboliquement la tête, elle peut suivre des yeux les diverses étapes de ce cheminement. Et pour cela, il faut tout d'abord suivre le regard vide de ce crâne blanchi, et donc porter notre attention sur Sainte Germaine.

Sainte Marie-Madeleine

2. Sainte Germaine. (première à gauche après le baptistère)

Sainte Germaine

On ne sait si c'est là un simple — mais douteux — effet du hasard, mais le choix fait par Boudet de placer Germaine en tête de la présente théorie de saints, est en parfaite adéquation avec la petite manie de jouer sur les mots qu'on lui connait et sur laquelle, par souci de convenance, nous laisserons le lecteur libre d'exercer sa sagacité.

Bien que l'hagiographie de cette sainte soit très connue, nous allons emprunter à l'inévitable Gérard de Sède la description relativement critique qui suit :

« Cette bergère occitane est supposée avoir vécu (à Pibrac) à la fin du XVIe siècle, mais son existence est si sujette à caution qu'on attendit 1867 pour la canoniser. On raconte qu'elle devait faire l'aumône en cachette de sa marâtre. Celle-ci, l'ayant surprise alors qu'elle apportait du pain aux pauvres, l'obligea à ouvrir son tablier ; mais le pain se changea aussitôt en roses. On dit aussi qu'elle allait prier loin dans la campagne, à genoux dans la boue devant un buisson et qu'un jour, le bras d'un ruisseau (qui se nomme le Courbet) se dessécha miraculeusement pour lui laisser passage. (....) Pour l'historien des religions, cette légende n'est qu'une copie tardive de celle de Sainte Roseline de Villeneuve. Ici, pour le passant attentif aux allégories (....) elle semble indiquer à l'itinérant qu'il doit <u>s'engager dans le bras desséché d'un cours d'eau.</u> » (C'est moi qui souligne)

Sainte Germaine est toujours représentée accompagnée d'une brebis, mais ici elle est bizarrement entourée de deux de ces sympathiques animaux domestiques dont nous trouvons trace dans *LVLC*. « Les troupeaux de bêtes à laine étaient fort nombreux dans les villages des Redones » (p. 296), puis « La chair de la brebis était même leur nourriture la plus ordinaire... » et enfin le détail linguistique suivant : « La brebis, en dialecte languedocien, est désignée par l'expression *fedo, to feed (fìd)* — nourrir... »

Tout en nous rappelant de la sorte le souvenir du berger Paris, Germaine nous guide ainsi vers le chemin de l'estive, autrement dit celui de la montagne. Puis, en nous montrant son tablier ouvert empli de *roses*, elle nous *ouvre* en quelque sorte, par ce geste, la voie à suivre qui est un chemin semé de roses. Dans l'iconographie chrétienne, la rose représente en effet la coupe qui recueillit le sang du Christ — donc celle du Graal — et aussi *la* rosée céleste de la Rédemption. D'autre part, si l'on en croit Bède le Vénérable (672-735), « Le tombeau du Christ était peint d'une couleur mélangée de blanc et de rouge. » [6] Associée à la Croix, rappelons que c'est aussi le symbole des Rosicruciens.

Cependant, la présence de ces roses permet aussi une petite digression à la fois poétique et exotique qui, bien qu'étrangère au sujet traité, ne manque pas d'un certain piquant. Ce tablier ouvert pourrait, en effet, évoquer un certain *Jardin des Roses* qui, en allemand, se dit *Rosengarten*. En fait, il s'agit là d'un sommet du massif des Dolomites — en italien *le Cattinaccio* — situé au dessus de la ville de Bozen, aujourd'hui Bolzano, dans le Tyrol du Sud. Il tient son nom d'une vieille légende germanique qui veut qu'en ces lieux Laurin, roi des nains, ait possédé un château dans lequel un merveilleux jardin de roses rouges fleurissait toute l'année. Abandonné par son épouse dont il était follement épris, la belle Simhild, il en fut tellement désespéré qu'il transforma son royaume en un amoncellement de roches aux magnifiques reflets rouges, dont certaines sont très aigües. Ce sommet est demeuré longtemps inaccessible car il fallait, pour y accéder, franchir une gorge très étroite dans laquelle coulait un impétueux torrent. On ne sait évidemment si cette légende était connue de Boudet, mais elle bénéficia à son époque d'une certaine actualité car, après la construction d'un hôtel en ces lieux, l'impératrice Sissi vint y faire de nombreux séjours. Et, à ce sujet, on ne saurait oublier que lui-même et ses amis du Cercle étaient probablement en contact avec la Cour de Vienne !

Chemin faisant nous avons donc rencontré des roses, une montagne aux roches aigües et une gorge étroite dans laquelle se trouve le lit d'un torrent.

3. Saint Roch (Première à droite, face à Sainte Germaine)

Saint Roch serait né à Montpellier vers 1340. Il eut une vie courte mais exemplaire car, en Italie, il soigna de nombreux pestiférés et finit par contracter lui-même cette terrible maladie. Très atteint, il se réfugia dans une forêt où, dit la légende, le Seigneur fit jaillir une source afin qu'il puisse laver sa blessure et apaiser sa fièvre. Et où un chien lui apportait chaque jour un morceau de pain volé à son maître. Lorsqu'il mourut, vers 1379, on découvrit, dit-on, une croix rouge sur sa poitrine.

Il est ici représenté avec son bubon sur la cuisse et accompagné de son chien (aboiements), et tient le bourdonneau (bourdonnements et bourdaine = alder). Il représente évidemment le saint Roc qui est, dans la réalité, une sorte de gigantesque menhir naturel, visible de fort loin, qu'il faut s'efforcer d'atteindre. Il marque l'épicentre de la zone où doit — ou devait — se situer l'entrée d'une caverne aménagée, au sein de laquelle se trouvaient les hypothétiques reliquats d'un trésor, et se trouvent peut-être toujours des tombeaux très anciens !

Dans la description qu'il donne de ce saint, et qu'il associe lui aussi au cheminement vers le trésor, de Sède nous indique « qu'il signale à la fois un roc marqué d'une croix rouge et un orifice suintant ». Il semble donc évident que Plantard, son informateur, avait bien eu accès à des documents relativement explicites par une voie, probablement parisienne, différente de *LVLC*. Mais comme il n'avait pas réussi à décoder la géographie de Boudet, ses recherches s'étaient limitées à l'intérieur du *cromlech de RLB,* dans lequel Boudet — sans doute pour égarer les curieux — décrit de nombreux ruisseaux.... qui sont malheureusement tous à sec l'été !

4. Saint Antoine Ermite (à gauche et face à sainte Madeleine)

Saint Antoine le Grand (251-356), dit Antoine Ermite, est considéré comme le père du monachisme. Il existe de multiples représentations de ce saint, qui vécut en Egypte dans une grotte, désignée dans certains textes comme un tombeau creusé dans une montagne. La tradition veut qu'il ait été victime de multiples tentations, et qu'il ait eu pour compagnon un cochon. Il figure sur de nombreuses œuvres picturales, mais l'une des plus célèbres est celle peinte par le flamand David Téniers (1610-1690). Dans le cas présent, il est représenté vêtu d'un habit franciscain à la bure décorée, mais reconnaissable au cordon de ceinture à nœuds. Il tient dans sa main gauche un livre fermé, et dans sa droite un long bâton muni d'une clochette. Et il est bien accompagné d'un sanglier aux canines proéminentes (pp. 298 à 301), preuve que nous sommes sur le bon chemin, celui du saint Graal. Enfin, il représente symboliquement le tombeau souterrain auquel il faut essayer d'accéder. Mais ce n'est pas chose facile car la fermeture du livre indique que cette entrée a été probablement occultée. Donc cachée à la vue, mais peut-être signalée par un indice, tel une croix. Grecque, évidemment !

5. Saint Antoine de Padoue (Au fond, à droite)

Saint-Antoine de Padoue

On sait que ce saint très populaire est généralement invoqué, et prié, pour retrouver les objets perdus. Sa présence, et la légende qui s'y attache, indiquent donc que nos deux chercheurs ont réussi à découvrir l'entrée de la caverne, évité les pièges du parcours souterrain, pénétré dans l'hypogée et trouvé les objets de leur quête spirituelle... et temporelle. Sa statue, qui est à la fois fort belle et imposante, le représente hissé sur un pavois porté par quatre séraphins. C'est l'un des trois ensembles statuaires de l'église traités avec autant de raffinement : une représentation vraiment triomphale ! Saint Antoine tient dans sa main gauche un livre qui est ouvert, et donc indique symboliquement la découverte. Sur ce livre ouvert se tient un enfant qui, dans le légendaire chrétien, est évidemment Jésus.

Avant de terminer ce cheminement dans la nef, il convient d'évoquer brièvement Saint Luc, dernière statue décorant le côté est de la chaire et qui, dans la présente disposition géométrique, est son vis-à-vis. Outre le cheminement vers le GRAAL déjà mis en évidence, sa présence en ce lieu est explicable par le fait que Saint Antoine, sur ses vieux jours, eut un ami dévoué dénommé frère Luc, qui l'accompagna dans son agonie.

En fait en lisant entre les lignes on rencontre indirectement Luc dans *LVLC*. Ainsi Hercule est surnommé le « mangeur de bœufs... (...) ... puisqu'il mangea, dans un seul repas, un bœuf enlevé à un laboureur. » Ici c'est une possible allusion à l'évangéliste, puisque son attribut et justement un bœuf. Et si cela ne suffisait pas il n'est que de se rendre à Lyon (p. 181), ville au sujet de laquelle nous pouvons lire :

« C'était un heureux accident, une bonne fortune pour Momoros, versé dans la science des augures, de voir une multitude de corbeaux lui marquer, pour ainsi dire, la place que devait occuper la ville, et le terme *luck (leuk),* accident, bonne fortune — *Luckdun* — exprime bien la satisfaction qu'il dut en éprouver. »

En effet, l'anglo-celtique Luck-dun peut être traduit par montagne de la chance, ou encore montagne fortunée.

Cependant, si l'objet spirituel de la quête a été trouvé par les deux chercheurs, encore faut-il pouvoir l'identifier. Pour cela, derrière la statue du saint de Padoue et à sa droite, sur la paroi de la nef, le maître d'œuvre du décor a fait figurer la dernière station du Chemin de Croix : celle de la *mise au tombeau de Jésus*. Tombeau dont l'entrée est protégée symboliquement, ici, par les quatre séraphins portant le pavois. Il est dit dans les Evangiles, que cette mise au tombeau à eu lieu dans une grotte taillée dans le roc, située sous le Golgotha ou Mont du Crâne. Un auteur a fait remarquer, avec justesse, que dans cette représentation, le personnage qui porte la dépouille de Jésus — et qui aurait dû être Saint Jean d'Arimathie, propriétaire du lieu — a exactement la même tête chauve que le Saint Antoine Ermite de la statue précédente. Nous verrons plus loin qu'il ne s'agit pas là d'une virtuelle facétie du sculpteur Giscard, mais d'un autre personnage, très important, que nous allons rencontrer plus loin [7]. Finalement, au terme de de ce cheminement statuaire, le seul enseignement important qui se puisse tirer est qu'il conduit symboliquement au tombeau de Jésus.

6. La statuaire de l'abside

Le Chœur de l'église

La découverte, par les deux prêtres, du père, de la mère et des enfants, vision qui les a rendus tellement malades que cela leur a blanchi les cheveux, méritait une illustration. Et, une fois de plus, nous devrions la trouver dans la présente église. Pour la mettre en évidence, il suffit de procéder à une seconde lecture de la statuaire consacrée à Jésus Sauveur (pp. 40 et 41). Nous avons vu en effet que dans l'abside, de part et d'autre de l'autel, se trouvent les statues de la Vierge Mère et de Saint Joseph, tenant toutes deux un Enfant Jésus dans leurs bras. Mais pourquoi avoir introduit une certaine ambiguïté, en désignant la statue par l'expression Vierge-Mère qui peut donner lieu à un quiproquo ? Cette expression évoque en effet le culte de Cybèle, religion gréco-romaine du Salut, héritière des vieilles religions agraires, née probablement en Crète quinze siècles avant le christianisme. Cybèle était la Vierge Mère, appelée plus communément Grande Mère et, à l'époque grecque archaïque, son principal centre cultuel était situé à Pessinonte, en Phrygie. Adorée sous forme d'un bétyle, elle y rendait des oracles : comme Apollon à Delphes ! Son amour pour le berger Attis rendit fou celui-ci, et il s'émascula pour elle sous un pin. Heureusement pour lui, Zeus le rendit immortel. Le culte de cette déesse, déjà répandu en Grèce, fut reçu officiellement à Rome (en 204 avant J.C.), et officialisé par le transfert de la Pierre noire de Pessinonte. Le mythe de Cybèle et du Sauveur Attis y était revécu tous les ans, au printemps, sous

forme de processions et de fêtes organisées par des prêtres, eunuques habillés en femmes, qui portaient le nom de galles. Après une veillée funèbre d'une grande tristesse, la résurrection d'Attis était fêtée dans une grande explosion de joie ou cours de l'*Hilaria*. Nous en avons hérité les crises de rire ! A titre anecdotique, il semblerait que la grotte de la Sainte-Baume, dans laquelle — selon la tradition dominicaine — Sainte Marie-Madeleine aurait vécu plus de trente ans, était dévolue, à l'origine, au culte de Cybèle importé par les Grecs de Phocée.

Après cette courte mais, espérons-le, intéressante digression dans les temps très anciens, retournons à notre statue. Pour savoir qui elle représente réellement dans l'esprit de son promoteur, il faut retourner à Notre-Dame de Marceille, appellation qu'il a sciemment transformée en Marsilla. Ce subterfuge lui a permis de rendre à la Vierge, Mère du Sauveur adorée en ce lieu, l'identité qu'il considérait être celle d'origine, c'est-à-dire Marie-Madeleine ; il nous fournissait, de la sorte, une clef d'identification. Il s'ensuit donc, logiquement, que la statue qualifiée de Vierge-Mère dans l'église de RLC, ne serait en réalité autre, dans l'esprit de Boudet, que celle de Marie-Madeleine. Et elle tient dans ses bras un enfant qui ne peut, pour des raisons évidentes, être l'Enfant Jésus mais le sien propre.

Statuette en bronze de Cybèle

Pour éclairer le sujet, il faut savoir que, à cause du peu d'estime qu'avait manifesté le pape Grégoire le Grand à son encontre — « Cette femme que Luc appelle pécheresse.... etc » — Marie-Madeleine fut longtemps traitée comme une prostituée et donc une mal-aimée au sein de la Grande Eglise. Pourtant, on la rencontre plus souvent que la Vierge dans les Evangiles et, en particulier, c'est à elle que Jésus apparaît ressuscité. Plus tardivement et pour des raisons inconnues, mais qui ne laissent pas d'intriguer, elle fut très courtisée par certains ordres religieux. Elle eut d'abord pour fervents laudateurs les Bénédictins, à Vézelay et la Sainte-Baume. Ensuite les Dominicains qui, tels des coucous, les expulsèrent de ce dernier lieu pour s'y installer. Voici, à présent, que les Lazaristes ont semblé à leur tour succomber à son charme mystérieux.... !

Tellement mystérieux qu'il semble relever d'une certaine rivalité entre la dulie, vénération que l'on doit aux saints et qui lui était parcimonieusement accordée, et l'hyperdulie rendue à la Vierge Marie. Il est en effet de foi, dans l'Eglise Catholique, que, depuis le Concile d'Ephèse de 431, Marie est véritablement Mère de Dieu (*Theotokos*) et, de ce fait, demeurée vierge. En fait, il y aurait beaucoup à dire sur ce Concile qui n'en fut pas un, car il donna lieu à quatre conciliabules séparés entre les partisans de Cyrille d'Alexandrie (tenants de la *Theotokos* = Mère de Dieu), et ceux de Nestorius de Constantinople (tenants de la *Christotokos* = Mère du Christ). Finalement, excédé par ces querelles vraiment byzantines, l'empereur Théodose II (lire deux) fit arrêter, et mettre momentanément en prison, ces deux éminents patriarches. Bien qu'aucun écrit canonique n'ait été publié à l'issue de ces rudes empoignades, l'Eglise de Rome adopta les vues de Cyrille et inclut la *Theotokos* dans le dogme. Et apparaît en tant que telle dans la prière *Je vous salue Marie* sous la forme : « Sainte Marie, Mère de Dieu, priez pour nous… ». Elle professa, en outre, que Marie était exempte de tout péché, et même du péché originel qui souillerait toute créature venant au monde. Et que, par conséquent, sa conception aurait été immaculée. Ce fut d'ailleurs là, après le cinquième siècle, une opinion admise par les Pères grecs et latins de l'Eglise. Ce qui poussa des chanoines de Lyon, en 1140, à instituer une fête en l'honneur de la conception immaculée de Marie, passée depuis à la postérité sous le nom de *Fête des lumières*. Au treizième siècle — période de la Croisade contre les Cathares, — les Franciscains embrassèrent avec ardeur cette doctrine, tandis que les Dominicains, suivant en cela Saint Thomas d'Aquin, adoptèrent et soutinrent l'opinion opposée. Et cette lutte acharnée, entre les deux grands ordres religieux, empêcha pendant longtemps l'Eglise de définir une doctrine claire sur le sujet. Finalement, c'est le Concile de Bâle, tenu en 1439, qui déclara que : « La doctrine de l'immaculée conception de la Sainte Vierge devait être approuvée, tenue et embrassée par tous les Catholiques.... » Depuis, au fil de diverses discussions byzantines sur le péché originel, qui trouvèrent un aboutissement lors du Concile de Trente (1545-1563), tous les papes suivirent et confirmèrent cette doctrine. Enfin, en 1854, le pape Pie IX — contemporain de Boudet — clôtura définitivement les débats en établissant la doctrine de l'Immaculée Conception comme un dogme auquel tout fidèle est tenu de croire. Et, quatre ans plus tard, elle apparut sous cette appellation à une pauvre bergère de Lourdes, qui prétendit n'en avoir jamais entendu parler auparavant !

Le problème est de savoir pourquoi, pendant plus de deux siècles (1231 à 1439), les Dominicains s'opposèrent à la conception immaculée de Marie qui, pourtant, s'avérait logique puisque cette dernière était considérée, par Rome, comme la Mère de Dieu. Et pourquoi portèrent-ils, durant la même période, un véritable culte à Marie-Madeleine ? A un point tel qu'elle fut décrétée par acclamations, lors d'une réunion tenue à Venise en 1295, seconde patronne de leur ordre. On pourrait logiquement déduire, de leur longue errance dogmatique — qui était en fait une hérésie — qu'ils obéissaient à une doctrine secrète plaçant Marie-Madeleine, amante (pour eux spirituelle) du Christ, au dessus de la mère de ce dernier.. Doctrine qu'ils avaient probablement puisée chez ces hérétiques cathares qu'ils avaient été chargés d'anéantir et qui, par un effet de la Divine Providence — comme eut dit Boudet — les avait dangereusement contaminés.

Mais retournons à l'église de RLC et à nos deux statues ! En face de la Vierge Mère, qui ne serait donc autre que Marie-Madeleine, figure une statue identifiée par une étiquette comme étant celle de Saint Joseph. Il suffit de rappeler que celui-ci est apparu, dans le texte de *LVLC* (p. 79), entre Josué, avec qu'il partage le début du nom : Jos, et Jésus qui dérive de la même racine chaldéenne : iehoscu. Boudet a donc établi à dessein une certaine parenté sémantique entre les trois appellations. On peut en déduire que si la statue de la Vierge Mère n'est pas celle de la Vierge Marie, pour respecter la logique — et aussi la chronologie des générations — celle située en face ne peut être identifiée à Saint Joseph, mais à Jésus lui-même. D'autant que cette statue possède le visage d'un jeune homme d'une trentaine d'années [8]. Or selon les divers témoignages scripturaires, et donc des croyances admises, Joseph était un homme âgé, voire très âgé. Si nous nous penchons sur les Evangiles apocryphes, non inclus dans le Canon mais auxquels l'Eglise se réfère quant cela va dans le sens qu'elle souhaite, il en est un de particulièrement significatif, bien que quelque peu excessif, sur l'âge de Joseph ! C'est celui intitulé *Histoire de Joseph le charpentier*, dans lequel le locuteur est Jésus lui-même [9].

Donc, ici, ce serait Jésus et Marie-Madeleine qui se font face, et tiennent chacun dans leurs bras un de leurs deux enfants. Comme ce fut le cas pour Boudet et Jourde lors de leur découverte, on ne peut évidemment qu'être abasourdi par cette identification.

Si, pour sauvegarder les apparences, il y a dans le sanctuaire une statue dénommée Vierge Mère, identifiable par les fidèles ou les simples visiteurs à la Vierge-Marie ; pour les initiés il n'y en a aucune. Il est d'ailleurs curieux de remarquer qu'à l'instar du texte sur N. D. de Marceille, on ne trouve ici nulle allusion à l'Immaculée Conception. Ce thème était alors pourtant alors très répétitif dans le discours religieux depuis la bulle papale et les apparitions de La Salette (1846) et Lourdes (1858). Cela semble donc très bizarre ! Pour avoir quelques détails sur les motivations qui ont présidé à la restauration de l'église par l'abbé Saunière, nous allons nous référer à un ecclésiastique contemporain, l'abbé Bruno de Monts, qui voulait dit-il rétablir la vérité sur les prétendus errements de feu son confrère. Il l'a fait, en un français assez approximatif, dans un fascicule d'une vingtaine de pages, intitulé *Le vrai trésor de Rennes-le-Château,* qu'il destinait à ses amis et connaissances (Hors commerce et numéroté à la main).

Voici donc, textuellement, un extrait significatif du chapitre intitulé :

« Améliorations apportées par l'abbé Saunière à l'intérieur de l'église. Une chapelle dédiée à la Vierge. »

« « Il y avait « une chapelle dédiée à l'Immaculée Conception, mais dont les dimensions étaient presque nulles » avec un autel en maçonnerie surmonté d'une statue de l'Immaculée Conception de la Sainte-Vierge, en mauvais état et en partie brisée. Devant, une plaque « chancel » avec l'inscription : « Ô Marie conçue sans péché, priez pour nous, qui avons recours à vous. »

Note : Cette plaque a été mise par l'abbé Saunière devant la statue de N. D. de Lourdes dans le petit jardin attenant l'église.

La Vierge étant ainsi honorée, l'abbé Saunière avait, d'une certaine manière, exaucé les désirs de Monseigneur Leulieux, c'est pourquoi la statue de la Vierge en partie brisée, fut mise à la décharge et « l'autel enlevé avant 1889. » »

En somme, Saunière a extrait l'Immaculée Conception de l'église pour l'exposer aux intempéries, sous la forme d'une Vierge de Lourdes juchée sur un pilier support de l'ancien autel. Pilier qui, pour l'occasion, a été tronqué, et décoré des inscriptions *Mission 1891* et *Pénitence ! Pénitence !* Concernant cet antique élément décoratif, que certains prétendent d'origine carolingienne, il convient de préciser qu'il serait plutôt — en tout cas selon mon opinion — de style wisigothique tardif. La croix processionnelle qui le décore est en effet semblable à celle, ornant une dalle plus ancienne, retrouvée à Narbonne, et dont l'origine wisigothique a été reconnue par le spécialiste espagnol Pedro de Palol [10]. Il n'y a donc plus lieu de chipoter sur le sujet ! D'autant qu'il convient d'ajouter que cette croix serait de type analogue à celle portée par le sacerdote nommé Silentiaire qui, à Constantinople, précédait le Basileus lors de son entrée dans Sainte-Sophie pour imposer le silence. En réalité, ici le seul problème est qu'elle a été placée la tête en bas : ce qui, on en conviendra, n'est pas très orthodoxe. Enfin comme on l'a vu, la Vierge Marie a été remplacée, dans la nef, par une statue portant la dénomination peu courante de Vierge Mère.

En fait, il existe une seconde représentation de la Vierge-Marie, mais elle ne se trouve pas, non plus, à l'intérieur de la nef. Pour la découvrir, nous jeterons plus loin un petit coup d'œil sur les vitraux, qui sont au nombre de sept en comptant la rosace. Six d'entre-eux éclairent la nef, et le septième se trouve dans la sacristie.

7. La fresque en ronde bosse de l'autel

Le bas de l'autel

Sur la face avant de l'autel — donc en opposition au Jésus sur la montagne situé à l'extrémité de l'allée centrale — se trouve une fresque en ronde-bosse très colorée, montrant Marie-Madeleine agenouillée dans l'entrée d'une grotte, en prière et en pleurs. Dans son dos, on aperçoit à l'extérieur un paysage montagneux sur lequel se dressent des ruines de forme bizarre qui pourraient être celles d'un château. La sainte femme est entourée des mêmes éléments que sur sa statue principale, mais ils ne sont pas dans la même disposition. Il y a une croix latine symbolique faite d'un tronc d'arbre ayant des rameaux en fleur avec, à son pied, une tête de mort. Au dessus de cette tête se trouve un livre ouvert qui semble flotter dans l'espace. Ce livre est décoré de croix, qui semblent être à branches égales ; autrement dit grecques. S'il ne s'agit pas d'une approximation fantaisiste du peintre, ce ne peut être qu'une nouvelle allusion à *LVLC* qui en contient de très nombreuses. Les mains posées sur les genoux, Madeleine en prière a les doigts entrecroisés en forme de peigne : disposition qui, en latin, se dit : *digiti inter se pectine junti* (pp. 284 à 286) [11]. Elle se trouve dans l'entrée d'un tombeau, et le fait qu'elle soit à genoux et en pleurs indique qu'elle prie pour un défunt qui lui était probablement très cher. Au bas de cette représentation se trouvait à l'origine un bandeau, volé dans les années 1970, qui portait une inscription très connue dans laquelle étaient incluses deux signes en forme de croix grecques :

Jesu Medela Vulnerum + Spes Omnia Pœnitentium *Jésus remède aux blessures, seul espoir du pécheur*

Per Magdala Lacryma + Peccata Nostra Diluas *Par les larmes de Madeleine, dissous nos péchés.*

L'invocation à *Jésus remède aux blessures, seul espoir du pécheur* renvoie évidemment au Seigneur Jésus, le Sauveur de l'humanité, qui est l'homme par excellence, *filius hominis* (*LVLC*, p. 234). Et les larmes de Madeleine indiquent bien qu'elle prie Jésus, gisant dans le tombeau dans l'entrée duquel elle se trouve.

8. Le Chemin de Croix

Ce Chemin de Croix, en terre cuite et très coloré, a été fourni, comme le reste de la statuaire, par le toulousain Giscard, spécialiste de l'ornementation religieuse. On sait que les divers éléments qui le composent obéissent à un modèle codifié correspondant aux évènements survenus dans chacune des stations. C'est pourquoi ils sont en général fabriqués en série, dans des moules réutilisables, et vendus sur catalogue. Comme on n'a pu localiser d'autre église comportant en totalité les mêmes éléments constitutifs que dans la présente, il y a tout lieu de penser — en tout cas pour certains tableaux — que cela a fait l'objet d'une commande particulière.

Ici, les quatorze stations qui sont disposées dans la nef de façon symétrique : cinq de chaque côté (I à V à gauche et X à XIV à droite) les quatre autres (VI-VII et VIII-IX), étant disposées de part et d'autre du confessionnal. On suit la progression dans le sens contraire des aiguilles d'une montre, la première station se trouvant entre la chaire et l'avant-dernier pilastre de la nef, et le quatorzième, comme on l'a vu, derrière la statue de Saint Antoine de Padoue.

Son ornementation a depuis longtemps intrigué les chercheurs, car il présente certaines particularités relativement insolites. C'est pourquoi, à la suite de Gérard de Sède, de nombreux auteurs ont glosé sur sa signification et, comme lui, véhiculé l'idée qu'il figurait la voie d'accès au trésor. On sait qu'il représente le trajet, en grande partie urbain, que suivit Jésus et qui, par la *Via Dolorosa*, joint la forteresse Antonia au Golgotha. Mais même s'il fourmillait de détails perçus comme significatifs, il ne pourrait contenir suffisamment d'éléments pour permettre de reconstituer un cheminement montagnard. Donc, s'il véhicule une quelconque information, elle n'est pas de type topographique. En fait, par rapport aux représentations habituelles, il est possible de relever deux anomalies — ou incongruités — très visibles, qui présentent entre elles une cohérence et une homogénéité indubitables. Pour mettre en évidence la première, il n'y a pas à aller très loin, puisqu'elle se trouve dans la première station dans laquelle Jésus est condamné par Pilate à être crucifié. On y voit le Praefectus de Judée se lavant les mains dans un plateau d'argent, tenu bizarrement par un enfant vêtu d'une jupe. Et, pour souligner sa présence, et donc attirer le regard, cet enfant a la peau noire. C'est là, on en conviendra, une représentation non conforme aux canons habituels. La seconde se trouve à la station VIII, dans laquelle il est normalement prévu que Jésus rencontre des femmes de Jérusalem qui pleurent. Ici, elles ne sont que deux, et l'une d'entre elles, un genou en terre, présente à Jésus un enfant en bas âge à la peau blanche qui, d'ailleurs, est nu. Cette scène inhabituelle et imprévue est très troublante, et donne à penser qu'il pourrait exister un lien affectif virtuel entre Jésus et cet enfant. Comme si on présentait une dernière fois son fils à un père qui va mourir !

Les stations I et VIII du chemin de croix

9. Les vitraux

Sur le mur nord, le premier est non historié et le deuxième, situé dans l'alvéole précédant la statue censée représenter Saint Joseph, montre Jésus enseignant à Marie-Madeleine et Marthe. Sur le mur sud, le premier est non historié et le deuxième, situé derrière la statue de Marie-Madeleine, montre Simon-Pierre jetant le filet (Matthieu, 4, 18 ; Marc, 1, 16 ; Luc, 5, 4). Le troisième se trouve dans l'alvéole précédant la statue de l'insolite Vierge-Mère, et montre la résurrection de Lazare (Jean, 11, 1). La rosace, située au centre de l'abside, et donc entre les statues précitées, montre Marie-Madeleine essuyant les pieds de Jésus, c'est-à-dire l'onction à Béthanie (Matthieu, 26, 6 ; Marc, 14, 3 ; Luc, 7, 36). Les deux statues sont donc entourées de représentations consacrées exclusivement à Jésus et la famille de Marie-Madeleine, ce qui semble renforcer leur nouvelle identification. Enfin, le dernier est situé dans la sacristie. Il montre Jésus sur la Croix, entouré de part et d'autre par la Vierge Marie et Saint Jean et devant eux et donc de dos, agenouillée, Marie-Madeleine en prière. Ce vitrail n'est visible que de la sacristie, dont l'entrée est située derrière le chancel, et donc pratiquement inaccessible aux fidèles et aux visiteurs. Les deux véritables représentations de la Vierge se trouvent, de ce fait, à l'extérieur du sanctuaire proprement dit.

10. Le Baptistère

Le baptistère

Le baptistère est le seul endroit de l'église que nous n'ayons pas encore décrit, car il a été, à dessein, réservé pour la fin. Nous avons vu que lorsqu'il franchit le seuil du sanctuaire, le visiteur est inévitablement saisi par la vue de ce diable, placé à gauche et heureusement écrasé par le bénitier. Mais le décor environnemental de l'entrée est constitué de telle sorte que, ce court instant de surprise et d'émotion passé, son regard, encore dirigé vers le bas, est attiré par le sol constitué d'un dallage à damier noir et blanc, qui capte inévitablement l'attention. Et, lorsqu'il s'en détache et lève la tête, il voit devant lui les fonts baptismaux qui se trouvent dans un alvéole, situé exactement au bout de l'allée d'entrée, la vue globale de la nef étant encore masquée par le premier pilastre. Ainsi, cette allée à damier trace la voie d'un *signe d'eau* qui relie le bénitier à la cuve baptismale. Autrefois, nous dit l'abbé de Monts : « Il y avait dans cet alvéole une antique cuve en pierre dure, que Saunière a remplacée par une piscine avec groupe d'un coût de 300 francs. » En fait, la piscine est une modeste cuve montée sur un pied ouvragé du plus bel effet, et le groupe, qui la surmonte, est constitué de deux statues très colorées. L'ensemble, un peu à l'image de celui de Saint Antoine de Padoue, a un aspect relativement imposant. Il y a là saint Jean-Baptiste debout, tenant dans la main gauche une croix symbolique, sur la traverse de laquelle est accrochée une banderole où l'on peut lire : « *ECCE AGNUS DEI*. » Cette expression latine, tirée de la Vulgate de Saint Jérôme est incomplète et il faudrait lui ajouter « *QUI TOLIS PECCATA MUNDI* ». La traduction de ce passage tiré de l'Evangile de Saint Jean (1, 29) est le suivant *:* « Voici l'agneau de Dieu qui enlève le péché du monde. » Le baptiste tient dans sa main droite, une coquille d'argent à l'aide de laquelle il ondoie la tête de Jésus qui est agenouillé à son côté. Cette représentation n'est pas réaliste car le baptême, qui correspondait au rite de Purification juif, consistait en une immersion totale de l'adepte dans l'eau.

Dans le cas présent, la lecture de cet ensemble statuaire va nous dévoiler une double signification qui, tout d'abord, va être religieuse. Pour la mettre en évidence, il faut retourner aux premiers siècles du christianisme, époque à laquelle la fixation du Canon des Ecritures posait, aux théologiens romains, un redoutable problème d'interprétation et de choix. Nous avons vu que Marcion fut le premier, à Rome, à publier au deuxième siècle une Bible dans laquelle ne figurait pas l'Ancien Testament, et qui était composée essentiellement d'Epîtres (incomplètes) de Paul, et de l'Evangile de Luc expurgé. Mais cette première compilation d'Ecrits Saints, exclusivement néo-testamentaire, n'eut évidemment pas l'heur de plaire aux judéo-chrétiens vivant dans l'Urbs qui, contrairement aux Gentils nouvellement convertis par Paul, ne voulaient pas abandonner leur ancienne Loi. Et Marcion fut tout bonnement excommunié !

Un demi-siècle plus tard, après qu'un premier Canon romain ait été enfin fixé et imposé aux fidèles, des empoignades véritablement homériques éclatèrent dans l'Empire d'Orient. Elles opposèrent les Ecoles d'Alexandrie et d'Antioche, qui recélaient en leur sein la plupart des théologiens grecs, et durèrent jusqu'à la fin du cinquième siècle. Ces disputes théologiques portaient essentiellement sur la nature du Christ. En fait, le point de départ de ces controverses résida dans l'interprétation du baptême de Jésus dans le Jourdain qui, pour certains théologiens fut interprété comme une théophanie [13]. Cet évènement, tel qu'il est rapporté dans les Evangiles actuels, fut en effet un moment crucial de la vie du Sauveur, car c'est seulement après que débuta véritablement sa prédication et son ministère.

L'artisan de cette première controverse fut un certain Paul de Samosate (200, vers 273), patriarche d'Antioche, qui, s'appuyant sur une analyse historique des textes en sa possession — sans doute l'Evangile de Luc — prétendit que le Verbe Saint de Dieu n'était entré en Jésus que lors de son baptême. Il niait de ce fait la Trinité et la divinité de Jésus et, comme Marcion, faisait abstraction de sa prétendue ascendance Abrahamique et Davidique, instaurée par Matthieu (1, 1 à 17) et reprise par Luc (3, 23 à 38) ; mais aussi de sa conception virginale immaculée et des récits de son enfance. Il fut évidemment excommunié, mais sa croyance fut reprise et approfondie par l'érudit Lucien d'Antioche, et contamina même l'Ecole d'Alexandrie en la personne d'un prêtre nommé Arius.

On peut penser que c'est à ce Paul, et non à celui de Tarse, que fait allusion Boudet dans le chapitre consacré aux rois numides, autrement dit démunis. (p. 94).

« Pressé qu'il était par l'inquisiteur des mœurs, Amilcar voulant faire cesser des bruits fâcheux et désirant toutefois garder Hasdrubal près de lui, se hâta de lui donner sa fille en mariage — *to haste (heste),* se hâter, *row (raou)* bruit, — *to pall (pâul),* abattre, affaiblir. »
(**N.B. :** La traduction de *to pall* est incorrecte)

Puis, plus loin :

« Aussi l'avait-on appelé avec raison Annibal, c'est-à-dire, ennuyé de mener la vie insipide d'un officier subalterne, — *to annoy (annoï),* ennuyer, — *to pall (pâul)* devenir insipide »
(Traduction correcte)

Et enfin : (p. 97)

« Adherbal s'empare de ce dernier héritier de Micipsa et le fait périr dans les tourments, — *to add*, ajouter, — *heir (hér),* héritier, — *to pall (pâul),* abattre. »
(Traduction à nouveau incorrecte)

La double traduction incorrecte de Paul invite à penser que c'était bien l'hérétique à abattre !

Mais retournons à notre hérésie « pâulinienne » qui semble être inspirée, en tout cas dans les termes, de l'Evangile de Jean. Voici ce qu'a écrit l'érudit Steven Runciman au sujet de cette croyance, très redoutable au plan intellectuel, qui avait pour nom l'adoptianisme et fut condamnée, en l'an 270, par un synode tenu justement à Antioche, dans les lieux mêmes où elle avait trouvé sa source : [14]

« Dieu est essentiellement Une Personne avec deux modes simples : Son Verbe (Logos) et Sa Sagesse (Sophia). Il a engendré le Verbe, et c'est pourquoi celui-ci peut être appelé le Fils. Le Verbe a inspiré Moïse et les Prophètes ; il a surtout inspiré Jésus de Nazareth, fils de la Vierge par la permission de Dieu. Jésus n'était qu'un homme et Marie n'est pas restée vierge après sa naissance ; <u>mais au baptême de Jésus, le Verbe Saint est entré en lui et y est demeuré</u>. Il est devenu ainsi un être parfait, atteignant un degré d'excellence qui ne pourrait jamais être atteint sans le secours du Verbe. En vertu de cette perfection, il a pu accomplir des miracles et triomphé du péché, de telle sorte que sa mort nous a rachetés et sauvés. » (C'est moi qui souligne)

Cependant, l'acmé des soubresauts théologiques orientaux fut atteinte avec l'arianisme, dont la prééminence dura presque un siècle à Constantinople, et qui fut véhiculé en Occident — et spécialement dans le Rhedesium — par les Wisigoths. Lors des discussions, évidemment byzantines, que généra cette nouvelle controverse, l'expression *engendré et non pas créé* fut choisie par le parti des Trinitaires conduits par l'évêque Athanase d'Alexandrie, lors du Concile convoqué à Nicée en 325 par Constantin, pour combattre la thèse d'Arius. Elle figure donc en tant que telle dans le Symbole de Nicée, confirmé par le Concile de Chalcédoine de 451, et elle en constitue la pierre angulaire. En s'appuyant sur cette définition consacrée, si à ce que dit Luc, « une voix partie du ciel — celle de Dieu évidemment — dit avoir engendré Jésus en tant que Fils » lors de cette cérémonie, on peut donc comprendre qu'il ne l'avait pas été auparavant ! L'interprétation de Paul de Samosate semblait donc pertinente et difficilement réfutable, puisqu'il est rapporté dans les quatre Evangiles, que *l'Esprit de Dieu descendit sur Jésus*, fils de l'Homme comme il se qualifie lui-même, à cette occasion [15].

Malgré son anathématisation, la croyance de Paul de Samosate se perpétua jusqu'au neuvième siècle en Arménie et sur ses pourtours, et ses adeptes furent nommés Pauliciens, puis Thondrakiens. Si l'on suit toujours Steven Runciman : « Suivant ce récit (il s'agit d'un rapport des autorités byzantines du IX° siècle), les Paulicien tiraient leur nom d'un certain Paul de

Samosate. » Mais il ajoute plus loin que leurs croyances étaient de nature syncrétique puisque, parallèlement, ils semblaient avoir adopté le canon marcionite, et donc reçu la tradition dualiste des gnostiques. Et ces croyances dualistes, par le canal des bogomiles et des patarins, auraient finalement abouti à l'hérésie cathare.

Mais retournons à notre baptistère. Certaines croyances ont la vie dure, puisque l'adoptianisme refit son apparition en Espagne, alors sous la férule musulmane, où les chrétiens vénérant la Trinité étaient accusés, par les occupants arabes, de *donner des associés à Dieu* [16]. C'est pourquoi, probablement dans un souci de simplification, et pour atténuer cette animosité à leur égard, ils optèrent pour une accommodation de l'ancienne croyance de Paul de Samosate, dans laquelle Jésus n'était plus que le Fils adoptif de Dieu. Elle fut officialisée par un concile, tenu à Tolède à la fin du huitième siècle et présidé par Elipand, alors métropolitain d'Espagne. Mais son propagateur le plus efficace fut l'évêque Félix d'Urgel, ce qui valut à cette déviance dogmatique l'appellation d'hérésie félicienne. A partir de l'an 780, les Hispani réfugiés en Septimanie l'apportèrent avec eux dans le Roussillon et le Razès. Ce qui justifia, pour tenter de l'éradiquer, l'envoi par Charlemagne en 798 des *missi dominici* Théodulphe et Leidrade. Et leur visite à la cité de Rhedæ.

L'emplacement éminent réservé à la représentation du baptême de Jésus dans l'église, puisqu'elle se dresse exactement face à l'entrée, obéit peut-être à une pratique courante de l'Eglise en la matière. Présentement, elle semble prouver que Boudet attachait une importance particulière à cet évènement. Ce qui amène à croire qu'il aurait pu avoir une certaine inclination intellectuelle pour l'adoptianisme. Mais le cheminement que nous venons de détailler cache un autre symbolisme de taille. Pour suivre le signe d'eau, nous avons été contraints de nous déplacer sur un damier. Or ce type de décor peut être vu, en y prêtant suffisamment d'attention, comme la représentation, en plan, d'un escalier dont les marches sont faites de cubes : un peu comme la pyramide de Chéops vue sous certains angles. Donc, pour aller du bénitier au baptistère, il faut gravir symboliquement un escalier, celui qui sépare le diable, symbole du mal, de Jésus juché sur un piedestal, qui est évidemment celui du bien. Nous avons donc là la représentation symbolique des deux principes, base du dualisme, et constituant éminent du catharisme. En témoigne le fait que les cathares possédaient un ouvrage théologique, dû à un certain Jean de Lugio, évêque cathare de Desenzano, en Lombardie, qui avait pour titre *Le Livre des deux principes. Traité du libre arbitre* [17]. Un exemplaire partiel de cet écrit hérétique, qui fut critiqué par le dominicain Raynier Sacchoni dans son ouvrage *Summa de catharis et leonistis,* nous est heureusement parvenu [18].

NOTES

1. Voir la thèse de madame Lescure. Op. cité.

2. Voir mon ouvrage *L'architecture insolite de l'église de Rennes-le-Château.*

3. Un calcul de probabilité effectué par mes soins, tenant compte du niveau des irrégularités des murs de l'abside actuelle et de la position des pilastres, montre que la probabilité de contact est de l'ordre de 99/100.

4. Ce dossier était étayé par le document technique ci-dessus.

5. Voir de cet auteur *Entre la rose et l'équerre.*

6. Voir *Dictionnaire des symboles*, p. 822 .

7. Voir de H. Hélie. *Ouverture sur l'invisible.*

8. Voir *L'église de Rennes-le-Château. Guide complet* par C. Doumergue et D. Dugès, p. 61.

9. *Ecrits apocryphes chrétiens*, p. 42. Chapitre consacré au *Calcul de la vie de Joseph* (14, 3 à15) :

 Voici le déroulement de la vie de mon bien aimé père Joseph : à quarante ans il se maria, resta quarante-neuf ans marié avec sa femme, puis elle mourut. Il passa un an seul. Ma mère passa deux ans dans sa maison quand elle lui fut confiée par des prêtres, ceux-ci lui ayant fait savoir : Veille sur elle jusqu'au moment de célébrer votre mariage. Au début de la troisième année où elle était chez lui, c'est-à-dire la quinzième année de sa vie, elle me donna naissance sur la terre par un mystère que personne ne comprend dans toute la création, excepté moi, mon Père et l'Esprit Saint, qui sommes en unité. Le total des jours de la vie de mon père Joseph, le vieillard béni, fut de cent-onze ans, comme l'avait ordonné mon Père de bonté.

10. Voir de cet auteur in *Les Goths*, photo N°29. Cette dalle est conservée au Musée lapidaire de Narbonne.

11. Voir *LVLC*, p. 285 : *Aguillouné = Agulhon = pecten*. Cette disposition des doigts en *pecten* (peigne) serait aussi un signe d'appel au secours utilisé par les Franc-Maçons. Mais pour l'exprimer, ils placeraient leurs bras au dessus de la tête, et non sur les genoux.

12. Ce qui se serait passé réellement dans le Jourdain est illustré dans deux magnifiques mosaïques byzantines, visibles à Ravenne, en Italie. La première se trouve dans la coupole du Baptistère Néonien, ou des Orthodoxes, et la seconde dans la coupole de celui des Ariens — probablement édifié par le roi goth Théodoric le Grand — dans laquelle la scène du baptême est entourée radialement des douze Apôtres.

13. La *théophanie,* manifestation qui trouve son origine dans le site oraculaire de Delphes, signifie étymologiquement apparition de la divinité aux hommes sous une forme matérielle. Dans l'Eglise catholique, elle a été remplacée par l'Epiphanie, qui commémore le jour où Jésus-Christ s'est manifesté pour la première fois aux Gentils. Elle est célébrée le dimanche qui suit le 6 janvier, date à laquelle les mages sont venus d'Orient adorer le Fils de Dieu au berceau. Les Grecs ont conservé à cette célébration le nom de Théophanie. En France on l'appelle Fête des Rois, car on attribue la royauté à ces mages évoqués par saint Matthieu (2,11). Mais l'Eglise célèbre ce même jour la venue des mages, le baptême de Jésus par Saint Jean et son premier miracle opéré lors des noces de Cana (Jean, 2, 1 à 12).

14. Voir de Runciman *Le manichéisme médiéval*, p. 24.

15. Pour familiariser le lecteur avec le sujet, voici les passages concernant le baptême de Jésus, contenus dans les quatre Evangiles (Matthieu (3, 16 et 17), Marc, (1, 9 à 11) Jean (1, 32 à 34) et Luc (3, 21 et 22)), qui donnent à peu de chose près la même description de cet évènement : « *Les cieux s'ouvrirent et l'Esprit de Dieu descendit comme une colombe et vint sur Jésus.* » Cependant, la relation qu'en fait Luc semble la plus intéressante, car la présente statuaire, dans laquelle Jésus est représenté en prière, semble s'en être effectivement inspirée. La voici : « *Or il advint, une fois que tout le peuple eut été baptisé et au moment où Jésus, baptisé lui aussi, se trouvait en prière, que le ciel s'ouvrit, et l'Esprit Saint descendit sur lui sous une forme corporelle, comme une colombe.* »

16. Le terme arabe désignant les chrétiens était « mouchikrins » : ceux qui donnent des associés à Dieu.

17. Les cathares rejetaient en effet le principe du *libre arbitre*, élément essentiel du dogme catholique. Le problème de ce *libre arbitre* fit long feu puisqu'il fut, plus tardivement, l'un des thèmes de la déviance janséniste qui prônait son incompatibilité avec le *dogme de la grâce*. Nicolas Pavillon, nommé évêque d'Alet par Richelieu — sur les instances, dit-on, de Saint Vincent de Paul — en fut un adepte connu. Il publia, en 1667, *Le Rituel romain du pape Paul V à l'usage du Diocèse d'Alet* dont l'auteur était probablement le célèbre Antoine Arnauld de Port-Royal. Cet ouvrage fut condamné par Rome mais, malgré les anathèmes, Pavillon le fit rééditer et il demeura en usage dans le diocèse d'Alet jusqu'à son décès.

18. Voir ouvrage collectif *Les Cathares*, p. 139 à 147. Op. cité.

CINQUIÈME PARTIE

-I-

Une bien étrange découverte

1. Nécessaire immersion dans les Ecritures et la Mythologie grecque

Nous allons nous attacher, à présent, à mettre en évidence la seconde signification de ce groupe statuaire qui est aussi lié — c'est à n'y pas croire — au symbolisme du serpent. Jésus y est placé à droite de Saint Jean, les mains jointes en signe de prière et le genou droit en terre. Mais l'ensemble présente une assez bizarre singularité, car entre la jambe gauche de Jésus et la droite du Baptiste émerge de la spathe d'une plante herbacée, bien en évidence, un fruit granuleux identifiable à celui de l'arum. Or, une espèce de cette plante, l'arum dracunculus, a pour nom vulgaire serpentaire, car on attribue à ses fruits toxiques la propriété de détruire les serpents qui l'ingèrent. Et aussi de guérir leurs morsures ; à condition toutefois que l'on résiste à sa toxicité ! En première lecture, le serpent ainsi symbolisé semble donc faire écho à l'inscription incomplète de la banderole, et figure probablement celui qui séduisit Eve dans le Jardin d'Eden et fut à l'origine du péché originel.

Mais il existe d'autres plantes portant le nom de serpentaire, et l'une d'entre elles se nomme serpentaire rouge (*polygonum bistorta*). D'où une inévitable corrélation, via le présent décor, avec le fascicule intitulé *Le Serpent Rouge* mis en circulation par Plantard. A titre documentaire, il convient d'indiquer que le serpentaire est aussi un oiseau échassier — un falconidé — qui se nourrit de serpents, et dont l'une des espèces est dénommée Secrétaire messager. Demeure à découvrir le contenu du message virtuel qu'il pourrait transmettre. Si message il y a ! Enfin *c*'est aussi, et surtout, l'autre nom de la constellation céleste Ophiuchus.

Ce symbolisme du serpent est tellement répandu dans l'ensemble des civilisations humaines, que nous concentrerons essentiellement notre attention sur le rôle qu'il joue dans les Ecritures et la Mythologie grecque. Ceci pour la simple raison que Boudet évoque, dans son ouvrage, l'Ancien Testament et quelques demi-dieux ou héros de la Grèce antique.

Dans la Bible, le serpent apparaît dès la Création (Gen. 3, 1), et pousse Eve à manger le fruit défendu en lui disant : « Mais Dieu sait que, le jour où vous en mangerez, vos yeux s'ouvriront et vous serez comme des dieux qui connaissent le bien et le mal. »

Autrement dit, vous accèderez à la connaissance (en grec gnosis) et vous connaitrez les deux principes du bien et du mal.

Puis il apparaît encore dans le Livre des Nombres (21,4) où Dieu envoie contre le peuple qui a quitté l'Egypte (NDA : Mesraïm) des serpents brûlants dont la morsure est mortelle.

Ayant déjà rencontré le bien et le mal dans l'église, il nous reste *à* ouvrir les yeux pour obtenir le discernement nécessaire à une éventuelle découverte. Nous noterons, au passage, la présence de ce brûlant, que nous avions à déjà rencontré sous la forme du séraphin.

Enfin le thème du serpent a été repris par Saint Jean dans son Apocalypse. Au chapitre 12, dans la *Vision de la Femme et du Dragon,* qui marque le début de la Nouvelle Alliance : « .... Puis un signe apparut dans le ciel : un énorme dragon rouge-feu, à sept têtes et dix cornes.... »

Mais il fut heureusement combattu et terrassé par Michel et ses Anges qui le chassèrent du ciel :

« On le jeta donc, l'énorme Dragon, l'antique Serpent, le Diable ou le Satan, comme on l'appelle, le séducteur du monde entier, on le jeta à terre et ses Anges furent jetés avec lui.... »

A un second niveau de lecture, il y aurait donc, dans l'entrée de l'église, le serpent sous la forme du diable et le serpentaire chargé de le terrasser.

Après ce très bref mais intéressant survol biblique, nous allons à présent consacrer notre attention à d'autres sources et évoquer les dieux des fausses Ecritures, pour un ecclésiastique s'entend, ceux de la Mythologie grecque.

Comme dans toutes les traditions immémoriales, le serpent est évidemment très présent dans la Grèce antique, où il participe souvent, comme ami ou ennemi, aux aventures des dieux et des héros. Ainsi lorsque Apollon, venant d'Hyperborée, se rendit sur le site de Delphes, il dut affronter un terrible dragon, dénommé Python, qui protégeait l'oracle de Thémis, déesse de la Loi, mais terrorisait les habitants de la région. Après l'avoir tué de ses flèches, ce dieu solaire fonda le célèbre sanctuaire à qui il donna son nom, et aussi les jeux Pythiques. Dès lors Delphes, qui tient en fait son nom du dauphin, allait devenir, pour les Grecs anciens, le centre du monde : son ombilic. J'ignore l'effet produit sur le voyageur par la contemplation du mont Sinaï, mais celui qui se rend à Delphes, s'il est sensible aux beautés conjuguées de la nature et de l'esprit, tombera sous le charme de ce lieu magique et pourra difficilement l'oublier ! D'ailleurs sa célébrité est universelle puisque Boudet, qui n'y était jamais allé, le cite dans son ouvrage. (p. 189 et note p. 217)

Le Temple d'Apollon à Delphes

Dans son temple dédié à Apollon, dès le sixième siècle avant notre ère — donc à l'époque de la pre-mière rédaction de l'Ancien Testament sous le roi Josias — une vieille femme portant le titre de Pythie délivrait déjà des oracles. Pour ce faire, elle se tenait assise, extatique, sur un trépied de bronze placé au dessus d'une faille dans le sol d'où émanaient des vapeurs odoriférantes. Tous les princes, tyrans et personnages éminents de la Grande Grèce et de sa périphérie accouraient, pour assister à ces ma-nifestations oraculaires, et certains firent même au sanctuaire des cadeaux somptueux. Ce qui ex-plique qu'au cours des siècles, la mainmise sur le lieu sacré et ses trésors ait inévitablement entraîné des guerres fratricides. Et sa réputation devint telle, même dans le monde barbare, que les Gaulois vin-rent le mettre à sac, et emportèrent son or — dont la légende prétend qu'il était maudit — à Toulouse. Après l'invasion romaine, les empereurs, en particulier Néron, mirent au pillage ce sanctuaire immé-morial et transférèrent à Rome sa riche et magnifique statuaire. Beaucoup plus tard, l'empereur Constantin fit transporter dans sa nouvelle capitale le peu qu'il en restait et notamment le *Trophée de la Bataille de Platée*, qui était constitué d'un fût en bronze soutenu par trois *serpents* entrelacés. Et il le plaça dans l'Hippodrome, centre de la vie citadine, comme élément décoratif. Les touristes qui vi-sitent Istanbul peuvent toujours le voir, entre les colonnes de Constantin Porphyrogénète et de Théodose Ier, sur la grande avenue qui va de Sainte-Sophie aux ruines de l'ancien palais impérial.

Cependant, il faut se rendre dans le Péloponèse, à Epidaure, lieu rendu célèbre par son magnifique théâtre — à l'étonnante acoustique et le mieux conservé de l'Antiquité — pour rencontrer le symbolisme
du serpent dans toute sa splendeur. Nichée dans un cirque de collines au milieu d'un îlot de verdure, et
proche des forteresses achéennes de Mycènes et Tirynthe (XIIᵉ siècle avant J.C.), cette cité antique cité
relativement étendue et riche en monuments, était célèbre et très fréquentée dès le VIᵉ siècle avant notre
ère. C'est en effet là qu'est réputé être né Asclépios, en latin Esculape, le dieu de la médecine.

Non loin du Temple à lui dédié, se trouve un édifice circulaire de vingt-deux mètres de circonférence,
la Tholos, dont il ne reste que le soubassement. Celui-ci est constitué de trois murs concentriques, communiquant entre eux par des ouvertures basses. Sa destination cultuelle est inconnue mais devait être en
rapport avec le culte chtonien, et il n'est pas exclu que cette sorte de pseudo-labyrinthe ait été la demeure
des serpents sacrés d'Asclépios.

Mais, chose impardonnable, nous avons omis de présenter ce dernier. Il était le fils du dieu Apollon et
de la mortelle Koronis, fille du roi de Thessalie. Celle-ci fut tuée par Artémis, qui en était jalouse, mais
Apollon arracha l'enfant encore vivant au sein maternel et en confia l'éducation au centaure Chiron. Ce
dernier, contrairement à la plupart de ses congénères frustes et brutaux, était un maître de la *connaissance*, au sens le plus large du terme. Il apprit à son disciple les incantations, la fabrication des philtres
et onguents et aussi la chirurgie. Asclépios mit dès lors ses connaissances au service des hommes, guérit
les malades et ressuscita même les morts[1]. Mais, ce faisant, il bouleversait l'équilibre naturel et menaçait de faire perdre son privilège à Hadès, maître des enfers. Ce dernier s'en plaignit amèrement à Zeus
qui, outré, foudroya l'insolent thaumaturge. Cependant, malgré cette ire passagère fracassante du maître
de l'Olympe, Asclépios ne disparut pas de la mémoire des hommes. Il devint en effet un dieu immortel,
et brille dans le firmament sous la forme d'une constellation, qui n'est autre que celle du.... **Serpentaire** !

2. Le chaînon manquant

Le lecteur éprouvera sans doute, avec quelques raisons, un certain agacement à avoir dû subir de telles
circonlocutions, pour savoir à quoi pouvait bien correspondre ce bizarre bouquet végétal qui décore le
baptistère. En la circonstance, et dans un tel lieu, il est vrai que l'explication aurait dû se limiter à une
référence aux Ecritures. Mais elle aurait été incomplète, pour la bonne raison que Boudet avait bizarrement introduit, plusieurs fois dans son texte, des héros de la Mythologie grecque : notamment Hercule,
Jason et Pâris. Or on sait que chez lui toutes les évocations, pour aussi saugrenues qu'elles puissent paraître, peuvent faire sens. La sagesse la plus élémentaire commandait donc de jeter un œil — fut-il distrait — sur le destin des dieux de l'Olympe. Et nous avons effectivement découvert que la plante qui séparait Jésus de Saint Jean-Baptiste n'était pas très catholique, puisqu'elle pouvait être identifiée au dieu
grec Asclépios, survivant éternellement dans le ciel sous la forme de dix luminaires. Ce qui incite donc
à croire que certains anciens dieux grecs sont toujours présents dans l'inconscient collectif ! Mais si le
docte abbé nous a contraints à faire ce détour, c'est pour nous amener à découvrir, de façon détournée,
une autre importante déité, précédemment évoquée mais à laquelle le lecteur non informé n'a pu évidemment prêter qu'une attention distraite. Pour savoir de qui il s'agit, il faut se référer à la galerie des

---

1. Le plus célèbre des descendants d'Asclépios n'est autre que le grec Hippocrate, le père de la médecine, connu pour
le serment que lui prêtent les médecins avant d'entamer leur carrière, et dont le symbole est le caducée, qui est un serpent enroulé sur un bâton.

portraits de personnages, largement diffusée sur Internet, qui auraient été virtuellement impliqués dans
« l'affaire » du trésor matériel du Razès depuis le dix-septième siècle. Or dans cette galerie figure un
curieux personnage, un ecclésiastique très serviable, original, aventureux, curieux de toutes choses et
haut en couleurs : le père Joseph-Marie Chiron. (1797-1852)

Le Mémorial Chiron à Notre-Dame du Cros

Ce prêtre était affublé, malgré lui, d'un patronyme païen puisque, dans la mythologie, Chiron était un
Centaure — monstre moitié homme, moitié cheval — qui, contrairement à ses congénères, était fort sociable et possédait comme on l'a vu la faculté de transmettre son savoir qui aurait été très grand. Ce qu'il
fit en de nombreuses occasions puisque, outre celle d'Asclépios, lui sont attribuées les éducations
d'Apollon (Cf. *LVLC*. L'or de Delphes. p 189 et Voie sacrée. p. 277), Jason et Ulysse (Cf. Argonautes,
p. 296), et surtout Achille, héros grec de l'Enéide tué par Pâris (Cf. Paris, pp. 268 et 269). Mais les allusions à cet homonyme de notre ecclésiastique ne s'arrêtent pas là, puisque ledit Centaure fut frappé
par une flèche, décochée par Hercule (Cf. Hercule, pp. 6, 86, 89, 90 214 à 216, 296, 297, 300 et 301),
qui avait été trempée dans le sang empoisonnée de l'Hydre de Lerne. Pour abréger ses souffrances et
obtenir la mort, il accepta de céder son immortalité à Prométhée. Mais Zeus compatissant, lui ménagea
finalement une place dans la voûte céleste, où il brille éternellement sous forme de la constellation du
Sagittaire, à proximité immédiate de celle de son élève Asclépios, le Serpentaire.

Chiron apparaît donc comme un précepteur : celui qui apprend aux autres et leur transmet ses connaissances ! Ce qui, transposé dans notre affaire, va s'avérer au plan chronologique d'une très grande importance.

Mais revenons l'abbé du même nom, personnage à la fois captivant et mystérieux, car porté naturellement sur un certain nomadisme, à l'image des anciens moines gyrovagues. Il avait fondé à Privas (Ardèche), la Congrégation féminine de Sainte-Marie de l'Assomption, chargée de venir en aide aux malheureux, et en particulier aux aliénés, et en assurait une difficile gestion. Difficile car inévitablement liée à des besoins financiers permanents ! C'est alors qu'il décida, pour des raisons inconnues, de faire une retraite spirituelle dans un lointain ermitage, Saint-Antoine de Galamus, situé dans les gorges du même nom qui marquent la limite de l'Aude et des Pyrénées-Orientales. Cela se passait en 1843. La fin justifiant les moyens, se posent dès lors plusieurs questions. Quelle raison avait bien pu pousser cet homme d'action à devenir momentanément anachorète. Comment avait-il pu connaître l'existence de ce lieu isolé, très éloigné de Privas. Qu'est-ce qui avait bien pu justifier son choix ? Et, enfin, comment avait-il pu savoir — l'information voyageant très mal et très lentement à son époque — que cet ermitage n'avait plus de titulaire. Autant de questions, donc, auxquelles il faudra tenter d'apporter des réponses plausibles et cohérentes.

L'Ermitage de Galamus

Après avoir séjourné dans la solitude pendant deux ans, notre moine occasionnel jeta finalement aux orties son habit franciscain, retourna à Privas... et reprit une vie quelque peu errante. Enfin, quelques années plus tard, usé par ses nombreuses et incessantes pérégrinations et la dureté de sa vie ascétique, il souhaita se rapprocher du Sauveur et, avant de rendre à Dieu son âme probablement tourmentée, confesser à un confrère un poids qu'il avait peut-être sur sa conscience. En tout cas on peut inférer que :

TELLE FUT PROBABLEMENT SA DERNIERE VOLONTE.

Pour cela il choisit bizarrement de se retirer à Caunes Minervois, à Notre-Dame du Cros dont l'abbé Mèche était alors l'aumonier. Pourquoi a-t-il choisi cet endroit éloigné de Privas ? Ce n'est probablement pas l'attrait du lieu qui a pu motiver sa venue mais, logiquement, le fait qu'il savait pouvoir y trouver un ami, avec qui il pourrait partager d'éventuels tourments moraux. C'est là que l'abbé Chiron rendit son âme à Dieu, en décembre 1852 et qu'il fut inhumé. Il n'avait que cinquante-cinq ans et, compte tenu de la sollicitude et des bienfaits qu'il avait, sa vie durant, apportés aux malheureux, ses amis estimaient qu'il était en odeur de sainteté. Ce qui, rapidement, motiva de leur part l'ouverture d'un procès en béatification. Mais, pour des raisons connues de lui seul — et qu'il refusa toujours de donner — l'évêque de Carcassonne, Mgr de Bonnechose, opposa une fin de non recevoir à cette demande avant de quitter son poste, en 1855. En tout cas :

TELLE FUT DONC SA VOLONTE

Cette décision était d'autant plus bizarre qu'il est toujours flatteur et bénéfique, pour un diocèse, de recéler (malgré le heurt phonétique), un saint en son sein. Mais l'abbé Chiron, bien que décédé à Caunes, ne relevait pas de son diocèse ! Cependant il aurait pû transmettre le dossier à l'évêque de Privas ! Il semble hors de doute que cette décision, très grave en soi, n'ait été mûrement réfléchie, et prise au terme d'une sérieuse enquête auprès des impétrants et, en particulier, de ceux qui avaient assisté le prêtre dans ses derniers instants. Mais il faut croire que leurs témoignages n'avaient pas été suffisamment convainquants. Ou pire, qu'un doute avait assailli l'évêque sur l'orthodoxie de la croyance réelle du prétendant : ce qui constituait *le* vice rédhibitoire. L'abbé Chiron ne put donc accéder à la sanctification mais, en compensation, il alla rejoindre symboliquement son homonyme, le centaure qui brille au ciel, d'où il peut décocher *ad vitam æternam* des traits vers son (ou ses) contempteur(s). Mais il était à l'évidence trop charitable pour songer à une telle vengeance posthume !

Cet épisode peu glorieux, inexplicable aux yeux de nombreux croyants du diocèce, dut animer pendant quelque temps, à n'en pas douter, les discussions dans les sacristies et dans le bon peuple des croyants ! Et il ne pouvait donc se faire que Boudet, à son habitude, ne nous en répercute l'écho. Pour éclairer le sujet, il a semblé utile d'inclure une courte incise dont l'entrée en matière ne manque pas de sel. Ainsi lorsqu'il traite des *Pierres levées* (p. 263 et suivantes), il explique que lorsque le christianisme fut porté dans les Gaules, la mission des Druides fut dévolue aux *évêques* chrétiens.

« Du reste, les Druides, déjà fort instruits par leurs traditions des <u>vérités fondamentales</u> de la <u>vraie</u> religion, furent les premiers à embrasser le christianisme, dont les doctrines étaient le complément des <u>vérités</u> qu'ils avaient conservées intactes, et, entrés par la suite de leur conversion dans l'ordre sacerdotal chrétien, ils ont aimé à conserver leurs fonctions de <u>distributeurs de blé</u>, qui s'alliaient si bien avec les principes de l'Evangile. » (C'est moi qui souligne.)

Autrement dit les <u>D</u>ruides — avec une majuscule contrairement aux <u>é</u>vêques chrétiens (p. 265) — possédaient déjà les vérités fondamentales de la vraie religion, et l'apport du christianisme n'en constitua qu'un complément ! Pour ceux, nombreux, à qui on a laborieusement inculqué que les

Gaulois étaient d'horribles païens, la surprise est de taille ! Et il est inutile d'épiloguer sur la fonction de distributeurs d'un *blé* dont la nature ne peut être *entravée* que par un adepte du langage des oiseaux !

Mais la suite est plus intéressante car elle touche directement ce *malheureux* Chiron :

« Dans leur nouvelle position de pasteurs chrétiens, ils (Les Druides) ont même gardé les vêtements sacerdotaux qu'ils portaient précédemment, c'est-à-dire la robe blanche et la coiffure orientale connue sous le nom de mitre. Il est tout à fait intéressant de retrouver la mitre sous la dénomination d'*Eubates* que portaient les Druides, lorsqu'ils présidaient les cérémonies religieuses — *up (eup),* en haut, — *hat,* coiffure — ».

 Il va sans dire que, du fait de sa rareté, le terme Eubates est introuvable dans les dictionnaires et ne peut se rencontrer que dans des ouvrages spécialisés. Mais joint à mitre, il permet à notre sacerdote de faire apparaître l'expression suivante :

EUBATES + MITRE = ERMIT(T)E ABUSE (Ermite abusé)

Le terme abusé s'attache évidemment au destin posthume du personnage et est à prendre au sens de dupé.

Tout ce qui précède invite donc à penser que Chiron n'a pas connu l'existence de l'ermitage de Galamus et de Notre-Dame du Cros par un pur hasard. Mais tend à prouver que des liens, sinon une certaine complicité, s'étaient établis entre lui et l'abbé Mèche antérieurement à son court séjour érémitique.

3. Les errements supposés d'un ermite nomade.

A partir de ces prémisses, nous entrons à présent dans l'inconnu — et donc les présupposés — et allons devoir faire appel à l'imagination pour établir un scénario logique, cohérent et respectant une nécessaire chronologie.

Chiron et Mèche, au-delà de leur statut sacerdotal, partageaient tous deux, en bons chrétiens, le souci d'aider les personnes malmenées par la vie, et en particulier les malheureux ayant perdu la raison. C'est ce point commun qui les fit probablement se rencontrer dans le but d'échanger, ou acquérir, des informations concernant les thérapies à apporter aux aliénés. Et comme Chiron était un infatigable nomade, on peut inférer que c'est lui qui se se déplaça à Limoux, siège d'un important asile d'aliénés, et où l'abbé Mèche (1802-1864), était aumonier de N. D. de Marceille, avant d'être affecté, en 1838, au sanctuaire de N. D. du Cros, à Caunes-Minervois [4].

Avec un zeste d'imagination raisonnée — et au risque assumé de prêter le flanc à la critique — on peut essayer de reconstituer cette rencontre qui, les lois de l'hospitalité étant sacrées, dut donner lieu à un repas pris en commun. Frugal, sans doute, mais dans ce pays de vignobles, inévitablement arrosé ! Dans la chaleur communicative de ces agapes, les vins de messe étant ici quelque fois pétillants et déliant facilement les langues, l'hôte ne manqua pas d'évoquer, devant son invité, certaines traditions et légendes locales. Cela débuta probablement par l'histoire des meuniers locaux, qui avaient été jadis enrichis par la vente de leur farine aux Espagnols, au Col de Saint-Louis, payée en maravédis sonnants et trébuchants ! Depuis, pour commémorer cette époque faste, le mercredi des Cendres, des jeunes gens de la ville, déguisés en meuniers — les fécos — et munis d'un sac de farine et d'un fouet de postillon — la carabèno — dansaient au son de la flûte et du tambour autour de la place du bourg, et jetaient sur les nombreux badauds de la farine et des dragées. Puis, demeurant dans cette veine dorée, il poursuivit sans doute avec les mésaventures du pauvre berger Paris, dont on prétendait qu'il aurait jadis découvert un trésor dans la région des deux Rennes. Vint enfin le dessert, où fut servie cette fameuse blanquette ancestrale, inventée par les moines de Saint-Hilaire, et que l'un d'entre eux, un certain dom Pérignon, exporta en Pays champenois. Et, de fil en aiguille, étant donné la condition des commensaux, on ne pouvait terminer que par le merveilleux chrétien. Or il existait justement dans le diocèse une très ancienne tradition occulte — mais propagée sous le manteau dans une partie du clergé — concernant la venue de Sainte Marie-Madeleine dans le pays. Mais le problème qui tenaillait le narrateur, et dont il fit part à son interlocuteur, était évidemment la méconnaissance de l'endroit où pouvait se situer le tombeau de la sainte. Peut-être était-ce celui là même où le berger Paris avait égaré sa brebis et, en la cherchant, avait trouvé de l'or ! A n'en pas douter, ces deux insolites évocations ne pouvaient qu'intéresser au plus haut point le prêtre ardéchois, qui était un homme intelligent et donc curieux ! Ce qui pourrait expliquer que, quelques années plus tard, alors qu'il devait faire face à de graves problèmes financiers liés à la survie de sa congrégation, lui revint en mémoire la légende de ce fameux trésor audois. Trésor dont un reliquat — qui pouvait savoir ? — gisait peut-être encore sous terre. Il est possible que ce soit ainsi que, nullement découragé par ses déboires matériels et étant d'un naturel entreprenant, il aurait pu décider de se lancer à la recherche du site où ce malheureux pâtre avait jadis fait sa découverte ? Et, pour pouvoir prospecter facilement la région décrite par son informateur, il lui fallait trouver un point d'attache en un lieu très peu fréquenté, où sa présence n'éveillerait pas le moindre soupçon, et d'où il pourrait se déplacer à sa guise.

Ce qui pourrait expliquer que, quelques années plus tard, en 1843, il se rendit à pied de Privas à l'ermitage Saint-Antoine de Galamus, dont il avait appris par quelque voie mystérieuse — celles du Seigneur on le sait sont impénétrables ! — qu'il était devenu vacant. Ce sanctuaire n'était alors accessible que par Saint-Paul de Fenouillet (P.O.), la route en corniche actuelle le reliant à Cubières-sur-Cinoble (Aude) n'ayant été ouverte qu'en 1894. Sur le très long trajet qui devait le conduire à Perpignan, solliciter l'autorisation de l'évêque pour s'installer en ce lieu, on peut présumer qu'il ait pu faire un petit crochet par Caunes, afin de rendre une petite visite de courtoisie à son vieil ami Mêche et l'informer de sa décision. Après quoi, ayant reçu l'autorisation de l'évêque, il revêtit l'habit franciscain et s'installa dans la solitude, sous le nom de frère Marie. Il demeura deux longues années dans ce sanctuaire isolé, sis à l'entrée sud de l'extraordinaire cluse calcaire qui fend verticalement le chaînon méridional des Corbières, et au fond de laquelle coule le petit torrent de l'Agly [5].

Pour ceux qui ne connaissent pas cet endroit, aussi sauvage qu'extraordinaire, il convient d'indiquer que le sanctuaire est une construction en dur, bâtie contre l'entrée de deux abris sous roche dont l'un fut jadis transformé en chapelle sous le vocable de Saint Antoine. Toujours en l'état, on peut y accéder soit par un sentier longeant l'entrée de la gorge côté Saint Paul-de-Fenouillet, qui était à l'origine orné d'un chemin de Croix, soit après avoir longé la route carossable et franchi un tunnel, par un escalier taillé dans le roc et en partie souterrain. Vu de loin, l'aspect général du site n'est pas sans rappeller celui de la Sainte-Baume. Son histoire, peu connue, n'est nullement nécessaire à la compréhension de ce qui suit. Simplement, un auteur de pseudonyme H. Elie, en a donné le bref rappel que voici : [6]

« On ne connaît pas l'origine de la construction de l'ermitage. La première date apparaît le 6 octobre 1474, à l'occasion d'un don fait par Jean Bérédina. Mais c'est an 1485, que l'ermitage de Saint-Antoine est reconnu comme bien des Frères Mineurs de l'observance de Saint François, dont le donataire est l'abbaye bénédictine de Saint-Paul de Valolas. »

Paysage à Galamus

De son lieu de séjour isolé, en cheminant vers l'ouest, notre ermite pouvait rejoindre facilement la région qu'il était résolu à prospecter. Il lui suffisait d'emprunter une immémoriale sente de berger, devenue aujourd'hui le GR 36, qui culmine au Roc Paradet (900 m), puis descend insensiblement vers la vallée de la Blanque. On peut donc imaginer que notre anachorète se serait mis en route, à la fraîche, par un beau matin de printemps, empruntant cette voie caillouteuse et désertique, dont la montée est relativement éprouvante. Mais ce n'était là qu'une aimable promenade pour un marcheur tel que lui, capable de se déplacer dans la solitude sur de très longues distances, et évidemment habitué à une grande rusticité. Après deux à trois heures de progression, parvenant enfin sur la crète, il vit émerger sur sa droite le sommet dénudé et grisâtre du Pech de Bugarach, dont les vertigineuses falaises marquent la limite Est de la zone décrite par son informateur. Et la vue de cette montagne se grava probablement dans son esprit ! Ce point culminant de la région, du sommet duquel le regard peut embrasser cent kilomètres à la ronde, apparaissait pour lui d'autant plus singulier que la montagne est un thème récurrent dans toutes les religions. Il est généralement associé à la présence de la divinité et, selon la Tradition primordiale, chère à René Guénon, représenterait l'*Axis mundi*. Chiron, du fait de son état, pensa à l'importance que tient le symbolisme de la montagne dans la Bible avec, en premier, le mont Sinaï où Dieu se manifesta à Moïse. Mais aussi au mont Nébo, d'où ce même Moïse contempla la Terre Promise avant de mourir, et dans lequel, selon certaines légendes, aurait été enfouie l'Arche d'Alliance. Il pouvait y ajouter les mont Moriah, celui du Temple, Garizim cher aux Samaritains et aussi Carmel, au pied duquel se trouve la mythique cité d'Harmagedon. Mais encore plus prégnant étaient pour lui le mont des Béatitudes, celui des Oliviers et, enfin, le Golgotha ! On peut en inférer que sa pensée étant mobilisée de la sorte, c'est probablement ainsi qu'une intuition aurait pu lui traverser l'esprit ! Si un important tombeau chrétien très ancien — il pensait forcément à Marie-Madeleine — était dissimulé quelque part dans la région, il existait une très forte probabilité pour que ce soit en un lieu aussi symbolique ! C'était un endroit idéal pour y ménager un hypogée, qui soit à la fois en situation éminente, caché à la vue et relativement inviolable car difficile d'accès. Et puis, à l'instar de Galamus, ces lieux lui rappelaient aussi, par leur solitude, le site de la Sainte-Baume — de l'occitan balma : grotte — consacré jadis au culte de la déesse Cybèle, et qui fut au treizième siècle, sur les brisées d'une vieille légende provençale, consacré à Marie-Madeleine par les Bénédictins, puis les Dominicains. Autant de raisons qui pourraient justifier que ce soit dans ce massif que l'ermite, guidé par son intuition et conforté dans celle-ci par une déduction logique telle que celle qui vient d'être exposée, ait commencé.... et terminé sa prospection !

Nous allons devoir laisser vagabonder encore quelque peu notre imagination, et donc émettre quelques nouvelles conjectures. Mais cette incursion dans l'irrationnel a cependant ses raisons. Outre qu'elle est dans le droit fil du décryptage de *LVLC,* la suite des évènements va montrer qu'elle demeure dans un cadre très plausible. Nous laisserons donc le lecteur faire lui-même, le moment venu, la part des choses !

Lors de la descente vers la vallée de la Blanque, le sentier qu'avait emprunté notre ermite contournait le Pech par le sud, vers le Roc de la Beille (Abeilles p. 102), haute falaise qui domine ladite rivière près de l'endroit où se trouve la cascade des Mathieux (Note p. 79). C'est là le versant le plus accessible et intéressant du massif, et on peut en inférer, en toute logique, que c'est par là qu'il débuta sa prospection. Supposons donc qu'il en fut (peut-être) ainsi et qu'au cours de ses montueuses pérégrinations, Chiron ait pu découvrir ce qu'il cherchait. C'était évidemment l'entrée d'un lieu souterrain situé hors des sentiers battus, en un lieu escarpé mais d'une approche relativement aisée pour un individu entraîné. L'accès en était évidemment caché à la vue d'éventuels promeneurs — très rares en ces lieux — mais pas à celle d'un chercheur très motivé et perspicace. Et puis il y a évidemment le hasard, qui fait dit-on si bien les choses ! Si l'on suit Boudet, il aurait pu s'agir de la grotte du berger Paris (pp. 268 et 269. Observatoire de Paris). Et si ce fut réellement le cas, cela aurait été pour Chiron, pasteur des âmes, une manifestation du plan divin qu'il ait pu ainsi succéder, en un tel lieu, à un malheureux petit pâtre ! Malheureux, car il y a tout lieu de croire que son seigneur et maître lui avait fait avouer, par la contrainte, l'origine de sa trouvaille. Et celui-ci s'y était rendu à son tour pour en exploiter le filon. Mais la suite va montrer qu'il se garda bien d'explorer les lieux en profondeur. La cause en est peut-être que, pour un homme d'un Moyen-Age rempli de superstition, s'enfoncer dans les entrailles de la terre était une grande source de frayeur, car cela revenait à approcher les lieux infernaux dont l'avait abreuvé son éducation religieuse.

Chiron, lui, savait que l'enfer n'est pas situé où l'on croit, et est bien moins effrayant que celui peint par Jérôme Bosch. C'est pourquoi il pénétra seul en ce souterrain et, bien qu'inévitablement saisi d'une terrible angoisse — chassez le naturel il revient au galop — osa se risquer plus avant dans les ténèbres chtoniennes [7]. Ayant pris son courage à deux mains, mais dont l'une tenait forcément une lanterne (Comme l'ermite des Tarots), il s'aventura précautionneusement dans le souterrain et, après avoir cheminé un temps indéterminé et évité quelques pièges, déboucha probablement dans une première salle (Le labyrinthe, pp. 83 et 84). Il s'agissait d'un lieu aménagé par la main de l'homme, dans lequel il trouva manifestement ce qu'il était venu chercher. Un véritable pactole, que l'on pourrait supposer avoir éventuellement appartenu à des *barbares* germaniques ayant longtemps hanté la région, car il était constitué de pièces d'or et de bijoux très anciens. La preuve de cette découverte réside dans le fait qu'après la fin de son intermède érémitique, et avant de reprendre une vie d'errance, il aurait fait réaliser d'importants travaux dans les bâtiments de sa congrégation à Privas. Parallèlement, dans les années qui suivirent, l'abbé Mêche — possible instigateur involontaire de sa quête — entreprit de grands travaux à N. D. du Cros et en enrichit grandement la décoration. Et son ami Gasc en fit de même à N. D. de Marceille. Dans les deux derniers cas, comme l'a écrit l'abbé Lasserre, « nul ne connaissait la provenance des fonds, supposés importants, qui permirent ces dépenses somptuaires. »

Le Chœur de l'église Notre-Dame du Cros

Mais revenons à nos moutons, si l'on ose dire ! Lors de sa découverte, Chiron était un homme isolé dans un milieu très hostile, car souterrain, assez escarpé à l'extérieur, et enfin relativement éloigné de tout. Dans les conditions de solitude qui étaient les siennes, la question qui se posait à lui était celle de la logistique d'évacuation d'au moins une partie de cette manne (p. 72), tombée pour lui du ciel, bien que paradoxalement enfouie sous terre. L'or étant très pondéreux, il ne pouvait manifestement emporter de grosses charges à son ermitage de Galamus, beaucoup trop éloigné. Il lui fallait donc à la fois limiter son cheminement pédestre, trouver de l'aide et un — ou plusieurs — relais de stockage, avant de pouvoir négocier plus tard les éléments qu'il avait choisi d'emporter. Point n'est besoin d'être grand clerc pour découvrir que la logique aurait pu le conduire à prendre contact avec l'abbé Vié, curé de RLB, qui constituait un relais géographique idéal. D'autant que celui-ci entretenait des relations très amicales avec Gasc et probablement Mèche. Pour optimiser le processus et limiter ses efforts, notre ermite avait sans doute ménagé une cache provisoire à proximité du chemin muletier le plus proche du souterrain, qui menait lui-même vers une voie rurale relativement carossable. Dans le voisinage du roc de la Beille par exemple ! Puis il fit probablement plusieurs allers, suivis de pénibles retours, entre le souterrain et ce lieu pour transporter les lots les moins pondéreux et les plus facilement négociables qu'il avait choisis. Après quoi on peut inférer que l'abbé Vié loua un attelage, sous un prétexte quelconque, et vint prendre possession des objets à l'endroit où Chiron lui avait donné rendez-vous. Rentré évidemment à la nuit tombée, il les stocka discrètement — et provisoirement — dans son presbytère. Dès lors la suite ne fut qu'un jeu d'enfant. Après une entrevue entre les quatre prêtres pour établir un partage équitable en fonction d'une certaine préséance — premier arrivé, premier servi — et des besoins de chacun, Gasc prit le relais et entreposa le principal à N. D. de Marceille. Mais l'inventeur et son aide ne purent prélever forcément qu'une partie du pactole, laissant pour des successeurs virtuels — et il y en eut ! — ce que l'on pourrait logiquement appeler la part des anges !

Enfin, Chiron ayant abandonné sa retraite de Galamus, reprit sa vie errante et aurait fait notamment plusieurs voyages à Lyon — où il connaissait fort bien un orfèvre — pour monnayer sa quote part. Qui était, cela semble aller de soi, la plus importante [8] ?

Il va sans dire que cette narration des aventures souterraines supposées de notre héros va plonger les lecteurs raisonnables dans un inévitable scepticisme. C'est pourquoi, pour lever partiellement leurs doutes, et donc donner plus de consistance aux dites assertions, nous allons retourner, une fois encore, dans l'église de RLC dont le décor, tel la tapisserie de Bayeux, décrit les aventures de notre héros. Il suffit de s'intéresser une nouvelle fois à la statue de Saint Antoine Ermite qui renvoie, par simple identification, à l'ermitage de Galamus. On peut constater que cette statue est revêtue de l'habit des franciscains : donc celui de frère Marie.... Chiron ! Bien que la bure, habituellement de couleur marron unie, ait été ici très colorée, cet habit n'en est pas moins reconnaissable à la ceinture de corde blanche très caractéristique. Elle comporte les trois nœuds qui servent à rappeler les trois vœux évangéliques qui sont à la base de la vie franciscaine [8]. Mais le point le plus significatif se trouve être la tête dégarnie de ce Saint Antoine. A ce sujet, nous avions vu que dans la station XIV de chemin de Croix, l'un des personnages portant le corps du Christ à l'entrée du tombeau creusé dans le roc, avait une tête identique. Cette tête chauve est une représentation fidèle de celle de l'abbé Chiron, et le lecteur pourra en prendre connaissance sur plusieurs sites Internet dédiés au personnage.

Mais passons à présent du bassement matériel au spirituel. Lorsqu'il avait narré son aventure souterraine à son complice Mèche, Chiron ne lui avait décrit que la partie matérielle : celle que l'on pourrait qualifier — utilisant en cela un barbarisme — d'aurifique. Mais il avait, pour des raisons qui devaient apparaître plus tard au terme de son ultime confession, omis de lui dire toute la vérité sur sa découverte. Car cette vérité était pour lui tout simplement horrifique ! En effet, comme la fin de sa vie va le montrer, il semblerait qu'il ait découvert, en ce lieu profond et mystérieux, certains éléments significatifs qui allaient marquer de façon profonde et durable sa conscience. Trouvaille qui l'avait assurément plongé, l'effet de surprise passé, dans un abîme de perplexité. Puis le doute et la consternation, mettant en grand péril non pas sa foi en Dieu mais l'obéissance au dogme à laquelle il était tenu, l'avaient envahi. Et tout cela était demeuré profondément gravé dans son esprit. Mais, pour ne pas semer le trouble et la consternation dans son entourage, il avait décidé de conserver momentanément par devers lui ce secret si lourd à porter.

Si on ne sait pas ce que Chiron, avant son dernier souffle, confessa à l'aumônier de N. D. du Cros, les péripéties qui vont suivre permettent de s'en faire une certaine idée. Et pour cela, il convient de revenir à la dure réalité des choses ! Quoi qu'il en ait été de son ultime destinée, et même si les voies du Seigneur sont, dit-on, impénétrables, le parcours de ce bizarre ecclésiastique nomade ne laisse pas d'intriguer. Et cela conduit naturellement à se poser trois questions simples. Pourquoi ce prêtre a-t-il éprouvé le besoin de faire cette longue retraite solitaire à Galamus, à la limite de l'Aude ? Pourquoi a-t-il décidé de terminer ses jours à Caunes-Minervois, dans l'Aude, et non dans son pays natal où se trouvait le siège de la congrégation qu'il avait fondée ? Pourquoi Mgr de Bonnechose — évêque de l'Aude — s'est-il irrévocablement opposé à sa béatification ? Pourquoi, enfin, l'abbé Boudet curé dans l'Aude, a-t-il rédigé ce bizarre ouvrage ? Autant d'énigmes qui, comme on le voit, ont un commun dénominateur régional, ce qui amène à subodorer une certaine interdépendance entre elles. Sinon une dépendance certaine !

4. La journée des ermites.

Les adeptes laïques de Saint Thomas vont évidemment faire des gorges chaudes de ces vagabondages supposés de l'ermite de Galamus ! C'est pourquoi il a semblé intéressant et instructif de se pencher sur certaines traditions locales à l'origine très incertaine. Ainsi en est-il d'une bizarre manifestation carnavalesque, intrigante par sa localisation régionale restreinte : la *Journée des Ermites* d'Espéraza. Dans cette ancienne capitale de la chapellerie à forte densité ouvrière existaient des jeux populaires qui s'apparentaient à des rites païens. Ainsi en était-il de la course au bœuf, possible survivance dans l'inconscient collectif des rites méditerranéens, en particulier crétois, ou simple imitation des habitudes de nos proches voisins de la Péninsule. Avant de conduire le bœuf à l'abattoir, chaque boucher était tenu de le faire courir dans les rues de la cité — un peu à l'imitation de l'encierro hispanique ou de l'abrivado camarguais — mais en le tenant encordé, comme le font les Landais, pour éviter d'inévitables accidents ou sa fuite éperdue dans la nature. Et ceci pour la plus grande joie d'une population à dominante masculine bien entendu [9] !

Mais il existait une seconde manifestation demeurée spécifique à cette cité, burlesque et à connotation anticléricale, qui se déroulait le lendemain du mercredi des Cendres, clôturant ainsi les réjouissances carnavalesques animées, comme à Limoux, par les Fécos. C'était la *Journée des Ermites* qui, après une longue éclipse, revit le jour en 1957 et fut déplacée un dimanche de printemps [10]. Un groupe de jeunes gens vêtus d'une longue chemise de nuit blanche (le pendorelh), le visage passé au noir de fumée et coiffés d'un chapeau melon, faisaient le matin le tour de la cité. Ils étaient précédés par l'un d'eux, portant une grande croix de bois garnie d'un gros chapelet, et aux bras de laquelle étaient suspendus des saucissons et des calebasses. Accompagnés par un groupe de musiciens et munis de paniers, ils faisaient halte devant les maisons qu'ils savaient amies où résidait une jeune fille, et entonnaient la *Chanson de l'Ermite* avant de quémander de la nourriture, de la boisson ou quelques menues espèces. Puis, après un repas pris en commun, et accompagné cela va sans dire de forces libations, ils préparaient, au cours de l'après-midi, sur la place de la République, un vin chaud dans un grand chaudron (païrol), pour remercier les gens qui leur avaient fait l'amitié de les secourir dans leur misère passagère.

En fait, il est avéré que ce rite bizarre trouve son origine dans le village de Bugarach, où il vit probablement le jour vers la fin du XIXe siècle. Il a été transmis par la suite à Espéraza — où il s'est pérennisé — car à cette époque existaient des liens privilégiés entre ces deux localités. Ce sont en effet des gens de Bugarach, demeurés longtemps prisonniers en Silésie lors de la Guerre de Sept ans (1756-1763), qui auraient apporté avec eux lors de leur retour au pays, la technique de fabrication du feutre de laine et des chapeaux [11]. Pour des raisons de commodité ou de parentèle, certains d'entre eux ont par la suite émigré à Espéraza, où existait une longue tradition artisanale dans la mégisserie et la fabrication de la dentelle — donc un certain savoir-faire — et était une localité plus désenclavée. Ce qui donna lieu par la suite, avec l'arrivée du chemin de fer, en 1878, au développement spectaculaire de la chapellerie dont il ne subsiste aujourd'hui, hélas, qu'une certaine nostalgie pour ceux qui ont vécu cette période bénie ! Il convient d'ajouter qu'au début du siècle dernier, cette manifestation carnavalesque déborda, de façon momentanée, dans les villages voisins de Couiza, Montazels, Arques et Rennes-les-Bains avant d'y tomber assez rapidement en désuétude.

La question se pose de savoir pourquoi ce rite parodique, qui mettait originellement en scène un seul ermite — ce qui est fort logique ! — est né à Bugarach. L'histoire profane ou ecclésiastique ne fait nullement mention de l'existence d'un ermitage dans ce village. Les seuls lieux portant ce nom dans la proche région sont une ruine située à la sortie de RLB — dont nul n'a conservé le souvenir qu'elle ait été habitée par un anachorète — et, évidemment, celui de Galamus. Cependant, parmi les traditions locales, l'une prétendrait que jadis aurait vécu sur le Pech une espèce d'anachorète hirsute, qui quémandait quelquefois de la nourriture aux gens. Elle pourrait évidemment trouver son origine dans des rencontres rapportées par des bergers, des bucherons ou des chasseurs, seuls à cette époque à fréquenter les pentes inhospitalières de la montagne. A défaut d'ermite local à la présence avérée, certains ont émis l'hypothèse logique que cet ermite virtuel n'était autre que celui de Galamus, venu jusqu'à Bugarach quémander de quoi manger ! [12] Hypothèse qui semble confortée par un ethnologue très connu qui a écrit à ce sujet : [13]

« Vêtu d'un grand manteau de bure, l'ermite de Galamus arpentait régulièrement les terroirs environnants, quêtant et vendant des produits de sa cueillette pour assurer sa subsistance. »

Mais pourquoi donc ce personnage évanescent, qui semble être à la source de cette parodie, aurait-il été l'objet d'une complainte : Ermite, pauvre ermite ? Là est la question ! Selon le dictionnaire Robert : « Une complainte est une chanson populaire d'un ton plaintif dont le sujet est en général tragique ou pieux. » De là à penser que le destin posthume du sympathique ermite de Galamus — à qui fut refusée en 1855 la béatification — ait transpiré hors des sacristies et soit demeuré ancré dans les mémoires des gens de Bugarach, il n'y a qu'un petit pas à franchir ! Or il faut savoir qu'avant la généralisation de la presse quotidienne dans la région, les faits divers étaient diffusés par le bouche à oreille dans les lieux de réunion, généralement les cafés, et commentés lors des veillées familiales. Et il était de coutume que les populations urbanisées et prolétarisées de la haute vallée de l'Aude, d'un naturel volontiers facétieux et moqueur, chansonnent les évènements importants, ou considérés comme tels [14]. Cependant, compte tenu de l'évolution politique nationale, les Républicains du département — qui avaient pour figures de proue Barbès en 1848 puis Gambetta en 1871 — demeurèrent longtemps minoritaires. Il est probable que cette manifestation n'ait pu voir le jour qu'avec la chute de Mac-Mahon, et la victoire des Radicaux audois, très anticléricaux, menés à Carcassonne par Marcou — qui interdit la procession de la Fête-Dieu dans les rues de la ville — et son ami Omer Sarraut. Donc après 1880 [15]. Et si, pour les raisons déjà exposées, cette parodie processionnelle trouve bien son origine à Bugarach, on peut inférer que son accompagnement poétique et musical n'a vu le jour qu'après sa délocalisation à Espéraza. C'était en effet un petit centre urbain où l'on adorait le *bel canto,* où existaient de nombreux musiciens et chanteurs, et même des compositeurs de musique carnavalesque — comme Louis Alibert — ainsi que quelques poètes amateurs. Toutes choses qui faisaient grandement défaut aux ruraux du village de Bugarach !

Cette manifestation carnavalesque parodiant une procession religieuse accompagnée d'une quête devait être ponctuée à chaque arrêt, à Bugarach, par une complainte se résumant à : *Ermite pauvre ermite.* Lors de son transfert à Espéraza, elle a été transformée en une sérénade à la belle par un chansonnier local qui en ignorait probablement le sens originel, mais n'a pas réussi à en atténuer le côté anticlérical ! Mais le plus intrigant est l'évolution du texte, devenu un mélange totalement incohérant d'occitan et de français. Particularité d'autant plus inexplicable que jusqu'à la dernière guerre, et même après, la langue véhiculaire populaire était le dialecte occitan local et non le français.

Voici, pour illustrer le propos, un couplet de cette complainte — chantée actuellement en français — qui décrit bien la précarité de la vie érémitique. Il est accompagné d'une tentative de recomposition, par mes soins, de l'original en occitan [16].

Ermite, pauvre ermite	Ermite, paouré ermito
Je te croyais perdu,	Yéou te crésio perdut,
Dans cet ermitage	Dins aquel ermitatché
Comment as-tu vécu ?	Couci as survécut ?
De racines sauvages	Dé racinés salbatchés
Et de l'ombre d'un ormeau,	Et dé l'oumbro d'un ourmel
Une claire fontaine	Une claro founteto
Me fournissait de l'eau.	De l'aygo me bailhec.

Et puis un second de nature burlesque, mais sans doute proche de l'original car conservé en occitan. Il est accompagné de sa transcription en français :

Un journ lé paouré ermito	Un jour le pauvre ermite
La fantaisio les pren,	Lui prend la fantaisie,
Dé sé coupa la barbo	De se couper la barbe
Un journ qué fasio bent,	Un jour qu'il faisait (du) vent,
La barbo fusquèc coupado	La barbe fut coupée
Le bent sé l'emportec,	Le vent (se) l'emporta,
Abalh sus l'esplanado	La-bas sur l'esplanade
Un pintre la ramassec.	Un peintre la ramassa.

En se coupant la barbe, il perdait symboliquement sa qualité d'ermite. Comme Chiron la perdit en jetant son froc aux orties et en reprenant sa vie errante.

On peut supposer que l'abbé Boudet et ses confrères initiés, furent sans doute les seuls à comprendre le sens de ce défoulement carnavalesque populaire et iconoclaste !

NOTES

1. Voir les sites Internet à ce nom.

2. Les Centaures ont été rendus célèbres par la frise, représentant leur combat contre les Lapithes, qui fut réalisée par le célèbre Phidias et ornait le Parthénon. Emportée par lord Elgin, elle se trouve aujourd'hui au British Museum de Londres.

3. Cette incursion dans le zodiaque et, plus généralement, dans l'étude du ciel, est intéressante car elle donne lieu a à une étrange coïncidence qui, bien entendu, est du seul ressort du hasard. Mais qui, de par sa bizarrerie, mérite d'être évoquée ! Dans l'univers visible — au moyen de très puissants télescopes évidemment — on constate que les galaxies se regroupent en amas, et ces derniers en superamas qui sont les plus grandes structure connues de l'univers. Notre galaxie, la Voie Lactée, fait partie de l'Amas Local appartenant au superamas de la Vierge. L'un des superamas les plus proches est celui de Coma qui contient, entre autre, l'amas au nom fort poétique de Chevelure de Bérénice. La coïncidence en question tient au fait que, vers 1860, un certain révérend père de Coma entama la construction, au lieu dit Baulou situé à quelques kilomètres de Foix (sur la route de Saint-Girons), d'un immense monastère, dénommé de Carol et consacré à Marie-Madeleine. La relation que l'on peut faire avec l'affaire de RLC et l'abbé Saunière tient au fait que nul n'a jamais su d'où venaient les fonds nécessaires à l'édification de ces immenses constructions qui furent terminées en 1885. Année où, deuxième coïncidance amusante, Saunière fut nommé à RLC. Et comme Saunière, le révérend de Coma reçut un don du comte de Chambord. En 1957, pour des raisons peu claires, le monastère fut dynamité sur ordre de l'évêque de Pamiers. Evéché historiquement remarquable puisque son siège avait été occupé, au XIVe siècle,

Marie-Madeleine à Baulou

par le célèbre inquisiteur Jacques Fournier, qui devint pape sous le nom de Benoît XII. Dans ce lieu, fort agreste et reposant, on ne rencontre plus que les vestiges d'un immense chemin de Croix, et une grotte artificielle au plus profond de laquelle se trouve encore une statue de Marie-Madeleine, avec ses attributs habituels : un crâne un livre et une Croix. (Les lecteurs souhaitant obtenir des renseignements plus précis sur le sujet, pourront se référer à l'article de Christian Doumergue in *Bulletin de Terre de Rhédae* N° 18 de 2006, ou consulter Internet à la rubrique Père de Coma.)

4. On se souvient que Boudet fut vicaire pendant quatre ans à Caunes et, comme pour souligner l'importance qu'il attache à on proche sanctuaire, il lui consacre une dizaine de lignes (p. 280). Selon l'abbé Sabarthès l'évolution du toponyme fut succcintement le suivant : *Villa de Cros cum écclesiae* (1119) ; *De Cross* (1240), *Capelle Beata Maria de Croso* (1280). En occitan *cros* sigifie creux, cavité, fosse, silo, ravin ou trou. On remarquera au passage que Notre-Dame du Cros a pour anagramme Notre-Dame du Roc (s).

5. L'Agly se nommait primitivement *Sordus*, du nom de la peuplade locale, (vers 552), puis *Aquilinus* — vient d'Aquila (aigle), (1162) qui devint enfin *flumen Aiglini (1269)* : *rivière de l'aigle.* (Dict. topo. de l'abbé Sabarthès)

6. Voir Elie in *A la gloire de Jésus-Christ*, p. 66.

7. J'ai posé à priori l'hypothèse que Chiron avait agi seul pour la prospection des lieux et la découverte de l'entrée du tunnel. Cependant, étant donné le danger de l'aventure souterraine, il n'est évidemment pas exclu, qu'il ait fait appel à un compagnon. Auquel cas, tout porte à croire que celui-ci aurait pu être l'abbé Jean Vié. (Voir décodage de *la Mataline*, p. 302)

8. C'est là l'opinion de FranckDaffos, in *Le Puzzle reconstitué.*

9. Voir l'article d'Urbain Gibert in Revue *Folklore*. Tome XIX de 1966.

10. Une excellente étude sur le sujet a été présentée par MM. Jean Guilaine et Urbain Gibert in Revue *Folklore*. Tome XVIII de 1966.

11. Pour plus de détails sur Espéraza, le lecteur pourra consulter avec profit *Notes historiques et documentaires sur la ville d'Espéraza* de mon compatriote Jean Fourié. Op. cité.

12. Voir le site Internet. *Polymathe.overblog.com.*

13. Voir l'article de Daniel Fabre *Figures de la fête* in ouvrage collectif *Aude*. Op. cité.

14. L'exemple le plus frappant, et le plus durable, est celui de la *Chanson de Védrines*, du nom du célèbre aviateur qui se présenta vainement à la députation en 1912 dans le canton de Limoux. Voir à ce sujet l'ouvrage de Noël Vacquié (Op. cité), et le *Cahier de Terre de Rhedae* N° 2 d'avril 2008, pp. 28 à 30.

15. Pour avoir plus de détails sur l'évolution politique dans l'Aude, consulter la brochure *Histoire des pays d'Aude*. Op. cité.

16. Afin de faciliter la compréhension, et pour respecter la rime, toutes les transcriptions ont été données en phonétique et en utilisant des tournures locales. Il convient de noter que du fait de la proximité du Roussillon — col de Saint-Louis — le dialecte de la Haute-Vallée de l'Aude a inévitablement subi l'influence du catalan : ainsi nombre de terminaison ne sont pas en en « o », comme dans le pays bas, mais en « è ».

-II-

De mystérieuses coïncidences.

Pour essayer d'établir un canevas réaliste du déroulement global de cette insolite affaire, tout en respectant une nécessaire chronologie, nous allons essayer, à compter de l'évènement fondateur que fut cette présumée découverte, d'établir une galerie de portraits des personnages impliqués ; ce sont évidemment tous des clercs. La demande avortée de la béatification de l'abbé Chiron, qui a été depuis l'objet de plusieurs relances non abouties, dont la dernière sous le pontificat de Pie XII, mérite que l'on se penche tout d'abord sur la personnalité de Mgr de Bonnechose.

Monseigneur de Bonnechose

Né à Paris en 1800, il connut à ses débuts un parcours pour le moins mouvementé. Ayant primitivement embrassé une carrière dans la magistrature, il devint prêtre à l'âge — prédestiné ! — de trente-trois ans. Il débuta son sacerdoce comme enseignant à Rome, à Saint-Louis des Français, puis aurait semble-t-il refusé un poste important, celui d'auditeur à la Rote, car il souhaitait, pour des raisons mystérieuses, devenir évêque de Carcassonne. Poste que le roi Louis-Philippe finit par lui accorder, en 1848, et où il demeura jusqu'en 1855. Date à laquelle, malgré ses nombreuses manœuvres dilatoires auprès de l'empereur et du pape pour retarder l'échéance, il fut remplacé dans ce diocèse par Mgr Roullet de la Bouillerie, afin de devenir évêque d'Evreux. Mais à quelque chose malheur est bon puisque cette mutation fut pour lui très bénéfique. En effet, trois ans plus tard, il fut promu archevêque de Rouen, avant de recevoir, en 1864, la pourpre cardinalice des mains de Napoléon III lui-même ; dignité qui lui permettait d'accéder d'office au Sénat. Dès lors, ses compétences juridiques et son entregent — et peut-être d'autres raisons plus obscures — firent de lui l'un des personnages les plus importants du haut-clergé français : une sorte d'éminence grise. On sait qu'il joua en effet un rôle diplomatique efficace dans les relations entre l'Empereur et le Vatican, ce qui lui valut de crouler sous les honneurs. En bon politique, lors de l'avènement de la troisième République, en septembre 1875, il fit preuve d'une neutralité de bon aloi ce qui lui permit de ménager les intérêts de l'Eglise auprès du nouveau pouvoir. Trois ans plus tard, il participa au conclave qui, à Rome, éleva Léon XIII sur le trône pontifical [1]. Enfin en octobre 1883, usé par l'âge et fatigué par deux longs voyages récents, il se rendait à nouveau à Rome lorsqu'il fut pris d'un malaise, à la gare Saint-Lazare, et dut renoncer à cet ultime voyage terrestre. Il devait en effet décéder quelques jours plus tard.

Le déroulement de sa carrière ecclésiastique montre que Mgr de Bonnechose était très familier de la Ville Eternelle et — pour le moins qu'on puisse dire — qu'il avait ses entrées au Vatican et une pratique avérée des usages y ayant cours [2]. En effet, il se trouve que peu de temps après le décès de Chiron, en 1853, alors qu'il n'était qu'évêque de Carcassonne — mais en charge du dossier de béatification — il y fit un voyage à Rome passé relativement inaperçu. Et il y fut reçu par le Saint-Père lui-même : officiellement dans le cadre de négociations pour le couronnement de Napoléon III. Bien qu'il ait été juriste, et relativement familier de la Curie, il semble tout de même étonnant que le pape, rompant avec l'étiquette pontificale, ait reçu en audience privée cet évêque d'un obscur diocèse pour traiter de l'ordonnancement d'une telle cérémonie. C'est donc que le sujet principal de leur entrevue était peut-être tout autre. Et d'une certaine gravité dogmatique ! Ce qui conduit à établir une relation causale virtuelle avec le veto qu'il mit par la suite au projet de béatification du père Chiron.

Quoi qu'il en ait été, après le départ de Mgr de Bonnechose, en 1855, la vallée de l'Aude sembla retrouver momentanément un semblant de quiétude. Sauf que six ans plus tard se produisit un évènement fort intéressant et, lui aussi, passé jusque là inaperçu [3]. Il s'agit du séjour inopiné que le célèbre dominicain Henri Lacordaire fit à Rennes-les-Bains, en 1861, peu avant son décès. Il est bon de rappeler que ce catholique libéral était un personnage d'envergure nationale aux plans politique et religieux et qu'il appartenait, lui aussi, à la haute sphère des hiérarques en contact direct avec Rome. Il avait été, notamment, le principal artisan de la réinstallation des Frères prêcheurs en France, après leur exil forcé lors de la Grande Révolution ; comme disent les clercs ! Fervent adorateur de Sainte Marie-Madeleine, seconde patronne de l'ordre Dominicain, il était évidemment un ardent promoteur du pèlerinage de Saint-Maximin — la Sainte Baume. Sanctuaire auquel il avait consacré un ouvrage, dans lequel il considérait que « Le tombeau de Marie-Madeleine, à Saint Maximin, était le troisième de la chrétienté, après celui de Jésus à Jérusalem et celui de Saint Pierre à Rome. »

En 1854, probablement fatigué par l'agitation parisienne, il avait demandé et évidemment obtenu le lointain poste de directeur du collège royal de Sorèze (Tarn). Du fait de la proximité des lieux — Sorèze est à peine à cinquante kilomètres de Carcassonne — il est impensable que l'évêque de cette cité, Mgr de Bonnechose, alors à l'aube de sa fulgurante carrière, n'ait rendu une visite de bienvenue et de courtoisie, à son célèbrissime confrère. Or, à cette époque, le microcosme ecclésiastique régional était justement très agité par la controverse sur la demande de béatification de feu le père Chiron, à laquelle le prélat susnommé avait opposé son veto. Il semble donc aller de soi qu'au cours de leur entrevue fut évoqué ce douloureux dossier, dont l'évêque dut se faire un devoir d'exposer, à son éminent interlocuteur, les tenants et les aboutissants. Assorti d'un bref — mais sans doute intéressant — compte-rendu de sa récente visite au Vatican. Il semble donc plausible d'en inférer que le père Lacordaire, lui aussi, connaissait la pierre d'achoppement du dossier de béatification.

Quelques années plus tard, au mois de mai 1861, il était en route vers Saint Maximin, pour assister à la translation solennelle des reliques de Sainte Marie-Madeleine lorsque, parvenu dans les environs de Montpellier, il se sentit très souffrant. A tel point qu'il préféra renoncer à son pèlerinage et retourner sur ses pas. Pour trouver quelque repos et calmer ses douleurs, son entourage lui aurait alors conseillé de faire une cure thermale. Ce qui explique que deux mois plus tard, il se rendit à Rennes-les-Bains, où il passa trois semaines. La question se pose, inévitablement, de savoir pourquoi il ne s'est pas plutôt arrêté à la station thermale de Lamalou-les-Bains, idéalement placée sur le chemin de son retour vers Sorèze, et dont les eaux étaient plus réputées que celles de Rennes pour leurs propriétés antalgiques. D'autant qu'en ce lieu, proche de Montpellier, il aurait pu bénéficier, en cas d'aggravation de sa pathologie, d'un recours rapide au dense et compétent environnement médical de cette ville. Le moins que l'on puisse dire est que ce comportement n'obéit pas aux règles de la logique et conduit donc à un certain questionnement : le choix tardif de Rennes fut-il fortuit ou obéissait-il à des raisons cachées ?

Pour tenter d'expliquer ceci sans vouloir établir de conjectures trop hasardeuses, il est possible d'avancer quelques éléments étrangers au domaine médical, susceptibles d'apporter un certain éclairage sur le sujet. Elles ont évidemment trait à l'affaire Chiron. L'évêque de Carcassonne lui ayant soumis, six ans auparavant, les graves raisons qui avaient motivé son véto, il se pourrait qu'il ait cherché à prendre quelques renseignements complémentaires sur cet étrange et fort embarrassant problème. Comme il avait en grande partie trait à un sujet qui lui était particulièrement cher, celui de l'ultime résidence de Marie-Madeleine, sans doute voulut-il mener une enquête personnelle et rencontrer des témoins de cette mystérieuse affaire. C'est peut-être pourquoi il choisit de se rendre à Rennes, où l'abbé Jean Vié, curé de la paroisse depuis 1840, fut probablement très honoré d'avoir de longs entretiens avec un aussi important personnage. On peut donc inférer de tout ceci que :

TELLE FUT (peut-être) UNE DE SES DERNIERES VOLONTES

Mais sans doute, pour prendre quelque repos au cours du long trajet séparant Sorèze de Rennes, fit-il aussi une halte instructive à Limoux, auprès du chanoine Henri Gasc — alors aumonier de Notre-Dame de Marceille — qu'il savait, par Mgr de Bonnechose, être très proche de Mèche. Et donc un initié potentiel du premier cercle !

Au plan purement rationnel, il est évident que tout ce qui vient d'être exposé ne peut être considéré que comme un simple faisceau de présomptions. Mais la question se pose tout de même de savoir si c'est un hasard de nature purement médicale, ou un mystérieux appel spirituel, qui motivèrent sa venue et son long séjour dans la station thermale audoise ? Sentant venir le terme de sa vie — il allait décéder quatre mois plus tard — peut-être fut-il en proie à un certain doute sur la réalité de la légende provençale. Et, qui sait, sur celle de certains points du dogme ?

Puis la région retomba dans une certaine léthargie pendant onze ans, avant que la situation religieuse ne trouve quelques changements. Etrangement simultanés d'ailleurs ! C'est en 1872, que l'abbé Jean Vié, interlocuteur privilégié du père Lacordaire, rendit son âme à Dieu. Et c'est l'abbé Henri Boudet, ancien vicaire de Caunes-Minervois ayant eu, comme initiateur, le vénérable abbé Mèche, qui prit sa succession. On ne sait évidemment s'il existe une relation de cause à effet entre la persistance du secret dans le milieu ecclésiastique et la nomination de Boudet en ce lieu. Si ce n'est pas le cas, alors on peut dire que le hasard fit encore très bien les choses ! Mais là ne s'arrêta pas le changement, puisque l'année suivante vit le début de ce que l'on pourrait qualifier de grandes manœuvres. Un nouvel évêque, Mgr Albert Leuillieux, fut nommé à Carcassonne, et l'abbé Henri Gasc — vieux complice de Mèche et de Vié — dut, pour des raisons peu claires, prendre une retraite anticipée. Il abandonna la gestion du sanctuaire de Notre-Dame de Marceille aux mains de missionnaires, les Enfants de Saint Vincent, plus connus sous le nom de Lazaristes (p. 276). Et, selon vous, à quoi servent les missionnaires ? La réponse est évidemment contenue dans la question ! La raison de leur venue était sans doute officiellement liée à une déchristianisation accélérée du pays due, pour partie à l'extension de la franc-maçonnerie chez l'intelligentsia urbaine, mais aussi et surtout à l'industralisation de la Haute Vallée de l'Aude. Les évènements sanglants de la Commune de Paris ayant entraîné, chez les ouvriers, une avancée des idées socialisantes et anticléricales. Mais de là à affecter de façon permanente en ce lieu un groupe de six missionnaires, fallait-il vraiment que l'affaire soit jugée en haut lieu vraiment importante. A moins qu'il ait existé une autre raison inconnue !

Quoi qu'il en ait été, il fallut encore patienter neuf longues années, c'est-à-dire attendre l'an 1881, pour que monseigneur Leuillieux quitte l'évêché de Carcassonne pour celui de Chambéry. Il y fut remplacé par un certain Félix Arsène Billard, dont les antécédents ne manqueront pas de surprendre. Né en Normandie, il avait été ordonné prêtre à Rouen en 1853. Probablement pour des raisons d'affinités électives, il devint par la suite un protégé du cardinal de Bonnechose. Ce qui facilita grandement la suite de sa carrière. En effet, après avoir exercé la prêtrise successivement à Rouen en 1860, puis à Caudebec les Elbeuf, en 1869, son protecteur l'amena avec lui, en 1878, au Conclave du Vatican qui vit l'élection de Léon XIII. Puis il le nomma vicaire général au Havre en 1880. Marchepied idéal puisque, l'année suivante, le très influent cardinal obtint du pape sa nomination comme évêque de Carcassonne ! Ce diocèse était décidément devenu, pour certains, une véritable chasse gardée ! Pourquoi le cardinal de Bonnechose a-t-il tenu à envoyer un homme qui était son obligé dans l'Aude ? Avait-il gardé une secrète attirance pour cette région où il avait fait ses débuts ? Ou alors son esprit était-il encore habité par un prégnant mystère, jusque là irrésolu, et évidemment lié à ce qu'il considérait n'être que des vaticinations d'un moine illuminé ? Cette affaire Chiron, tel un mauvais rêve, le poursuivait-elle ? Il avait forcément dû s'en expliquer à Rome, où il s'était rendu de nombreuses fois : en 1853 comme on l'a vu, puis lors du Concile de 1870, et enfin lors du Conclave de 1878. Il n'est pas douteux que les membres de la Curie, ou même les deux papes successifs, Pie IX et Léon XIII, lui aient demandé des explications détaillées sur l'avancement de cette sulfureuse affaire. Le fait est que vingt-six ans plus tard (de 1855 à 1881), tenaillé par le doute et probablement avec l'accord tacite du Vatican, il délégua sur les lieux un homme jugé par lui de confiance, dans le but d'ouvrir enfin une enquête sérieuse sur ce sujet brûlant.

Et après cela, malgré son grand âge, il entreprit deux très longs voyages qui l'amenèrent à nouveau dans l'Aude. Il s'y rendit une première fois en 1881, pour l'intronisation de son protégé à Carcassonne. Mais on sait qu'il y retourna en novembre de l'année suivante, c'est-à-dire exactement un an avant son décès. Ce second très long voyage, dont les motifs ne sont pas connus, semble inexplicable. Cependant, étant donné la concordance des dates, il aurait été motivé par une visite au chanoine Gasc qui se mourait alors à Limoux [4]. Fallait-il que ce haut dignitaire veuille à tout prix savoir la vérité, pour effectuer un aussi long déplacement à l'âge vénérable de quatre-vingt-deux ans.

On ne peut donc qu'être frappé par la bizarre attirance de tous ces personnages, dont certains très haut placés et familiers de Rome, pour la région. Ils semblent avoir été tourmentés, sur leurs vieux jours, par quelque prégnant mystère ; au sens religieux s'entend ! D'abord le protagoniste, l'abbé Chiron, venu volontairement mourir à Caunes en 1852. Puis le père Lacordaire, venu à Rennes-les-Bains avant de mourir deux mois plus tard, en 1861, à Sorèze. Ensuite le cardinal de Bonnechose qui vint à Limoux, exactement un an avant son décès survenu en 1883. Enfin, l'évêque Félix Arsène Billlard qui ne retourna pas, sur ses vieux jours, dans sa Normandie natale, mais mourut en 1901 au monastère de Prouilhe ; établissement qu'il avait grandement contribué à restaurer. Comme eut dit l'abbé Boudet : que voilà de bien troublantes coïncidences, n'est-il pas !

NOTES

1. L'abbé de Bonnechose servit à Rome de 1833 à 1846 sous le magistère du pape Grégoire XVI qui, sur ses vieux jours, était devenu très impopulaire à cause de la politque immobiliste et réactionnaire conduite par son secrétaire d'Etat, Mgr Lambroschini. Puis de 1846 à 1878, il servit au plan diplomatique le pape Pie IX, Souverain Pontife réactionnaire s'il en fut, connu pour son intégrisme intransigeant — publication de l'Encyclique Quanta cura et du Syllabus — et donc peu susceptible d'accepter la moindre entorse au dogme. C'est lui qui l'éleva à la pourpre cardinalice en 1864. Enfin il termina sa carrière sous le magistère du pape Léon XIII, beaucoup plus sociable et accomodant avec la politique des Etats européeens alors en évolution.

2. Pour avoir plus de détails sur les intrications virtuelles entre Mgr de Bonnechose et « l'affaire de Rennes », on pourra consulter avec profit l'étonnant ouvrage, par ailleurs fort érudit, de Patrick Ferté : *Arsène Lupin, Supérieur inconnu. La clé de l'œuvre codée de Maurice Leblanc,* qui se réfère à la biographie établie par Mgr Besson en 1887 : *Vie du cardinal de Bonnechose.* On peut également consulter un article paru dans le *Bulletin de Terre de Rhedae* N° 18 de 2006, sous la plume de François Deygout : *Quelques aspects de la vie du Cardinal de Bonnechose.*

3. Voir *Cahiers de Terre de Rhédae* N° 4 de 2010, p. 25 : *Henri Lacordaire à Rennes-les-Bains.* Il comporte des citations de deux biographies retrouvées par Christian Doumerque : *Les derniers moments du R.P.H.D Lacordaire* par un religieux de l'ordre des Frères Prêcheurs. Paris. 1861, p. 9 et Montrond Maxime Fourcheux, *Le Père Lacordaire des frères prêcheurs : Etude historique et biographique.* Paris, 1865, p. 211.

4. Selon Franck Daffos. In *Le Puzzle reconstitué.*

-III-

A la recherche des tombes oubliées.

En 1862, dix ans donc après le décès de Chiron, le jeune Henri Boudet, presque frais émoulu du Grand Séminaire, fut nommé vicaire de la paroisse de Caunes-Minervois, dont Notre-Dame du Cros est une succursale. C'est ainsi que pendant deux ans, il put côtoyer son vénérable confrère Mèche (†.1864), avec qui il entretenait probablement des relations cordiales, sinon amicales. Il est donc possible d'inférer que le vieux prêtre, sentant sa fin prochaine, ait pu confier à son jeune confrère, dont il avait pu apprécier la discrétion et la vive intelligence, le secret que lui avait jadis légué Chiron dans des conditions similaires. On peut donc penser que :

TELLE FUT (peut-être) SA VOLONTE

La teneur de ce secret, de nature religieuse, était pour un prêtre tellement difficile à accepter qu'une vérification sur le terrain s'imposait. Mais vu son grand âge, et les difficultés d'accès décrites par l'ermite, il n'avait pu lui-même se rendre sur les lieux où en résidait les preuves. Sans doute, se confia-t-il aussi à celui qui lui administra les derniers sacrements. Or il existe une maxime qui, à tort ou à raison, prétend que ce que trois personnes savent (car il y avait aussi Gasc et Vié) n'est plus un secret. Ce qui pourrait expliquer que cette découverte, pouvant provoquer les plus grands bouleversements, parvint finalement aux oreilles de l'évêque de Carcassonne. Et celui-ci jugea intolérable que Chiron, quels que fussent ses mérites passés, puisse accéder à la béatification, alors que le péché mortel qu'il avait avoué — dont le prélat connaissait évidemment la teneur — risquait de mettre en très grand péril l'Institution.

Par la suite, Boudet poursuivit son sacerdoce à Festes-Saint André et, en1872, Mgr Leuillieux, successeur de Mgr de Bonnechose, le nomma enfin à la cure de RLB en remplacement de l'abbé Vié qui venait de décéder. On ne sait évidemment s'il existe une relation de cause à effet entre la persistance du secret dans le milieu ecclésiastique et la nomination de Boudet en ce lieu. Si ce n'est pas le cas, alors on peut dire que le hasard, encore une fois, fit très bien les choses ! D'autant que la même année, comme on l'a vu, l'abbé Gasc allait être remplacé, à Notre-Dame de Marceille, par les pères Lazaristes. Cette bizarre synchronicité — au sens jungien du terme — tendrait à établir une présomption sur le souhait d'au moins une partie de la hiérarchie , sinon un parti, de savoir quel degré de véracité on pouvait réellement accorder à cette étrange et bouleversante affaire. Affaire qui devait, depuis vingt ans déjà, empoisonner les esprits en très haut lieu.

Après son affectation au centre géographique, sinon névralgique, de l'intrigue, on peut penser que Boudet prépara une virtuelle expédition par de longues promenades dans les environs montueux de sa paroisse — le fameux cromleck de RLB — pour endurcir son corps à la marche en montagne. Mais une plongée dans les ténèbres chtoniennes du Pech de Bugarach, assez éloigné et relativement délicat d'accès, ne pouvait être tentée de façon solitaire pour un homme n'ayant pas la trempe de l'ermite de Galamus. Par mesure de sécurité, il devait donc obligatoirement s'adjoindre un compagnon en qui il pouvait avoir toute confiance. D'autant que la recherche s'annonçait longue et ardue. Boudet était bien en possession d'informations succintes sur le cheminement à emprunter, et notamment la présence d'une particularité géologique permettant de localiser l'entrée dissimulée d'un lieu souterrain. Mais la montagne en question fourmille d'une multitude de particularités géologiques qui, en l'occurrence, ne sont autres que de rochers verticaux très hauts et très visibles. A ce sujet, il n'est que de se remémorer le début des *Observations Préliminaires* de *LVLC* qui apparaît à présent aussi clair que de l'eau de roche : « ... nous découvrirait, par une interprétation exacte, bien des choses intéressantes au sujet des roches aiguës qui couronnent nos montagnes. » Une interprétation exacte consistait donc à découvrir le bon rocher aigu qui était sensé baliser l'entrée cachée de ces choses intéressantes.

On ne sait si notre abbé avait été affecté à RLB, en 1872, avec mission d'entreprendre une quelconque prospection, mais il apparaît clairement que l'objet de sa curiosité était connu des hautes sphères religieuses. Boudet était d'un naturel très discret, mais son manque supposé d'orthodoxie, probablement dû à quelques fréquentations profanes jugées douteuses, avait entamé la confiance que la hiérarchie lui avait accordé jusque là. La preuve en est que, quelques années plus tard, il fut flanqué d'un compagnon jugé plus sûr, faisant en quelque sorte office d'ange gardien. Comme nous le verrons plus loin, tous deux découvrirent, non loin de RLB, une chose vraiment extraordinaire, invraisemblable, et beaucoup plus importante que la présence des reliefs d'un trésor matériel. Découverte qui aurait dû valoir à Boudet, pour l'achat de son silence, un déroulement de carrière avantageux. Ce qui ne fut pas le cas ! Peut-être refusa-t-il toute cooptation par simple souci de la Vérité ! Le fait est qu'en application d'un adage fort connu de l'Ancien Testament qui n'a rien d'évangélique, il décida de publier son ouvrage codé qui lui permettait d'exposer ce qu'il considérait, lui, être la vraie Vérité. Telle une bouteille à la mer, son livre lui conservait l'espoir d'obtenir, dans un futur pour lui indéfini, la possible réhabilitation posthume de son honnêteté intellectuelle. Mais cela lui valut de vivre pendant vingt-neuf ans (1886 à 1915), dans sa paroisse et jusqu'à son décès, une situation vraiment paradoxale et peu enviable : celle d'un homme devenu intouchable dans tous les sens du terme. C'est du moins, pour qui parvient à le traduire, ce que lui-même affirme dans son ouvrage et jusque sur sa pierre tombale. Demeure à identifier celui sui fut son ange gardien !

Pour cela nous allons à nouveau nous référer au sous-chapitre consacré à la *Langue basque*, que nous avions ouvert avec une longue explication sur le Tarot. Il est constitué d'expressions vraiment très bizarres, qui pourraient, à la limite, induire le lecteur à se poser des questions sur l'équilibre psychique de l'auteur. Il mérite donc qu'on s'y attarde et qu'on l'étudie avec soin. Il traite d'abord des inépuisables Ibères (pp. 115 et 116), dont six fois de leur conduite face à *la mort*. Ce qui semble logique puisque l'anagramme d'Ibère est *bière,* autrement dit cercueil, et que nous sommes à la recherche de tombes. Puis il consacre un court alinéa aux marins basques (p. 117), avant que ne resurgissent à nouveau ces Ibères que l'on n'attendait plus. (Cités en tout vingt-trois fois dans l'ouvrage.) Et ceci pour souligner, assez naïvement, *qu'ils avaient leurs jours de travail et leurs jours de fête.* Mais voici la suite de l'exposé que l'utilisation du singulier a rendue plus significative : (p. 118)

« Mais lorsque arrivait le « <u>jour de</u> fête, besta eguna », malheur à celui qui courait aux armes, car il était violemment maltraité par le bâton. » (C'est moi qui souligne)

Avec un zeste d'attention, et quelques lumières sur les acteurs virtuels de l'*affaire,* il est facile d'identifier, dans ce galimatias, l'un des Lazaristes de N. D. de Marseille. Son nom est aujourd'hui très connu, grâce à un auteur qui lui a consacré une grande attention, puisqu'il s'agit de **Jean Jourde,** nommément désigné dans *jour de fête.* L'émergence de son nom, à peine déguisé, dans la partie de *LVLC* consacrée à la recherche des tombeaux, tend à prouver qu'il existe une bonne probabilité pour qu'il ait été effectivement le compagnon de Boudet dans sa quête. C'était un jeune prêtre qui avait fait ses études au séminaire de Saint-Sulpice, à Issy-les-Moulineaux, donc issu du *nec plus ultra* de la profession — de foi bien entendu ! — et, de ce fait, séparé de Boudet par le plafond de verre qui délimite, dans l'Eglise, d'invisibles stratifications. Pour utiliser la terminologie cistercienne, il avait, lui, voix au chapitre. Il fut affecté au sanctuaire limouxin en 1880 et, peu de temps après, probablement présenté incidemment à Boudet par son supérieur, le père Vannier. La vigueur juvénile de Jourde était pour le binôme un garant de sécurité, et sa fonction itinérante de missionnaire lui permettait justement d'assez longs et fréquents déplacements avec, bien entendu, l'accord tacite de son supérieur. L'expédition décisive de ces deux prêtres est donc postérieure à l'an 1880 mais, compte tenu de la durée présumée d'élaboration de l'ouvrage à plusieurs niveaux de lecture — et donc d'une rédaction longue, ardue et fastidieuse — largement antérieure à 1886. Or il se trouve que Mgr Billard fut justement affecté à Carcassonne en 1881, sur l'insistance de Mgr de Beauséjour, qui fit un second voyage dans la région en novembre 1882. S'il est bien venu à Limoux assister l'abbé Gasc mourant, il a forcément rencontré le père Vannier, affecté comme supérieur de N. D. de Marseille l'année précédente. Evènements qui invitent à penser que Boudet et Jourde furent virtuellement *missionnés,* après cette entrevue, pour entreprendre la recherche. Leurs investigations auraient donc pu débuter dès les beaux jours de 1883. [1]

Les deux acteurs ayant été présentés, et la période de leur action virtuellement cernée, tout en demeurant dans le domaine du plausible, on peut — étant bien entendu que la description qui suit est purement conjecturale — imaginer l'expédition des deux clercs de la façon suivante :

Au début de l'été 1883, prenant par exemple prétexte d'une visite dans une paroisse assez éloignée, les deux prêtres partis de RLB dès potron-minet, prirent avec un attelage la direction de Bugarach. Ils traversèrent le village portant ce nom, puis empruntèrent la route qui monte au Col de Linas en direction de Camps sur l'Agly. Mais au bout de quelques hectomètres, ils obliquèrent à droite vers Saint-Louis de Parahou et parvinrent enfin au lieu-dit Roc de la Beille (l'auteur écrit l'abeille p. 102), où ils remisèrent leur attelage dans l'une des deux bergeries — peut-être celle dite de Malquier — qui se trouvaient là. Depuis leur départ, ils avaient parcouru une douzaine de kilomètres, et il devait être environ six heures du matin. Ayant ôté leur encombrante soutane et s'étant convenablement équipés — et munis d'un indispensable viatique — ils entreprirent à la fraîche une montée dans les champs, vers la faille qui se trouve au pied de la barrière rocheuse, et qui conduit à la forêt de feuillus, dont on suppose qu'elle garnissait déjà les lieux.

Voici le récit très imagé, sinon tarabiscoté, de cette équipée montagnarde, dont nous a gratifiés l'auteur. Il a dû faire appel, pour cela, à toute sa science anagrammatique ; ce qui explique l'incohérence de son propos pour expliquer les fondements de la langue basque. En fait, ceux que Boudet désigne sous le nom d'Ibères, ne semblent être que lui-même et son compagnon Jourde, qui l'assiste dans sa longue quête. Quête qui, si l'on suit ses explications, se serait avérée, du fait de la configuration du terrain, longue, ardue et pénible. Mais finalement concluante ! Voici ce qu'il écrit (p. 118) :

« Et lorsque dans leurs courses vagabondes, la lassitude les obligeait à prendre un repos momentané dans l'ombreuse profondeur des bois, cette « ombre, itzala » dévorait l'excès de leur chaleureuse ardeur. »

Vaincus par la fatigue, ils étaient surpris par la tombée de la nuit et plongés brusquement dans l'«obscurité, ilhuntasuna » qui « seule interrompait les fatigues de la chasse journalière — *to heal*, apaiser, — *to hunt*, chasser. »

Puis, l'auteur continue sa description des Ibères (p. 119) en indiquant que les plus pauvres d'entre eux vivaient dans des cavernes (4 fois) ou des grottes (2 fois), nous mettant ainsi en quelque sorte sur la voie *chtonienne*. A l'appui, il cite une correspondance insérée dans un journal intitulé l'Eclair, daté du 6 juin 1885, dont l'auteur se serait rendu dans un village nommé Burjasot. Notons que l'éclair figure sur la lame XVI du Tarot intitulée la Maison-Dieu. N'est-ce pas étrange ? Et qu'une anagramme de Burjasot est Bujarost, qui évoque vaguement Bugarach car il possède le même nombre de lettres, dont quatre (b. u. a. r.) sont communes. A ce sujet, on peut relever que l'auteur abuse par ailleurs, dans son ouvrage, du mot hache, puiqu'il l'utilise de façon erratique et relativement fantaisiste pas moins de sept fois (pp. 178, 219 (2), 222, 223 (2) et 283). Or en modifiant la terminaison de Bujarost cela donne Bujar(h)ache. C'est phonétiquement approché mais assez significatif !

C'est ainsi que, après avoir crapahuté (terme militaire) une journée dans la forêt, ils auraient finalement réussi à localiser, près d'un immense rocher vertical, la présence d'une grotte. Il s'agissait peut-être d'une entrée supérieure du réseau de Buffo-Fret, dont l'éxutoire a été découvert assez récemment dans la gorge, et exploré en partie par des spéléologues. Si l'on se fie à l'inverse de la profondeur qu'il a donnée pour la source de la Reine (Ce qui est en haut est comme ce qui est en bas), cette entrée serait située entre de 900 et 930 mètres.

A une certaine distance de l'entrée de ce réseau hydrographique souterrain, plusieurs cavités avaient possiblement été agrandies et aménagées de main d'homme, et mises hors d'eau. Le schéma géologique ayant été présenté, on ne peut évidemment émettre que quelques suppositions sur le déroulement de leur visite ! Même s'il s'agit d'une fiction, on peut penser qu'ils auraient d'abord rencontré une grande cavité latérale dans laquelle se seraient trouvés un (ou des) coffre(s) contenant des bijoux fort anciens. Celle où auraient pu puiser le berger Paris, puis son seigneur et maître Gilles de Hautpoul. Puis, continuant leur exploration dans les ténèbres chtoniennes, ce que n'avait pas dû faire le dernier personnage cité, après avoir probablement déjoué quelques pièges, ils auraient débouché dans une — ou plusieurs salle(s) — aménagée(s) en sanctuaire. On peut penser qu'elles auraient pu recéler plusieurs sarcophages historiés, dont le décor permettait éventuellement d'identifier les occupants. Et parmi ceux-ci trônaient, bien en évidence, ceux d'un couple possiblement reconnaissable aux signes qui les décoraient et, dans un caveau séparé, ceux d'enfants — d'âge indéterminé — qui étaient probablement les leurs. Ce que voyant, ils se remémorèrent la merveilleuse légende concernant Marie-Madeleine. Mais la présence des enfants leur posait un redoutable et fâcheux dilemme. Si l'un des sarcophages contenait effectivement le corps de la sainte, les enfants ne pouvaient être que les siens et, par déduction, l'autre sarcophage ne pouvait recéler que les restes de son époux. Ayant évacué logiquement l'option Sergius Paulus, ils pensèrent alors aux *Noces de Cana* (Jean, 2, 1 à 5), au sujet desquelles tout individu sensé est amené à se poser une question : n'étaient-elles pas celles de Jésus, le Fils de l'homme, et de son amante spirituelle, Marie de Magdala ? Assertion d'autant plus vraisemblable que, dans l'Evangile de Jean, la mère de Jésus, donnant des ordres aux serviteurs, semblait se comporter en maîtresse de maison :

> « « La mère de Jésus lui dit : « Ils n'ont pas de vin. »
> Jésus lui dit : « Que me veux-tu femme ? Mon heure n'est pas encore arrivée. »
> Sa mère dit aux servants : « Tout ce qu'il vous dira, faites-le. » »

Nécessaires compléments de la description

Il semble que Boudet, conscient de la gravité du message contenu dans sa description, ait pensé qu'un décrypteur éventuel n'en croirait pas ses yeux. C'est pourquoi il a encore enfoncé le clou, si l'on ose dire, dans les pages suivantes. Changeons donc de sous-chapitre (pp. 126 à 130), mais pas de sujet, et allons à la rencontre des « descendants de Tubal décorés du nom de Cantabres — *to cant,* parler un certain jargon, — *abroad (abraud),* à l'extérieur. » On aura évidemment compris que l'auteur veut nous indiquer, par là, qu'il ne déroge pas à ses artifices linguistiques habituels. Mais en fait de Cantabres, il revient sur les Ibères (bières = cercueils) « qui ont choisi pour demeure les Pyrénées en souvenir de leur séjour dans les montagnes du Caucase. » Ils ont donc transité d'Orient en Occident ! Puis, après avoir décrit leur mode de vie et leur chasse aux bêtes sauvages, il agrémente son récit d'une information très particulière car, dit-il, indispensable (p. 127) :

> « Lorsque rencontrant une caverne propre à servir d'abri temporaire, ils désiraient préparer, à un ardent foyer, le repas nécessaire ; c'était le silex, dont le nom basque est suarria, c'est-à-dire un trait de lumière ou étincelle.... »

Comme indiqué clairement, ici ce n'est pas de la discussion que jaillit la lumière, mais de *suarria* ! Ce terme, bien que suffisamment parlant en l'état, donne — en changeant ce qui doit être changé — *suairra,* lequel est suffisamment proche de **suaire** pour qu'on puisse les identifier. Le suaire est le nom donné au linceul dans lequel fut enveloppé le corps de Jésus par Joseph d'Arimathie, en vue de son ensevelissement dans le tombeau taillé dans le roc, donc comparable à la caverne dont il est ici question. Nombreux sont ceux qui ont entendu parler du Saint-Suaire de Turin, très long drap de lin sur lequel est imprimé le corps d'un homme ayant été crucifié, et dont la datation est, depuis sa découverte, l'objet d'une controverse durable. [2]

D'autre part, la présence des crânes, que l'on rencontre trois fois d'affilée (pp. 129 (2) et 130), pourrait sembler banale si elle ne prenait, ici, un tour particulier. En effet, en araméen, crâne se dit golgotha et en latin calvaria (qui a donné calvaire). Le Golgotha est le lieu-dit du Crâne sur lequel furent dressés les instruments du supplice. Il est cité sous cette forme par les quatre Evangélistes (Matthieu, 27, 32 ; Marc, 15, 22 ; Luc, 22, 33 et Jean, 19, 17). Et si les crânes sont ici au nombre de trois, c'est qu'ils figurent les trois suppliciés : Jésus et les deux larrons.

Enfin, cet emprunt à Louis Figuier est vraiment dans le droit fil de la pensée de Boudet, puisque la citation se termine à la page suivante (p. 130) de la façon suivante :

« M. Pruner-Bey appelle race mongoloïde primitive ces premiers habitants de notre sol. »

Avec un brin d'attention, on aura remarqué que Pruner donne nerpru(n), ce fameux *alader* que nous avons déjà rencontré et dont le fruit est la *bourdaine*. Et que mongoloïde, décomposé en ses syllabes *mon — logo*(s) *— ide* ou encore : (le) *logos* (du) *nom* (est) *ide,* traduisible par *mon nom est poisson*. Autrement dit Ichtus, acronyme de Jésus-Christ chez les chrétiens des Catacombes.

NOTES

1. Outre un éclairage intéressant sur le fameux trésor de RLC, la venue des Lazaristes à Notre-Dame de Marseille et l'entourage ecclésiastique de Boudet sont aujourd'hui très connus, grâce aux investigations de l'un des rares chercheurs ayant saisi le bon cheminement à adopter. Mais il s'est arrêté en chemin ! Voir de cet auteur *Le puzzle reconstitué*. Op. cité.

2. Voir les ouvrages sur le linceul de Turin cités en bibliographie. Cependant, la dernière étude publiée en 2010 par un spécialiste britannique de la spectrométrie de masse, Tymothy Jall, semble confirmer les résultats de la datation au carbone 14 effectuée en 1988, qui avait conclu à l'origine médiévale (1260-1390) de cette relique.

-IV-

Conclusion

La longue et relativement laborieuse analyse qui vous a été présentée, confirme bien que le livre de pseudo-linguistique concocté par l'abbé Boudet était bien, comme l'avaient suggéré certains, un document crypté. Donc difficilement accessible aux lecteurs non avertis, mais qui fut à l'évidence scruté à la loupe par des clercs dès sa publication ; et décodé, au moins partiellement, par certains d'entre eux qui subodoraient déjà la teneur de son contenu. Bien placés qu'ils étaient pour savoir que le nouvel éclairage donné sur la religion était d'une extrême nocivité pour les mystères qui en fondent la croyance. C'était notamment le cas du père Vannier qui, pour des raisons connues à présent du lecteur, aurait un jour déclaré, à Rennes-les-Bains : « l'abbé Boudet détient un secret qui pourrait entraîner les plus grands bouleversements. »

Le secret religieux incroyable détenu par Boudet — et aussi par plusieurs de ses confrères vivants ou décédés — pouvant mettre en très grand péril l'Institution, leur situation sacerdotale leur interdisait formellement de le divulguer. Mais en honnête homme et en bon chrétien qu'il était, notre abbé passa outre aux interdictions morales ou hiérarchiques et décida, en son âme et conscience, de placer ses pas dans ceux de Jésus qui a dit, selon le témoignage de saint Jean : « Je suis la Voie, la Vérité, et la Vie. » (Jean, 14, 5) Et la voie de sa conscience lui commanda, justement, de placer la vérité — l'*Eternelle Vérité* écrit-il — au dessus du devoir humain d'obéissance. Ce qui le conduisit à élaborer cet ouvrage insolite pour léguer à la postérité son énigmatique testament spirituel. Cent-vingt-six ans ont passé depuis sa publication, et l'extraction de *l'eau de sa fontaine* aura nécessité un très long et fastidieux travail de la part de votre serviteur. J'aurais pu, évidemment, garder cette information par devers moi, mais plusieurs raisons m'ont conduit à briser le sceau de la confidentialité.

D'abord le sentiment que le secret espoir de l'auteur était que dans un futur, pour lui indéterminé, son labeur n'ait pas été inutile et fasse enfin éclore cette vérité qui lui était si chère. Ensuite le fait qu'il soit, comme moi, un enfant de la Haute Vallée de l'Aude. Deux raisons suffisantes pour que mon honnêteté intellectuelle me conduise à utiliser mon libre arbitre. Enfin parce qu'une ancienne découverte, liée à cette affaire, m'a incité à une persévérance — assez inhabituelle de ma part — nécessaire pour parvenir au décodage de l'ouvrage. En effet en 1986, donc exactement un siècle après la publication de *LVLC*, j'avais, à l'instigation et avec l'aide de mon épouse, réussi à mettre en évidence, sur un cliché aérien de l'IGN, la présence des vestiges enterrés du mausolée de RLC. Au final, la conjonction de ces deux évènements situés à vingt-cinq ans de distance, m'a conduit à croire que la prédestination — chère aux calvinistes et autres jansénistes — n'était pas seulement une vue de l'esprit. Je m'excuse bien humblement pour cette naïveté mais, comme eut pu dire notre abbé dans son idiome de prédilection : *nobody is perfect*.

Le problème qui se pose dorénavant, et qui ne va pas manquer d'être inévitablement soulevé par d'aucuns, se situe sur deux plans. D'une part le degré de vraisemblance que l'on peut accorder au résultat du décodage. D'autre part celui de la véracité — au sens religieux du terme — des assertions de Boudet.

Pour ce qui concerne le mode de décodage, effectué selon ses recommandations — *to pun = faire des jeux de mots* — (p. 92), il s'est avéré essentiellement anagrammatique. Et la multiplicité des exemples mis en évidence montre que leur probabilité de survenue ne peut être du seul ressort du hasard (Voir annexe 2). Les détracteurs éventuels pourront toujours essayer, s'ils disposent de moyens mathématiques suffisants — critères bayésiens par exemple — de démontrer rationnellement le contraire. Dans cette attente, le résultat obtenu peut donc être considéré comme totalement réaliste.

Quant à la véracité des informations, elle n'est tributaire que de l'honnêteté intellectuelle de l'abbé Boudet, ce qui l'a contraint à surmonter toutes les préventions attachées à son état, et à devenir relaps. Il a donc fait lui aussi appel à son libre arbitre, commettant ainsi un péché mortel, selon les règles de l'Institution bimillénaire à laquelle il avait prêté serment le jour de son ordination. Cette véracité peut difficilement être mise en doute, car le prêtre catholique qu'il était n'avait nul intérêt à renier la croyance qui jusque là avait gouverné sa vie, aller à l'encontre du dogme, et être mis au ban de l'Institution à laquelle il appartenait. Après la parution de son ouvrage — ou peut-être même avant ! — l'excommunication a probablement été fulminée en haut lieu à son encontre, mais sa condamnation ne lui a jamais été officiellement signifiée, de peur qu'il ne donne la traduction du contenu de son ouvrage. Il a donc été excommunié *de facto* mais non *de jure* et a pu poursuivre son sacerdoce pendant vingt-huit ans (1872 à 1914). Ses ouailles n'ont jamais su que leur curé était devenu, malgré lui et à l'image de son contemporain Renan — qui avait dit que *Jésus était un homme incomparable !* — un adepte de l'hérésie d'Arius. D'ailleurs, outre les preuves de l'ostracisme dont il fut l'objet déjà mises en évidence dans *LVLC*, il a tenu à graver dans le marbre la preuve ultime de son bannissement. C'est ce qui transparaît sur sa pierre tombale, dans la dernière phrase de son épitaphe dont l'anagramme est la suivante : (voir Annexe 1)

JE SUIS LE CORPS D( )N MISEREUX ELU, O LIEU D( ) TRONE RENIE
(Je suis le corps d'un miséreux élu, au lieu du trône renié)

Il confirme ainsi le titre de son ouvrage, faisant état de son bannissement par *les Clercs de Rome, vague élite clanique,* en indiquant qu'il n'était vraiment pas en odeur de sainteté.

Enfin, la véracité des propos tenus par l'auteur au sujet de la découverte des ces tombeaux et d'un trésor devrait, pour être réaliste, obéir à un minimum de cohérence. C'est pourquoi je vais réitérer, sous une forme condensée, les arguments exposés dans mon dernier ouvrage sur RLC, et notamment sa conclusion [1].

Y était présentée la thèse selon laquelle ces sarcophages, et ce trésor, se trouvaient primitivement dans le mausolée de Rhedae, utilisé après 451 comme panthéon dynastique par les rois Balthes de Toulouse. Et que l'ensemble auraient été transféré en un lieu montagneux isolé et sûr par le clergé arien, entre 587 et 589, pour éviter que les dépouilles des anciens rois ariens, honnis par le clergé catholique espagnol, ne soient brûlées ou jetées aux chiens. De même avait été émise l'hypothèse selon laquelle cet édifice aurait pu être démantelé après la conversion du roi Recarède en 589 et, qu'à une date ultérieure, le souvenir de son existence aurait même pu être frappé de *damnatio memoriae* par le pape Grégoire le Grand, sur une requête de son ami l'évêque Léandre de Séville. Ceci est d'autant plus crédible qu'à la demande de ce dernier, le roi Recarède nouvellement converti avait ordonné la destruction de tous les écrits wisigoths ariens antérieurs à cette date, qu'ils soient rédigés en alphabet wulfilien ou en latin. Et en dehors des écrits orthodoxes d'évêques catholiques, comme Hydace de Chavès ou le goth Jean de Biclar, les historiens n'ont jamais retrouvé la moindre trace de documents de ce type dans la Péninsule Ibérique ou en Septimanie. [2]

Mais cet immense édifice cultuel existait avant l'installation des Wisigoths en ce lieu, qui survint vers l'an 440. Ce mausolée était, selon toute probabilité, un martyrium chrétien de type constantinien, dont la rotonde était beaucoup plus grande que celle de l'Anastasis de Jérusalem. D'où un redoutable problème d'interprétation, quant à sa destination et sa date d'édification. Après le décodage de *LVLC*, il s'avère qu'il aurait pu être bâti à une date antérieure à 325 (Concile de Nicée) pour recevoir le corps de Jésus dont le statut de Fils de Dieu n'était pas encore clairement établi, et ne fut imposé qu'après la condamnation définitive de l'arianisme par l'Edit de Théodose de 391. A ses côtés gisait évidemment sa compagne, Marie de Magdala, et peut-être Sergius Paulus qui les avait aidés à s'exiler tous deux en Narbonnaise, entre 46 et 49, lorsque les Juifs, « qui se révoltaient constamment à l'instigation d'un certain Christus, » furent chassés de Rome par Claude [3] (Voir Annexe 2.). Comme les Wisigoths, demeurés ariens jusqu'en 589, vénéraient Jésus en tant que sage et prophète depuis leur conversion par l'évêque arien Wulfila, vers l'an 340, ce fut pour leurs monarques, censés descendre du dieu Odin, un grand honneur de reposer non loin de ce grand sage envoyé par Dieu. Et donc, selon leurs croyances ancestrales, encore très vivaces à cette époque, une chance supplémentaire d'accéder au paradis des guerriers : le Walhalla.

Ces assertions peuvent trouver quelque consistance si l'on se plonge une dernière fois dans *LVLC* (p. 129). Continuant de visiter cavernes et grottes, nous croisons au passage M. Constantin Cailhol (keyhole = trou de serrure), puis de M. Louis Lartet qui fouilla l'abri de Cros-Magnon en 1868. Et ceci avant d'assister à la première apparition — profane évidemment — de l'auteur de prédi(le)ction de Boudet : Louis Figuier. Est-ce encore un effet du hasard si ce nom figure dans les Evangiles, dans la parabole du figuier desséché (Marc, 11, 12 à 14 et 20 à 26 et Luc, 13, 6 à 9). Voici le passage emprunté par l'auteur au dit Louis Figuier qui, hors du présent contexte, n'avait que la signification banale qu'il véhicule. Mais ici, par la magie de l'auteur, il en va différemment. Il nous dit :

« Cet abri aurait servi, suivant M. Louis Lartet, de rendez-vous de chasse, d'habitation et, enfin, de lieu de sépulture. Sept morts y avaient été inhumés ; on a pu recueillir les restes de ces squelettes, mais trois crânes seulement sont à peu près intacts. » [4]

Si ces sept morts nous renvoient, de façon très orthodoxe, à la légende chrétienne des *Sept Dormants d'Ephèse*, ils pourraient aussi, en seconde lecture, être une allusion au nombre de défunts, dont lui et l'abbé Jourde ont découvert les sarcophages dans les salles de l'hypogée. Se pose donc la question de l'identité des quatre autres.

Parmi ces sept morts, les trois crânes (têtes) mis en évidence pourraient faire référence à la disposition des sarcophages dans l'hypogée constitué de plusieurs salles séparées. Dans la première — à tout Seigneur tout honneur — se trouvaient les trois revêtus du caractère le plus sacré : le Fils de l'homme, Marie de Magdala — leurs enfants étant possiblement regroupés dans un petit caveau annexe — et leur ami Sergius Paulus. Dans la seconde, les quatre autres ne pouvaient être que ceux d'occupants moins prestigieux au plan religieux, bien qu'ils prétendissent descendre d'Odin : les rois wisigoths de Toulouse (418 à 531). Ces monarques appartenaient tous à la même famille dite des Jeunes Balthes, descendants du célèbre Alaric le Grand, le bourreau de Rome. Ils sont dans l'ordre chronologique les suivants :

Théodorède, dit Théodoric 1er, fils d'Alaric et roi de 419 à 451. Mort à la bataille des Champs Catalauniques.

Thorismund, son fils aîné (451-453). Assassiné à Toulouse par ses frères.

Théodoric II (453-466). Son frère et le lettré de la famille. Assassiné à Toulouse par son jeune frère Euric.

Euric le Grand (466-484). Apogée du royaume de Toulouse. Décédé de mort naturelle en Arles.

1. Les signes possibles d'identification

Sur la foi d'une tradition secrète immémoriale, donc très incertaine, et les vaticinations d'un prêtre illuminé, l'abbé Chiron, Boudet prétend avoir découvert des corps humains vieux de dix-huit siècles : ceux d'un couple, le père et la mère, accompagné d'enfants dont le nombre n'est pas précisé. Et il sous-entend, en outre, qu'il s'agit de ceux de Jésus, Marie-Madeleine et d'enfants qui ne pouvaient être que les leurs. Et on vient de présumer que le troisième était celui de leur ami Sergius Paulus ; et les quatre autres ceux de monarques goths vieux de quatorze siècles.

Le compagnon de Boudet, Jean Jourde, qui était tenu par le vœu draconien d'obéissance propre à son ordre — comparable à celui des Jésuites : *Perinde ac cadaver* — n'aurait pas laissé de témoignage écrit connu. Nul ne sait s'il partageait son opinion sur l'identité des corps mais, étant donné le contexte général de cette affaire, le contraire eut été douteux. Peut-être est-il l'auteur de parchemins cryptés, qui auraient été retrouvés par des maçons occupés à la restauration de la cathédrale Saint Just de Narbonne, et dont décodage confirme les informations du présent ouvrage [5]. Ou d'un document, probablement conservé à Paris, ayant donné naissance au mystérieux fascicule intitulé *Serpent Rouge* probablement rédigé par Plantard.

Pour essayer de savoir ce qui a conduit Boudet à oser émettre de telles assertions, il convient d'examiner rationnellement les cheminements virtuels qui pourraient conduire à une telle identification. Si les corps avaient été momifiés, il n'est pas certain que les conditions climatiques — nous ne sommes pas ici dans le désert égyptien — aient permis leur conservation en l'état. Or nous venons justement de voir que, profitant du contenu d'un texte de Figuier, comme de fait exprès l'auteur nous dit que : « ... dans la grotte, il y avait sept squelettes, mais que trois crânes seulement étaient à peu près intacts... » Il ne s'agirait donc pas de corps momifiés ! A la limite, dans un abri souterrain très profond, à température constante et humidité modérée, les corps momifiés, sinon les squelettes, auraient pu effectivement subsister pendant dix-huit siècles. En l'espèce, il semblerait que l'auteur avait prévu ce genre de question, puisqu'il a disserté savamment sur l'évolution des températures souterraines (p. 268). Et cela concerne justement « Les caves de l'Observatoire de Paris, (traduction possible : caverne où le berger Paris pouvait voir), où on trouve en moyenne un degré de plus de chaleur pour chaque trente mètres de profondeur... » Or, selon les lois de la thermodynamique, si la température de l'air augmente, à pression constante, son humidité relative diminue. Des conditions optimales de température et d'humidité auraient donc pu être réunies en un tel lieu.

Il était en outre possible, pour les inventeurs, de distinguer l'homme de la femme, soit par la conformation du bassin, soit par des inscriptions explicites. Et les enfants par la taille. Or si des restes d'enfants étaient présents, c'est donc qu'ils étaient décédés avant d'avoir atteint l'adolescence. Mais il faut croire que ces vestiges humains étaient probablement, et sont sans doute toujours contenus dans des sarcophages historiés, dont la lecture facilitait une identification. Ou qu'il existait auprès d'eux, dans l'hypogée, des signes significatifs très explicites. Mais là encore, rien ne prouve de façon formelle que ces restes étaient bien ceux des personnes à qui les dits sarcophages étaient primitivement destinés. Demeure l'option où chaque corps était muni individuellement d'un écriteau d'identification. Comme le fut prétendument celui de Marie-Madeleine lors de son invention à Saint-Maximin ! Enfin, on peut ajouter que même si les corps momifiés avaient été emportés et remplacés par d'autres, il n'en demeure pas moins que la présence éventuelle de sarcophages aux inscriptions réellement significatives, va dans le sens des assertions de Boudet.

2. Le fameux mais hypothétique trésor matériel

Révélé au grand public par les frais somptuaires engagés par l'abbé Saunière à RLC, la réalité de la découverte d'un trésor semblerait confirmée par des dépenses en frais de construction, également inexplicables, réalisées par certains de ses prédécesseurs : les abbés Chiron à Privas, Mêche à N. D. du Cros et Gasc à N. D. de Marceille. Mais aussi par Mgr Billard, lors de la restauration du couvent de Prouilhe et l'acquisition du domaine de N. D. de Marceille. La question se pose donc de la réalité de l'existence de ce trésor ! Mais aussi de son importance, de son origine et enfin de sa nature !

Si existence d'un trésor matériel il y a eu, bien que ceci fut vraiment secondaire pour Boudet dans le contexte de sa découverte, il n'a pu le passer sous silence. C'est sans doute pourquoi, en référence aux Ecritures, il évoque la « manne, qui fut une nourriture miraculeuse envoyée aux Hébreux dans le désert. » (Exode, XVI, 15). Or il est bien connu que dans la tradition populaire, la manne — qui est un don du ciel — qualifie généralement une trouvaille ou un avantage financier inespéré. C'est probablement en ce sens que Boudet l'évoque (p. 72), lorsqu'il écrit :

« Ils la nommèrent ainsi (la manne), parce que c'était en vérité le fondement essentiel de leur alimentation quotidienne tenant lieu de blé qu'ils ne pouvaient point récolter dans leur voyage. »

Mais il n'a pas respecté le texte biblique puisque dans le verset indiqué (Exode 16, 15), Moïse a dit à son peuple, en parlant de la manne céleste :

« Cela, c'est le pain que Yahvé vous a donné à manger. »

Alors pourquoi avoir remplacé le pain par le blé ? Et indiqué que ce don du ciel était convertible en blé. Un blé dont on sait que dans l'ar(t)got(h), que pratiquait quelquefois l'auteur à l'imitation de Rabelais, il n'est autre qu'une l'espèce sonnante et trébuchante ! En outre, pour enfoncer le clou, il ajoute :

« Nous insistons sur cette expression (manne) d'une manière spéciale parce que l'adjectif celtique *main (mén)* principal, essentiel, est entré dans la composition des mots *ménir, dolmen,* désignant des monuments celtiques, des pierres levées, et elle devient d'un secours précieux pour l'explication de ces expressions couverte jusqu'à ce moment d'un voile impénétrable. »

La phrase étant relativement emberlificotée disons, pour faire simple, que la manne en question était en relation directe avec la pierre levée. On ne peut être plus clair !

La découverte d'un trésor matériel et sa situation topographique ayant été suggérées par l'auteur, demeure à en connaître l'origine, la nature et l'importance. Et à ce sujet, on ne peut établir que des conjectures, mais une réponse adéquate peut être avancée, si l'on juge réaliste la thèse selon laquelle le mausolée de Rhedæ, consacré primitivement à Jésus et Marie de Magdala, fut par la suite agrandi et utilisé comme panthéon dynastique par les rois wisigoths de Toulouse. Dans ce cas on peut présumer que le trésor découvert et exploité par les chercheurs successifs, Chiron, Boudet et Jourde et, enfin, les Lazaristes, n'était autre que le Trésor ancien des rois Wisigoths, qui appartenait en propre à la famille des Balthes, et auquel il était alors interdit de toucher [6]. On sait qu'il contenait beaucoup d'or et de bijoux anciens, provenant en grande partie de Grèce et du sac de Rome, mais aussi des objets fabuleux dont on a pu suivre plus tard la trace : le Missorium apparu fugitivement en 631 en Espagne, puis disparu définitivement, et la Table d'Emeraude, saisie à Tolède par les Arabes et envoyée à Damas par Mussa ibn Nosaïr. Mais il y a tout lieu de penser, bien que cela fasse toujours l'objet d'une controverse durable, que ce trésor contenait également le mobilier du Temple de Jérusalem, dont la fameuse Menorah, ramené à Rome en l'an 70 par Titus, et emporté en 410 par Alaric le Grand lors du sac de la ville. De quoi donc, et ce n'est pas peu dire, faire fantasmer encore un nombre incalculable de personnes de par le monde ! Mais s'il y était, il semble évident que les Lazaristes l'ont emporté avec eux. Et dans ce cas, il pourrait possiblement se trouver dans un autre lieu souterrain qu'André Gide, dans l'une de ses œuvres publiée en 1914, a probablement omis d'inspecter en détail.

3. Suite et fin de l'étude (probablement provisoire)

On ne peut, bien entendu, qu'émettre des hypothèses sur ce qui se passa à la suite de la re-découverte des lieux par Boudet et Jourde. Il semble évident que ce fut ce dernier et ses confrères, missionnés pour cela, qui se chargèrent de régler définitivement le problème. Ils disposaient, pour ce faire, des moyens humains nécessaires. D'autant que leur effectif, qui était jusque là de cinq à six personnes, s'étoffa momentanément en 1884, leur nombre passant à sept [7]. Ils possédaient en principe les moyens financiers adéquats, mais aussi la nécessaire mobilité car, de par leur statut, ils étaient constamment en déplacement. Ceci permet d'inférer que cette année là, au cours de plusieurs expéditions, ils évacuèrent tout ce qui était transportable à dos d'homme, puis à dos de mulet, c'est-à-dire essentiellement les reliquats du trésor. Y avait-il la Ménorah et le mobilier du Temple ? Mystère ! En fait le seul problème totalement insoluble était celui posé par la présence éventuelle, à vrai dire très inopportune pour le dogme, des lourds sarcophages de pierre. Et surtout de leurs occupants !

Treize siècles plutôt, pour mettre en œuvre leur plan d'évacuation du mausolée, le très puissant clergé arien avait disposé d'un délai de deux ans entre la conversion secrète de Recarède, en février 587, et la tenue du Troisième Concile de Tolède, en mai 589. Pour aménager le souterrain, sa voie d'accès, et déplacer lesdits sarcophages, ils disposaient évidemment d'importants moyens humains — esclaves ou prisonniers de guerre — et des moyens de transport usités à l'époque, tels d'imposants chariots attelés de plusieurs paires de bovidés. Mais aussi, pour la phase finale, de traîneaux et d'appareils de levage ou de traction adéquats [8].

D'aucuns vont évidemment se gausser bruyamment — quelques uns à dessein — de ce qui n'a pu être que logiquement subodoré, et en attribuer la cause à un inévitable délire imaginatif. Il leur faudra cependant démontrer rationnellement pourquoi, à l'endroit indiqué, le paysage a été profondément remanié. En effet, l'une des sortes d'alignements rocheux verticaux qui descendent parallèlement de la couronne sommitale semble avoir été complètement arasée dans sa partie inférieure — juste à côté du menhir naturel — sur une centaine de mètres de longueur. Or, vue d'avion — ou de la Pique Grosse — cet important affleurement de rochers (la baume sert l'arien) présente étrangement l'aspect d'une carrière à ciel ouvert [9]. Cette anomalie ne pouvant, à priori, être expliquée par un quelconque phénomène naturel, peut-on — ou devrait-on — y voir la main de l'homme ? Si c'est le cas, qui a pu faire cela, à quelle époque, et dans quel but ? Et à quoi les matériaux extraits ont-ils bien pu servir ? [10]

Pour les Lazaristes, il n'était évidemment nullement question de déplacer les sarcophages, leur seule mission étant, on l'aura bien compris, de conserver un secret absolu sur l'identité des occupants. Il convenait donc, pour cela, de les rendre totalement inaccessibles en obstruant l'accès au souterrain. Rude tâche en perspective ! Par bonheur, il se trouve qu'une quinzaine d'années auparavant, en 1867, un certain Alfred Nobel avait opportunément inventé un explosif très puissant, facile à transporter et à mettre en œuvre : la dynamite. Explosif qui était probablement déjà utilisé dans les carrières et mines de la région, et dont la mise en œuvre était relativement aisée. Il suffisait de disposer judicieusement des charges dans des anfractuosités du souterrain d'entrée, de les relier à la sortie par des cordons bickford, et enfin de craquer une allumette. Mais le seul hic était le bruit de la déflagration, qui aurait pu mettre en émoi certaines populations de la région. Problème cependant très limité car, vu l'orientation au sud du cirque montagneux, seul le petit hameau de Parahou-Grand était directement exposé. Pour tourner la difficulté, il est possible que le déménagement terminé, les missionnaires aient pu profiter d'une nuit très orageuse — et suffisamment tonnante — pour enterrer définitivement cette mystérieuse affaire.

Le principal accès au lieu — mais était-ce le seul ? — pourrait donc avoir été obstrué définitivement et, probablement, mieux qu'il ne l'avait été par les soins du clergé arien ! D'autant que les traces superficielles de cette entrée ont dû être nivelées par les rocs et la terre véhiculés du sommet par les eaux de pluie. Ce qui rend aujourd'hui sa localisation très difficile. Mais pas impossible ! [11]

-V-

Ultime mais nécessaire post-scriptum

L'abbé Boudet avait donc choisi de transmettre à la postérité, de façon difficilement accessible puisqu'il a fallu plus de cent vingt ans pour le tirer au clair, un très important secret religieux dont il était l'un des détenteurs. L'ultime et nécessaire question qui se pose à nous, pour en terminer avec cette mystérieuse affaire, est de savoir si — pour utiliser un dicton populaire — il avait mis tous ses œufs dans le même panier ? En homme intelligent et précautionneux, il est du domaine de l'envisageable qu'il ait déposé dans le coffre de son frère Edmond, notaire de son métier, un testament spirituel rédigé en clair.

C'est ce qui transparait dans un très intéressant article, publié en 2003 dans la revue *Pégase* [12], sous la plume de Monsieur Jean-Claude Cathary. Arrière petit neveu de Boudet, celui-ci a décrit de façon claire certains évènements insolites qui ont suivi le décès de l'abbé. En voici, très brièvement mais explicitement, l'essentiel de la trame.

L'abbé Boudet s'éteignit le 30 mars 1915 en la seule présence de sa belle-sœur Céleste née Labat. Or cette dernière avait une sœur, Victorine Saurel, veuve elle aussi, qui gérait avec son fils Emile l'Hôtel Saurel-Labat, à Axat, dont elle était propriétaire. Comme tous les citoyens valides, Emile Saurel fut mobilisé en 1914, se retrouva rapidement dans la boue des tranchées et, dès lors, les deux sœurs éprouvèrent de grandes difficultés pour assurer la marche de l'hôtel alors très fréquenté. Après le décès de l'abbé, pour essayer d'éviter à son neveu le sort funeste qui risquait de lui être promis, Céleste décida d'aller à Carcassonne, munies de documents en sa possesion, pour y rencontrer l'évêque, monseigneur de Beauséjour, qu'elle connaissait bien pour l'avoir reçu quelquefois à l'hôtel. Et le résultat de cette entrevue ne se fit pas attendre ! Environ huit jours plus tard, sur ordre écrit du Grand Quartier Général des Armées, — et au grand dam de son capitaine qui, de sa vie, n'avait jamais vu semblable passe-droit, — Emile fut rayé des registres de son régiment et muté avec les vétérans dans la territoriale. Et affecté — tenez vous bien ! — à la garde de l'usine électrique qui se trouve à l'entrée des Gorges de Saint-Georges, à deux kilomètres en amont de son hôtel ! Fallait-il vraiment que les documents détenus par Céleste Boudet, qui en connaissait évidemment le contenu, soient d'une importance inestimable pour obtenir une intervention décisive à un tel niveau. Comme aurait dit l'abbé Boudet de son vivant : un vrai miracle, n'est-il pas !

NOTES

1. Pour éclairer complètement le sujet, le lecteur pourra consulter avec profit l'ouvrage de l'auteur : *Rennes-le-Château. Du trésor des rois wisigoths au secret de l'abbé Saunière.* Notamment la conclusion (p. 182-183) concernant le transfert des dépouilles des rois wisigoths ariens, de leur trésor, et l'incertitude sur le sort de la dépouille de Marie-Madeleine.

2. La seule Bible arienne rédigée en alphabet wullfilien existante est le *Codex Argenteus*, réalisé probablement en Italie pour le compte du roi ostrogoth Théodoric le Grand et qui, au cours d'un invraisemblable périple a abouti finalement en Suède. Il est actuellement conservé dans la bibliothèque de l'Université d'Uppsala. Voir quatrième de couverture du *Bulletin Terre de Rhedae* N° 13 de1999.

3. Suétone, *Vie des douze Césars*. Voir Livre XLI-LIV. *Vie de Claude*, p. CXCIX.

4. En fait Louis Lartet est devenu célèbre pour avoir découvert, en1868, dans un abri sous roche des Eyzies (Dordogne) le crâne du fameux homme de Cro-Magnon, vieux de 28000 ans et ancêtre de l'homme moderne.

5. Ces parchemins cryptés, qu'il m'a été donné de voir, sont la propriété d'un particulier. Ils ne paraissant pas très anciens, et sont du même style que les faux publiés dans la littérature consacrée à l'abbé Saunière. Ils ont été décodés au moyen du code Mortépée et l'information contenue dans l'un d'eux confirme bien les dires de Boudet au sujet des tombeaux et de leurs occupants. Mais ils seraient situés sous le Cardou ! Or, en latin, *cardo* possède plusieurs acceptions dont pivot, ou point capital. Autrement dit le plus haut !

6. Pour plus de détails sur l'importance de ce trésor, le lecteur pourra se référer à nouveau à l'ouvrage de l'auteur : *Rennes-le-Château. Du trésor des Wisigoths au secret de l'abbé Saunière*, pp. 181 et 182.

7. Voir la liste des Lazaristes en poste à N. D. de Marceille dans Franck Daffos, *Rennes-le-Château. Le puzzle reconstitué*, p. 197.

8. Ils utilisèrent probablement une cavité naturelle, dont ils aménagèrent l'intérieur, et en obstruèrent l'entrée à la fin des opérations. Après avoir fait exécuter — comme ce fut le cas, dit-on, pour les obsèques d'Alaric le Grand en Calabre — tous ceux qui avaient participé aux travaux et au transport. Il est possible qu'au bout des très nombreux siècles, la conjugaison d'éléments naturels, comme un ruissellement interne conjugué à une érosion éolienne, aient provoqué une désobstruction partielle de l'entrée. Il existe de nombreux exemples d'églises monolithes souterraines de ce type de par le monde Les plus célèbres sont celles de la vallée de Gorème en Capadocce (Turquie actuelle), mais on en trouve aussi France, à Saint-Emilion, Aubeterre sur Dronne et Mortagne sur Gironde. Enfin, pour conforter l'évocation de cette opération de *sauvetage* des restes de personnages illustres, il est bon de rappeler que dans l'Egypte ancienne, les tombes de la vallée de rois avaient été mises très tôt au pillage. Ce qui incita le dernier pharaon de la XXe dynastie, Ramsès XI (-1100, -1070), à regrouper les sarcophages des plus célèbres de ses prédécesseurs, dont celui de Ramsès II, dans une nécropole commune dont le lieu fut évidemment tenu secret. Elle a été heureusement retrouvée, en 1881, sur les hauteurs situées au sud du célèbre temple de Deir el Bahari. Les sarcophages étaient entreposés dans une grande pièce souterraine, précédée d'un long couloir, qui a été répertoriée sous le nom de tombe N° 320.

9. Le lecteur curieux de la chose pourra vérifier cette anomalie, à l'échelle qui lui convient, sur le Portail Internet de l'IGN.

10. Une grande partie des matériaux aurait pu être destinée à l'aménagement de la (ou des) chambre (s) souterraine(s). Le reliquat ayant été utilisé pour l'édification de la fameuse tour de la Tauze (déjà évoquée), qui ornait autrefois le sommet du Pech. A moins que la tour n'ait été d'origine romaine très antérieure — éventuel deuxième Trophée de Pompée — auquel cas le processus aurait été inverse.

11. Du fait de la topographie pentue des lieux, situés dans un couloir naturel de ruissellement, la « cicatrice » longtemps visible de cette entrée a pû être, depuis, effectivement *nivelée* par l'accumulation des matériaux apportés, lors des périodes orageuses, par les eaux issues de la partie supérieure de la montagne. Toutefois une photographie des lieux laisse apparaître, à gauche du « pilier », une cicatrice rocheuse de forme « patatoïdale ». (Voir cahier de photos inclus.)

12. Revue *Pégase*, 1 rue des Aspres. 66180. Villeneuve de la Raho.

Epilogue

Ayant inauguré cet ouvrage par un court extrait du *Prologue de l'Apocalypse* de Jean, figurant le commencement, il a semblé logique de le terminer par un Epilogue en décrivant la fin.

Pour illustrer ce cheminement, nous allons dévaler des hauteurs de Rennes et, longeant le petit ruisseau de Couleurs, nous rendre à Espéraza, grosse bourgade située au pied du belvédère et dejà connue du lecteur. Cette agglomération, lovée entre les collines dans un double méandre de l'Aude, appartenait jadis au suburbium de la cité de Rhedae et remonterait, selon l'historien Louis Fédié, à une grande antiquité. Asparazanus, tel était alors son nom, serait née autour d'un prieuré créé par les moines d'Alet au neuvième siècle. Toutefois, le premier document qui en fasse mention ne date que de 1119.

Cette cité a toujours eu une population très industrieuse qui, depuis des temps anciens, était occupée à la fabrication de la dentelle et au tannage des peaux. Mais c'était aussi le lieu où étaient assemblées les grumes, qui descendaient en vrac la rivière depuis le Pays de Sault, et les radeaux ainsi formés — nommés *carras* — étaient pilotés vers Carcassonne et le pays bas, par des natifs de la localité que l'on appelait *carassaïres*. Dès le début du dix-neuvième siècle, ce petit bourg devint relativement peuplé et acquit une certaine renommée grâce à son savoir-faire dans la fabrication de chapeaux de feutre. Elle devint même, de par l'importance de sa production, le second centre mondial de la spécialité après la ville italienne de Monza. Aujourd'hui, hormis une indéniable nostalgie, il ne reste plus rien de ses hautes cheminées d'usines et de son ancienne splendeur. A la Belle Epoque (1890-1914), c'était là l'une des premières grosses implantations industrielles d'un département qui, lui, était à vocation essentiellement agricole et vinicole. Et sa population ouvrière, très importante, était inévitablement agitée par les nouvelles idéologies issues de la Révolution de 1848 et de la Commune. Donc de tendance socialisante et très portée sur la contestation. En 1910, une grève générale bloqua d'ailleurs toutes les usines pendant dix longs mois, et le sous-préfet dut faire appel à un régiment de Dragons pour maintenir l'ordre. La municipalité, elle, était radicale-socialiste — donc plus modérée — mais faisait évidemment preuve de l'anticléricalisme assez virulent propre à ce parti. Cette politique trouva son aboutissement avec la séparation de l'Eglise et de l'Etat, en 1905, sous l'impulsion d'Emile Combes qui, paradoxalement, était un ancien séminariste. L'abbé Rivière, dont nous avons fait la connaissance dans le Prologue, venait justement d'être nommé curé de cette paroisse en grande partie déchristianisée, et avait donc du pain — qui n'était pas bénit ! — sur la planche. Les passions étaient tellement déchaînées qu'il faillit même avaler sa barette, lorsque la municipalité, devenue propriétaire des murs de l'édifice cultuel, fit graver sur son fronton la devise de la République *: Liberté, Egalité, Fraternité*, accompagnée de l'inscription *Propriété Communale* et du sigle *R.F.* Le tout placé au dessus de la croix et d'une statue de la Vierge Marie qui surmontaient déjà le porche d'entrée.

Ce prêtre très attachant avait vu le jour à Quillan — comme Boudet — mais, né en 1867, il était de trente ans son cadet. Bien qu'il existat alors un antagonisme marqué entre les habitants des deux cités, géographiquemnt proches et de population comparable, ce Quillanais a laissé à Espéraza un excellent souvenir de son long séjour. En témoigne le communiqué publié en avril 1929, après son décès, dans le bulletin paroissial qui avait pour titre *La Sirène d'Espéraza*, et dont voici un extrait textuel :

« Le service solennel célébré le 4 mars à la mémoire du Chanoine Jean Rivière a clairement manifesté l'émotion profonde qu'a produite dans la paroisse d'Espéraza la mort de son ancien curé. Notre église, <u>cette église que le cher défunt a si richement embellie</u>, était remplie d'une foule pieuse accourue pour rendre un suprême hommage à ce prêtre d'élite qui, quinze ans durant, lui prodigua les belles ressources de sa claire intelligence et de son grand cœur. Nous voulons faire remarquer que le chanoine Rivière a été pour Espéraza un curé vraiment providentiel. Il arriva ici à une heure où les passions déchaînées par une violente campagne de presse, qui précéda la Séparation, ne devaient pas tarder à provoquer cette grève douloureuse qui, après avoir suscité bien des haines et désorganisé bien des familles, faillit ruiner la cité. Il est en effet permis de se demander aujourd'hui ce que serait devenu Espéraza si son curé, par son dévouement absolu à la cause des humbles et par l'ascendant que ses vertus sacerdotales lui donnèrent sur les chefs d'industrie, n'avait pas, après dix mois de lutte, arrêté la guerre fraticide. » (C'est moi qui souligne)

Mais pour goûter toute la saveur du présent épilogue, il est nécessaire de parfaire notre connaissance de cette église, dédiée à l'Archange Saint Michel. Et donc de pénétrer à l'intérieur de cet édifice doté d'un chevet rectangulaire — typique, soit dit en passant, des constructions cisterciennes — et dont la nef, assez importante, possède une arcature romane légèrement brisée de même origine virtuelle. Ladite nef est par ailleurs bordée, sur chaque côté, de quatre chapelles sans doute accolées tardivement et qui, elles, possèdent une arcature ogivale.

Au cours d'une brève visite, nous remarquerons au passage que sa statuaire, relativement importante, présente certaines analogies bizarres avec celle de l'église de Rennes-le-Château. Notamment la présence bilatérale, mais ici dans des chapelles, de deux Vierge-Marie (dont une couronnée) et de Saint Joseph tenant chacun(e) un enfant Jésus dans les bras. Ensuite par celle des statues de Sainte Germaine, Saint Roch et Saint Antoine de Padoue. Mais nous consacrerons l'essentiel de notre visite à la première chapelle qui, passée une stalle réservée jadis aux notables et marquée de leur nom, est situé sur le côté gauche, face au baptistère. Elle est consacrée *Aux âmes du Purgatoire,* expression propre à l'époque tourmentée que nous avons évoquée, et qui désigne allégoriquement l'*Eglise souffrante.* Ces âmes en souffrance faisaient alors l'objet d'une grande dévotion et de très nombreuses prières. De par son contenu symbolique, cette chapelle et le seul endroit de l'église qui, hors les statues déjà évoquées, mérite vraiment une halte. A droite se trouve une plaque commémorative saluant la mémoire de Monseigneur Rougé, enfant d'Espéraza et ancien évêque de Nîmes. Ce prélat a laissé l'image d'un homme de bien qui fit preuve d'une grande commisération à l'égard des gens socialement maltraités et prit souvent leur défense. Puis un autel en marbre de Caunes, ayant bizarrement la forme d'un sarcophage et sur l'avant duquel se trouve un crâne surmonté de deux tibias croisés, occupe toute la profondeur de l'espace.

Sur le mur du fond est fixée une grande plaque de marbre portant les noms de tous les enfants d'Espéraza, dont celui de mon grand-père Jean-Baptiste, morts lors de la Grande Guerre (1914-18). Bien qu'ils aient fait le sacrifice de leur vie pour défendre leur patrie, ayant eu antérieurement pour la plupart de mauvaises pensées — au sens religieux s'entend — ils n'ont pas bénéficié de l'indulgence pléniaire et ont donc été contraints de faire une petite halte expiatoire ! C'était alors dans l'air du temps ! Depuis Vatican II, le Purgatoire ayant (momentanément) disparu, ils sont probablement montés au Paradis !

Nous allons enfin terminer par le côté gauche, du latin sinister donc à connotation quelque peu funèbre. A l'entrée, se trouve une seconde plaque commémorative consacrée à l'abbé Rivière, curé de la paroisse de 1904 à 1920, et qui termina son sacerdoce comme chanoine à Coursan. Vous vous souvenez évidemment de son ultime entrevue avec l'abbé Saunière mourant qui, en 1917, lui aurait confié un terrible secret. Et bien une preuve tangible de la réalité de ce secret, et encore mieux son illustration, se trouvent tout à côté sous forme matérielle. Il s'agit d'un décor, à la fois peu banal et rarisssime, dont tout incite à penser qu'il fit partie des embellissements que ce prêtre apporta à l'église. En outre, comme il satisfait pleinement à une importante relation de causalité, celle reliant le Prologue au présent Epilogue, nous minimiserons la part du hasard dans son érection et lui en attribuerons virtuellement la paternité.

Occupant toute la longueur du mur et contre celui-ci, se trouve une insolite construction très inesthétique, faite de blocs de machefer de forme et de dimensions hétérogènes, se voulant probablement la représentation symbolique d'une montagne. Mais une montagne dont tout l'espace intérieur, creux, a été entièrement aménagé en grotte. Sur cette construction se trouve la statue d'un Christ rédempteur, ressemblant à celui décorant la façade de la villa Béthanie à RLC. Mais ici il bénit de la dextre et montre son Sacré-Cœur de la main gauche. Et à l'intérieur de la grotte se trouve un gisant, que l'on n'a pas l'habitude de représenter de la sorte dans l'iconographie religieuse, et qui n'est autre que Jésus, dénudé et les yeux à demi ouverts, couché dans son tombeau. Il y a donc tout lieu de penser que l'abbé Rivière a accordé une totale crédibilité à la confession de feu son confrère Saunière. Et que cette Vérité — dont il était devenu le détenteur bien involontaire,— pesait sur sa conscience puisque, comme ses prédécesseurs Chiron et Mèche, et ses contemporains Boudet et Saunière, il jugea utile et nécessaire de la transmettre de façon allusive mais très imagée à la postérité.

Le Gisant

TELLE FUT DONC SA VOLONTE

C'est ainsi que notre long périple audois, qui a débuté dans notre prologue à Rennes-le-Château, se termine symboliquement à son pied, à Espéraza, dont la belle et mystérieuse église recèle, pour les curieux et les incrédules, la clef du secret d'anciens prêtres de la vallée de l'Aude et, pour les croyants, un lieu symbolique de recueillement et de prière.

Je suis l'Alpha et l'Oméga, le Premier et le Dernier.
Apocalypse de Jean. 22, 13.

Annexe 1

La tombe des frères Boudet à Axat (Aude)
(Article publié par l'auteur dans Les dossiers de Terre de Rhedae N° 1 de 2011)

Essai d'interprétation des signes et épitaphes

La Tombe d'Henri Boudet à Axat

Pour ceux qui ne connaissent pas les lieux, le cimetière est situé sur la rive droite de l'Aude, et la tombe se trouve sur le côté gauche, non loin de l'entrée de la partie dite ancienne. Ayant été décrite dans de nombreux ouvrages traitant de l'« affaire Saunière », elle reçoit la visite d'assez nombreux curieux parmi lesquels on trouve nombre d'inconditionnels de l'abbé, appartenant ou non à la cohorte des décrypteurs de son œuvre. Elle ne comporte pas l'habituelle stèle verticale surmontée d'une croix ou orné d'un crucifix, mais une simple pierre tombale victime de l'insulte du temps ; ce qui l'a rendue grisâtre et en a atténué les inscriptions. Elle peut donc passer facilement inaperçue au visiteur non informé de sa notoriété.

Cette dalle horizontale est décorée, dans sa partie haute et sur son axe de symétrie vertical, d'une croix symbolique en surimpression de section hémicylindrique. Sous cette croix, de part et d'autre de son montant vertical, se trouvent les épitaphes des deux frères et, dans l'angle droit — côté allée — on peut voir en surimpression la sculpture d'un livre dont la couverture comporte une inscription. L'homogénéité du décor, la symétrie des épitaphes et surtout la présence du livre, incitent à a penser qu'elle ne fut confectionnée et mise en place qu'après le décès de l'abbé. Et partant, comme déjà indiqué, qu'il est l'auteur du décor et des inscriptions, n'ayant laissé à sa belle-sœur que le soin d'ajouter la date de son décès.

Sur la partie gauche se trouve l'épitaphe d'Edmond, relativement laconique :

ICI REPOSE
EDMOND BOUDET
DECEDE DANS LA PAIX DU SEIGNEUR
LE 5 MAI 1907
A L'AGE DE 67 ANS
PRIEZ POUR LUI

Et sur la partie droite, celle qui nous intéresse :

ICI REPOSE HENRI BOUDET
ANCIEN CURE DE RENNES-LES-BAINS
DECEDE DANS LA PAIX DU SEIGNEUR
A AXAT LE 30 MARS 1915
IL FUT UN PRETRE SELON LE COUR
DE DIEU BON ET AFFABLE ENVERS TOUS
AIME DE DIEU ET DE CEUX QUI L'ONT
CONNU SA MEMOIRE EST ENBENEDICTION
E-C-C- I — 11
MISERICORDIEUX JESUS DONNEZ
LUI LE REPOS ETERNEL

Si la première partie de cette épitaphe est semblable à celle d'Edmond, elle est beaucoup plus longue car s'y ajoute un commentaire sur la personnalité du défunt. L'expression commune *Décédé dans la paix du Seigneur* indique simplement qu'ils ont reçu, tous deux, les derniers sacrements avant de rendre l'âme.

Le texte ajouté, qui semble logique et cohérent, peut paraître anodin à tout un chacun. En fait sa forme est critiquable et le fond s'avère théologiquement inapproprié. L'explication s'en trouve dans le fait que, comme le texte de *LVLC,* il a été rédigé afin de permettre une double lecture. Jusqu'à son décès, faisant preuve d'une invraisemblable persévérance, Boudet aura donc pratiqué l'ambiguïté et le double sens, voulant en cela jouer un dernier tour à ses contempteurs ; et un tour définitif car, selon l'expression consacrée par l'usage, *gravé dans le marbre.*

TELLE FUT DONC SA DERNIERE VOLONTE

Il semble que nul, jusqu'à ce jour, n'ait relevé d'anomalies dans le contenu des formules utilisées et émis la moindre remarque à ce sujet. Pourtant, elles sont entachées d'une faute d'orthographe et de singularités, faciles à mettre en évidence lorsqu'on en analyse sérieusement les termes et les tournures. Ledit commentaire, bien que dépourvu de ponctuation, peut être divisée en cinq propositions et une abréviation.

Première lecture. (Directe)

1. IL FUT UN PRETRE SELON LE COUR DE DIEU

On remarque évidemment que cette phrase est entachée d'une faute d'orthographe flagrante qui en dénature la compréhension [1]. Si cette faute était due à une erreur du scripteur, il y a de fortes chances que lors de la réception de la dalle, sa commanditaire aurait probablement demandé sa correction ; et l'ajout à COUR d'un S réparateur n'aurait posé aucun problème étant donné sa position en fin de ligne. Ceci conduit à penser qu'elle aurait pu être volontaire, et figurer en l'état sur le texte initial rédigé par le défunt. Et ceci pour introduire évidemment une certaine ambiguïté puisque on peut lire au choix LA COUR ou LE COURS.

Quel que soit ce choix, il s'agit d'une tournure pour le moins inusitée introduite probablement à dessein — car l'auteur connaissait bien le poids des mots,— et qui peut donner lieu aux interprétations que voici :

Dans le premier cas, LA COUR DE DIEU présente une analogie profane avec une Cour royale, et ne peut évidemment être qu'une allusion à celle qui entoure un Souverain.... En fait elle caractérise sa propre appartenance ecclésiastique.

Dans le second, le COURS DE DIEU introduit une grave anomalie, car Dieu n'a pas *cours*, mais est. N'a-t-il pas dit à Moïse : *Je suis celui qui est* (Exode, 3, 14) [2]. Le terme *cours* (du latin cursus : courir) s'applique généralement à des choses appelées à une certaine évolution, et donc à des variations dans le temps. Variations soumises ou non aux lois du hasard, comme le débit d'un fleuve ou le cours d'une monnaie, par exemple. L'appliquer à Dieu est donc une grave impropriété, car celui-ci est *immuable*, donc invariable, mais aussi *omniscient*, donc échappant aux lois du hasard que, dans son *omnipotence,* il a lui-même crées. Et enfin il est *éternel*, donc situé hors du temps ; d'ailleurs il porte couramment ce titre — avec une majuscule — dans les Ecritures juives.

Saint-Augustin, dans le Livre onzième de ses *Confessions,* a disserté savamment sur le problème du *temps* et médité sur *l'Eternité de Dieu et la création qui est l'œuvre de la parole divine.* Bien après lui, les scholastiques, tel Saint Thomas d'Aquin, avaient encore sur le *temps* des vues purement bibliques. Puis le monde des idées évolua avec Copernic, Kepler, Galilée, Newton et Descartes, et la cosmogonie se transforma laborieusement en cosmologie, qui est une science à part entière. Boudet, friand d'ouvrages de vulgarisation scientifique — comme ceux de Louis Figuier — était évidemment très averti de ces changements en désaccord avec l'immuabilité du dogme. D'ailleurs, de son vivant, en 1905, Einstein avait démontré que l'Univers auquel nous appartenons était un espace fini, dont le temps constituait la quatrième dimension. Mais la question se posait encore de sa situation dans l'**éternité**, de son origine éventuelle et de sa stabilité. A titre purement documentaire, douze ans après le décès de Boudet, en 1927, un savant ecclésiastique belge, l'abbé Lemaître (1894-1966), démontra l'instabilité de notre univers. Et pour mettre sa théorie cosmologique en accord avec sa foi dans les Ecritures, imagina qu'il avait été créé — par Dieu évidemment — à partir de l'énergie (quantique) du vide. Et ceci au cours d'une formidable explosion. Ironiquement, un autre savant purement rationaliste, Fred Hoyle, appela cette manifestation subite d'énergie, puis de matière et de lumière, le Big Bang (grand bang). Mais la découverte, en 1947, du rayonnement fossile (à — 270 °C ou encore 3 kelvin) — signature de l'explosion initiale — conforta l'idée que l'abbé Lemaître était dans le vrai et sa théorie fut adoptée, dès lors, par une majorité de cosmologues. Depuis, cette *singularité initiale,* qui marque la frontière entre la physique et la métaphysique — et donc l'accès à la transcendance — préoccupe grandement la communauté scientifique et a donné lieu à de multiples interprétations.

En tout cas, il est acquis que dans l'infinitude de l'Eternité, qui est une notion purement religieuse, le temps n'a débuté comme quatrième dimension relativiste qu'avec la création de notre univers. Et lorsque celui-ci trouvera sa fin, qui est imprévisible car inaccessible — pour le moment en tout cas — à l'entendement humain, seul survivra le *néant* pour les rationalistes purs et durs et *l'Eternité de Dieu* pour les croyants. Boudet avait évidemment lu Saint Augustin, qu'il cite dans *LVLC*, mais aussi Saint Thomas d'Aquin, et était inévitablement au courant de la découverte d'Einstein. A contrario, le terme *cours* peut s'appliquer à l'idée *variable*, que les hommes se sont fait de Dieu au fil des âges. Donc à l'évolution du dogme !

L'expression IL FUT UN PRETRE SELON LA VOLONTE DE DIEU eut donc paru plus adéquate… et orthodoxe !

2. BON ET AFFABLE ENVERS TOUS

A partir de là le défunt semble s'accorder une sorte de satisfecit, et le discours devient trop élogieux pour être en accord avec sa modestie naturelle. Il doit donc véhiculer quelque sens caché.

Cette proposition traduit le fait que sa bonté naturelle et son respect des valeurs évangéliques le portaient à éprouver une empathie certaine pour l'ensemble de ses contemporains : jeunes et vieux, puissants et misérables, et aussi amis et ennemis dont peu de personnes connaissaient la théorie ; au sens processionnel s'entend ! Enfin, si nous nous penchons individuellement sur les termes utilisés, il apparaît que, probablement pour attirer l'attention des puristes, a été choisie la préposition *envers*. Elle a bizarrement le même sens que son contraire, *à l'endroit de*, et est plus généralement utilisée dans l'expression très connue : *envers et contre tous*. A méditer !

3. AIME DE DIEU ET DE CEUX QUI L'ONT CONNU

Toujours dans la même veine, il affiche une certaine prétention en se disant aimé de Dieu. Sans doute le sentiment du devoir accompli ! On remarquera en outre que ce passage renferme une ambiguïté : s'agit-il de ceux qui ont connu Dieu, ou l'ont connu à lui ?

4. SA MEMOIRE EST EN BENEDICTION

Encore un éloge qu'il s'accorde gratuitement car si la mémoire est le souvenir qu'une personne laisse d'elle à la postérité, la bénédiction est originellement une faveur ou une grâce, offertes par Dieu. Même si un prêtre a reçu, par délégation, le pouvoir d'accorder la bénédiction à autrui, il ne peut en aucun cas se l'accorder à lui-même. Enfin la tournure de cette phrase semble impropre, car si on peut *donner* ou *recevoir* une bénédiction, on ne peut *être en*. Mais éventuellement *en état de*.

5. E-C-C-I — 11

La suite se complexifie avec la présence de cette énigmatique inscription ressemblant à un acronyme. Mais qui n'en est pas un ! Pour en découvrir la clef, il suffit de se plonger dans les méandres de *LVLC* (p. 186), où il cite deux versets de l'*Ecclésiaste* (Chap. 1, versets 9 et 10). L'*Ecclésiaste est* l'un des sept Livres sapientiaux de l'Ancien Testament — dont le nom originel est *Paroles de Qohélet* — qui n'a été inclus dans le Canon de l'Eglise que très tardivement, lors du Concile de Trente tenu à partir de 1563. Son titre vient du grec ecclesia, signifiant assemblée qui, à Rome, désignait celle des premiers chrétiens et a donné le terme église. Originellement, l'ecclésiaste était celui qui parle en public et devint par la suite celui qui prêche dans une église.

Boudet avait donc une prédilection marquée pour le *Qohélet* puisqu'il s'y réfère dans son ouvrage, et jusque sur sa tombe. Cela ne peut être totalement innocent ! C'est probablement dû, comme indiqué plus haut, au questionnement que lui posait, entre autre, l'écoulement inexorable du temps. D'ailleurs, dans *LVLC,* il cite le philosophe grec Zénon, sans préciser duquel il s'agit car il y en a deux : celui d'Elée et celui de Kition (Larnaca). Celui d'Elée fut l'un des premiers, dans le sillage de son maître Parménide, à réfléchir sur ce problème puisqu'il affirmait que *le temps et le mouvement sont des illusions.* Or, dans l'Ecclésiaste, le *temps* et le *devenir* sont des *leit motiv* ; en particulier, la presque totalité du chapitre III est constituée de quatrains, dans lesquels le temps est cité vingt-huit fois d'affilée. D'autre part, on sait que Bossuet — l'Aigle de Meaux — s'est référé à ce Livre dans une homélie demeurée célèbre : *Vanité des vanités....* ! Sans doute, en vertu du principe des vases communicants, on rencontre Saint Augustin dans *LVLC* (p. 98), sous une appellation proche, forgée pour l'occasion, celle d'*Aigle des assemblées*. La boucle du Qohélet semblait ainsi bouclée !

Depuis l'introduction de ce Livre dans le Canon, nombre de théologiens se sont posé la question de sa présence dans la Bible et de sa signification. En témoigne la présentation qui en est faite dans la *Bible, nouvelle traduction*, (tirée des textes massorétiques), publié en 2001 (Introduction et notes, p. 2905). En voici de courts extraits très significatifs :

... Qohélet a pu remettre en question toutes les certitudes acquises de la théologie et la sagesse. Le livre est plus inattendu dans la Bible qu'il ne l'est dans littérature sapientielle antique (...). La présence de Qohélet dans le canon des Ecritures juives est une grande énigme. Comment ce livre, qui fait l'impasse sur la Révélation, qui rejette Dieu dans l'inconnaissable, et pour qui la mort est la seule certitude ultime a-t-il pu entrer dans le corps des Ecritures ?

Le choix, par l'abbé, de ce Livre insolite et dérangeant, nous donne un éclairage sur sa personnalité et sa façon de penser ; et ne détonne nullement avec le contenu (crypté) de son œuvre, et avec celui (également crypté) de la présente épitaphe ! D'autant qu'il véhicule une philosophie qui déclare que tout n'est qu'illusion et de nature passagère — *evel havalim : tout est vent* — en parfait accord avec le caractère désabusé et, fait plus grave, semblant désenchanté, de notre docte ecclésiastique.

Voici les versets qu'il cite dans *LVLC* (p. 186), et qu'il dit avoir tirés de la Bible de Carrières (p. 38, note 1) :

Qu'est-ce qui a été jadis ? Ce qui doit arriver à l'avenir. Qu'est-ce qui a été fait ? Ce qui doit se faire encore. Rien n'est nouveau sous le soleil, et nul ne peut dire : voilà une chose nouvelle ; car déjà elle a été dans les siècles avant nous.

La signification de ces versets est à la fois très pessimiste et relativement obscure. Mais on pourrait entendre, en leur conservant une certaine cohérence, que la *chose annoncée* par Boudet dans *LVLC n'est pas nouvelle car elle a déjà été dans les siècles antérieurs.*

N'étant pas en possession de la Bible précitée, je m'en suis remis à la *Bible de Jérusalem* qui utilise peut-être une formulation différente, mais dont le sens demeure le même. Voici à présent le contenu du verset 11 désigné sur la pierre tombale :

Il n'y a pas de souvenir d'autrefois, et même pour ceux des temps futurs : il n'y aura d'eux aucun souvenir auprès de ceux qui les suivront.

A titre documentaire, la *Bible, nouvelle traduction*, citée plus haut, utilise une formulation plus explicite qui est la suivante :

> *Tout s'oublie des choses passées*
> *et s'oubliera des choses qui viennent*
> *qui s'en iront sans souvenir*
> *avec ceux qui seront les derniers.*

Une interprétation pourrait en être que le défunt se considérait comme un ultime détenteur d'une Vérité dont, après lui, nul ne conserverait le souvenir dans le futur.

6. MISERICORDIEUX JESUS DONNEZ LUI LE REPOS ETERNEL

Cette adresse à *Jésus le miséricordieux* n'est pas très usitée et celle de *Seigneur* aurait paru plus indiquée. D'autant que dans sa langue maternelle — dialecte local de l'occitan — l'invocation la plus courante est *Nostré Sénher* : abréviation de *Notre-Seigneur Jésus-Christ*. En outre, s'il arrive parfois au croyant d'implorer la miséricorde divine, cette miséricorde (du latin misericordia : compassion) se rencontre peu dans les Evangiles. On ne la trouve que chez Matthieu, dans le *Sermon sur la montagne* (Chap. 5, verset 7) sous la forme : *Heureux les miséricordieux, ils obtiendront miséricorde.* Par contre, les lecteurs suffisamment avertis reconnaitront là une formulation abondamment usitée dans un autre Livre prophétique étranger à la Bible.

Ce qui pose un second problème est l'impératif *donnez- lui* qui ressemble à une injonction, qu'on ne peut en aucun cas adresser au Fils de Dieu : *daignez lui accorder* eut paru plus respectueux.

Et enfin il y a l'expression *repos éternel*. Il ne demande pas classiquement de reposer en paix (requiescat in pace) dans l'attente du Jugement dernier, de la Résurrection des corps et de la Vie Eternelle, comme il est indiqué dans le Credo des Apôtres (de Nicée et Constantinople), mais de reposer pour l'éternité. Le *repos éternel* qu'il souhaite n'est donc pas la *vie éternelle* promise aux croyants. Et s'il demande à *Jésus le miséricordieux de lui donner le repos éternel*, et donc d'accéder directement à l'Eternité de Dieu, c'est que la *résurrection de la chair,* difficilement explicable, n'entrait plus dans ses préoccupations métaphysiques.

En résumé, l'expression SEIGNEUR DAIGNEZ LUI ACCORDER LA VIE ETERNELLE eut paru plus conforme.

Seconde lecture (Décryptage)

Connaissant les habitudes du défunt, il y a tout lieu de penser que la tournure de ces cinq propositions avait été préalablement élaborée pour permettre la mise en évidence, pour chacune d'entre elles, d'au moins une conversion anagrammatique qui fasse sens. Bien que celles qui suivent ne soient pas parfaites, en voici le contenu. Le lecteur intéressé par ce genre de jeu, pourra exercer lui-même sa perspicacité en essayant d'en découvrir éventuellement d'autres.

7. IL FUT UN PRETRE SELON LE COURS DE DIEU donne : LE PRESENT ROLE DU CŒUR SUIT DIEU

(Il reste, hélas, un reliquat de deux lettres F et L, mais possiblement existe-t-il une autre anagramme ?)

Le rôle en question peut être compris comme étant la vocation ou la mission du prêtre qu'il fut et demeura.

8. BON ET AFFABLE ENVERS TOUS donne BON ET VERTUOSE EN FFABLES

(Bon et virtuose en fables)

Selon les différentes acceptions, la fable peut être une dégénérescence de légendes et de traditions. Elle peut aussi illustrer un précepte ; auquel cas elle possède toujours une morale. Enfin elle désignait autrefois ce qui constitue l'élément narratif d'une œuvre. Toutes ces définitions sont applicables aux textes du défunt.

9. AIME DE DIEU ET DE CEUX QUI L'ONT CONNU donne AMI CONNU DE DIEU EN QUETE LOT D CIEUX

(Ami connu de Dieu, en quête (d'un) lot des cieux)

10. SA MEMOIRE EST EN BENEDICTION donne (A) ETE MEME BON ES DICTIONNAIRES

(Le A débutant la phrase a été rajouté, et ES doit être pris dans le sens de *en matière de*.

Venons-en, enfin, à la dernière proposition qui a dû être préparée de longue date. En effet, élaborer une phrase significative comportant quarante-deux lettres, qui permette une conversion anagrammatique, elle-même significative, constitue une véritable performance. Une anagramme est obtenue par permutation des différentes lettres, et le résultat en est un nombre faramineux, comportant une multitude de zéros ! Heureusement que le cerveau humain procède de façon analogique, par approches successives, car il existe numériquement une infinité de possibilités. En l'espèce, on ne peut qu'adresser de chaleureuses félicitations à l'abbé Boudet pour son exercice hors du commun : un vrai travail de romain !

En voici une version anagrammatique, imparfaite certes, mais le résultat obtenu est à la fois compréhensible et significatif.

MISERICORDIEUX JESUS DONNEZ LUI LE REPOS ETERNEL
donne
JE SUIS LE CORPS D( )N MISEREUX ELU, O LIEU D( ) TRONE RENIE
(Je suis le corps d'un miséreux élu, au lieu du trône renié)

(Un Z (celui de donnez) est inemployé et, pour normaliser l'expression — mais cela n'était pas nécessaire — deux U ont été rajoutés. Le O, quant à lui, est à exprimer phonétiquement)

Dans le contexte religieux qui était le sien, cette phrase est très facile à interpréter. Un *miséreux*, de par sa condition, est un *malheureux ;* donc le contraire d'un *bienheureux*. Et un *bienheureux élu* est celui qui a été béatifié et se trouve en voie de canonisation. Ce qui rend le *trône* facile à identifier, de même que le *lieu* où il se trouve. Le défunt savait donc qu'il n'était pas en *odeur de sainteté* ! Comme l'un de ses prédécesseurs dont il avait jadis suivi la voie ! La voie terrestre s'entend ! [3]

Le livre fermé

Dans l'angle droit de la dalle, au dessous de l'épitaphe, se trouve la sculpture d'un livre fermé. Ce n'est pas très habituel dans ce genre de représentation funéraire où cet objet, généralement posé sur un lutrin, est une Bible ouverte sur laquelle est gravé un verset des Ecritures, choisi par le défunt ou son entourage. Pour autant que l'on sache, il y a eu dans la vie de Boudet deux livres importants. D'une part la Bible, dont l'interprétation fut soumise aux évolutions du dogme, et qui a accompagné son sacerdoce. D'autre part, l'ouvrage qu'il a laissé en héritage à la postérité et qui constitue une sorte de testament spirituel. Tout laisse à pense que c'est ce dernier qui est représenté ici.

La fonction du livre étant de permettre au plus grand nombre d'accéder à la connaissance, de par sa nature il doit pouvoir être ouvert. Mais même ouvert, encore faut-il que les signes qu'il contient soient intelligibles au lecteur ! Le symbole de fermeture, utilisé ici, indique donc que sa compréhension était réservée aux seuls initiés de

Le livre de pierre

son entourage, ou à ceux qui, plus tard, pourraient éventuellement découvrir la clef de lecture. Ce qui laisse supposer que ce livre contient effectivement un secret, ou les éléments d'une doctrine dont il souhaitait pérenniser l'existence.

Bizarrement, il semble avoir oublié ici la primauté de la *langue celtique*, puisqu'il a agrémenté la couverture, dans le sens de la longueur, de l'inscription en lettres grecques I. X. O.Y. Σ. A première vue, et dans le contexte chrétien dans lequel il évoluait, cela pourrait se lire ICHTUS, signifiant poisson en latin ; mais aussi acronyme de : *Iesous Christos Theou Uios Sôter* (Jésus-Christ Fils de Dieu Sauveur.) On sait que le mot et le symbole étaient utilisés, comme signe de ralliement, par les premiers chrétiens de Rome. En réalité, on aura mal lu, car pour *Ichtus*, il aurait fallu écrire I. X. Θ.Y. Σ. Autrement dit mettre un Θ (théta) central au lieu d'un O (omicron). On constate donc que même sur sa pierre tombale, et en semblant respecter l'orthodoxie, notre abbé cultive toujours l'ambiguïté et le double sens !

Ambiguïté, car le remplacement du Θ par un O dénature totalement l'expression grecque précitée, puisque le terme Theou (Dieu) disparaît et laisse place à un bizarre Fils de O (?), dont l'interprétation est abandonnée à l'imagination du lecteur !

Double sens, car cette inscription peut être lue à l'envers, chose qui avait déjà été découverte et commentée par plusieurs chercheurs. Auquel cas, le pseudo *Ichtus* se transforme en une représentation numérique composée de trois chiffres arabes et deux romains O mis pour Θ — ait été commise intentionnellement pour, tout en rappelant la condition sacerdotale de l'auteur, attirer l'attention sur son ouvrage *LVLC* qui contient, effectivement, 310 pages de texte. Sans doute veut-il aussi nous faire comprendre que le contenu de son ouvrage possède un endroit et un *envers* ! Ou deux niveaux de lecture ! Et qu'il pourra donc révéler des informations intéressantes à celui qui saura l'interpréter !

Demeurent les deux chiffres romains complémentaires qui, hors l'indication d'une pagination, n'avaient pas encore trouvé d'explication plausible. Or XI, c'est aussi 11, nombre qui donne la position du verset de l'Ecclésiaste. Mais c'est également le rang de la lettre K dans l'alphabet ; lettre qui apparaît en lieu et place du H dans le titre de son ouvrage. Enfin, si l'on sépare 11 en ses deux chiffres, toujours dans l'alphabet cela correspond à A.A., qui est l'acronyme d'une ancienne société secrète ecclésiastique, dont on ne sait si elle survécut à la Révolution.

Conclusion

Il est évident que l'abbé Boudet, pour l'avoir cité en clair dans son ouvrage et rappelé sur sa tombe, attachait une importance particulière au Livre le plus insolite de la Bible : l'*Ecclésiaste* ou *Paroles de Qohélet*. Le présent essai d'interprétation des inscriptions et signes de sa tombe, qui avait débuté par le *Prologue* de ce Livre placé en exergue, ne pouvait se terminer que par une ultime citation. Voici donc l'extrait final de son *Epilogue* : (Les termes significatifs ont été soulignés.)

Qohélet s'est efforcé de trouver des paroles plaisantes et d'écrire exactement les <u>paroles de vérité</u>. Les paroles des sages sont comme des aiguillons, comme des piquets plantés par les <u>auteurs de recueils</u> : c'est le don d'un <u>pasteur unique</u>.

En plus de cela, mon fils, sois averti que <u>faire des livres</u> est un travail sans fin et beaucoup d'étude fatigue le corps. Fin du discours. Tout est entendu. Crains Dieu et observe ses commandements, car c'est là tout l'homme : oui Dieu fera venir toute œuvre en jugement, tout ce qu'elle recèle de bon ou de mauvais.

Ecclésiaste (chap. 12, versets 10 à 13)

Il semble qu'il n'y ait rien à ajouter !

NOTES

1. N'ayant pu relever moi-même le texte de l'épitaphe du fait de son manque de lisibilité dû à l'usure et à la mousse, j'ai utilisé celle que mon ami Claude Jourdan avait réussi à relever en 1980. Qu'il en soit ici remercié.

2. Selon les traductions, on rencontre *Je suis celui qui est* ou *Je suis celui qui suis*.

3. Le lecteur aura évidemment reconnu l'abbé Chiron.

Annexe 2

L'expulsion des Juifs de Rome

L'historien Suétone (69-125), lorsqu'il traite de l'empereur Claude (41-54) dans *La vie des douze Césars*, indique que celui-ci fut contraint de chasser les Juifs de Rome [1] car ils y causaient des troubles permanents : « *Il chassa de Rome les juifs qui se soulevaient à l'instigation d'un certain Christus.* » [2]

Un auteur déjà cité [3] a écrit à ce sujet : « *Si on lisait ce texte sans idée préconçue, sans le souvenir obsédant de l'Evangile, on verrait simplement dans ce Chrestos un agitateur romain du temps de Claude.* »

Effectivement. Dans cet *instigateur des soulèvements*, identifié, à la lumière des Evangiles, à un *inspirateur* situé ailleurs, dans le temps et l'espace, on aura évidemment reconnu Jésus-Christ. Mais il s'agit là de l'usage d'une acception secondaire du terme car, pris dans le sens le plus général, un *instigateur* est un *meneur*, un *agitateur*, un *fauteur de troubles* se trouvant sur les lieux de ses agissements. La formulation utilisée par Suétone, si elle a été traduite correctement, peut donc laisser penser que l'*instigateur* aurait pu se trouver à Rome. Ville dont les Juifs furent probablement chassés en l'an 49, date retenue par nombre d'historiens et confirmée par le témoignage de l'historien espagnol Orose.

Il ne semble évidemment pas acquis, ni à fortiori avéré, que Jésus ait pu séjourner à Rome et y fomenter des troubles à cette époque. Il eut fallu, pour cela, qu'il ait réchappé du supplice de la croix. Par contre, il existe une source écrite faisant état de la venue, dans l'Urbs, de sa disciple préférée, Marie-Madeleine. Il s'agit d'un apocryphe chrétien dûment répertorié et intitulé « *Réponse de Tibère à Pilate* » [3], dans lequel cet empereur fait état d'une femme qui serait venu le voir pour se plaindre que Pilate ait fait crucifier Jésus : ...*En effet une femme est venue auprès de moi, qui s'est présentée comme sa disciple — c'est Marie-Madeleine, de laquelle on atteste qu'il a expulsé sept démons.... etc.*

Il apparaît donc que Marie-Madeleine aurait pu être accueillie à Rome avant l'an 37 — date du décès de Tibère — au sein de la nombreuse population juive qui résidait à demeure dans l'Urbs. A moins qu'il y ait erreur sur le nom de l'empereur et qu'elle y soit venue plus tard, vers 46, sous le règne de Claude, avec le proconsul Sergius Paulus. Etait-elle seule à participer à ce voyage ? C'est là le mystère !

Si elle y est bien venue, il semble logique de penser qu'elle dut quitter l'Urbs en 49 avec ses coreli-gionnaires — dont de nombreux étaient comme elle judéo-chrétiens — et qu'elle ne retourna pas en Palestine, d'où selon la *Légende Dorée* [4] elle avait été chassée. Comme nombre d'entre eux, il est possible qu'elle et ses compagnons se soient réfugiés à Narbonne — alors grand port de la Méditer-ranée situé non loin d'Ostie — où se trouvait déjà une importante colonie de commerçants juifs, ins-tallés là dans le sillage des Phéniciens. Donc bien avant le sac de Jérusalem par Titus, en l'an 70, et la diaspora provoquée par Hadrien en 132-135.

Or Dieu sait que ceux qui appartiennent au Peuple du Livre ont une excellente mémoire : *Si je t'oublie, Jérusalem, que ma main droite se dessèche* ! C'est pourquoi il a semblé intéressant de se référer à une oeuvre connue, encore plus mystérieuse que le livre de Boudet : *Les Prophéties de Nostradamus*. La raison en est que la famille paternelle du mage de Salon de Provence était d'origine juive et que son bisaïeul, un certain Vital, appartenait à la communauté de Carcassonne. Communauté qui devait entretenir des rapports étroits avec celle d'Alet, alors cité épiscopale du Razés, dont le décor de cer-taines vénérables demeures atteste bien de leur présence passée.

Or on trouve dans les *Prophéties* un quatrain bizarre — le 17 de la deuxième Centurie — qui fait exception à la règle prophétique car il n'implique aucune action... future évidemment ! Il concerne manifestement l'existence d'un site archéologique. Le voici :

> *Le camp du temple de la vierge vestale,*
> *Non éloigné d'Ethène & monts Pyrénées :*
> *La grand conduict est caché dans la male,*
> *North getés fluues & vignes mastinées.*

La place manque évidemment ici pour donner une analyse cohérente de ce quatrain, mais en voici une synthèse prosaïque partielle : [5]

Le champ où se trouvait le temple circulaire	(Mausolée ou martyrium)
Est quelque part dans la région d'Elne et des Pyrénées	(Elne est cité dans la Chronique de Zozime)
Il est situé entre deux rivières coulant vers le nord	(L'Aude et la Salz)
Et près de cités ruinées.	(Rhedae et son acropole)
Le sarcophage d'un grand personnage	
y est caché dans la terre.	(Ou plutôt y était caché !)

Ce quatrain semblerait donc désigner virtuellement le mausolée de Rhédae.

NOTES

1. A cette époque, les Juifs auraient représenté environ cinq pour cent de la population de l'Urbs dont on estime qu'elle comptait environ un million d'habitants.

2. Selon les diverses traductions on rencontre aussi les variantes : Christos ou Chrest.

3. In *Ecrits apocryphes chrétiens*. Thème déjà évoqué.

4. Voir *La Légende dorée* de Jacques de Voragine. Op. cité.

5. Le lecteur intéressé pourra trouver une analyse détaillée de ce quatrain, et d'un second de nature prophétique qui le complète (N° 7 de la centurie V) : *Du triumvir seront trouvés les os… etc,—* dans le *Bulletin de Td R* N° 13 de 1999. pp. 23 à 28. Le *triumvir* y était alors identifié, avec quelques raisons, à l'empereur Constant. Cependant, au terme de l'étude figurant dans le présent ouvrage, et étant donné la tournure ambiguë des termes généralement usités par le Mage de Salon, il pourrait aussi avoir été mis pour *triumvirat*. C'est-à-dire une association de trois personnes qui exercent — ou ont exercé — un pouvoir ou une influence. Le lecteur est en possession des éléments permettant éventuellement de les identifier !

Annexe 3

Anagrammes et autres

Titre
La vraie langue celtique R. La vague élite clanique
La vraie langue celtique et le Cromleck de Rennes les Bains
Les clercs de Rome, vague élite clanique + Le Ks (cas) Renes banni (Le cas Rennes banni)

Avant-Propos LANGUE VIVANTE Vive Angelunat (Vive Angelina)

Texte

23	Neimheid	Name Dei (Nom de Dieu), Men Dei (Hommes de Dieu)
71	(Fontaine) Mara	Aram (En occitan cuivre = Chypre)
83	Mesraïm	S. Marie.M (Ste Marie-Madeleine)
85	Gaetules	Ste Gaule
86	Hercule	Curé hel (Curé hell = curé (de l') enfer)
86	Numides	Démunis
88	Rois numides	Rois démunis (Famille des Balthes de Toulouse ?)
87, 88	Mapalia	Aïma pla (En occitan : aimer bien)
93	Abeilles	Basiles (+ l) ou La Beille (Roc de)
93-94.	Inquisiteur des mœurs	O ruses mères d'iniquité
94, 97	To pall (Pâul)	Paul (de Samosate ?)
95, 124, 303	Loger dans une auberge	Un berger dans l'aegou (égout)
95	Massinissa	Massassini (m'assassina)
98	Aigle des assemblées	Mage des Sabellie(n)s
		Mage de ses basiles
		Sage de mes basiles
108	Ibères	Bières
117, 119, 123,125	La langue basque	Que l'ange, là-bas....
120, 121	Passer la herse	Seras la sphère
121	Lieu marécageux	Au ca(s) mieux réglé (Voir aussi haum-moor)
121	Brillantes fleurs des champs	Lampes brûlantes d(s) cher fils
121	Permet de mettre à la voile	Le malad(t) voit père et mère
121	Désirer.... l'image de l'épi	L()mage de pilier sidère (L'image du pilier sidère)
122	La brume se traîne	(La) baume sert l'arien.
126	Kjoekken- Moedings	Kokkinjn de monges (Coquins de moines)
127	Suarria	Suairra (suaire)
130	Mongoloïde	Monde goloi (Monde Gaulois)
		Mon-logo — ide (Mon discours (sur le) chrétien)
134	Rebuts de repas	Bures de trépas

135, 143, 159, 198	Marsoins	Marsion (+u) = Marcion
139	Spartinac	Sant Parc (En occitan : Saint parc)
140	Soldures	Les sourds ou de l'ours, ou Lourdes.
148	Cheval	Occitan Cabal = Kabbale
150	Armorique	Air moqeur
		Moquerai (Se)
153	Venètes	Ven–hate. (Phon. Qui déteste le vin)
155	Cobhains	Basochins
156	Curiosolites	Curiosités (+lo)
156	Reginea	Regina (Reine)
157	Diablintes	Diabletins (diablotins)
158	Corisopites	Cipriotes (Cypriotes)
158	Carife	Fiacre (Saint Antoine)
159	Agnotes	Ta gnose
159	Osismii	Moi Isis
160, 173, 226	Carnutes	Sant curé (Saint Jean-Marie Vianney ?)
177	Segobriges	S.S. Grégoibe (Sa Sainteté Grégoire le Grand)
195	Garumnites	Grimaut nés et Gens à Mitru (Gens à mitre)
224, 225, 226,	Drunemeton	Tour de Men(n) (Tour des hommes)
		Trône du Men (Trône de l'Homme)
		Rune de Mont
		Mont de Rune (Mont de la Rune)
		Mont de Urne (Mont de l'Urne)
		Mont Redune
		Munt Redone (Mount Redone = Mont Redone)
238	Homme mort (voir 121)	Theo Romo. MM (Dieu de Rome, Marie-Madeleine)
255 et 303	Fangallots	Famgala (en occitan : Fringale)
		Font la glas (Fond la glace)
226	Pierres savantes ou Redones	Pères ou reines vantardes
239	Serbaïrou	Ab(b)é sourir (e) et Rire souab (e)
256	Tranchant toujours émoussé	Chantas et jou(e)s sur un mort ou Joue sous mes tours.
265	Eubates (et) mitre	Ermit(t)e abusé. (Chiron)
277	Notre-Dame de Marsilla	Ste Marria — Madelleno
279	Bois noir	Roi si bon
282	Aguillouné	Agulhon (en latin pecten)
295	Kaïrolo	Caïre + olo (en ccitan : coin (de la) marmite)
299	Loubatière	Te oubliera (T'oubliera ou tu oubliera)
299	Clot das hources	D. Source cathol (De source catholique)
302	Pijole	Le pijo (Occit. pichou = petit)

Carte d'Edmond Boudet.

Maison gauloise	Image au loin. SOS = Image au loin, sauve nos âmes.	

Erreurs de traduction ou Anomalies

91	hustings (assemblées)	(mis pour) Estrade
94, 97	to pall (Abattre, affaiblir)	Devenir insipide
126	Abroad (à l'extérieur)	A l'étranger

128	to heal (apaiser)	Guérir
167	Krum (mie de pain)	Crumb
154, 155	Kob (Antilope)	Cheval
166	Hole (Creux ou trou)	Petite maison
168	Vane (girouette)	Temple
178	to alloo (animer, exciter)	Inexistant
194, 195,	Garumnites	Garumni
195	Gare (Laine grossière)	Inexistant (Voir plutôt Garb = habit)
216	to rain (réprimer)	Pleuvoir
238	Haum (paille)	Inexistant. (Voir haulm = chaume)
239	Garous (salé)	Inexistant
239	Gound	Inexistant (Traduit par good)
243	to fadge (convenir)	Inexistant
298	Hources	Ors (ours en occitan)

Echantillonage des termes signifiants

Abeilles. 102 (3),
Aleth. 157 (5), 158. = Alethéia
Ame. 141, 171, 211, (Immortalité de l'). 263, 283, 303.
Armorique. 17, 150, 151, 152 (2), 153 (2).
Arvernes. 181 (5), 183 (3)
Basques. 110 (2), 111, 112, 114 (2), 117 (2), 119, 120, 122, 123, 125, 128, 130 (2), 131, 139 (3), 142, 143 (2).
Berbers. 99 (2), 100, 110.
Bourdonnement. 102 (2),
Blé. 166 (3), 167 (3), 247, 255, 264, 265, 285, 294 (2), 295 (3)
Bœuf. 296, 297,
Brebis. 231, 296 (2)
Carnutes. 160, 173 (6), 226 (2).
Caucolibéris. 26 (2), 303.
Caverne. 118 (3), 119, 121, 127, 128, 129, 130, 217, 243.
Celtibériens. 140 (2), 142, 143, 214, 215, 217, 299.
Chariot. 154, 155 (3), 173 (2), 221 (2), 228, 229 (2), 233, 289, 292.
Cheval. 140 (2), 143 (4), 144 (3), 148 (3), 154 (3), 155 (5), 194, 221, 242.
Chevaux. 143 (3), 144 (2) 148 (3), 154, 155 (2).
Corisopites. 158, 159 (2).
Curiosolites.156 (3), 157.
Cuivre. 157 (5), 158 (2).
Croix grecques.232 (2), 233, 235 (2), 236.
Diablintes. 157, 158.
Drunemeton. 225, 226 (4), 242.
Druides. 7, 25 (2), 166 (2), 167, 170 (3), 171, 172, 173, 184, 225, 264, 286.
Erymanthe. 300, 301 (3)
Evangile. 235, 265,
Fièvre intermittente. 285, 286 (3), 287, 288 (3).
Fines.158. (aint-Laurent de Montferrand = Abbé de Cayron.)
Fontaines. 71 (2), 240, 267, 268 (2), 272, 273 (5), 274, 275, 276, 277 (4), 278 (3), 279 (3), 280 (2), 281 (4), 298.
Francs.
Garumnites. 194 (2), 195 (2).

Annexe 4

Index des personnages
(Mythiques ou historiques)

Antoine. 305.
Eurystée. 301 (4).
Euxène. 176 (3), 177 (2)
Gratien. 305.
Hercule. 6, 86, 89, 90 (4), 213, 214 (2), 215, 216, 297, 300(2), 301(6).
Lépide. 305.
Mesraïm. 83 (2), 84, 85.
Octave. 305.
Phuth. 82, 85 (4).
Sara. 65 (7), 66 (2)
Tubal. 108, 109 (7), 113, 126,

Index des auteurs

(Les nombres entre parenthèses correspondent à ceux des citations par page)

Antiques

Ambroise (Saint). 98
Athénée. 281
Augustin (Saint). 98 (2)
Celse. 42
César (Jules). 6, 7, 8, 13(2), 14 (2), 16, 22 (2), 100, 138, 141, 145, 151, 152, 155, 170, 171, 173, 181 (2), 183, 188 (2), 189 (2), 190, 207, 226, 249, 250, 251, 252 (2), 253 (2), 254, 264 (2), 294, 303, 304
Clitophon. 179, 180
Cornélius Nepos. 93, 94
Diodore de Sicile. 140, 215
Dion Chrisostôme. 266
Empedocles. 241
Grégoire de Tours. 146
Hérodote. 3, 84
Jérôme (Saint). 106 (2)
Josèphe (Flavius). 40, 41, 44, 61, 107 (2), 109
Méla (Pomponius). 281, 282
Origène. 42
Pline. 84 (2), 169, 170 (2), 266, 284, 286 (2), 287 (2)
Plutarque. 179
Strabon. 61, 145, 169, 225, 281, 282

Salluste. 86 (2), 87, 88, 89, 90, 95, 103, 291
Tacite. 62
Zénon. 245

Modernes

Arvieux (d'). 61
Bopp (François). 10
Bouisset (Abbé). 6 (2)
Bourgeois (Abbé). 258
Broca. 129
Catel (Guillaume de). 142, 196, 198 (2), 281
Carrières (Bible de). 38
Chateaubriand. 158
Chevalier (Abbé). 258
Chevallet (A. de). 12, 178
Cornélius a Lapide. 30, 31, 35
Cuvier. 50
Daumas (Général). 100, 101
Decandolle. 286
Duclos. 7
Evans (John). 258
Figuier (Louis). 129 (3), 130, 131 (2), 135 (3), 161 (2), 164, 190 (2), 257 (2), 259, 261
Fouilloux (Jacques du). 299
Hamour. 190
Himelette. 190
Jones (William). 9
Langlois (H). 214
Lartet. (Edouard). 128 (2), 129
Lefranc (Emile). 176, 202, 205 (2), 284
Leguay. 261, 263
Lenthéric (Charles). 175
Maistre (Joseph de). II, 253
Maltebrun. 51
Mandrell. 61
Martin (Dom). 143, 180
Martin (Henri). 3, 25, 165, 175 (2), 182, 185, 285
Monlezun (Abbé). 140, 145, 146, 284
Noël (Fr). 301
Nau (Père). 61
O'Farrel (William). 18
Penguilly l'Haridon. 258, 259
Pruner-Bey. 129, 130
Robert (E). 258
Sadler (Percy). 18
Souvestre (Emile). 284
Steenstrup. 133 (2), 134
Steinhauer. 128
Troïlo. 61
Thierry (Amédée). 2
Thierry (Augustin). 285

Bibliographie

Affaire Boudet-Saunière.

Baigent (M.), Leigh (R.) et Lincoln (H.), *L'énigme sacrée*. France Loisirs. 1984.
Brown (Dan). *Da Vinci code*. J.C. Lattès. 2004.
Brétigny (J.) et Deloux (J-P.) *Rennes-le-Château. Capitale secrète de l'histoire de France*. Editions Atlas. 1982.
Chaumeil (Jean-Luc). *Le testament du Prieuré de* Sion. Pégase. 2006.
Corbu (Claire) et Captier (Antoine), *L'héritage de l'abbé Saunière*. Bélisane.
Daffos (Franck), RLC. *Le secret dérobé*. Editions Œil du Sphinx. 2005.
          Rennes-le-Château. Le puzzle reconstitué. Pégase. 2007.
Descadeillas (René*). Mythologie du trésor de Rennes-le-Château*. Mémoires de la SASC. Années 1971-72. Tome VII
Dugès (Daniel). *Le secret de Nicolas Poussin*. Pégase. 2006.
          Entre la rose et l'équerre. Editions Arqa. 2007.
Elie (H). *A la gloire de Jésus-Christ*. Edition Vogel. Couiza. 1983
          Ouverture sur l'invisible. Bélisane. 1986.
Etchegoin (Marie-France) et Lenoir (Frédéric), *Code da Vinci : L'enquête*. Robert Laffont. 2004.
Ferté (Patrick), *Arsène Lupin, Supérieur inconnu*. Edit. Trédaniel. 1992.
Jarnac (Pierre), *Histoire du trésor de Rennes-le-Château*. Bélisane.
          Archives de Rennes-le-Château. 2 tomes. Belisane. 1988.
Larouanne (Urbain de). *Géographie sacrée du Haut-Razès*. Bélisane. 1987.
          La Voie de Dieu et du cromleck de Rennes les-Bains. Bélisane. 1987.
Robin (Jean), *Rennes-le-Château. La colline envoûtée*. Trédaniel. 1982.
Robin (Jean-Luc). *Rennes-le-Château. Le secret de Saunière*. Editions Sud-Ouest. 2005
Saunière (Emile), *Moi, Bérenger Saunière*. (2 tomes) Edition de l'auteur.
Sède (Gérard de), *L'or de Rennes*. Juillard. 1967.
          Rennes-le-Château. Le dossier, les impostures, les phantasmes, les hypothèses. Robert Laffont. 1988.
Bulletins Pégase Hors série. N° 3. *Coustaussa : L'affaire Gélis*. Juin 2005. Pégase. 66180 Villeneuve de la Raho.
          N° 4. *Lazare Véni foras*. Réédition. Octobre 2006.
Bulletins de l'Association Terre de Rhedae. N° 3 à 18. Edition Terre de Rhedae à Rennes-le-Château. 1991 à 2006.
Cahiers de l'Association Terre de Rhedae. N° 1 à 5. Edition Terre de Rhedae à Rennes-le-Château. 2006 à 2010.
CERT. *Le Serpent Rouge (in Mélanges sulfureux)*. Edition Pierre Jarnac. 1995.

Documents et fascicules d'origine Plantard (Cités en préface de *La Vraie Langue Celtique,* Edition Belfond. 1978)

    1. Déposés à la B.N par ses soins (avec cote)

Beaucean (Nicolas), *Au pays de la reine Blanche*. 4 lk ô 50603
Blancassal (Madeleine), *L'énigme du Razès wisigoth*. 16 lk 7 50224
L'Hermitte (Antoine), *Un trésor mérovingien à Rennes-le-Château*. 8 lj 9 9537
Feugère (Pierre), *Le Serpent rouge*. 1967. 4 lk 7 50490

Lobineau (Henri) (pseudonyme du comte Henri de Lénoncourt) : *Mérovingie*ns. Fol-Lm 3 4122
Roux (S.), *L'Affaire de Rennes-le Château.* 4 2 Pièce 831
Stublein (Eugène), *Vieilles pierres du Languedoc.* 8 Lj 6 n849
Toscan du Plantier (Philippe), *Dossiers secrets d'Henri Lobineau.*4 lm 249.

2. Hors commerce ou imaginaires.

Anonyme. *Le Livre des Constitutions de Sion.* Genève 1956. Editions des Commanderies.
Blancassal (Madeleine). *Les descendants mérovingiens et l'énigme du Razès wisigoth (Traduit de l'allemand par Celse-Nazaire).* Genève.1963. Editeur Alpina.   (Voir dépôt B.N.)
Cherisey (Philippe de), *Circuit.* Liège. 1971.
                   *L'Or de Rennes contre un Napol*éon. Paris. 1976.
                   L'énigme des Rennes. Paris. 1978.
Delaude (Dr Jean), *Le Cercle d'Ulysse.* Toulouse. 1976.
Feugère (Pierre), *Le Serpent rouge.*   (Voir dépôt B.N.)
L'Ermite (Antoine), *Un trésor mérovingien à Rennes-le-Château.* Genève. 1961. Editions Alpina. (Voir dépôt B.N. et remarquer différence dans le nom d'auteur)
Lobineau (Henri) *(pseudonyme du comte Henri de Lénoncourt). Généalogie des rois mérovingiens et origine des diverses familles françaises et étrangères de source mérovingienne.* Genève. 1956. (Etait en vente à Genève, BP 22)
        (Voir Dépôt B.N. et modification de l'intitulé).
Plantard de Saint-Clair (Pierre), *Gisors et son secret.* 1961.
Stublein (Eugène), *Vieilles pierres du Languedoc.* Limoux. 1884. (Voir dépôt B.N.)
Toscan du Plantier (Philippe), *Dossiers secrets d'Henri Lobineau.* .Paris. 1967. (Voir dépôt B.N.)

Auteurs ecclésiastiques régionaux.

Boudet (Abbé Henri), *La vraie Langue Celtique.* 1886. Réédition Belfond. 1978.
                 Remarques sur la phonétique occitane. Mémoires SASC. Tome VII. 1894.
                 Du nom de Narbonne. (Manuscrit)
Boudet (Abbé Henri), *Des lieux-dits de la localité d'Axat.* (Manuscrit)
Bouges (R.P.), *Histoire ecclésiastique et civile de Carcassonne.* Paris. 1741.
Lasserre (Abbé J. Théodore), *Recherches historiques sur la Ville d'Alet.* Carcassonne.1877.
                 Histoire du pèlerinage de N. D. de Marceille. 1891. Réédition Lacour. 1998.
Mazières (Abbé M. René), *Mystère et secrets des Templiers du Bézu.* Réédition Pégase. 2005.
                 Recherches de Mr l'Ingénieur en Chef Cros. (Document anonyme dactylographié.)
Monts (Abbé Bruno de), *Rennes le Château et Rennes les Bains.* Imprimerie Sival. Carcassonne.
                 Le vrai trésor de Rennes-le-Château. Edition Bonnafous. Carcassonne. (Diffusion restreinte)
                 Bérenger Saunière, curé à Rennes-le-Château (1885-1909). Bélisane. 1989.
Moulis (Abbé), *Histoire du Pays de Sault.* Réédition 1958.
Roquelaure (Abbé de.) *Histoire de la Haute-Vallée de l'Aude.* Réédition Bélisane. 1986.
Sabarthès (Abbé), *Dictionnaire Topographique de l'Aude.* Imprimerie Nationale. 1912. Réédition Schrauben. 1980.

Religion catholique

Sources
La Bible, nouvelle traduction. Editions Bayard. 2001.
Bible de Jérusalem. Fleurus. Cerf. 2001.
Boudet (Henri) *La vraie langue celtique et le cromlech de Rennes-les-Bains.* Réédition Belfond. 1978.
Chouraqui (André*), Les Evangiles. (2 tomes). Brépols. 1990.*
Ecrits apocryphes chrétiens. La Pléiade. Gallimard. 2005.
Saint Augustin, *Les Confessions.* GF. Flammarion. 2004.

Sur Jésus

Alfaric (P.), Couchoud (P.L.), Bayet (A.), *Le problème de Jésus.* Bibliothèque rationaliste. 1932
Alfaric (Prosper), *Origines sociales du Christianisme.* Publications de l'Union rationaliste. 1959
Caratini (Roger*), Jésus.* Editions L'Archipel. 2000.
Cauwelaert (Didier van), *Cloner le Christ.* Albin Michel. 2005.
Deforges (Régine), *L'affaire du linceul de Turin.* Albin Michel. 2005.
Doumergue (Christian), *La tombe perdue.* Pardès. 2008.
Dunkerley (Rodéric), *Le Christ.* Robert Laffont. 1976.
Duquesne (Jacques), *Jésus.* Flammarion. 1994.
       Le Dieu de Jésus. Flammarion. 1995.
Edelmann (Eric), *Jésus parlait araméen.* Pocket. 2003.
Gillabert (Emile*), Jésus et la gnose.* Dervy Poche.2000/
Kasser (F.), Meyer (M) et Wurst (G*), L'Evangile de Judas (Codex Tchacos).* Flammarion. 2006.
Leloup (Jean Yves.), *Un Homme trahi.* Albin Michel. 2006.
Lenoir (Frédéric), *Le Christ philosophe.* Plon. 2007.
      Socrate, Jésus et Bouddha. Fayard. 2009.
      Comment Jésus est devenu Dieu. Fayard. 2010.
      Dictionnaire amoureux de Jérusalem. Plon. 2010.
Mailer (Norman), *L'Evangile selon le Fils.* Pocket Plon. 2001.
Marion (André), *Jésus et la science. La vérité sur les reliques.* Presses de la Renaissance. 2000.
Messadié (Gérald), *L'Homme qui devint Dieu* (2 tomes). Livre de poche. 1994.
      Jésus de Srinagar. Livre de poche 1995.
Miles (Jack), *Dieu le Fils.* Robert Laffont. 2001.
Mordillat (G.) et Prieur (J.), *Jésus contre Jésus.* Seuil. 1999.
Petitfils (Jean-Christian), *Jésus.* Fayard. 2011.
Quesnel (Michel), *Jésus, l'Homme et le fils de Dieu.* Flammarion. 2004.
Renan (E.), *La vie de Jésus.* Calmann-Lévy. 1928.
Schmitt (Henri-Emmanuel), *L'Evangile selon Pilate.* Roman. Albin Michel. 2000.
Upinsky (Arnaud-Aaron), *L'énigme du linceul.* Fayard. 1998.
Wilson (Ian), *L'énigme du suaire.* Albin Michel. 2010.

Sur Marie-Madeleine

Bruckberger (R.L), *Marie-Madeleine.* Albin Michel. 992.
Burnstein (Dan), *Le secret de Marie-Madeleine.* Editions Via Médias. 2006.
Dauxois (Jacqueline), *Marie-Madeleine.* Pygmalion (1998).
Devaucoux (Ph. O.P.), *Histoire du pèlerinage de Saint-Maximin et la Sainte-Baume.* Cahiers de la Sainte-Baume.
Doumergue (Christian), *Marie-Madeleine, la reine oubliée.* (2 tomes). Lacour. 2004
Faillon (Abbé), *Monuments inédits sur Ste Marie-Madeleine en Proven*ce. Migne. 1848.
Khaitzine (Richard), *Marie-Madeleine et Jésus.* Editions MCOR. 2005.
Messadier (Gérald), *L'affaire Marie-Madeleine.* Roman. J.C. Lattès. 1980.

Divers.

Anonyme. *L'A.A. cléricale. Son histoire, ses statuts, ses mystères.* A Mystériopolis. Chez Jean de l'Arcane. MDCCCXCIII.
Begouen (Comte), *L'A.A. cléricale aux XVIIe et XVIIIe siècle*s. Privat. 1913.
Boularan. (Ephrem, S.J.). *L'hérésie d'Arius et la « foi » de Nicée.* (2 tomes). Letouzey et Ané. 1972.
Debray (Régis), *Dieu, un itinéraire.* Odile Jacob.2001.
Gardner (Laurence), *Le Graal et la lignée royale du Christ.* Dervy. 2005.
Griffe (Mgr. Elie), *La Gaule chrétienne à l'époque romaine.* (2 tomes). Letouzey et Ané. 1966.

Marrou (Henri-Irénée), *L'Eglise de l'Antiquité tardive.* Points Histoire. Seuil. 1985.
Miles(Jack), *Dieu. Une biographie.* Robert Laffont.1996.
Voragine (J.de), *La Légende Dorée.* (2 tomes). G.F. Flammarion. 2001.

Autres religions et hérésies.

Amelineau (Emile), *Pistis Sophia.* Editions Arché. Milan.
Brenon (A.), *Dico des Cathares.* Edit. Milan. 2000.
       Le vrai visage du catharisme. La Louve Editions. 2009.
Doumergue (Christian), *L'Evangile interdit.* Lacour. 2001.
       La Gnose pour tous. Editions Le plein des sens. 2004.
Duvernoy (Jean), *Les Cathares* (Ouvrage collectif). Edition de Delphes. 1963.
       Inquisition à Pamiers. Privat. 1966
       La religion des Cathares. Privat. 1976.
Ecrits gnostiques. Bibliothèque de Nag Hammadi. La Pléiade. Gallimard. 2007.
Eliade (Mircea), *Traité d'histoire des reli*gions. Payot.1979.
       *Histoire des croyances et des idées reli*gieuses. (3 tomes). Payot 1983
Guénon (René). *Symboles fondamentaux de la science sacrée.* Gallimard. 1980.
       Le Roi du Monde. Gallimard. 1976.
Hutin (Serge.), *Les Gnostiques.* PUF. Que sais-je. 1963.
Iakovidis (S.E.), *Mycènes et Epidaure.* Edit. Ekdotike Athénon. Athènes. 1978.
Leisegang, *La Gnose.* Payot. 1971.
Leloup (Jean-Yves), *L'Evangile de Marie.* (Copte). Albin Michel. 2002.
       L'Evangile de Philippe. (Copte). Albin Michel. 2004.
       L'Evangile de Thomas. (Copte). Albin Michel. 1993.
Lenoir (Frédéric), *Les métamorphoses de Dieu.* Plon. 2003.
Marquès-Rivière (Jean), *Histoire des doctrines ésoté*riques. Payot. 1971.
Nelli (René), *Les Cathares* (Ouvrage collectif). Edit de Delphes. 1963.
       Albigeois et Cathares. PUF, Que sais-je. 1965.
       Le musée du Catharisme. Privat. 1966
       La vie quotidienne des Cathares du Languedoc. Hachette. 1969.
Reznikov (Raymonde), *Cathares et Templiers.* Loubatières. 1991.
Roché (Déodat), *Les Cathares* (Ouvrage collectif). Edition de Delphes.1963.
Runciman (Steven), *La manichéisme médiéval.* Payot. 1972.
Segond (Louis), *Bible (*protestante). Alliance Biblique Française. 1961.

Histoire

Besse (Guillaum*e), Histoire des Antiquitez et Comtes de Carcassonne.* 1645
       Histoire des Ducs de Narbonne.
Buzairies (Dr Alban), *Notices historiques sur les Châteaux de l'arrondissement de Limoux.* (Photocopie).
Collectif. *Histoire des pays d'Aude.* CNDP. Carcassonne. 1980.
Courrent (Dr. Paul), *Monographie historique et médico-thermale de Rennes-les-Bains.* Editions Œil du Sphinx. 2008.
Descadeillas (René), *Rennes et ses derniers seigneurs (1730-1820).* Réédition Pégase. 2007.
       Mythologie du trésor de Rennes. Mémoires Société des arts et des sciences. Carcassonne. 1971-72.
Devic (Dom) et Vaissète (Dom), *Histoire Générale de Languedoc.* Privat. 1876. Réédition Lacour. 1993.
Fédié (Louis), *Le Comté de Razès.* Lajoux. Carcassonne. 1880. Réédition Schrauben. 1979.
Folklore. Revue d'ethnographie méridionale. Groupe audois d'études folkloriques. 32 rue A. Ramon. Carcassonne.
Fonds-Lamothe (L.H.), *Notices historiques sur Limoux.* Réédition Escrits del mieu Païs. 1975.
Fourie (Jean), *Notes historiques et documentaires sur la ville d'Espéraza.* Imp. Bardou. 1973
       L'Histoire de Rennes-le-Château antérieure à 1789. Imprimerie Bardou. Espéraza. 1984.
Gibbon (E.), *Histoire du déclin et da la chute de l'Empire Romain.* (2 tomes) Collection Bouquins. R. Laffont. 1983.

Girou (Dr Jean), *Itinéraire en terre d'Aude*. Editions Collot. 1987.
Gibert (Urbain), *Deux roues de char antique trouvées à Fa*. Bul. Soc. Etud. Scient. de l'Aude. 1974.
Gensanne. *Histoire naturelle de la province de Languedoc*. Paris 1778.
Molinier (Auguste) et Rorschach (Emile), *Histoire graphique du Languedoc*. Privat 1904.
Roquebert (Michel), *L'épopée cathare*. (3 volumes). Privat. 1971 1986.
Sipra (Jean Alain), *La Cité du chariot*. Privat. 1987.
        Rennes-le-Château. Du trésor des Wisigoths au secret de l'Abbé Saunière. Pégase. 2007.
Teillet (Suzanne), *Des Goths à la nation gothique*. Les Belles-Lettres. 1984.
Tompson (E.A),*The Goths in Spain*. Oxford University Press. 1969.
        Los Godos en España. AlianzaTerritorial. Madrid. 1984. (Traduction en espagnol.)
Trouvé (Baron), *Description du département de l'Aude. (1803)* Réédition GARAE. Carcassonne. 1984.
Vacquié (Noël), *Votez Védrines ou la campagne électorale de l'aviateur Jules Védrines en 1912*. Escrits dal mieu païs. Limoux.

Sources anciennes

César (Jules). *La Guerre des Gaules*. Collection Guillaume Budé. CFL. 1966.
Hérodote. *Histoires*. Edit. Jean de Bonnot.
La Fontaine (Jean de), *Œuvres complètes*. Bibliothèque du Figaro. 2009.
Platon. *La République*. Collection Guillaume Budé, CFL. 1965.
Rabelais (F.) *Œuvres complètes*. La Pléiade. Gallimard. 1955.
Suétone. *Vies des douze Césars*. Collection Guillaume Budé CFL. 1965.

Architecture religieuse.

Cabalero (Luis), *L'architecture sacrée*. In *Les Wisigoths*. Dossiers Histoire et Archéologie. N° 108. Septembre 1986.
Camps Cazorla (Emilio), *El arte visigodo*. In Ménendez-Pidal (R) *Historia de España*. Tomo 3. Espasa-Calpe. Madrid. 1985.
Collectif. *Le monde chrétien. Grammaire des formes et des styles*. Office du Livre. Fribourg. 1982.
Corboz (André), *Haut Moyen-Age*. Série Architecture universelle. Office du Livre. Fribourg. 1970.
Doumergue (Christian) et Dugès (Daniel), *L'église de Rennes-le-Château*. Guide complet. Pégase. 2009.
Lescure (Brigitte), *Recherches archéologiques à Rennes-le-Château*. Mémoire de Maîtrise d'Histoire de l'Art sous la direction de Mr. Durliat. Université de Toulouse-Le Mirail. 1978. (Hors commerce)
Palol (Pedro de) et Ripoll (Gisella) *Les Goths*. Seuil. 1990.
Sipra (Jean Alain) *L'architecture insolite de l'église de Rennes-le-Château*. Editions Terre de Rhedæ. 1992.
        Détermination de la géométrie exacte du chevet de l'église Sainte Marie-Madeleine, et étude de la forme primitive de cet édifice. (Diffusion restreinte)

Divers.

Alleau *(René), Les sociétés secrètes*. Editions Planète. 1963.
Burckhardt (Titus), *L'alchimie, science et sagesse*. Editions Planète. 1963.
Clayet-Michaud (Marius), *Le Nombre d'Or*. PUF. Que sais-je. 1985.
Collectif, *Aude*. Editions Bonneton. Paris.
Coomaraswamy (Ananda K.), *Le temps et l'éternité*. Dervy Livres. 1976.
Figuier (Louis), *L'alchimie et les alchimistes*. Réédition Hachette. 1960.
Finkelstein (Israel) et Silberman (Neil Asher) *La Bible dévoilée. Les nouvelles révélations de l'archéologie*. Bayard. 2002.
Rostaing (Charles), *Les noms de lieux*. PUF. Que sais-je. 1985.
Seligman (Kurt), *Histoire des magies*. Editions Planète. 1964.
Thuillier (Jacques), *Nicolas Poussin*. Fayard. 1988.
Wirth (Oswald), *Le Tarot des imagiers du Moyen-Age*. Tchou. 1975

Dictionnaires et encyclopédies.

Alibert (Louis), *Dictionnaire franco-occitan*. Institut d'Etudes occitanes. Toulouse. 1966.
Chevalier (J.) et Gheerbrand (A.), *Dictionnaire des symboles*. Robert Laffont. Bouquins / Jupiter. 2008.
Dictionnaire encyclopédique Quillet. 1958.
Encyclopédia Universalis. 1985.
Gaffiot (F.), *Dictionnaire latin-français*. Hachette. 1984.
Harrap's. *French and English Dictionary*. New Standard (4 volumes). Harraps et Bordas. 1980.
Sabarthès (Abbé), *Dictionnaire topographique du département de l'Aude*. Réédition Schrauben. 1980.
Guide Bleu de l'Egypte. Hachette. 1982.

Plans et cartographie

Molinier (A.) et Roschach (E.), *Histoire graphique de l'ancienne province de Languedoc*. Privat. 1904.
Spatz. (Alain Féral), *Plan illustré de l'église Ste Marie-Madeleine de RLC*. 1985-86.
Carte routière Michelin N° 86. Luchon- Perpignan.
Carte d'Etat-Major, Quillan N° 254. Type 1889 (Relevés 1850) IGN. 1946.
Carte Géologique de la France. Quillan. Service de la carte géologique du Ministère de l'Industrie.
Cartes topographiques IGN N° 2247 Est. Chalabre ; N° 2347 Ouest. Quillan et 2347 Est. Arques.
Carte de Cassini. 1683-1815. IGN.

Dépôt légal : Août 2012

LES ÉDITIONS DE L'ŒIL DU SPHINX
36-42 rue de la Villette
75019 PARIS
FRANCE
www.oeildusphinx.com
boutique.oeildusphinx.com